T0194822

1682 J.B.METZLER

Ergänzende Unterlagen zum Buch bieten wir Ihnen unter **www.metzlerverlag.de/webcode**
zum Download an.
Für den Zugriff auf die Daten verwenden Sie bitte Ihre E-Mail-Adresse und Ihren persönlichen
Webcode. Bitte achten Sie bei der Eingabe des Webcodes auf eine korrekte Groß- und Klein-
schreibung.

Ihr persönlicher Webcode:

Hans-Jörg Neuschäfer

Klassische Texte der spanischen Literatur

25 Einführungen vom *Cid* bis *Corazón tan blanco*

Verlag J. B. Metzler
Stuttgart · Weimar

Bibliografische Information der Deutschen Nationalbibliothek
Die Deutsche Nationalbibliothek verzeichnet diese Publikation in der Deutschen Nationalbibliografie;
detaillierte bibliografische Daten sind im Internet über http://dnb.d-nb.de abrufbar.

ISBN 978-3-476-02397-1
ISBN 978-3-476-05277-3 (eBook)
DOI 10.1007/978-3-476-05277-3

© 2011 Springer-Verlag GmbH Deutschland
Ursprünglich erschienen bei J. B. Metzler'sche Verlagsbuchhandlung
und Carl Ernst Poeschel Verlag GmbH in Stuttgart 2011
www.metzlerverlag.de
info@metzlerverlag.de

Inhalt

Verzeichnis der ergänzenden Unterlagen zum Download

Dieses Buch bietet die Möglichkeit, zusätzliche Materialien auf dem Weg eines Downloads von der Website des Verlages zu erhalten. Es sind dies Texte, die alle dem folgenden Werk entnommen sind:

Hans-Jörg Neuschäfer (Hrsg.), *Spanische Literaturgeschichte*.
Unter Mitarbeit von Sebastian Neumeister, Gerhard Poppenberg, Jutta Schütz und Manfred Tietz.
4., aktualisierte und erweiterte Auflage. Stuttgart/Weimar 2011.

Folgende Texte sind verfügbar:

1. Bibliographie zur spanischen Literaturgeschichte
2. Personen- und Werkregister (mit Lebensdaten)
3. Zu den Anfängen der spanischen Literatur (Manfred Tietz)
4. Tendenzen der spanischen Gegenwartsliteratur (Hans-Jörg Neuschäfer)

Vorwort

Dieses Buch ist eine Hommage an die spanische Literatur und zugleich eine Handreichung für Studierende, für Lehrerinnen und Lehrer an den Schulen und Hochschulen und für Spanienliebhaber, kurz für alle, die sich für die Literatur des Landes interessieren und gern etwas über deren herausragende Texte erfahren möchten, ohne sie *in toto* lesen zu können, sei es, weil sie sich in ihrer Ausbildung einschlägige Kenntnisse überhaupt erst aneignen müssen; sei es, weil sie früher Gelesenes inzwischen vergessen oder nicht mehr wirklich präsent haben; sei es auch, weil sie ganz einfach neugierig sind auf das, was sie schon immer gern wissen wollten, aber nicht in Erfahrung bringen konnten, weil Lexika (gedruckte wie elektronische) zu knappe und wissenschaftliche Abhandlungen zu spezielle Auskunft geben. Diesen Interessierten werden hier, aus einer Hand, 25 Einführungen in ebenso viele Haupttexte der spanischen Literatur geboten; Einführungen, denen sie nicht nur entnehmen können, um was es in diesen Texten inhaltlich geht und wie sie formal gestaltet sind. Sie werden auch darüber informiert, aus welchem Anlass und in welchem Kontext sie entstanden sind; auf welche Zeitumstände sie Rücksicht nahmen und was uns heute gleichwohl noch mit ihnen verbindet. Es wäre schön, wenn sich die Benutzer selbst zum Lesen verführen ließen, am besten im Original. Zur Beförderung dieses Zwecks gibt es in jedem Kapitel eine oder mehrere Leseproben, dazu eine deutsche Übersetzung. Wenn man will, kann man das vorliegende Buch also selbst schon als Lesebuch betrachten, auch wenn die meisten es wohl eher als ein hoffentlich angenehm zu benutzendes Nachschlagewerk gebrauchen werden. Der Charakter des Lesebuchs wird übrigens auch dadurch unterstrichen, dass der laufende Text keine Fußnoten enthält.

Ich kenne den Einwand, man solle es vor allem den Studierenden nicht so leicht machen. Aber Hand aufs Herz: Wer kennt schon alles, was er kennen sollte? Das müssen sich gelegentlich selbst Spezialisten auf ihrem engeren Fachgebiet fragen. Dass wir manchmal über Bücher reden, die wir gar nicht gelesen haben, hat unlängst Pierre Bayard – selbst ein Leseprofi – in seinem ebenso vergnüglichen wie bedenkenswerten Essay *Comment parler des livres que l'on a pas lus?* (2007, im selben Jahr auch auf Deutsch erschienen) nicht nur eingestanden, sondern mit guten Gründen auch noch verteidigt. Wir müssen uns halt dort, wo wir (noch) nicht selbst Bescheid wissen, auf andere verlassen, die in diesem Fall Auskunft erteilen können.

Die Auswahl der 25 Texte, die ich dem Leser vorstelle, war insofern weitgehend vorgegeben, als es sich in ihrer überwiegenden Mehrzahl um *kanonisierte*, durch eine lange Tradition als unverzichtbar gekennzeichnete Texte handelt, über deren exemplarische Bedeutung Konsens herrscht. Insoweit hat das Buch bewahrenden Charakter. Es spiegelt auch mit voller Absicht die Lektürelisten für Studierende der

Hispanistik wider; schließlich soll es ja nützlich sein. Die Texte selbst aber, die das kollektive Gedächtnis aufbewahrt und weiter tradiert hat, stehen unter einer ganz besonderen Spannung: Sie tragen einerseits den Stempel ihrer Entstehungszeit und sprengen andererseits doch auch den Rahmen dessen, was in ihr üblich war oder als Norm galt. Und eben diese Dialektik von Zeitbedingtheit und Zeitüberwindung macht ihre Faszination aus.

Je näher man der Gegenwart kommt, desto unbestimmter und subjektiver wird allerdings die Vermutung, ein Text könne die Zeiten überdauern. Da es aber in der vorliegenden Publikation nur um längerfristig wirksame Texte geht, habe ich keinen Titel aus dem neuen Jahrhundert aufgenommen: Sie sind noch zu ›frisch‹ und müssen erst noch zeigen, ob sie über den Tag hinaus gültig bleiben, an dem sie von immer aufdringlicher werdenden Marketingstrategen als ›unübertrefflich‹ lanciert wurden. Nur in zwei Fällen – Miguel Delibes und Javier Marías – habe ich neuere Texte (aus den 1990er Jahren) ausgewählt, von denen ich meine, sie hätten die Nachhaltigkeitsprobe bereits bestanden. Wer Näheres über die spanische Literatur der Gegenwart erfahren möchte, sei auf deren umfangreiche Darstellung in der von mir herausgegebenen *Spanischen Literaturgeschichte* verwiesen, die gleichzeitig mit dem vorliegenden Band in der erweiterten vierten Auflage bei Metzler erscheint.

Der Begriff des kanonischen Textes ist nicht unproblematisch. Er gehört, insofern er sich eigentlich auf die Texte der Heiligen Schrift bezieht, in den Bereich der Theologie, ja der Glaubenslehre. Literarische Texte sind aber keine heiligen, sondern ganz im Gegenteil profane und infolgedessen oft auch stark umstrittene Texte, an denen man sich erfreuen und von denen man sich belehren lassen kann, an die man aber nicht ›glauben‹ muss. Es gab einmal eine – vom deutschen Idealismus geprägte – Zeit, wo die Texte der ›Klassiker‹ quasi als säkularisierte Heilsbringer betrachtet wurden, aber diese Zeit ist längst vorbei. Deshalb werden die hier behandelten Texte nicht kritiklos gepriesen, sondern in ihrer historischen Bedingtheit betrachtet, auch und gerade in der Spannung zwischen ihrer einstigen und ihrer jetzigen Bedeutung.

Selbstverständlich gibt es in der fast tausendjährigen Geschichte der spanischen Literatur weit mehr als 25 Texte, die als kanonisch gelten dürfen. Die hier zu treffende Auswahl ist deshalb auch durch persönliche Vorlieben mitbestimmt. Und da zudem jedes Kapitel nur einen knapp bemessenen Umfang hat, kann immer nur ein begrenztes Spektrum von Fragestellungen zur Sprache kommen, die nicht immer die gleichen sind: Eine schematische Abarbeitung wäre für Autor und Leser gleichermaßen langweilig. Die Kapitelüberschriften machen jeweils aufmerksam auf das, was neben der in jedem Fall gewährleisteten Textbeschreibung noch besonders berücksichtigt wird.

Zum Schluss noch ein Wort zu den Übersetzungen und zur Bibliographie. Die Übersetzungen beschränken sich auf größere, zusammenhängend dargebotene Passagen. Sie stehen separat, jeweils am Ende des Kapitels. Kleinere, in den laufenden Text eingezogene Originalzitate werden nicht übersetzt. Sie mögen die schon im Spanischen Geübten dazu animieren, das Erlernte auch anzuwenden, und für die

Ungeübten erklären sie sich aus dem Kontext meines Kommentars. Soweit keine brauchbaren Übertragungen vorhanden waren, habe ich sie selbst gemacht – so nah wie möglich am Wortlaut des Originals.

Am Ende eines jeden Kapitels stehen Hinweise auf die benutzten Ausgaben. Es sind meist solche, die einen Kommentar enthalten. Es schließt sich eine knappe Bibliographie an, die stets mit dem Verweis auf die bereits erwähnte, von mir herausgegebene *Spanische Literaturgeschichte,* und zwar die 4. Auflage (2011), eröffnet wird. Ergänzendes hispanistisches Basiswissen samt detaillierten bibliographischen Hinweisen wird, außer in der Spanischen Literaturgeschichte, auch in der *Einführung in die spanische Literaturwissenschaft* von Hartmut Stenzel vermittelt, die im gleichen Verlag erschienen ist. Darüber hinaus sei auf leicht zu erschließende *on-line-*Zugänge verwiesen: die von Christoph Strosetzki herausgegebene Bibliographie der deutschen Hispanistik, die *Biblioteca virtual Cervantes* und den Katalog der Madrider Nationalbibliothek, nicht zu vergessen das speziell die hispanistische Forschung dokumentierende Web-Portal *cibera.*

Zusätzlich ist noch, per Download auf einen Rechner, ein Blick in die *Spanische Literaturgeschichte* möglich. Per Mausklick kann man deren fünfzehnseitige, nach Epochen gegliederte Bibliographie, das Personen- und Werkregister (mit Lebensdaten), den Abschnitt »Zu den Anfängen der spanischen Literatur« aus dem Kapitel »Mittelalter und Spätmittelalter« sowie den Abschnitt »1975–2010. Tendenzen der spanischen Gegenwartsliteratur« aus dem Kapitel »Vom 20. Jahrhundert bis zur Gegenwart« anwählen.

Saarbrücken, im Frühjahr 2011   *Hans-Jörg Neuschäfer*

Kapitel I
El Cantar de Mio Cid (um 1200)
Reconquista und Castellanocentrismo

Der *Cantar de Mio Cid* ist der erste große Text der spanischen Literatur, der fast vollständig überliefert ist. Wann genau er entstand, ist, wie fast alles, was seinen Ursprung betrifft, umstritten. Von der Mitte des Zwölften Jahrhunderts bis zum Beginn des Dreizehnten reicht die Spannweite der Vermutungen. Es gibt ein einziges Manuskript, das wahrscheinlich aus der ersten Hälfte des 13. Jahrhunderts stammt; endgültig geklärt ist auch das nicht. Der Kopist, Per Abbat, ist namentlich bekannt. Einige halten ihn sogar für den Autor, was sich aber kaum begründen lässt. Bis auf wenige Passagen, vor allem am Beginn und am Ende, ist der Text vollständig. Die Lücken des erstmals 1779 publizierten Werkes wurden vom ersten modernen Herausgeber, Ramón Menéndez Pidal, anhand einer späteren Prosafassung des *Cantar* rekonstruiert, die sich in der *Crónica de Veinte reyes de Castilla* (14. Jh.) befindet.

Wie alle frühen volkssprachlichen Epen, etwa das altfranzösische *Rolandslied* (um 1100) oder das mittelhochdeutsche *Nibelungenlied* (um 1200), ist auch der altspanische *Cid* in gebundener Sprache verfasst. Der Text besteht aus 3731 Versen, die meist zwischen 14 und 16 Silben umfassen und in unterschiedlich langen Strophen oder *tiradas* gebündelt sind, wobei innerhalb einer *tirada* die letzte betonte Silbe stets mit dem gleichen Vokal endet (Assonanz). Der überlieferte Text trägt keinen Titel. Der wurde ihm erst von seinen späteren Herausgebern verliehen. *Cantar de mio Cid* nannte ihn Menéndez Pidal in seiner ersten Ausgabe von 1908; *Poema de mio Cid* Colin Smith in der seinen von 1976.

Hinter dem kleinen Unterschied verbirgt sich der große Dissens in der Forschung: Von *Cantar* sprechen die Anhänger des ›Traditionalismus‹, die den *Cid* (so werde ich den Text im Folgenden der Einfachheit und der Neutralität halber nennen) in der Tradition mündlicher Überlieferung sehen. Danach sei das erst nach und nach entstandene Epos, als *cantar de gesta* (frz. *chanson de geste*), sowohl auf dem Marktplatz als auch im Palast von einem *juglar* (frz. *jongleur*; dt. *Spielmann*) vorgetragen oder besser: in einer Art Sprechgesang oder Rezitativ *gesungen* worden. Man weiß, dass die *cantares de gesta* nicht an einem einzigen Tag vorgetragen, sondern auf mehrere Sitzungen zu ungefähr je 1000 Versen verteilt wurden, sodass der *Cid* wohl drei oder vier Sitzungen in Anspruch genommen hat. Die gebundene Sprache war dem Vortrag sehr dienlich, nicht nur des Wohlklangs wegen, sondern auch als mnemotechnische Stütze für den *juglar*, dem auch die vielen Wiederholungen, stehenden Wendungen und stereotypen Beschreibungen zu Hilfe kamen. Die Traditionalisten nehmen außerdem an, dass es nicht nur einen einzigen *Cid*-Text gab, sondern dass mehrere Versionen im Umlauf waren, und dass die schließlich aufgezeichnete nur eine, wenn auch besonders gelungene Variante darstellt.

Wer hingegen den *Cid* als *Poema*, also als dichterisches Gebilde, bezeichnet, gehört zu der Gegenschule der ›Individualisten‹, für die es sich um einen ein für alle Mal ›gemachten‹, von einem echten, einzigen Dichter erfundenen und kunstvoll in Form gebrachten Stoff handelt, dessen Verfasser wir zwar nicht kennen, der aber jedenfalls ein gelehrter und literaturkundiger Kleriker gewesen sein müsse. Diese Annahme kann schon deshalb nicht wirklich überzeugen, weil sie das Bild moderner Autorschaft auf das Mittelalter zurückprojiziert, in dem es noch kein individuelles Urheberrecht, also auch keine ›Ausgabe letzter Hand‹ gab und Texte nicht vor fremden Eingriffen und Veränderungen geschützt waren. Eben deshalb blieben sie oft anonym. Zu Recht aber beharren die ›Individualisten‹ darauf, der *Cid* sei als ein herausragendes Meisterwerk zu betrachten, denn das ist er tatsächlich. Wie so oft bei wissenschaftlichen Meinungsverschiedenheiten schließt das eine das andere nicht wirklich aus. In einer Zeit, wo die Herstellung eines Manuskriptes sehr aufwendig war, wird man sich sicher nicht für irgend*eine* Version zur Aufzeichnung entschieden haben, sondern für eine *besondere*. Und auch wenn man annehmen möchte (weil es keineswegs unwahrscheinlich ist), dass beim Übergang von der Mündlichkeit zur Schriftlichkeit ein kunstbewusster Autor im Spiel war, ist dies noch lange kein Beweis gegen die Entstehungshypothese der Traditionalisten. Dass die Parteien sich inzwischen angenähert haben, geht auch daraus hervor, dass selbst die – noch immer meist zitierte – Textausgabe von Menéndez Pidal inzwischen als *Poema de Mio Cid* firmiert.

Der *Cid* ist, wie die schon genannten deutschen und französischen, aber auch wie die homerischen Gesänge, ein sogenanntes ›Heldenepos‹, das von den zumeist kriegerischen Taten eines alle anderen überragenden Protagonisten nicht einfach nur erzählt, sondern zugleich feierlich kündet, indem es seine Figur bis ins Übermenschliche steigert. Im *Cid* geschieht das, im Unterschied zu den anderen Beispielen, in bemerkenswert gedämpfter Form. Nicht nur agiert der Cid selbst erstaunlich gemäßigt; auch die Umstände, unter denen er es tut, sind geschichts-, ja alltagsnah geschildert. Dazu mag beigetragen haben, dass der Text in nur geringem zeitlichem Abstand zu den Ereignissen verfasst wurde, auf die er sich bezieht. Das *Rolandslied* erzählt von Geschehnissen, die 300 Jahre zurückliegen, das *Nibelungenlied* greift bis zur Zeit der Völkerwanderung zurück – das war schon damals ein Abstand von einem Dreivierteljahrtausend. Entsprechend sagenfern und – nach unseren heutigen Begriffen – unrealistisch ist das, was dort erzählt wird. Der *Cid* hingegen bezieht sich auf das Leben eines gewissen Rodrigo Díaz de Vivar, der dem kastilischen Kleinadel entstammte, von 1043–1099 tatsächlich gelebt hat und in seinen besten Jahren ein bekannter Kriegsheld war, wenn auch nicht immer ein Held der Reconquista. Seine Lebenszeit liegt also – je nach Datierung des Textes – nur 50 bis 100 Jahre zurück. Das ist zeitlich schon lang genug zur Legendenbildung, aber noch zu gegenwartsnah, um der Legende jede Wahrscheinlichkeit zu opfern.

Der Cid nimmt es jedenfalls nicht, wie Roland, ganz allein mit tausenden von Gegnern auf. Seine Mäßigung und Selbstbeherrschung, seine *mesura* (ein Hauptbegriff des *Cid*), steht in scharfem Kontrast zur Hybris Rolands. Der lehnte bekanntlich das Hilfsangebot ab, durch das der Untergang der von ihm bei Roncesvalles befehligten Nachhut Karls des Großen hätte verhindert werden können.

Der Cid ist auch nicht blutrünstig und blind vor Hass wie Kriemhild, die ihren Rachedurst durch einen Massenmord stillt. Der Cid verklagt seine Verleumder vor dem ordentlichen Hofgericht und gibt sich damit zufrieden, dass seine Beleidiger ihre Ehre verlieren. Auch spielt sich das Geschehen im spanischen *Cid* nicht in einem geographischen Ungefähr ab, sondern entlang der Linie Burgos-Valencia, mit unzähligen Ortsnamen, die man noch heute abfahren und samt den im Text erwähnten Befestigungen besichtigen kann. Sie bildeten zur Handlungszeit in etwa die Grenze zwischen dem christlich und dem maurisch beherrschten Spanien, eine Grenze übrigens, in der noch vieles im Fluss und die Fronten nicht verfestigt waren. Im Vergleich zu den anderen Epen liest sich der *Cid* heute stellenweise eher wie eine *vie romancée*, in der zwar manches geändert, geschönt und auch unterdrückt ist, was zu einem ›wahren‹ Gesamtbild dazugehören würde, in der aber auch kaum etwas erfunden ist, wozu es in der Wirklichkeit keine Entsprechung gab. Dies gilt jedoch nur insoweit, wie der Text von der Auseinandersetzung mit den Mauren erzählt.

Der *Cantar de Mio Cid* handelt aber nicht nur von der Reconquista, sondern auch von Konflikten im christlichen Feudalsystem selbst. Dabei spielt das Hegemonialstreben Kastiliens gegenüber anderen spanischen Regionen, vor allem gegenüber León, eine große Rolle. Der Text beginnt damit, dass der Cid von García Ordóñez, der dem Hochadel angehört, beim kastilischen König Alfonso (gemeint ist Alfons VI.) verleumdet wird und darauf in Ungnade fällt. Er wird verbannt; sein Vermögen wird eingezogen; seine Familie muss er zurücklassen. Am Beginn des Werkes ist der Cid entehrt, mittellos und von allen verlassen. Der Text beschreibt eindringlich seine Isoliertheit. Die Bewohner von Burgos würden ihn zwar gern aufnehmen, doch dürfen sie es nicht wagen, weil es der König bei schwerer Strafe und Vermögensverlust verboten hat. So muss der *campeador*, der »Schlachtenlenker«, wie er auch genannt wird, schweren Herzens die Stadt verlassen und jenseits des Flusses Arlanzón, als ein Heimatloser, im Freien kampieren:

> El Campeador adeliñó a su posada;
> así como llegó a la puorta, fallóla bien cerrada,
> por miedo del rey Alfons, que assí lo pararan:
> que si non la quebrantás, que non gela abriessen por nada.
> Los de mio Cid a altas voces llaman,
> los de dentro no les querién tornar palabra.
> Aguijó mio Cid, a la puerta se llegava,
> sacó el pie del estribera, una ferídal dava;
> non se abre la puerta, ca bien era cerrada.
> Una niña de nuef años a ojo se parava:
> »Ya Campeador, en buena cinxiestes espada!
> El rey lo ha vedado, anoch dél entró su carta,
> con grant recabdo e fuertemientre sellada.
> Non vos osariemos abrir nin coger por nada;
> si non, perderiemos los averes e las casas,

e aun demás los ojos de las caras.
Cid, en nuestro mal vos non ganades nada;
mas el Criador vos vala con todas sus vertudes santas.«
Esto la niña dixo e tornós pora su casa.
Ya lo vede el Cid que del rey non avie gracia.
Partiós dela puerta, por Burgos aguijava,
[...] e Arlançón passava. (v. 31 ff.)

Daraufhin zieht der Cid ins umstrittene Grenzgebiet zwischen Christen und Mauren, nicht so sehr, um als Glaubensritter für die Sache der Christenheit zu kämpfen, als vielmehr, um sich zunächst durch kleinere Razzien wieder eine Existenzgrundlage zu verschaffen. Anfangs begleiten ihn nur wenige Getreue. In dem Maße aber, wie er Erfolg hat, bekommt er auch Zulauf. So kann er es bald mit bedeutenderen Gegnern aufnehmen, kann sich in offenen Feldschlachten behaupten und schließlich auch große Siege erringen. Die Eroberung von Valencia, das als uneinnehmbar galt, krönt diese Kriegszüge. Der Cid ist also aus einer Position der Ohnmacht zu einem der mächtigsten Reconquistadoren geworden, der sogar seinem König Paroli bieten könnte.

Trotz der ungerechtfertigten Verbannung lässt er aber nie einen Zweifel daran, dass er ein loyaler Vasall bleiben will und beweist dies auch, indem er dem König, gleichsam als Steuer, stets einen Teil seiner Beute – und mit fortschreitendem Erfolg einen immer größeren – zukommen lässt. Dies wiederum veranlasst den König zu Gnadenbeweisen. Zunächst entlässt er die Gefolgsleute des Cid aus dem Bann; dann darf Doña Jimena, die Gattin des Cid, mit den Töchtern Elvira und Sol ausreisen, und schließlich verzeiht der König dem Cid selbst, der damit rehabilitiert und dessen Ehre wiederhergestellt ist.

Und nicht nur das: Der König arrangiert sogleich eine Heirat der Cid-Töchter mit den vornehmen, dem leonesischen Hochadel angehörenden Infanten von Carrión, für die eine Verbindung mit der Familie des in ihren Augen noch immer Inferioren inzwischen wirtschaftlich und machtpolitisch interessant geworden ist. Diese Heirat, die eine reine Interessenheirat ist, führt aber noch nicht zum Happy End; vielmehr folgt auf die erste Drehung des Fortuna-Rades noch eine zweite, in der das Unglück des Cid noch einmal von vorne beginnt: Die Infanten von Carrión, die bezeichnenderweise mit dem Verleumder García Ordóñez verwandt sind, erweisen sich bald als moralische Versager, ja als die Antihelden, die in keinem Epos fehlen: Vor den Mauren kneifen sie; vor dem Löwen des Cid verkriechen sie sich in die hinterste Ecke und werden dafür ausgelacht. Und da sie sich in ihrer Feigheit nicht mit Männern messen können, lassen sie ihren Zorn über die erlittene Schmach an ihren wehrlosen Frauen aus, die sie auf der Heimreise zu ihren Gütern im Wald von Corpes fesseln und halbtot peitschen.

Damit kommt neues Leid und neue Entehrung über den Cid und seine Familie. Aber auch diese Erniedrigung wird kompensiert und führt schließlich zu einer noch größeren Erhöhung als beim ersten Mal. Indem sie ein Gerichtsverfahren nach sich zieht, bei dem die Sache des Cid einwandfrei obsiegt, wird diesem am Ende auch noch die öffentliche Anerkennung zuteil, dass er ehrenwerter ist als die vornehmen Infanten von Carrión. Dieser Triumph wird am Schluss noch dadurch gesteigert, dass Elvira und Sol ein zweites Mal, noch besser und diesmal endgültig, verheiratet werden. Ihre neuen Gatten sind die Infanten von Navarra und Aragón, die von königlichem Geblüt sind. Durch diese Heirat wird der neue Rang des Cid nicht nur bestätigt, sondern noch über den seiner hochadligen Widersacher hinaus gehoben. Das Epos schließt denn auch (v. 3724) mit den Worten, dass dank dieser Heirat die spanischen Könige heute die Verwandten des Cid sind: »Oy los reyes d'España sos parientes son.« Damit war zugleich die Karriere des *Cid* zum spanischen Nationalepos vorgezeichnet, obwohl es urspünglich nichts weniger als das war, nämlich lediglich ein Heldenlied auf einen herausragenden Reconquista-Kämpfer und – mehr noch – auf die Königstreue eines vorbildlichen Vasallen.

Wenn man sich den Verlauf des *Cid* vor Augen hält, sieht man nämlich, dass der Aspekt der Feudalismusproblematik dem der Reconquista zumindest gleichgestellt, wenn nicht sogar übergeordnet ist, ja dass die Verleumdung durch die Feinde im Inneren den Cid überhaupt erst dazu zwingt, nach Außen Tatendrang zu entwickeln. Jeder Sieg über die Mauren ›draußen im Felde‹ bedeutet zugleich auch eine Wiederannäherung an den König ›daheim‹, und bei der zweiten Drehung des Fortuna-Rades rückt der ›innenpolitische‹ Aspekt des *Cid* vollends in den Vordergrund auf Kosten des ›außenpolitischen‹. Es mag gerade dies der Grund dafür sein, dass bei der Reconquista-Erzählung die tatsächlichen Verhältnisse so freimütig und ungeschminkt beim Namen genannt werden und auch der Alltag in der *convivencia* zwischen Christen und Mauren nicht unerwähnt bleibt.

Es herrschte ja zwischen Mauren und Christen während des Hochmittelalers nicht durchweg Todfeindschaft auf der iberischen Halbinsel. Es gab auch einen Modus vivendi, der mehr durch ökonomische Interessen als durch Glaubensfragen bestimmt war. Die Formel »moros y cristianos«, die den ganzen *Cid* durchzieht, ist mehr als eine Floskel; sie weist vielmehr eindringlich auf die gegenseitigen Interessenverflechtungen hin, die den Alltag viel stärker bestimmten als das große und (noch) ferne Ziel einer abgeschlossenen Wiedereroberung. Natürlich werden im *Cid* auch große Schlachten geschlagen, bei denen viele Christen und noch viel mehr Mauren das Leben verlieren, aber nicht selten kommt es statt zum Kampf zu Vertragsverhandlungen und zu einem *deal*, bei dem auch die Mauren einen Vorteil haben, etwa dadurch, dass der Cid sie gegen die Ausplünderung durch andere christliche Caudillos schützt. In der Tat war es durchaus keine Seltenheit, dass christliche Protektoren sich untereinander bekriegten, wenn einer sich an der maurischen Klientel des anderen vergriff. Eine solche Episode gibt es auch im *Cid*, als der Protagonist den Grafen von Barcelona gefangen nimmt, der ihm ins Gehege gekommen war.

Auch die dritte Glaubensgemeinschaft des iberischen Mittelalters, die Juden, spielen eine Rolle im *Cid*. Gleich zu Anfang seines Weges (v. 78 ff.) sieht sich der Cid gezwungen, mit Raquel und Vidas, zwei Juden aus Burgos, ein mehr als zweifelhaftes Geschäft zu machen, indem er ihnen durch Alvar Fáñez, seinen Vertrauten, zwei äußerlich reich verzierte, innen aber mit Sand gefüllte Truhen als angeblichen Maurenschatz andreht (eben den, den er laut der Verleumdung unterschlagen haben soll) und dafür ein größeres Darlehen erhält. Immerhin beweist gerade dieser Betrug seine Unschuld in der Verleumdungssache; und andererseits zahlt der Cid den Kredit später zurück. Wie auch immer: So alltagsnah wie im spanischen *Cid* geht es in anderen Heldenepen nicht zu. Nicht zu vergessen, dass der Cid auch gern eine Siesta hält und sich rührend um seine Familie kümmert: Hier zieht also der Heros gelegentlich sogar die Pantoffeln an.

So wirklichkeitsnah die Reconquista-Handlung erzählt wird, so stilisiert ist die Feudalismusproblematik, also der innenpolitische Aspekt des *Cid*. In Wirklichkeit war der Cid keineswegs so loyal wie er im Epos beschrieben wird und machte gelegentlich sogar gemeinsame Sache *mit* den Mauren *gegen* den König. Sein arabischer Ehrenname Cid (von arabisch »sidi«, »mein Herr«, was dann zur Mischform »Mio Cid« führte) wurde ihm gewiss nicht wegen seiner Unerbittlichkeit im Kampf *gegen* die Mauren verliehen. Und was den König anbelangt, so hat dieser den historischen Ruy Díaz in Wahrheit mehr als einmal ungerecht behandelt. Zwischen den beiden herrschte also nicht jenes geradezu symbiotische Verhältnis, das im Epos propagiert wird, und der wirkliche Cid war weit davon entfernt, mit der Geduld eines Hiob die Herabsetzung durch den König hinzunehmen und sie mit immer wieder neuen Beweisen der unerschütterlichen Vasallentreue zu beantworten.

Wenn das Epos dieses in Wahrheit konfliktive Verhältnis derart aufschönt, so ist dahinter eine ideologisch-propagandistische Absicht zu vermuten. Propagiert wird ganz offensichtlich die Allianz von Königtum und kleinem Land- und Kriegsadel, den späteren *hidalgos*, die für die Reconquista dringend gebraucht wurden. Diese Allianz wird auf Kosten des mächtigen Feudaladels beschworen, vor dem der König sich in Acht zu nehmen hatte. Unterstützt wird aber auch der Führungsanspruch Kastiliens über die konkurrierenden Reiche von Navarra, Aragón und ganz besonders León, dessen Vertreter im *Cid* schlimmere Feinde sind als die durchweg mit Respekt bedachten Mauren. Wie ideologisch die Feudalismus- und Regionalismusproblematik aufgeladen wird, zeigt sich vor allem daran, dass bei ihr die stärkste Abweichung von jenem Verismus festzustellen ist, der den *Cid* sonst auszeichnet: Die ganze Episode mit den Infanten von Carrión, einschließlich der Schändung von Elvira und Sol, ist frei erfunden, für die Wirkung des *Cid* aber von ausschlaggebender Bedeutung. Genau dies ist denn auch das stärkste Argument für die These der ›Individualisten‹, der *Cid* sei das Produkt eines literarischen ›Schöpfers‹ gewesen. Das Argument sticht zwar, setzt aber einen Autor voraus, der kein Schöngeist war, sondern ebenso handfeste wie zeitgemäße Interessen vertrat.

Über der Betrachtung des Politischen darf nicht vergessen werden, dass ein *cantar de gesta* wie das Cid-Epos für das Publikum seiner Zeit ganz einfach auch spannend und unterhaltend sein musste, so wie für das Publikum des 19. Jahrhunderts die Abenteuerromane eines Alexandre Dumas und für das Kinopublikum des 20. Jahrhunderts *Western*-Filme (die ja ebenfalls von einer Conquista handeln) oder die modernen Heldenepen der James Bond-Serie. Der Vergleich ist alles andere als abwegig, denn auch der Cid war – trotz aller Mäßigung – ein *Superman*, der ganz allein und spektakulär für Ordnung sorgen konnte. Darüber hinaus ist es das Auf- und Ab seines Schicksalsweges, das ihn den Helden neuerer Zeiten vergleichbar macht. Dass er nicht ständig ›darübersteht‹ über dem gemeinen Mann, sondern, wie dieser, heimgesucht wird von Rückschlägen, und dass er aus tiefster Not heraus den Aufstieg schafft, macht ihn zu einer Figur, die mit Edmond Dantès vergleichbar ist, der zuerst in der Verbannung des Château d'If schmachten musste, bevor er zum allmächtigen Grafen von Montecristo aufsteigen konnte. Und dass am Ende die dekadenten ›Großkopfeten‹ unterliegen, gehört ebenfalls zu den nie versagenden Wirkungsstrategien, die den *Cid* mit der neueren Unterhaltungsliteratur verbinden und es verständlich machen, warum dieses Epos bis in die Romanzendichtung der frühen Neuzeit nachwirkte und später sogar zu einem Propagandatext des *Castellanocentrismo* werden konnte. Es ist jedenfalls bezeichnend, dass die epochemachende *Cid*-Ausgabe von Menéndez Pidal genau zu dem Zeitpunkt erarbeitet wurde, an dem das nationale Selbstbewusstsein durch die Niederlage von 1898 tief gedemütigt wurde und das aufmunternde Beispiel eines wunderbaren Wiederaufstiegs gut gebrauchen konnte.

Außerhalb Spaniens hat der Cid-Stoff ebenfalls seine Spuren hinterlassen, nicht zuletzt durch die Vermittlung eines späteren, nur fragmentarisch überlieferten *Cantar de Rodrigo*, der aus der Wende zwischen dem 13. und 14. Jahrhundert stammt und in phantastischer Weise die Jugendtaten des Cid gleichsam hinzudichtet (weshalb er den zweiten Titel *Las mocedades del Cid* erhielt). In ihm erscheint der Cid als reichlich arroganter Draufgänger, der schon als Jugendlicher den Vater seiner späteren Gattin Jimena in einem Duell tötet. Diese eher melodramatischen *Mocedades* wiederum haben die Romanzendichtung inspiriert und auf diesem Weg auch Eingang in die klassische Dramenliteratur Spaniens und Frankreichs gefunden: in die Comedia *Las mocedades del Cid* von Guillén de Castro (1618) und in Corneilles *Le Cid* (1638). In Deutschland war es vor allem Johann Gottfried Herder, der den Cid-Stoff in seinem Romanzenzyklus *Der Cid. Geschichte des Don Ruy, Grafen von Bivar* (1803/04) weitertradiert und damit nicht nur die Gedichtform der Romanze bei uns heimisch gemacht, sondern auch zur Mittelalter- und Spanienbegeisterung der nachfolgenden Romantikergeneration beigetragen hat. Herder hat die beiden Erzählstränge – über den jugendlichen und über den reifen Cid – wieder zusammengeführt, wobei er allerdings nicht auf die spanischen Originale, sondern auf eine französische Nachdichtung aus dem 18. Jahrhundert zurückgriff. – Einen kunterbunten Bilderbogen über die beiden Traditionen bietet schließlich auch der monumentale *Cid*-Film von Anthony Mann aus dem Jahr 1961, in dem Charlton Heston den Cid und – ausgerechnet – Sofía Loren die Jimena spielten – und der greise Don Ramón Menéndez Pidal den wissenschaftlichen Berater.

Am Ende mag eine Textstelle stehen, in der die mächtige Heldenfigur des Cid und die feigen Antihelden von Carrión besonders drastisch miteinander konfrontiert werden. Sie endet mit einer Reaktion, die ebenfalls zur epischen Tradition gehört: mit einem wahrhaft homerischen Gelächter. Als der Cid gerade seine Siesta hält

(v. 2278 f.), bricht sein Löwe aus dem Käfig aus und bringt alle in Gefahr. Aber während die Getreuen die Ruhestatt des Cid umstellen, um ihn zu schützen, nehmen die Infanten Reißaus. Fernán González kriecht unter das Bett, Diego versteckt sich mit schlotternden Knien hinter einer Kelter und macht sich dabei schmutzig: »Tras una viga lagar metiós con grant pavor;/ el manto e el brial todo suzio lo sacó« (v. 2290 f.). Ob das dem daliegenden Dreck zuzuschreiben ist, oder ob er sich in die Hosen gemacht hat, dazu schweigt des Sängers Höflichkeit. Der Cid erwacht, steht ruhig auf und geht auf den Löwen zu, der sofort den Kopf vor ihm senkt. Er fasst ihn am Hals und bringt ihn, zum Erstaunen aller, eigenhändig in den Käfig zurück. Dann ruft er nach seinen Schwiegersöhnen, aber sie antworten nicht. Als man sie endlich findet, kommen sie mit fahlen Gesichtern zum Vorschein. »Nie hörtet Ihr am Hof ein größeres Gelächter«:

> Mio Cid por sus yernos demandó e no los falló;
> maguer los están llamando, ninguno no responde.
> Quando los fallaron, assí vinieron sin color;
> non vidiestes tal juego commo iva por la cort. (v. 2304 ff.)

Literaturhinweise

Ausgabe: Ramón Menéndez Pidal: *El poema de mio Cid* (Clásicos Castellanos), Madrid 1960

Übersetzung: Hans-Jörg Neuschäfer in: *Klassische Texte des romanischen Mittelalters in zweisprachigen Ausgaben*, Bd. 4, München 1964 [mit Einleitung in den Text]; *Der Cid. Das altspanische Heldenlied*, übers. von Fred Eggarter, Anmerkungen und Nachwort von Alfred Thierbach

Weitere Literatur

Spanische Literaturgeschichte, S. 24–29
Alan Deyermond: *El cantar de Mio Cid y la épica medieval española.* Barcelona 1987
Ramón Menéndez Pidal: *En torno al »Poema del Cid«.* Barcelona 1963
Colin Smith: *La creación del »Poema del Mio Cid«.* Barcelona 1985

Übersetzung

Zu S. 3:

> Der Campeador ritt zu seinem Quartier;/ als er an die Tür kam, fand er sie fest verschlossen;/ aus Angst vor König Alfonso hatten sie es so beschlossen:/ dass sie ihm die Tür, wenn er sie nicht einträte, um keinen Preis öffnen würden./ Die Mannen meines Cid rufen mit lauter Stimme;/ die drinnen antworteten ihnen nicht./ Da spornte mein Cid sein Pferd an und ritt zur Tür,/ er zog den Fuß aus dem Bügel und gab ihr einen Tritt./ Die Tür ging nicht auf, denn sie war fest verschlossen./ Ein neunjähriges Mädchen ließ sich blicken:/ »Campeador, zu glücklicher Stunde habt Ihr das Schwert gegürtet!/ Der König hat es verboten, gestern abend kam von ihm die Botschaft,/ wohlversiegelt und mit ernster Ermahnung./ Um keinen Preis dürften wir es wagen, Euch zu öffnen,/ sonst würden wir

Habe und Häuser verlieren/ und dazu noch die Augen aus dem Gesicht./ Cid, mit unserem Unglück würdet Ihr nichts gewinnen;/ doch der Schöpfer möge Euch mit all seiner Macht beschützen.«/ So sprach das Mädchen und ging ins Haus zurück./ Jetzt sieht der Cid, dass er des Königs Gnade nicht mehr besitzt./ Er zog sich von der Tür zurück, ritt durch Burgos hindurch/ [...] und überquerte den Arlanzón.

Zu S. 8:

Mein Cid fragte nach seinen Schwiegersöhnen und konnte sie nicht finden./ Obwohl sie gerufen werden, antwortet keiner von ihnen./ Als man sie endlich aufspürte, kamen sie ohne Farbe im Gesicht zum Vorschein./ Nie saht Ihr größeren Spott als den, der da am Hof die Runde machte.

Kapitel II
El libro de buen amor (1330/1343)
Der Erzpriester von Hita
und die ›menschliche Natur‹

El libro de buen amor (im Folgenden *LBA*) ist ein genialer, zweideutiger und provokativer Text, ein unvergleichlicher auch, weil er keiner bestehenden Gattung zuzuordnen ist. Er fängt – mit einer langen, teils in Prosa, teils in Versen gehaltenen Einleitung und Gebrauchsanweisung – ganz harmlos und rechtgläubig an: Der Erzpriester betet zu Gott und der Heiligen Jungfrau, auf dass ihm sein Werk gelinge. Es gibt aber sogleich auch ein erstes Beispiel dafür, dass der Text dem Leser von heute manches Verständnisproblem aufgibt: Der Autor bittet Gott nämlich auch, ihn aus dem »schlimmen Gefängnis« zu befreien, in dem er sich befindet. Ist das allegorisch gemeint, mit Blick auf die im Körper gefangene Seele, die nach der Auferstehung lechzt? So haben es manche Interpreten verstanden, im Hinblick auf weitere Allegorien im Text. Dort sind sie aber explizit als solche gekennzeichnet; hier nicht. Deshalb darf, ja muss man auch versuchen, die Bitte wörtlich zu nehmen, zumal es am Ende Hinweise darauf gibt, dass der Erzpriester in einem richtigen Gefängnis einsitzt. In einem der drei erhaltenen Manuskripte heißt es sogar, er habe den Text dort verfasst.

Es geht zunächst so fromm weiter, wie man es von mittelalterlicher Literatur aus Spanien erwartet. Weil uns Gott den Verstand gegeben hat und weil wir Gott fürchten müssen, heißt es im Prosateil der Einleitung, tun wir gut daran, uns auf die rechte Gottesliebe – »el buen amor de Dios« – zu konzentrieren, die törichte Liebe zur sündigen Welt aber – »el pecado del amor loco d'este mundo« (Z. 28 ff.) – weit von uns zu weisen. Eben dazu wolle das Buch beitragen. Mit »Amor loco« und »Amor bueno« sind sogleich die beiden Grundbegriffe genannt, auf denen das ganze Werk aufbaut. Sie sind hier noch säuberlich voneinander getrennt und als ein reines Gegensatzpaar (›Askese‹ versus ›Lebensfreude‹; ›Jenseitigkeit‹ versus ›Diesseitigkeit‹) ausgewiesen, was sich im weiteren Verlauf des Textes ändern wird – bis zu dem Punkt, an dem die Gegensätze sich nicht nur berühren oder überlagern, sondern gleichsam ineinander übergehen. Dies geschieht mit Hilfe eines anderen, für den Sinn des *LBA* nicht weniger konstitutiven Begriffs: dem der menschlichen Natur, deren Kennzeichen die Schwäche sei: »la flaqueza de la natura humana« (Z. 57). Infolge dieser natürlichen Schwäche sei die Sünde unvermeidbar und das Sündigen etwas zutiefst Menschliches, weshalb der Erzpriester denen, die etwas über den »amor loco« zu erfahren wünschen, ebenfalls zur Hand gehen wolle, auch wenn er ausdrücklich davor warnen müsse: »Empero, porque es umanal cosa el pecar, si algunos, lo que non les consejo, quisieren usar del loco amor, aquí fallarán algunas maneras para ello« (Z. 117 ff.).

Schon hier beginnen sich die Grenzen zu verwischen: Das Buch wirbt nicht nur für den »amor bueno«, sondern versteht sich auch als Ratgeber für den »amor loco«. Die Verschiebung geht aber noch weiter. Gleich anschließend erbittet der Erzpriester von Gott die Befähigung, ein Buch von rechter Liebe schreiben zu können: »[un] libro de buen amor [...] que los cuerpos alegre e a las almas preste« (Strophe 13 des an dieser Stelle beginnenden Versteils). Damit reicht der »amor bueno« aber bereits in den Bereich des Leibes hinüber (»el cuerpo«), und damit auf das rein weltliche Gebiet des »amor loco«. Die Intention scheint jetzt zu sein, Leib und Seele miteinander zu versöhnen, ihnen gleichsam gemeinsam wohl zu tun, wofür der Erzpriester seine ganze sprachliche Meisterschaft und Reimkunst aufzubieten verspricht.

Nach einem weiteren Lob der Jungfrau Maria und nach expliziten Hinweisen auf die Doppeldeutigkeit seines Schreibens geht der Erzpriester noch einen Schritt weiter: er kommt vom allgemein Menschlichen zum menschlich Besonderen, nämlich zu sich selbst, gemäß dem bekannten Deduktionsverfahren: »Alle Menschen sind Sünder; ich bin ein Mensch, also bin auch ich ein Sünder.« Und das ›Leibliche‹ an seiner Liebeskonzeption konkretisiert er gleich mit: es geht ihm nicht nur um Körperlichkeit im Allgemeinen, sondern um Sexualität im Besonderen, nämlich um den Verkehr mit erquickender Weiblichkeit:

> Como dize Aristotiles, cosa es verdadera,
> el mundo por dos cosas trabaja: la primera,
> por aver mantenençia; la otra cosa era
> por aver juntamiento con fenbra plazentera.
> [...]
> E yo, como só omne como otro, pecador,
> ove de las mugeres a las vezes grand amor;
> [...] (Str. 71 u. 76)

Jetzt erst, nach langer Vorbereitung, beginnt der Hauptteil des *LBA*, der nicht ausschließlich, aber doch vorrangig das Liebesleben, also die Unkeuschheit des Erzpriesters zum Gegenstand hat. Dieser redet fortan, wiederum nicht immer, aber doch hauptsächlich (und stellvertretend für alle), von sich in der Ich-Form, allerdings weiter unter dem Vorbehalt, er wolle die Leser dazu anleiten, Gut und Böse voneinander zu trennen, nicht aber ihm nachzueifern.

Wer an dieser Stelle glaubt, die anfängliche Propagierung von Weltabgewandtheit und Gottesliebe sei ein bloßer, vielleicht sogar scheinheiliger Vorwand gewesen, um fortan desto unverschämter von der Welt- und Frauenliebe reden zu können, sieht sich getäuscht. Es geht vielmehr auch weiterhin um einen grundsätzlichen Widerspruch, bei dem beide Seiten auf ihrem Recht bestehen. Der Ich-Erzähler aber demonstriert mit erstaunlicher Gelassenheit, dass dieser Widerspruch mit Humor und Selbstironie *auszuhalten* ist. Denn es ist ein Widerspruch der menschlichen Natur, dass sie gleichzeitig nach der Befriedigung ihrer aktuellen körperlichen Bedürfnisse und nach der Erfüllung ihrer Sehnsucht nach dem ewigen Leben strebt. So stehen in diesem Buch ganz unvermittelt, aber zugleich reizvoll, neben-einander: die moralische Reflexion und das Streben nach Gott auf der einen Seite, und auf der anderen die illusionsfreie und lebensnahe Bestandsaufnahme dessen, was man später die *condition humaine* nennen wird. Insofern haben wir es hier mit einem Text zu tun, dessen Weltsicht, bei aller Glaubensgewissheit, nicht mehr rein theozentrisch, sondern in hohem Maße (weil quantitativ überwiegend) anthropo-zentrisch ist und der damit in eine überraschende Nähe zu Boccaccios fast gleichzei-tigem *Decameron* rückt, in dem, ausgehend von der Rahmen-Dialektik zwischen *miseria* und *dignitas hominis* (menschlichem Elend und menschlicher Würde), die naturgegebene Geschlechtlichkeit des Menschen das beherrschende Thema ist. Das *Decameron* wird, gleichsam als ›Humana Commedia‹, damit zum Gegenstück von Dantes *Divina Commedia*. Tatsächlich findet sich im Textkonglomerat des *LBA* eine Reihe von erotischen Geschichten, die Boccaccio nicht anders geschrieben hätte.

Genau diese als Konglomerat bezeichnete Textgestalt unterscheidet den *LBA* aber auch wieder von Boccaccio, und nicht nur von ihm. Sie macht auch dem mo-dernen, an Kohärenz gewohnten Leser zu schaffen. Dabei hat der Text durchaus eine erkennbare Grundstruktur. Zunächst sorgt das ›Ich‹ für einen gewissen Zu-sammenhalt. Aber es ist noch recht schwach, jedenfalls nicht ausgeprägt genug, verschwindet über längere Strecken und verbirgt sich, während der Endrina-Epi-sode, sogar hinter einem ›fremden‹ Namen: »don Melón de la (H)uerta« (Str. 738). Hinter dem ›Ich‹ steht auch noch kein Autor oder Erzähler im modernen Sinn. »Juan Ruiz«, der sich an zwei Stellen (Str. 19 und 575) als solcher bezeichnet, ist nur eine Maske, was auch durch den Allerweltsnamen unterstrichen wird. Jedenfalls konnte bis heute weder ein Juan Ruiz noch ein Arcipreste de Hita ermittelt werden, der für *LBA* als Autor in Frage käme. Gleichwohl ist dem Text zu entnehmen, dass der unbekannte wahre Verfasser ein gebildeter und kunstfertiger Mann war, der über solide theologische und juristische Kenntnisse verfügte, ein Kleriker oder Ju-rist also, dazu ein Poet, der das herausragende Versmaß des gebildeten *mester de clerecía* beherrschte, die *cuaderna vía* (Vierzeiler-Strophen, bestehend aus Alexan-drinern, mit durchgehendem Vollreim). Er versteht sich allerdings auch auf an-dere, volkstümlichere Metren und zeigt sich zu Recht stolz auf seine dichterische Meisterschaft, die es ihm erlaubt, im gehobenen Versmaß so zu reden, als ob er ein einfacher *juglar*, also ein Spielmann wäre. Er versteckt also nicht seine höhere Bil-dung, aber er spricht eine Sprache, die volkstümlich, zupackend und konkret ist. Die Art und Weise, wie er sprachlich-stilistisch Hoch und Niedrig, *mester de cle-recía* und *mester de juglaría* mischt, ist ebenso originell wie erfrischend.

In der Wahl seiner Themen und Stoffe hingegen kommt es dem Arcipreste auf Originalität nicht an. Er trinkt, wie im Mittelalter üblich, aus allen Quellen, die ihm erreichbar waren: die Bibel und die Technik ihrer Glossierung, die Exempla- und die Tierfabelsammlungen, die Ständesatire, verschiedene Gattungen der religiösen und weltlichen Lyrik, die Epen (dies vor allem in parodistischer Hinsicht), Ovids *Ars amatoria* und ihr blasses mittelalterliches Gegenstück: die *Pamphilus*-Komödie.

Noch etwas anderes fällt auf: Obwohl es dem wahren Autor durchaus nicht an Selbstbewusstsein fehlt, erhebt er keinerlei Besitzanspruch an seinem Text, reklamiert also, wie im Mittelalter ebenfalls üblich, kein Copyright. Aber er tut das, indem er sein Buch ausdrücklich zur freien Verfügung stellt, so plakativ wie kaum ein anderer und ist insoweit doch auch wieder originell.

> Qualquier omne que l'oya, si bien trobar sopiere,
> más á y añadir e emendar, si quisiere:
> ande de mano en mano a quienquier que l'pidiere
> como pella a las dueñas: tómelo quien podiere. (Str. 1629)

Nebenbei zeigt sich schon an dieser kurzen Stelle, wie handfest (»de mano en mano«) und wie anschaulich (Vergleich mit dem Ballspiel der Damen) er schreibt. Wenn man allein die vielen über den ganzen Text verteilten Vergleiche betrachtet, sieht man, dass *LBA* nebenbei reiches Anschauungsmaterial für das Alltagsleben im spanischen Spätmittelalter bietet.

Bei aller zunächst verwirrend wirkenden thematischen und stilistischen Vielfalt gibt es aber doch auch so etwas wie ein Leitmotiv, das den ganzen, mit über 1700 meist vierzeiligen Strophen sehr umfangreichen Text durchzieht. Dieses Leitmotiv ist die Liebe, und zwar die zu Gott genauso wie die zum Leib der Frauen. Die irdische Liebe beginnt meistens damit, dass der Erzpriester alles daransetzt, eine Frau für sich zu gewinnen, dass er dabei aber so recht nicht zum Ziel kommt, nicht zuletzt deshalb, weil er arm ist und seiner jeweiligen Herzensdame nur mit den Schöpfungen seiner Dichtkunst imponieren kann. Die Frauen aber sind in diesem spätmittelalterlichen und in puncto höfische Liebe schon desillusionierten Text kaum noch am Minnedienst eines Troubadours, wohl aber an materiellen Gütern interessiert. Die Enttäuschung über den Misserfolg bei der weltlichen Liebe fördert beim Erzpriester dann wieder die Neigung zur Gottesliebe. Freilich ist der erste Gott, der ihm gleichsam persönlich begegnet, niemand anderer als der Gott Amor, bei dem er sich bitter beschwert und dem er in einer langen, katalogartigen Einblendung alle Todsünden vor Augen hält, zu denen er die Menschen verleite. Amor wiederum, später auch Venus (in deren Sternzeichen der Erzpriester geboren sein will) versuchen dem Lernbegierigen das Einmaleins der Verführung beizubringen, auf dass es beim ›nächsten Mal‹ besser gelinge. Das Ganze wird in Form einer Pro- und-Contra-Argumentation (»amor loco« versus »amor bueno«) vorgebracht, wobei eine wahre Flut von Exempeln und Fabeln, von Beispielen und Gegenbeispielen, von Glossen und Kommentaren die alternativen Standpunkte zu illustrieren und abzustützen versucht. Man kennt dieses Verfahren der Aneinanderreihung gegenläufiger Beispielerzählungen aus der orientalischen Erzähltradition, etwa aus der im Mittelalter so beliebten Sammlung von den *Sieben weisen Meistern*.

Der moderne Leser wird das kaum so detailliert nachvollziehen wollen, und es ist noch sehr die Frage, ob es der mittelalterliche Leser getan hat. Der *LBA* war wohl eher eine Anthologie oder ein Thesaurus erzählender, didaktisierender, lyrischer und allegorisierender Literatur, notdürftig zusammengehalten durch den roten Faden des Grundthemas. Es ist auch ein Text, der zwar mit den Möglichkeiten des mündlichen Vortrags spielt, der aber von vornherein eher zur kursorischen Lektüre oder zum Vorlesen einlud, weshalb es nur legitim ist, ihn entsprechend zu ›gebrauchen‹. Glanzstücke sind, an seinem Anfang, die Satire auf die Gerichtsbarkeit in Form einer Tierfabel (Str. 321 ff.) und die Satire auf die Macht des Geldes (Str. 490 ff.), dem alle anderen Werte zum Opfer gebracht werden. Ein anderes Bravourstück, als sei es von Boccaccio persönlich, ist das Exempel von Don Pitas Payas, das eine der Lehren von Dame Venus – man dürfe die geliebte Frau nicht vernachlässigen – ebenso anzüglich wie lebhaft veranschaulicht: Als Herr Pitas Payas für einige Zeit verreisen muss, malt er seiner jungen Frau ein Lämmchen unter den Bauchnabel. Da er aber länger fernbleibt, als verabredet, nämlich zwei lange Jahre, vergnügt die Frau sich unterdessen mit einem anderen, wodurch das Lämmchen mit der Zeit verwischt wird. Als der Ehemann am Ende doch noch zurückkehrt – wie immer wenn er am wenigsten erwartet wird –, ist guter Rat teuer. Der Liebhaber versucht eine Kopie aufzumalen, aber das Lämmchen wird infolge der Eile unversehens zum ausgewachsenen, mit Hörnern bewehrten Widder. Als der erstaunte Pitas Payas die mirakulöse Verwandlung gewahr wird und von der Frau Aufklärung verlangt, bekommt er von der Zungenfertigen die Antwort, dass er sich nicht zu wundern brauche, wenn das Lämmchen in den zwei Jahren seiner Abwesenheit zum ausgewachsenen Widder geworden sei: »Wärt Ihr früher gekommen, hättet Ihr ein Lämmlein gefunden.«

> »¿Cómo, mon señer,
> en dos años petit corder non se fazer carner?
> Vos veniésedes temprano e trobariades corder.« (Str. 484)

Eine neue Qualität erlangt *LBA* im Mittelteil durch die Einführung einer Figur (Str. 697 ff.), die rasch populär geworden ist, so populär, dass sie 150 Jahre später, unter dem Namen Celestina, zur Titelfigur eines weiteren Klassikers der spanischen Literatur werden konnte. Die Rede ist von einer Kupplerin, die hauptsächlich unter dem sprechenden Namen Trotaconventos auftritt, allerdings auch Urraca genannt wird. Sie selbst (ausgerechnet sie!) möchte allerdings »buen amor« gerufen werden (Str. 932) – ein weiteres Anzeichen für die Überlagerung der ›Grundbegriffe‹. Den Anlass zu ihrer Einführung liefert Doña Endrina, eine junge Witwe, in die sich der Erzpriester verliebt hat. Da er aus eigener Kraft nicht zum Ziel kommt, muss es (die von Amor persönlich empfohlene) Trotaconventos für ihn richten, diesmal sogar mit zufriedenstellendem Erfolg. Freilich dauert das Glück nicht lange, weil Endrina, kaum in Liebe entbrannt, schon wieder das Zeitliche segnet. Dass dem »amor loco« nur eine begrenzte Zeit zugebilligt wird, mag im Übrigen ebenfalls zum Ausgleichsprogramm des Verfassers gehören.

Wie Trotaconventos das Feuer entfacht – durch die Erfindung eines Nebenbuhlers von *ihm*, durch geduldige ›Überzeugungsarbeit‹ bei *ihr* –; wie sie zunächst in das Haus Endrinas (den Bereich der Ehre) eindringt und sie nach und nach dazu bringt, die Schwelle des Kupplerinnenhauses (den Bereich der Sünde) zu übertreten, wie sie aber gleichzeitig für Diskretion zu sorgen versteht, wie also an die Stelle des Gottes Amor oder der Göttin Venus eine geschäftstüchtige Alltagsfigur tritt, die mit der Sexualität ihr Geld verdient, ist einerseits eine satirisch-parodistische Herabstimmung hoher Liebesideale, andererseits aber auch ein Bravourstück früher Moralistik, der nichts Menschliches fremd ist. Abgeschlossen wird die Endrina-Episode, der noch ein paar kleinere Liebesabenteuer folgen, mit dem dringenden, an die Frauen gerichteten Rat des Erzpriesters:

> Guardatvos de amor loco, non vos prenda ni alcançe;
> abrid vuestras orejas: el coraçón se lançe
> en amor de Dios limpio, loco amor no'l trançe. (Str. 904)

Man mag das als neuen Beweis für die unerschütterliche Frömmigkeit des Erzpriesters werten, aber dass er ausgerechnet an dieser Stelle die reine Gottesliebe propagiert, entbehrt nicht einer gewissen Unverschämtheit.

Es folgen vier groteske *serranillas* (das spanische Gegenstück zur provenzalischen *pastourelle*). Der Erzpriester wird, bei der Überquerung des Guadarrama-Gebirges, gleich viermal Opfer übermächtig starker Frauen, die ihn in die Flucht schlagen, ihm Geld abnehmen oder ihn sogar vergewaltigen. Hier wird also das Machtverhältnis zwischen Mann und Frau auf den Kopf gestellt. Anschließend aber wird der Effekt einer diesmal groben Sinnlichkeit wieder durch einen frommen Gesang auf die Leiden unseres Herrn Jesu Christi kompensiert.

Burlesk und karnevalesk geht es weiter in der langen, über 250 Strophen (1067–1320) sich hinziehenden Episode der »Pelea que ovo don Carnal con doña Cuaresma«, aus der das Ich des Erzpriesters weitgehend ausgeblendet bleibt, auch wenn es sich in den Anfangsversen mit der Rolle des Don Carnal zu identifizieren scheint. Vorgetragen wird dieser Kampf zwischen Fleisch und Fasten im Stil einer Epenparodie: Die Kriegserklärung von Cuaresma an Carnal; die sich bildenden Schlachtreihen: Speck, Rebhühner, Kapaune und viele andere ›Fleischprodukte‹ aufseiten Carnals; Lauch, Sardinen, Thunfisch und andere Fastenspeisen aufseiten Cuaresmas. Diese trägt am Tag der Schlacht zuerst einen leichten Sieg davon, weil die Truppen Carnals wegen einer am Vorabend stattgehabten Völlerei kampfunfähig sind. Carnal muss sich gefangen geben und wird mit einer langen Predigt zur Buße verdonnert (»acto de contrición«). Gegen Ende der Fastenzeit kommt er aber wieder zu Kräften, während Cuaresma, »de flaca condición«, immer weniger zuzusetzen hat. Schließlich flieht sie, und Carnal bleibt an Ostern als strahlender Sieger auf der Walstatt zurück. Ihm folgt Gott Amor, umjubelt von seinen Anhängern: Kleriker, Klosterbrüder und -schwestern vorneweg.

Von Neuem wird also auch in dieser Episode das Grundthema des *LBA* variiert, stehen sich doch Gaumenfreuden und Liebeslust auf der einen, Fasten und Buße auf der anderen Seite gegenüber. Dazwischen befindet sich, als Episode in der Episode, die gründliche Anleitung zum »acto de contrición«, zur ›Jenseitsvorsorge‹ also. Am Ende aber triumphiert Amor, und dieser Triumph ist, im Kreislauf des Jahres, eingebettet in das Erwachen der Natur:

> Día era muy santo de la Pascua Mayor,
> el sol salía muy claro e de noble color;

los omnes e las aves e toda noble flor,
todos van resçebir, cantando, al Amor. (Str. 1225)

Resçíbenlo las aves, gayos e ruiseñores
[...] (Str. 1226)
Resçíbenlo los árboles con ramos e con flores
[...] (Str. 1227)

Freilich: Auch Amor ist nicht allmächtig. Auch *seine* Herrschaft ist dem Kreislauf der Natur unterworfen (Str. 1266 ff. enthält eine Allegorie des Jahreszyklus). Zum Überwintern geht er nach Andalusien. Und in der Fastenzeit will keiner etwas von ihm wissen. Letztlich hat im Jahresring alles seine Zeit: das Fasten und das Lieben; und keines von beiden kann dem anderen endgültig seinen Willen aufzwingen.

Nach Amors erneuter Machtübernahme erwacht die Liebessehnsucht auch beim Erzpriester von Neuem, der jetzt, als ›Ich‹, wieder die Protagonistenrolle übernimmt. Abermals unterstützt ihn Trotaconventos dabei, die jetzt sogar eine Nonne für ihn entflammt. Der Vorteil des Beilagers mit einer Nonne, meint sie, liege darin, dass eine solche Partnerschaft im Allgemeinen genau deshalb langlebig sei, weil Nonnen nicht an einer Heirat interessiert seien und weil sie, wegen ihres religiösen Status, besonders diskret sein müssten. Auch verstünde es bekanntlich niemand besser als sie, wirksame Aphrodisiaka herzustellen (Str. 1333). Trotzdem dauert das Verhältnis nicht lange, weil der baldige Tod der Nonne ihm ein Ende setzt. Auch sonst wird der Tod jetzt zu einem Hauptthema, weil kurz darauf auch Trotaconventos von ihm ereilt wird. Wir sehen jetzt (aber auch schon vorher, bei der Aneinanderreihung karnevalesker Umkehrungen), dass der Text sich auch gewisser Assoziationsketten zu seinem Fortschreiten bedient.

Der Tod der Trotaconventos gibt dem Erzpriester Gelegenheit zu einem langen *planctus*, einer Totenklage also, die aber, wie so vieles in diesem Text, nicht ganz orthodox ist. Der Tod erscheint im *LBA* nicht, wie rund hundert Jahre später in den berühmten *Coplas de la muerte de su padre* von Jorge Manrique (1476), in dann wieder theozentrischer Sicht, als das große Zeichen der Vergänglichkeit alles Irdischen und der Hoffnung aufs Jenseits. Der Tod ist vielmehr der Großtyrann, Feind des Lebens, Zerstörer aller Sinnenfreude, der vom Klagenden und gegen ihn Rebellierenden nicht einfach hingenommen wird. Vielmehr beschimpft er ihn nach Kräften und wünscht am Ende dem Tod selbst den Tod: »Muerte desmesurada, ¡matasses a ti sola!« (Str. 1568). Nichts könnte besser die anthropozentrische Wende in der Weltsicht des *LBA* unterstreichen.

Aber ist es tatsächlich eine wirkliche und definitive Wende? Dass man in der Beurteilung so weit nicht oder doch nur unter Vorbehalt gehen darf, dafür sorgt der Text jedesmal, wenn er auf Anzeichen der Verweltlichung, ja der Heterodoxie, solche der Gottesfurcht und Orthodoxie folgen lässt. Und umgekehrt lässt er auf die Äußerungen des »buen amor« solche des »amor loco« folgen, wenn er die beiden nicht sogar miteinander verschmilzt. Eben das ist dann auch ein Hinweis darauf, dass es nicht richtig war, den Widerspruch nach den Regeln einer Entweder-

Oder-Logik aufzulösen, wie man es in der Forschung lange Zeit und immer wieder versucht hat. Gerade die scheinbare Konfusion ist vielmehr ein Anzeichen dafür, dass beides gleichermaßen gilt und das eine das andere gerade *nicht* ausschließt.

Dabei ist sicher auch zu bedenken, dass die Grenzen zwischen Orthodoxie und Heterodoxie zur Zeit des *LBA* noch nicht unverrückbar festgelegt und also bestreitbar waren. Nicht zu Unrecht hat man auf die Verbindung zwischen unserem Text und dem mozarabischen Denken auf der iberischen Halbinsel hingewiesen, insbesondere auf die Nähe zum Averroismus, benannt nach dem in Córdoba lebenden Arzt und Philosophen Averroes (1126–1198), der durch seine abweichlerischen Aristoteles-Kommentare berühmt wurde und mit ihnen just eine anthropozentrisch und rationalistisch modellierte Theologie begründete. Für sie war es legitim, das Glück nicht erst im Jenseits, sondern bereits auf Erden zu suchen und die Sexualität, auch die der Priester und Nonnen, anzuerkennen, weil sie zur Natur des Menschen gehört. Andererseits wurde der Tod ganz realistisch als Schrecken, ja als Übel begriffen, und es blieb offen, ob es für die Seele ein Leben *danach* überhaupt geben könne. Offiziell ist diese Lehre schon im 13. Jahrhundert als ketzerisch verdammt worden; ›inoffiziell‹ hat sie aber weitergewirkt. Darüber hinaus weist *LBA* deutliche Parallelen zum *Halsband der Taube* aus der ersten Hälfte des 11. Jahrhunderts auf. Auch dieses Werk, Beispielerzählungen des ebenfalls aus Südspanien stammenden arabischen Autors Ibn Hazm, lebt aus der Spannung zwischen der Feier des Eros und dem Lob der Keuschheit.

Auch das Ende von *LBA* ist wieder im höchsten Maße ambivalent: Auf die frommen Erörterungen darüber, welcher Waffen sich der Christ bedienen müsse, um den Teufel, die Welt und das Fleisch im Zaum zu halten (»para vencer el diablo, el mundo y la carne«, Str. 1579–1605), folgt das ebenso freche wie ›spitze‹ Lob der »dueñas chicas«, der kleinen Frauen (Str. 1606–1617):

> Dirévos de dueñas chicas que lo avredes por juego:
> son frías como la nieve e arden como el fuego.
> Son frías de fuera, en el amor ardientes:
> en cama solaz, trebejo, plazenteras, rientes,
> en casa cuerdas, donosas, sosegadas, bienfazientes. (Str. 1608 f.)

Dieser ›Lobpreis der Kleinheit‹ wiederum leitet über zum selbstbewussten Lob auf die ›Kleinheit‹ des eigenen Buches, dessen ›Reiz‹ (wie bei den kleinen Frauen) nur der entdeckt, der aufmerksam hinschaut oder, in diesem Fall, liest:

> Fizvos pequeño libro de testo, mas la glosa
> non creo que es chica, ante es bien grand prosa,
> que sobre cada fabla se entiende otra cosa
> sin la que se alega en la razón fermosa.
>
> De la santidat mucha es bien grand liçionario,
> mas de juego e de burla es chico breviario;

por ende fago punto e çierro mi almario:
séavos chica fabla, solaz e letuario. (Str. 1631 f.)

Man kann es abschließend kaum prägnanter sagen, was das Buch beabsichtigt hat: das Profane mit dem Heiligen und die Kurzweil des Ausgesprochenen mit der höheren Bedeutung des nur Angedeuteten zu verbinden (wobei an dieser exponierten Stelle die Kurzweil – man möchte sagen: selbstverständlich – zugunsten der ›höheren Bedeutung‹ herunterzuspielen war). Im Übrigen gilt: »tout finit par des chansons«, nämlich mit Lobgesängen auf die Heilige Jungfrau.

In zwei der drei überlieferten Manuskripte gibt es noch eine Coda, in der von Klerikern aus Talavera die Rede ist, die sich beim Erzbischof von Toledo über das päpstliche Verbot des priesterlichen Konkubinats beschweren. Für die Weitergabe einer so unchristlichen und widernatürlichen Anordnung habe der Erzbischof Prügel verdient. Ja sie drohen sogar damit, den Papst beim König von Kastilien zu verklagen. Kein Wunder also, dass der Erzpriester von Hita, der mit dem von Talavera solidarisch zu sein scheint, sein Buch, wie es im Explizit des Manuskriptes S heißt, im erzbischöflichen Gefängnis zu Toledo hat schreiben müssen. Damit bekommt seine anfangs erwähnte Bitte, man möge ihn aus dem »schlimmen Gefängnis« befreien, eine ganz weltliche Bedeutung. Das *Unentschieden* zwischen »amor bueno« und »amor loco« hat also zumindest in diesem Manuskript bis zur letzten Zeile Bestand.

Literaturhinweise

Ausgabe: Juan Ruiz, Arcipreste de Hita: *Libro de buen amor*, ed. Alberto Blecua, Madrid 2008
Übersetzung: Hans Ulrich Gumbrecht, München 1972 [mit Einleitung]

Weitere Literatur

Spanische Literaturgeschichte, S. 43–46
Marcelino Menéndez y Pelayo: *Historia de los heterodoxos españoles*, Edición digital Alicante: Biblioteca virtual Cervantes, 2003, Libro tercero, Kap. IV/III
Hans Ulrich Gumbrecht: ›*Eine*‹ *Geschichte der spanischen Literatur*, Bd. 1, Frankfurt a. M. 1990

Übersetzung

(Hans-Jörg Neuschäfer unter Verwendung von Hans Ulrich Gumbrecht)

Zu S. 11:
Wie Aristoteles sagt – und es ist wahr –, müht sich die Menschheit um zwei Dinge: erstens um die Sicherung des Lebensunterhaltes und zweitens darum, Gemeinschaft mit einem erquickenden weiblichen Wesen zu haben. [...] Und ich, weil ich wie jeder Mensch ein Sünder bin, war in die Frauen zuweilen sehr verliebt.

Zu S. 13:

> Jeder der es hört, darf, wenn er gut dichten kann, von sich aus etwas hinzufügen oder verbessern. Meine Dichtung möge von Hand zu Hand gehen, wer immer nach ihr verlangt, so wie der Ball beim Spiel der Damen: jede schnappt ihn, die ihn fangen kann.

Zu S. 14:

> »Wie, mein Herr, soll in zwei Jahren aus einem kleinen Lamm etwa nicht ein ausgewachsener Hammel werden? Wäret Ihr früher gekommen, hättet Ihr ein Lamm vorgefunden!«

Zu S. 15

> Hütet Euch vor der törichten Liebe; lasst sie nicht an Euch heran. Öffnet Eure Ohren; das Herz soll sich der reinen Gottesliebe ergeben. Törichte Liebe möge es nicht ins Straucheln bringen.

Zu S. 15 f.

> Es war der heilige Ostertag. Die Sonne ging auf, hell und schön gefärbt. Die Menschen, die Vögel und die schönen Blumen: Alle empfangen Amor mit Gesang. [...] Es empfangen ihn die Vögel, Drosseln und Nachtigallen. [...] Es empfangen ihn die Bäume mit Zweigen und Blüten.

Zu S. 17:

> Ich werde Euch von kleinen Frauen erzählen, nehmt es als Scherz. Sie sind kalt wie der Schnee und brennen heißer als das Feuer. Wenn sie äußerlich auch kalt sind, so glühen sie doch in der Liebe. Im Bett sorgen sie für Vergnügen und Bewegung, sind gefällig und lächelnd. Im Haus sind sie klug, anmutig, ruhig und tüchtig.

> Ich schrieb Euch ein Buch mit kurzweiligem Erzähltext; der Kommentar aber ist, glaube ich, nicht gering, sondern ein gutes Stück Prosa: denn über jede Geschichte hinaus vernimmt man etwas mehr als das, was in der schönen Rede gesagt wurde. Es ist ein Lehrbuch von heiligen Dingen, aber ein kurzes Brevier zu Spiel und Spaß. Daher mache ich einen Punkt und schließe meinen Schrank. Möge Euch die kleine Geschichte Unterhaltung und Genuss bereiten.

Kapitel III
Der Romancero als Unterhaltungsliteratur
(ab 15. Jh.)

Die Romanzendichtung ist die spanische Literaturform *par excellence*. Darauf deutet schon die Etymologie der Gattungsbezeichnung hin: »romanice« reden heißt ja eigentlich »in der Volkssprache (also spanisch und nicht lateinisch) reden«. So erscheint die Romanze von vornherein als etwas ›typisch Spanischpraches‹ und zugleich als etwas ›Volkstümliches‹. Tatsächlich stammen die Romanzen von namenlosen Autoren und wurden bis ins 16. Jahrhundert, wo man sie in *Cancioneros* und *Romanceros* zu sammeln und aufzuschreiben begann, ausschließlich mündlich weitergegeben. Dabei wurden sie immer wieder verändert, sodass die schriftlich fixierten Texte, die in unseren heutigen Ausgaben stehen, nichts Endgültiges darstellen, sondern eher Zufallsfunde sind, zu denen es Varianten gab. Das kann man heute noch an jenen Romanzenstoffen sehen, die in mehreren Versionen aufnotiert wurden.

Über die Entstehung der Romanzendichtung gibt es unterschiedliche Theorien, oder besser: Vermutungen, die sich mangels schriftlicher Zeugnisse nicht wirklich belegen lassen. Zwei Hypothesen, die plausibelsten, sollen hier kurz erörtert werden. Auf der einen Seite steht die von Ramón Menéndez Pidal begründete Schule des (Neo-)Traditionalismus. Für sie ist die Romanzendichtung direkt aus der mittelalterlichen Heldendichtung hervorgegangen und stellt gleichsam deren Endstufe dar. Tatsächlich sind zahlreiche *romances épicos* überliefert, vor allem aus dem spanischen Sagenkreis (Cid, Bernardo del Carpio, Fernán González, Los siete Infantes de Lara), aber auch aus dem französischen im Umfeld des *Rolandsliedes*. Was ebenfalls für eine direkte Abstammung vom mittelalterlichen Heldenepos spricht, ist die Verwendung des durch Assonanzen gegliederten Sechzehnsilbers (oft auch in der Form von paarweise assonantierenden Achtsilbern gedruckt) und der epischen Formelsprache mit den vielen wörtlichen Wiederholungen, die einst das Memorieren langer Texte für den mündlichen Vortrag erleichterten. In der neuen Gattung sind aber selbst die epischen Romanzen in aller Regel nur noch Kurztexte, gleichsam Fragmente, in denen einzelne Glanztaten, daneben aber auch Episoden aus dem Privatleben der Helden, hervorgehoben und besungen werden. Entsprechend verkürzt und nur noch sparsam verwendet sind auch die epischen Formeln. Die meisten Romanzen haben zwischen zehn und dreißig Versen, nur ganz wenige über hundert. Es ist eine deutliche Entpolitisierung und Entideologisierung der alten Epenstoffe festzustellen, die einst der Propagierung des Reconquista-Gedankens, aber auch der Legitimierung innenpolitischer Ziele dienten. In der Romanze sind nur noch jene Highlights aus den epischen Erzählungen übriggeblieben, die sich im kollektiven Gedächtnis festgesetzt haben, aber ohne Zusammenhang mit einem größeren Ganzen. Fast möchte man von ›Schlagertexten‹ sprechen, die von Mund zu Mund gingen und der Unterhaltung im Alltag dienten, nicht zuletzt bei der Arbeit, bei der die Romanzen in aller Regel *gesungen* wurden. Menéndez Pidal führt Fragmentierung und Entpolitisierung der Epenstoffe und damit die Entstehung der Romanzen, die man auf die Mitte des 14. Jahrhunderts datiert, einerseits auf den schleichenden Bedeutungsverlust des Adels zurück, der als die Trägerschicht der Epen gelten durfte, andererseits auf den nachlassenden Elan der Reconquista, die im Spätmittelalter schon weit fortgeschritten und zwischen 1280 und 1480 für lange Zeit unterbrochen war. Erst nach der Vereinigung von Kastilien und Aragon konnte sie wieder aufgenommen und durch die Eroberung Granadas 1492 abgeschlossen werden. Die lange Unterbrechung war zum einen eine Folge der internen und nicht selten kriegerischen Auseinandersetzungen im christlichen Lager selbst (wovon sich viele Spuren im *Romancero* finden), zum anderen eine Auswirkung der verheerenden Pestseuchen (von denen es in den Romanzen kein Echo gibt). Beides zusammen führte zu einer Art Waffenstillstand mit den Mauren, den diese durch Tribute zu festigen wussten. Die Folge war eine letzte und intensive Hochzeit der muslimischen Kultur in Spanien, die durch religiöse Toleranz und architektonische Meisterleistungen (z. B. den Bau der Alhambra) gekennzeichnet war. Dies wiederum blieb nicht ohne Folgen für die Einschätzung der Lage durch die Christen: In die Hoffnung auf das Ende der Reconquista mischte sich, besonders in den *romances fronterizos*, Respekt vor den zivilisatorischen Leistungen des Gegners. Während viele ›innerspanische‹ *romances épicos* dem heutigen Leser eher fremd bleiben, weil er mit dem in ihnen auftretenden Personal nicht mehr vertraut ist, gehören etliche *romances fronterizos* zu den noch immer gern gelesenen Glanzlichtern des Genres.

Für die Vertreter der anderen Meinung sind die Romanzen kein »episches Trümmerfeld« (Heinrich Morf), sondern eine neue Kunstform, die zwar *auch* traditionelle formale Elemente nutzt und auf Stoffe aus der mittelalterlichen Epik zurückgreift, die aber andere Stoffe bevorzugt und überhaupt die Welt mit anderen Augen sieht und ein eigenes Stilbewusstsein entwickelt, mit dem sie einem veränderten Publikumsinteresse entgegenkommt. Was unter diesen neuen Voraussetzungen *möglich* ist, hat Leo Spitzer schon vor über 60 Jahren in einem meisterhaften Aufsatz über den *Romance de Abenámar y el rey don Juan* gezeigt, einem der schönsten *romances fronterizos*, der im Folgenden ungekürzt wiedergegeben wird.

```
-Abenámar, Abenámar,     moro de la morería,
el día que tú naciste     grandes señales había:
Estaba la mar en calma,     la luna estaba crecida;
Moro que en tal signo nace     no debe decir mentira.-
Allí respondiera el moro,     bien oiréis lo que decía:
-No te la diré, señor,     aunque me cueste la vida,
porque soy hijo de un moro     y una cristiana cautiva;
siendo yo niño y muchacho     mi madre me lo decía:
que mentira no dijese,     que era grande villanía.
```

Por tanto, pregunta, rey,   que la verdad te diría.-
-Yo te agradezco, Abenámar   aquesa tu cortesía.
¿Qué castillos son aquéllos?   ¡Altos son y relucían!-
-El Alhambra era, señor,   y la otra la mezquita;
los otros los Alixares,   labrados a maravilla.
El moro que los labraba   cien doblas ganaba al día,
el día que no los labra   otras tantas que perdía.
El otro es Generalife,   huerta que par no tenía;
El otro, Torres Bermejas,   castillo de gran valía.-
Allí habló el rey don Juan,   bien oiréis lo que decía:
-Si tu quisieses, Granada,   contigo me casaría;
daréte en arras y dote   a Córdoba y a Sevillla.-
-Casada soy, rey don Juan;   casada soy, que no viuda;
El moro que a mí me tiene   muy grande bien me quería.- (p. 295)

Gemeint ist mit dem »rey don Juan« Juan II (1405–54), der Vater von Isabel la Católica, der vergebens versucht hatte, Granada zu erobern. Darauf spielt die Romanze an. Sie beginnt (gleich ganz direkt in der Namensnennung) mit einem Zwiegespräch zwischen Juan und dem Mauren Abenámar, zwischen Gegnern also, die sich hier respektvoll begegnen. An die Stelle des kriegerischen Kampfes ist die höfliche Aussprache getreten. Und an die Stelle der aggressiven Eroberung die Werbung um eine ›Braut‹. Damit wird die Romanze zugleich zu einer lyrischen Liebeserklärung an die unvergleichliche Schönheit dieser Stadt, die von Abenámar zuvor ganz sachlich durch die Nennung ihrer noch heute bezaubernden Bauwerke evoziert wurde. Doch die Umworbene begreift sich als Verheiratete, die ihrem *moro* die Treue hält. Und dies, obwohl sie mit dem Versprechen gelockt wird, die kaum weniger glanzvollen Städte Sevilla und Córdoba als Mitgift zu bekommen, was zugleich ein weiteres Kompliment für ihre die Konkurrentinnen überstrahlende Schönheit ist.

Aus dem hochpolitischen und blutigen Glaubenskrieg in den alten Heldenepen ist hier also ein gleichsam privater und kultivierter Wettstreit um die Gunst einer Frau geworden, die sich vorderhand noch ziert. Denn dass sie schließlich doch noch ›erobert‹ werden wird, geht schon aus der Andeutung hervor, sie sei (noch) nicht verwitwet. Und auch wenn der Maure hier mit Achtung behandelt wird, so verdankt er dies letztlich doch dem Umstand, dass er als wahrheitsliebende Ausnahmegestalt eingeführt wird und dass er, als Sohn einer christlichen Mutter, schon ›halb‹ auf der anderen Seite steht. So ist diese Romanze, auch wenn sie sich überaus tolerant gibt, letztlich doch vom christlichen Überlegenheitsstandpunkt geprägt.

Formal knüpft sie nahtlos an den mündlichen Vortragsstil der Spielmannsepik an: formelhafte Elemente (»oiréis lo que decía«); das epische Imperfekt an Stellen, wo unser grammatikalisch normiertes Sprachgefühl das Präsens erwartet (»el Alhambra era«) oder der Konjunktiv anstelle des Indikativs (»Allí respondiera el moro«). Davon abgesehen aber ist *Abenámar* alles andere als ›traditionalistisch‹. Nicht nur überwiegt der Dialog die Erzählung und tritt der Lakonismus an die Stelle der epischen Breite. Der lyrische Grundton (in anderen Romanzen auch der melodramatische) sorgt für einen ganz neuen Stil, von der Privatisierung und Individualisierung des sinngebenden Geschehens ganz zu schweigen.

Auch wenn Leo Spitzer mit seiner Analyse das poetische Potential der Romanze trefflich zur Geltung gebracht hat, ist er doch über das Ziel, eine Gegenposition zu Menéndez Pidal aufzubauen, hinausgeschossen, indem er zur Norm erhob, was zwar nicht selten, aber eben auch nicht allzu häufig der Fall war. Im *Durchschnitt* sind die Romanzen nämlich nicht unbedingt als kunstvoll, sondern durchaus als Massenware zu bezeichnen. Auch noch die Comedias im Siglo de Oro wurden ja massenhaft produziert (allein Lope de Vega hat hunderte verfasst), sodass nur relativ wenige Meisterwerke aus dem konventionalisierten Schema herausragen. Gerade wegen ihrer angeblichen Anspruchslosigkeit sind die Romanzen zunächst als Trivialliteratur fürs niedere Volk verachtet worden, so noch in der Mitte des 15. Jahrhunderts vom Marqués de Santillana. Erst ganz allmählich wurde ihnen die Ehre der Aufzeichnung zuteil. Die ersten Drucke waren, an der Wende vom 15. zum 16. Jahrhundert, billige *pliegos sueltos*, also lose Blätter, von denen kaum etwas erhalten ist.

Ab der Mitte des 16. Jahrhunderts, als die kultivierten Schichten sich für sie zu interessieren begannen, kam es zu ersten Sammelveröffentlichungen, gegen Ende des Jahrhunderts sogar zu einer regelrechten Romanzenmode, die in der Herausgabe des *Romancero general* (1600–1605) und der *Primavera y flor de los mejores romances* (1622–29) ihren Höhepunkt fand. In diesen Sammlungen finden sich nicht nur mündlich tradierte, von nun an *romances viejos* genannte Beispiele, sondern auch wirkliche, ab jetzt *romances nuevos* genannte Kunstromanzen, zu deren Verfassern berühmte Autoren wie Góngora oder Lope de Vega gehören (Letzterer hat sie auch in seinen Dramen verwendet). Von da an wurde die Romanze zu einem festen Bestandteil nicht nur der spanischen, sondern der europäischen Literatur.

Der Höhepunkt der modernen Rezeption wurde in der Romantik erreicht, besonders in Spanien (man denke an Zorrillas Anknüpfung an den *Romance fronterizo* in *Oriental*) und in Deutschland. Von Herder bis Heine reicht die theoretische und praktische Beschäftigung mit der Gattung, deren ›echt‹ volksliedhafter Charakter besonders hervorgekehrt, bisweilen auch verklärt wurde. Erst im Gefolge dieser Aufwertung avancierte sie auch zum Gegenstand der Wissenschaft. Menéndez Pidal und seine Schüler haben durch ihre Feldstudien nachgewiesen, dass Romanzen noch zu Beginn des 20. Jahrhunderts in weiten Teilen der spanisch- und portugiesischsprachigen Welt, auch in Lateinamerika und im Sefarad, gesungen wurden und also weiterhin mündlich im Umlauf waren. Dies dürfte inzwischen nicht mehr der Fall sein. In Spanien selbst hat der *Romancero de la Guerra Civil* die *Romances viejos* verdrängt. Und im Norden Mexikos sind seit einigen Jahren ganz andere Formen populärer ›Grenzlieder‹ entstanden, die von Gewalt, Drogen und den rigorosen Abschottungsmethoden der US-Regierung künden. Andererseits hat die für die Lektüre bestimmte Kunstromanze in der Lyrik der Generation von 27 und insbesondere in Lorcas *Romancero gitano* noch einmal Kultstatus erlangt, was nichts anderes bedeutet, als dass die Kunstromanze inzwischen ihrerseits populär geworden ist.

Zurück zum mündlich überlieferten *Romancero viejo*, in dessen Korpus es eine wahre Flut von mehr oder weniger sensationalistischen Texten gab, bei denen die ›nationalen‹ Stoffe (wie der vom Cid) in der Minderheit und die *romances novelescos* und *líricos* in der Überzahl waren. Diese entnahmen ihre Stoffe teilweise zwar auch noch dem epischen Repertoire, wandelten sie aber in Richtung auf eine reißerische Phantastik ab. Auch der höfische Roman Frankreichs, die *matière de Bretagne*, lieferte Stoffe, die in Spanien großen Erfolg hatten bis hin zu den von Cervantes parodierten Ritterromanen. Zahlreiche Romanzen standen der Balladenliteratur, ja sogar der späteren Bänkelsängerliteratur näher als dem alten Heldenepos: Liebesabenteuer, Treue und Untreue, die unverhoffte Rückkehr des Ehemannes, erotische Pikanterien, die böse Schwiegermutter, Vergewaltigung (auch von Frau an Mann ausgeübte), Geiselnahme, Inzest und Kindsmord, Betrug und Gegenbetrug: So sieht die vorherrschende Thematik der Romanzen aus. Ein Hang zu dem, was man heute *sex and crime* nennt, ist unverkennbar; es war dies schon immer ein Signum populärer Unterhaltungsliteratur.

Ein Blick auf die frühen schriftlichen Zeugen der Romanzenrezeption bestätigt ihren pikanten Unterhaltungswert. Der allererste Beleg, der erhalten ist, findet sich am Rand einer Vorlesungsnachschrift des mallorquiner Studenten Jaume de Olesa, der 1421 die auch nachmals populäre Romanze aufschrieb, in der ein Hirte den erotischen Verlockungen einer vornehmen Dame widersteht und in Treue zu Frau und Kindern hält. Von den zwanzig Zeilen der Romanze sind gerade einmal sechs der Standhaftigkeit des Hirten, aber vierzehn den Reizen der Dame gewidmet. Zitiert werden im Folgenden die ersten sechs und die letzten sieben Zeilen. Wie viele Romanzen hat auch diese einen abrupten Schluss und besteht hauptsächlich aus Dialog: Nur die ersten vier Zeilen und die fünfte sind erzählend, und dies ganz aus der Sicht des Hirten, in der Ich-Form. Umso besser kann man sich die Versuchung vorstellen, für die der Hirte keineswegs unempfindlich war, was wiederum die Größe seines Verzichts unterstreicht – auch der Heroismus ist hier privat geworden.

> Estase la gentil dama paseando en su vergel
> los pies tenía descalços que era maravilla ver.
> Hablávame desde lejos, no le quise responder;
> respondíle con gran saña: -¿Qué mandaís, gentil muger?-
> Con una voz amorosa, començó de responder: [...]
> -Ven acá tú, el pastorcico, si quieres tomar plazer.-
> [...]
> -Hermosuras de mi cuerpo yo te las hiciera ver:
> delgadita en la cintura, blanca soy como el papel,
> la color tengo mezclada como rosa en el rosel,
> las teticas agudicas que el brial quieren hender,
> el cuello tengo de garça, los ojos d'esparver;
> pues lo que tengo encubierto maravilla es de lo ver.-
> -Ni aunque más tengais, señora. No me puedo detener.- (p. 146)

Eine andere wichtige Quelle für die Einschätzung des Publikumsgeschmacks in der Hochzeit der Romanzenrezeption stellt der *Don Quijote* dar, in dem Romanzen häufig erwähnt und nicht selten zitiert werden. Aber selbst in diesem Roman, in dem der Protagonist die alten Heroenzeiten wiederbeleben will, gehören die angeführten Beispiele überwiegend zum ›novelesken‹ Bereich. Schon im zweiten Kapitel des Ersten Teils wird eine der beliebtesten Lancelot-Romanzen zitiert und zugleich parodiert. Ihre Beliebtheit verdankte sie ganz offensichtlich dem Umstand, dass sie eines der berühmten Liebespaare des höfischen Romans (Lancelot und Geneviève) im Rahmen einer blutrünstigen Eifersuchts- und Ehebruchsgeschichte agieren lässt. Sie beginnt mit den Worten:

Nunca fuera caballero de damas tan bien servido
como fuera Lanzarote cuando de Bretaña vino,
que dueñas curaban de él, doncellas de su rocino. (p. 224)

Cervantes legt sie Don Quijote in den Mund, der sich damit bei den vermeintlichen *dueñas* und *doncellas* einer ebenso vermeintlichen Ritterburg einführt, die in Wahrheit ein Wirtshaus für Durchreisende ist, in dem sich damals wie heute auch Damen vom horizontalen Gewerbe aufhielten. Mit zwei kleinen Änderungen – »Don Quijote« anstelle von »Lanzarote« und »su aldea« statt »Bretaña« – verwandelt sich die mythische *matière de Bretagne* sogleich in die vertraute Nähe der Mancha.

Wesentlich tiefgreifender ist die Verwendung der Romanze von Gaiferos, der seine Gattin Melisendra aus maurischer Gefangenschaft befreit (mit 302 Versen eine der längsten aus dem Korpus). Sie findet sich in der berühmten Episode vom Maese Pedro (alias Galeerensträfling Ginés de Pasamonte), der Don Quijote im 25. und 26. Kapitel des Zweiten Teils als Puppenspieler wiederbegegnet und eine freie Version dieser Romanze in seinem Marionettentheater aufführt: »Esta verdadera historia que aquí a vuesas mercedes se representa es sacada al pie de la letra de las corónicas francesas y de los romances españoles que andan en boca de las gentes y de los muchachos por esas calles« (p. 846). Don Quijotes Narrheit wird durch die Aufführung derart angeheizt, dass er das Spiel mit der Wirklichkeit verwechselt und bei seinem ›Eingreifen‹ das Theater zerstört. Cervantes benutzt diese Episode dazu, die Weltsicht der Romanzen, genauso wie die der Ritterromane (und an dieser Stelle auch die der Comedias) zu hinterfragen und, auf dem Umweg über die Kommentare der beteiligten Personen, eine handlungsimmanente poetologische Auseinandersetzung zu initiieren. Dabei werden vor allem jene Auswüchse ins Visier genommen (»los mil disparates«), die der Wahrscheinlichkeit widersprechen und den ›modernen‹ Ansprüchen des Rationalismus, den Ansprüchen eines ›aufgeklärten‹ Lesers oder Betrachtes also, nicht mehr genügen. Dies zeigt, dass die Gattung der Romanze vom Beginn des 17. Jahrhunderts an nicht mehr einfach nur weitertradiert, sondern auch zum Gegenstand ironischkritischer Reflexion wurde. Der Umgang mit den Romanzen hat seitdem seine ›Unschuld‹ verloren.

Literaturhinweise

Ausgabe: *Romancero*, ed. Giuseppe di Stefano, Madrid: Clásicos Taurus, 1993 [in Klammern jeweils die Seitenzahl]; *Quijote*-Zitat: Miguel de Cervantes: *Don Quijote de la Mancha*, ed. Francisco Rico, Barcelona: Crítica, 1998 [mit umfangreichen Kommentaren und bibliographischen Angaben]

Weitere Literatur

Spanische Literaturgeschichte, S. 48–51
Paul Bénichou: *Creación poética en el Romancero tradicional*, Madrid 1968
Ramón Menéndez Pidal: *Romancero hispánico (hispano-portugués, americano y sefardí). Teoría e historia*, 2 Bde., Madrid 1968.
Leo Spitzer: »El romance de Abenámar«, in: Ders., *Romanische Literaturstudien 1936–1956*, Tübingen 1959.

Übersetzung

(Hans-Jörg Neuschäfer)

Zu S. 21 f.:
»Abenámar, Abenámar, Maure aus dem Maurenland.
Am Tag deiner Geburt gab es bedeutsame Zeichen.
Das Meer war ruhig und der Mond war voll.
Ein Maure, der unter solchen Zeichen geboren wurde, wird nie eine Lüge sagen.«
Da antwortete der Maure; hört, was er sagte:
»Señor, ich werde nicht lügen, und wenn es mich das Leben kostet.
Denn ich bin der Sohn eines Mauren und einer in Gefangenschaft lebenden Christin.
Als ich noch ein kleines Kind war, sagte meine Mutter zu mir,
ich solle niemals lügen, das wäre eine große Gemeinheit.
Deshalb frage ruhig; ich werde dir die Wahrheit sagen.«
»Abenámar, ich danke dir für deine Höflichkeit.
Was sind das für Burgen, hoch und leuchtend?«
»Herr, die Alhambra ist's, und nebenan die Moschee.
Dort sind die Alixares, mit handwerklicher Meisterschaft erbaut.
Der Maure, der sie errichtet hat, verdiente dafür 100 Dublonen pro Tag;
und wenn er nicht arbeitete, verlor er jeden Tag ebensoviel.
Das dort ist der Generalife, der Garten hat nicht seinesgleichen.
Und dort die Torres Bermejas, Türme von großem Wert.«
Da sprach der König Don Juan, hört was er sagte:
»Wenn Du mich möchtest, Granada, würde ich Dich heiraten,
Ich gebe zu Deiner Mitgift noch Córdoba und Sevilla hinzu.«
»Ich bin verheiratet, König Don Juan, verheiratet bin ich, und nicht verwitwet.
Der Maure, der mich besitzt, liebt mich über die Maßen.«

Zu S. 24:

> Die schöne Dame ergeht sich im Garten.
> Die Füße sind unbeschuht und wunderschön anzusehen.
> Sie sprach mich von weitem an; ich aber wollte nicht antworten.
> Ich antwortete zornig: »Was wollt Ihr, schöne Frau?«
> Sie sprach mit einschmeichelnder Stimme: [...]
> »Komm her, kleiner Schäferjunge, wenn du deinen Spaß haben willst.
> [...]
> Du wirst die Schönheit meines Körpers ansehen dürfen.
> Schmale Hüften habe ich; meine Haut ist so weiß wie Papier.
> Das Gesicht ist rosig, wie die Rose im Rosenbusch.
> Meine Brüste sind spitz; das Mieder könnten sie sprengen.
> Der Hals ist der einer Gazelle; die Augen sind die des Sperbers.
> Und erst das, was bedeckt ist! Du wirst staunen, wenn du es siehst.«
> »Und wenn Ihr noch mehr zu bieten hättet, Señora, ich darf nicht verweilen.«

Zu S. 25:

> Nie wurde ein Ritter von Damen so gut umsorgt
> wie Lancelot, als er aus Britannien kam.
> Frauen kümmerten sich um seine Person, Fräuleins ums Ross.

Kapitel IV
Fernando de Rojas: *La Celestina* (1499)
Die Entdeckung der Sexualität

La Celestina hieß der Text nicht von Anfang an. Der Titel wurde ihm vielmehr erst nachträglich vom Publikum ›verliehen‹ und von den Verlegern als verkaufsfördernd akzeptiert, denn er spiegelt die Faszination wider, die von *ihr* ausgeht: der ehemaligen Hure, die, alt geworden, hauptsächlich Kuppelei betreibt, wobei sie noch immer gern ›dabei‹ zuschaut; der Vertreiberin von Schönheitsmitteln, der Wiederherstellerin verlorengegangener Jungfernschaft, die kein Blatt vor den unverschämten Mund nimmt und sich keine Illusionen macht, denn keine kennt wie sie die Abgründe und Widersprüche der menschlichen Natur, auch ihrer eigenen. Den einen gilt sie als Hexe und als verabscheuungswürdige Verkörperung des Bösen; den anderen als Befreierin von Hemmungen und als Ent-Deckerin verdrängter Sexualität. Auch wenn sie, ermordet von Calistos Dienern, schon lange vor dem Ende des Dramas abtritt, ist sie die einzig Aktive in ihm und diejenige, die seine Handlung vorantreibt. Anders als die Figur der Trotaconventos im *Libro de buen amor*, ihrem literarischen Vorläufer, ist Celestina die Hauptfigur dieser Tragicomedia.

Tatasächlich hieß der erste Titel *Tragicomedia* (ursprünglich sogar nur *Comedia*) *de Calisto y Melibea* und bezog sich auf die beiden Standespersonen (er adliger, sie bürgerlicher Herkunft), die von Anfang bis Ende dabei und deshalb die ›offiziellen‹ Hauptpersonen sind, von der Entstehung ihrer Liebe bis zum Unfalltod Calistos und zum Selbstmord Melibeas. Man hat sich die Verliebten als sehr jung und sehr unerfahren, ja als grenzenlos naiv vorzustellen. Melibea, kaum dem Kindesalter entwachsen, macht mit Calisto ihre ersten sexuellen Erfahrungen. Eben dazu bedarf es der – fast möchte man sagen – Hebammenkunst der Celestina, denn besonders die weibliche Sexualität war zur Zeit der Entstehung des Textes (kurz vor der Jahrhundertwende zwischen dem 15. und dem 16. Jahrhundert) eine hoch tabuisierte, von den Eltern, ja der ganzen Gesellschaft streng überwachte, gleichsam unaussprechliche Angelegenheit, jedenfalls so lange man sich unter Personen von Stand bewegte. Sie war eigentlich nur dadurch zu handhaben, dass man seine Tochter möglichst früh verheiratete, damit der Sexualtrieb schon *innerhalb* der Ehe, also in ›geordneten Bahnen‹, überhaupt erst erwachte. In der *Tragicomedia* aber bricht er sich anarchisch Bahn, *bevor* die Eltern Vorsorge treffen konnten. Und das bedeutet, dass die Liebe der beiden sich außerhalb der Normen, nicht unter der triebkontrollierenden Aufsicht der *honra*, der Standesehre, bewegt und deshalb geradezu zwangsläufig scheitern muss.

Wir haben damit gleich die beiden Hinsichten vor Augen, unter denen man den eigenartigen, ja hybriden Text betrachten kann: die tragische (im Schicksal der Standespersonen) und die komische (im Reden und Handeln der Celestina und des sie umgebenden niederen Personals). Freilich reicht die Tragik auch in das Leben Celestinas hinein, besonders an dessen gewaltsamem Ende; und die Komik in das der Herrschaften, vor allem Calistos, der sich über weite Strecken wie eine tollpatschige Karikatur der höfischen Liebe aufführt und dafür in den abfälligen, *aparte* gesprochenen Kommentaren der (ebenfalls jugendlichen) Diener lächerlich gemacht wird. Überhaupt ist das Verhältnis zwischen Herr- und Dienerschaft durchweg atypisch: Gewiss hatten die Dienerfiguren der klassischen Komödie stets die Lizenz, vorlaut, ja frech zu sein; die Diener Calistos aber – Sempronio und der (nur anfänglich um seinen Herrn besorgte) Pármeno – sind oder werden im Verlauf des Stücks ausgesprochen renitent, missgünstig, ja bösartig. Dies wiederum hängt mit dem Neid zusammen, den sie gegenüber den betuchten Herrschaften hegen, und mit der Habgier, mit der sie sich um deren Belohnungen streiten. Habgier ist letztlich auch der Grund für den Tod Celestinas, die von Sempronio und Pármeno umgebracht wird, weil sie mit ihnen nicht den (überreichen) Lohn teilen wollte, den sie von Calisto für ihre Dienste erhielt. Und das Laster der Habgier ist es dann auch, das zur Enthauptung der beiden Mörder durch eine Justiz führt, die ihrerseits alles andere als korrekt handelt.- Auch wenn wir das Gefüge des Textes bislang nur andeutungsweise umschrieben haben, ist doch schon jetzt zu sehen, dass man sich eine größere Stilmischung von Komik und Ernst, von Hoch- und Vulgärsprache, und ein anarchischeres Gemenge von sozialem Oben und Unten nur schwer vorstellen kann.

Hybrid ist im vorliegenden Fall auch die Gattung der (Tragi)comedia. Handelt es sich eher um ein Theaterstück oder eher um einen Roman? Gewiss ist der Text in Dialogform gehalten, was auf das Theater hindeutet. Aber ein Theaterstück von 21 Akten (wo deren drei oder fünf die Norm sind) ist unaufführbar, auch deshalb, weil es mit etwa 250 Druckseiten tatsächlich Romanlänge hat. Trotzdem, und obwohl die Forschung die *Celestina* mehrheitlich der Geschichte des Romans zuordnet, sie sogar gern (und keineswegs ohne Grund) zu einem der Vorläufer des *Quijote* erklärt, ist der Text unübersehbar dramatisch, weil er seine ganze Wirkung der Dialogizität und dem theatralischen Aufbau seiner Szenen verdankt. Auch wenn er sicher nicht als Bühnenstück konzipiert war, so doch als Lesedrama, bei dessen Lektüre man sich gleichsam selbst in die Rolle des Regisseurs zu begeben hat. Denkbar ist auch, dass er zum Vorlesen – als szenische Lesung – bestimmt war, so wie es bei der lateinischsprachigen Humanistenkomödie der Fall war, die sich in Italien einiger Beliebtheit erfreute. Aber weder in ihr noch im mittelalterlichen *Pamphilus*, einer einfallslosen aber gleichwohl erfolgreichen Dramatisierung der Ovid'schen *Ars amatoria*, wurde je der mitreißende Schwung der *Celestina* erreicht. Deren Autor jedenfalls hat sich in der italienischen Literatur gut ausgekannt, sowohl der volkssprachlichen wie auch der lateinischen, was die häufigen Anleihen bei Petrarcas *De remediis utriusque fortunae* (Heilmittel gegen Glück und Unglück, 1366) beweisen, das der Autor für die rhetorische Ausstattung der mit Sentenzen gespickten Reden seiner Personen fast wie einen Steinbruch benutzte. Nicht weniger als die Sentenzen Petrarcas, die dieser seinerseits zumeist der antiken Literatur entliehen hatte, benutzte er aber auch den reichen Sprichwortschatz der eigenen volkssprachlichen Überlieferung. Alle Personen geben Sprichwörter von sich, sogar Calisto, wenngleich bisweilen im unrechten Moment: Als Melibea sich bei ihrem letzten Zusammensein darüber beschwert, dass er ihr die Kleider förmlich vom Leibe reißt, antwortet er grob, dass, wer den Vogel verspeisen wolle, ihn zuerst rupfen müsse (p. 324). Über die meisten Sprichwörter aber verfügt Celestina, die sie, wie Sancho Panza, gleich reihenweise zu zitieren versteht. Insgesamt fungieren die *refranes* vor allem als komisches Korrektiv zum Pathos der Liebestragödie.

Was die Autorschaft am Text anbelangt, so ist auch sie in gewisser Weise ›hybrid‹. Es scheint mindestens zwei Autoren zu geben. Der erste Akt, mit Abstand der längste, aber auch der wichtigste, weil er die Exposition enthält, stammt von einem Anonymus, den nicht einmal der zweite Autor zu nennen weiß, geschweige denn die moderne Forschung. Dass der erste Autor vielleicht nur eine Erfindung des zweiten ist, der sich hinter ihm zu verstecken sucht, ist aber auch nicht von der Hand zu weisen: Bekanntlich verbirgt sich, hundert Jahre später, kein Geringerer als Cervantes (der die *Celestina* sehr schätzte) im *Don Quijote* als ›zweiter Autor‹ ebenfalls hinter einem erfunden ›ersten‹. Der zweite Autor der Celestina nennt sich im Text selbst, genauer in dessen zu einem umfangreichen Prologsystem gehörenden Eingangsgedicht, und macht sich doch zugleich unsichtbar. Wie das? Tatsächlich wird man seinen Namen nicht finden, wenn man den Text, wie gewohnt, von links nach rechts liest. Wenn man aber nur die Anfangsbuchstaben aller Verse von oben nach unten buchstabiert, erfährt man Folgendes: »El bachiller Fernando de Rojas acabó la Comedia de Kalysto y Melybea y fue nascido en la Puebla de Montalbán.« Man nennt diese Form des Versteckspiels ein Akrostichon.

Man weiß wenig mehr über Fernando de Rojas. Sein Geburtsort in der Nähe von Toledo ›stimmt‹ und auch die Berufsbezeichnung: Rojas war Jurist. Die *Celestina*, die er, wenn überhaupt, im Alter von ungefähr 25 Jahren schrieb, blieb sein einziger bekannt gewordener literarischer Text. Geboren wurde er in den 1470er Jahren, gestorben ist er 1541. Auch schien festzustehen, dass er einer Familie von Conversos (zwangsgetauften Juden) entstammte, wenn er es nicht sogar selber war. Doch auch hier sind gewisse Zweifel angebracht, weil, im Gefolge von Américo Castros Umwertung der spanischen Geschichte (weg vom christlichen, hin zum judeo-arabischen Erbe) grundsätzlich jeder Autor in die Nähe der Gegenchristlichkeit gebracht wurde. Fernando de Rojas also scheint der Verfasser mindestens der ursprünglichen Akte 2 bis 16 zu sein, wahrscheinlich auch der sukzessiv eingefügten Textzusätze, die schließlich zur Erweiterung auf 21 Akte führten. Man muss sich aber darüber im Klaren sein, dass auch der Text selbst heterogen ist, was in den Ausgaben meist durch Kursivdruck verdeutlicht wird, wenn es sich um spätere Zusätze handelt, und durch den Hinweis auf die anonyme Herkunft des ersten Aktes. Auch die »argumentos«, die Zusammenfassungen, die jedem Akt vorangestellt sind, wurden erst später, zur bequemeren Orientierung des Lesers, hinzugefügt, wahrscheinlich nicht von Rojas selbst.

Dieser ist in den zahlreichen Paratexten, die er der *Tragicomedia* voranstellt und anhängt, sehr darum bemüht, der *Celestina* einen orthodoxen Anstrich zu geben. Dabei – auch im Versteckspiel mit seinem Namen – erweist er sich als so besorgt, dass man in der Tat vermuten kann, seine gesellschaftliche Stellung sei prekär gewesen. Andererseits hatte er – bei *dieser* Thematik – aber auch allen Anlass, gegenüber der Zensur Vorsicht walten zu lassen. Dem eigentlichen Dramentext voran geht zuerst ein kurzer Hinweis auf die ernste Absicht des Werkes: heranwachsenden Standespersonen Vorsicht vor illoyalen Dienern beizubringen. Darauf folgt die Widmung an einen jungen Freund, dem er mit seinem Text die Defensivwaffen gegen das Feuer der sinnlichen Liebe an die Hand zu geben hofft. Auch erklärt er an dieser Stelle, dass der erste Teil seines Werks nicht von ihm selbst stammt. Dann folgt das schon erwähnte zehnstrophige Poem, welches das Akrostichon enthält und darüber hinaus die Beteuerung, alle lasziven Stellen seien nur dazu da, um die bittere Pille, die das Werk eigentlich sei, etwas zu versüßen – eine Abwandlung der horazischen Direktive, Literatur habe entweder zu belehren oder zu unterhalten (*aut prodesse aut delectare*), am besten beides zugleich. Im abschließenden Prolog steigert sich die Sorge um die Wirkung des Geschriebenen bis zur Angst, es könne missverstanden und statt als Warnung vor dem Bösen und als Ermahnung zur Tugend als liederliche Unterhaltungsliteratur aufgefasst werden. Und im abschließenden Nachwort (»Concluye el auctor, aplicando la obra al propósito por que la hizo«) wird noch einmal auf der grundmoralischen Intention des Werkes insistiert.

Wenn es in unseren Tagen erschienen wäre, könnte man denken, der Autor wolle mit diesen ›Warnungen‹ erst recht auf die Pikanterien hinweisen, die den Leser erwarten. Im Jahr 1499 aber muss man wohl unterstellen, dass er selbst ein wenig erschrocken war über das, was ihm da ›unterlaufen‹ ist. Deshalb ist sicher auch die eigenartige Überschrift über das Akrostichon-Gedicht, die auf eine Art Selbstanzeige hinausläuft, als Schutzmaßnahme ernst zu nehmen, nicht nur als eine Form der rhetorischen Werbung um das Wohlwollen des Lesers, der *captatio benevolentiae*: »El auctor, escusándose de su yerro en esta obra que escrivió, contra sí arguye y compara« (p. 71).

Nicht nur der Verfasser selbst bekam Zweifel an seinem Werk; auch nachfolgende Lesergenerationen hatten sie, zumindest ›offiziell‹, denn tatsächlich war der Text von Anfang an sehr erfolgreich: Cervantes z. B. sagt über die *Celestina*, es wäre ein göttliches Buch, wenn es weniger menschlich wäre. Und noch in den 1950er Jahren durfte an spanischen Universitäten den Philologie-Studentinnen die Lektüre nicht zugemutet werden. Das liegt vor allem daran, dass Rojas das Ideal der höfischen Liebe, aber auch die Forderungen christlicher Sittsamkeit (vor allem an die Frau) auf eine Realität stoßen lässt, in der materielle Interessen überwiegen und die Liebe zum Tauschobjekt wird. Aber das ist noch nicht alles. Jenseits dieser – oft auch in parodistischer Form dargebotenen – Herabstufung hochfliegender Ideale wird in diesem Text zugleich etwas sehr Ernstes und Problematisches überhaupt erst ›entdeckt‹: Es ist, mit einem Wort von Fritz Vogelsang, die »Geschlechtsverfallenheit« des Menschen, die Macht des Triebes, die vom freien Willen nicht oder nur schwer zu kontrollieren ist und die sich deshalb auch über moralische oder kulturelle Werte und Bedenken hinwegsetzt, ohne deshalb schon als ›denaturiert‹ betrachtet werden zu können. Rojas eröffnet damit (ohne das selbst noch wirklich begreifen zu können) eine weitreichende Diskussion über das Verhältnis von Trieb und Moral, die in der europäischen Moralistik des 17. Jahrhunderts fortgeführt und erst mit Sigmund Freud an ein vorläufiges Ende gelangen wird.

Mit einem Tabubruch, genauer: einer Grenzüberschreitung, beginnt schon der erste Akt: Calisto ist sein Falke entflogen; er landet in Melibeas Garten. Um ihn wiederzuerlangen, muss Calisto die Mauer der Einfriedung übersteigen, sieht Melibea und ist von diesem Moment an nicht mehr Herr seiner selbst. Man braucht kein Freudianer zu sein, um zu wissen, dass das, was in Wahrheit mit ihm durchgegangen ist, nicht der Falke, sondern der Geschlechtstrieb ist. Calisto aber begreift sich zunächst noch als höfischer Kavalier, der sein Frauenlob bis ins Äußerste, ja bis zur blasphemischen Vergötterung der Angebeteten treibt: »Melibeo so, y a Melibea adoro, y en Melibea creo« (p. 93). Man muss bedenken, dass Spaniens populärste *novela sentimental*, Diego de San Pedros *Cárcel de amor*, erst kurz vor der *Celestina* erschienen ist (1492) und der Zeit Rojas' noch als Muster eines höfischen Liebesromans galt, weshalb davon auszugehen ist, dass Calisto ein zweiter Leriano (so heißt der Protagonist von *Cárcel de amor*) zu sein glaubt. Aber so, wie Don Quijote, der sich für einen zweiten Amadis hält, bald von der Wirklichkeit ernüchtert wird, so geschieht es auch mit Calisto: Nicht nur wird sein hochgestochener Diskurs ständig von frechen aparte-Bemerkungen seines Dieners Sempronio auf den Boden der Tatsachen zurückgeholt. Es fehlt ihm vor allem die Haupttugend des höfischen Liebhabers: die Geduld, genauer: die Selbstdisziplin. Seine *impaciencia* also ruft alsbald Celestina auf den Plan, die fortan in jeder Hinsicht als Brandbeschleuniger fungieren wird und sich gleich in all ihrer Unverfrorenheit einführt.

Im weiteren Verlauf der Handlung bewährt sich Celestinas über lange Jahre erworbene Menschenkenntnis, vor allem die der weiblichen Psyche. Erstes Ziel ist es, die zunächst widerstrebende, ja empörte Melibea Schritt für Schritt zu besänftigen. Im Grunde ist Melibea von Calisto genau so beeindruckt wie dieser von ihr. Aber die *honra* – die vor allem der Frau abverlangte Sittsamkeit – verlangt, dass dies nicht nur nicht zuzugeben, sondern auch vor sich selbst nicht einzugestehen, ja geradenwegs zu leugnen ist. Celestina muss diesen Panzer der Wohlerzogenheit vorsichtig öffnen, und das heißt so, dass Melibea es erst merkt, als es zu spät ist. Dieser Punkt ist erreicht, als es der Alten gelingt (Akt IV), Melibeas Mitleid für den angeblich an Zahnschmerzen (eine alte Metapher für Liebesschmerz) erkrankten Calisto zu wecken und sie nicht nur zu einem frommen Gebet, sondern auch zur Herausgabe ihres (ebenso angeblich) schmerzlindernden Gürtels zu bringen, den Celestina anschließend triumphierend als ersten Liebesbeweis überbringt. Sie triumphiert aus gutem Grund, denn der Gürtel, der den Leib der Frau umschlungen hat, ist natürlich ein erotisches Symbol ersten Ranges. Calisto ist darüber denn auch so begeistert (Akt V), dass er sich im wahrsten Sinne des Wortes nicht mehr ›einkriegt‹, wofür er von den Dienern abermals grausam verspottet wird, bis Celestina selbst seinem Liebeswahn und seiner überladenen Rhetorik ein Ende zu setzen versucht:

Calisto:
[...] ¡O nuevo huesped, o bienaventurado cordón que tanto poder y merescimiento toviste de ceñir aquel cuerpo que yo no soy digno de servir! ¡O nudos de mi passion, vosotros enlazastes mis deseos! [...]

Celestina:
Cessa ya, señor, esse devanear, que me tienes cansada de escucharte y al cordón, roto de tratarlo. (p. 186 f.)

Da er aber noch immer nicht zu bremsen ist, setzt Sempronio noch eins drauf und bezichtigt ihn, ein Fetischist zu sein, dem es offensichtlich lieber sei, sich mit dem Gürtel zu vergnügen als mit der Frau: »Señor, por holgar con el cordón, no querrás gozar de Melibea« (188).

Wie deftig Celestina zu Werke geht, wenn sie es nicht mit den hohen Herrschaften zu tun hat, zeigt ein Blick auf Akt VII. In einer quasi voyeuristischen Szene, die theatralischer nicht sein könnte, geht es darum, die in Liebesdingen ihrerseits nicht zimperliche Areúsa mit dem schüchternen Pármeno zu verkuppeln. Den lässt Celestina zunächst an der Treppe warten, aber so, dass er mithören kann. Dann geht sie die Stiege empor und preist Areúsas Reize, während sie diese entkleidet und ins Bett bringt, so anregend (und dabei selber lüstern werdend), dass Sempronio, als er schließlich kommen darf, schon weitgehend enthemmt ist und von Celestina mit dem Zuruf »retóçala en esta cama« (207) nur noch in Position gebracht zu werden braucht. Die nur zum Zwecke der Ziererei von Areúsa vorgetragenen Bedenken, sie müsse Rücksicht auf ihren abwesenden Bräutigam nehmen, werden von Celestina mit dem Bescheid zerstreut, je mehr Männer man habe, umso besser fühle man sich; man müsse sie nur säuberlich auseinanderhalten:

> [...] uno en la cama y otro en la puerta, y otro que sospira por ella en su casa se precia de tener. Y con todos cumple, y a todos muestra buena cara, y todos piensan que son muy queridos. Y cada uno piensa que no hay otro y que él solo es el privado, y él solo es el que le da lo que ha menester. (p. 205)

Einen größeren Kontrast zum Ideal der höfischen Liebe kann man sich kaum vorstellen!

Bei Melibea allerdings ist weiter Geduld und Einfühlungsvermögen angesagt. Der Höhepunkt ist Akt X. Hier geht es darum, die Herrin selbst zu ›entbinden‹, aber nicht mehr nur von ihrem Gürtel, sondern von der Last ihrer Zurichtung durch Anstand und Sitte. In einer denkwürdigen Szene, deren Vorgabe erst 150 Jahre später, in Racines *Phèdre* nämlich, wieder eingeholt und übertroffen wurde, beim berühmten *aveu* Phèdres, die dem Stiefsohn Hippolyte gegen ihren festen Vorsatz schließlich doch ihre ›verbotene Liebe‹ gesteht – in dieser hochdramatischen Szene also entlockt Celestina Melibea nach und nach den Namen ihres Leidens und den (vorher verdrängten) Namen dessen, der sie davon befreien kann:

> Melibea:
> ¿Cómo dizes que llaman a este mi dolor, que assí se ha enseñorado en lo mejor de mi cuerpo?
> Celestina:
> Amor dulce. [...] Es un fuego escondido, una agradable llaga, un sabroso veneno [...]. Mayormente que sé yo al mundo nascida una flor que de todo esto te delibre.

> Melibea:
> ¿Cómo se llama?
> Celestina:
> No te lo oso decir. [Jetzt sind die Rollen vertauscht, Melibea
> die drängende; Celestina die zurückhaltende.]
> Melibea: Di, no temas.
> Celestina:
> Calisto. [...] (p. 244 f.)

Kaum ist das Verdrängte beim Namen genannt, bricht Melibeas Widerstand zusammen, und es wird leicht, was vorher schwer, ja ausgeschlossen war. Und plötzlich werden auch die beschönigenden Metaphern vom Gürtel und vom Zahnweh aufgelöst:

> Melibea:
> Quebróse mi honestidad, quebróse mi empacho, afloxó mi mucha vergüença. [...] Cerrado han tus puntos mi llaga, venida soy en tu querer. En mi cordón le llevasta embuelta la possessión de mi libertad. Su dolor de muelas era mi mayor tormento. (p. 245)

Damit ist eigentlich alles ›gelaufen‹. Es kommt in Akt XII zu einem ersten Rendezvous der Liebenden, dem später, in aller Heimlichkeit, noch weitere folgen. Aber der Erfüllung (die erste körperliche Vereinigung findet in XIV statt) folgt sogleich die Katastrophe. Bereits in Akt XII fällt Celestina dem Mordanschlag Sempronios und Pármenos zum Opfer, womit der Rest der Handlung ohne deren *spiritus rector* auskommen muss: Es fehlt bis zum Ende noch etwa ein Viertel des von nun an durch spätere Zusätze nicht immer glücklich erweiterten Textes. Andererseits muss gerade jetzt natürlich auch noch das moralische Gegengewicht zum Wirken Celestinas verstärkt werden: Die Diener werden hingerichtet. Ein gewisser Centurio, ein *rufián*, ein professioneller Raufbold und ein Großmaul, wird von den Hinterbliebenen der Hingerichteten damit beauftragt, deren Tod an den Herrschaften zu rächen, weil Calisto sich nicht im geringsten um seine Diener und um das fragwürdige Verfahren bei ihrer Verurteilung gekümmert hat. Centurio traut sich zwar nicht, beherzt einzugreifen, aber sein Erscheinen bei einem letzten Rendezvous der Liebenden im gleichen Garten, in dem sie sich kennengelernt hatten, führt indirekt doch zum Tod Calistos, der bei seinem überstürzten Rückzug einen Fehltritt auf der Leiter macht und dabei zu Tode stürzt. Es passt gut in das Bild der *Tragicomedia*, bei der die Parodie der Tragik stets auf den Fersen bleibt, dass der Protagonist durch einen Unfall, dazu auf der Flucht, also unheldisch ums Leben kommt. Tragischer ist das Ende von Melibea, die, nachdem sie ihrem Vater alles gestanden und vor allem zu sich selbst gestanden hat, ihrem Leben ein Ende setzt, indem sie sich von einem Turm stürzt (Akt XX). Der Text endet in XXI mit einem langen *planctus*, einer Totenklage des Vaters, in der Amor und Fortuna mit großem rhetorischen Aufwand als die Schuldigen an dem Unglück ausgemacht werden, das ihn und die *honra* der ganzen Familie getroffen hat.

Der Autor hat sich viel Mühe gegeben, das eigentliche Skandalon seiner Erfindung – die Entdeckung der Geschlechtlichkeit – moralisch aufzufangen. Dazu dienen nicht nur die bereits erwähnten expliziten Absichtserklärungen; nicht nur die katastrophalen Ereignisse der letzten Akte, die dem Hedonismus der ersten ein Ende bereiten. Auch die stets präsente Komik sorgt dafür, dass das Pathos der verbotenen Liebe nie ganz zur Entfaltung kommen kann. Und der ›Dämpfung‹ dienen auch die überreichlich eingestreuten Sentenzen einer dem christlichen Geist dienstbar gemachten antiken Philosophie, die über den ganzen Text hinweg unterschiedslos in den Mund aller Mitspieler gelegt werden, egal, ob diese von ihrem ›Bildungsstand‹ her dazu eigentlich passen oder nicht. Das beeinträchtigt für unseren modernen ästhetischen Geschmack bisweilen die Stimmigkeit und die Freude an der Lektüre dieses genialen Werkes, das im damaligen Europa nicht seinesgleichen hatte. Es ist deshalb damit zu rechnen, dass der Leser von heute einiges überfliegen und sich auf die ›Stellen‹ konzentrieren wird, von denen schon Rojas selbst befürchtet hatte, es seien jene, die am Ende ›hängen‹ bleiben.

Literaturhinweise
Ausgabe: Fernando de Rojas, *La Celestina*, ed. Dorothy S. Severin, Madrid 2007
Übersetzung: Fritz Vogelgsang, Frankfurt a. M. 1990 [mit ausführlichem Nachwort]

Weitere Literatur
Spanische Literaturgeschichte, S. 64–66
Albert Gier: »Fernando de Rojas: *La Celestina*«, in: Volker Roloff/Harald Wentzlaff-Eggebert (Hg.): *Das spanische Theater. Vom Mittelalter bis zur Gegenwart*, Düsseldorf 1989
Stephen Gilman: *La Celestina. Arte y estructura*, Madrid 1978
Gustav Siebenmann: »Estado presente de los estudios celestinescos«, in: *Vox Romanica* 34 (1975)

Übersetzung
(nach Fritz Vogelgsang)

Zu S. 32 f.:
Calisto: [...] O willkommener Gast! O glückseliger Gürtelstrick, dem es vergönnt war, jenen Körper zu umfangen, dem zu dienen ich nicht würdig bin! O ihr Knoten meiner Leidensstationen, ihr habt fest umschnürt, was meine heißesten Wünsche ersehnen! [...]
Celestina: Hör auf, Herr, mit diesem Gefasel. Ich habe genug davon, und der Gürtel hält das auch nicht länger aus.

Zu S. 33:
Celestina: [...] Sie brüstet sich damit, einen im Bett zu haben, einen zweiten vor der Tür und einen dritten, der daheim in seinen vier Wänden nach ihr schmachtet. Und alle be-

friedigt sie, allen zeigt sie ein freundliches Gesicht; und ein jeder meint, er werde innig geliebt; jeder bildet sich ein, es gäbe keinen anderen; jeder hält sich für den allein Begünstigten, für den einzigen, der ihr gibt, was sie zum Leben braucht.

Zu S. 33 f.:

Melibea: Wie, sagst du, heißt man diesen Schmerz, der sich so jäh des besten Teils meiner selbst bemächtigt hat?

Celestina: Liebe, süße Liebe. [...] Es ist ein unsichtbares Feuer, eine wohltuende Wunde, ein köstlich schmeckendes Gift. [...] Und überdies kenne ich ein Gewächs, eine aus irdischem Boden gesprossene Blüte, die dich aus all der Misere befreit.

Melibea: Wie heißt die Blume?

Celestina: Ich traue mich nicht, ihren Namen zu nennen.

Meldibea: Sag ihn, hab keine Angst.

Celestina: Calisto ... [...].

Zu S. 34:

Zerbrochen ist meine Sittsamkeit, verschwunden meine Befangenheit, erschlafft mein stolzes Schamgefühl. [...] Deine Stiche haben meine Wunde genäht; gefügig ergebe ich mich deinem Willen. Verschnürt mit meinem Gürtelstrick, ist meine Freiheit in deinen Besitz übergegangen. Sein Zahnweh war meine größte Pein.

Kapitel V
Lazarillo de Tormes (1554)
Die Geburt des Schelmenromans

Der Verfasser des *Lazarillo de Tormes* hat sich nicht zu erkennen gegeben. Alle Versuche, ihn zu identifizieren, sind bisher gescheitert. Gleichviel ob er nun ein Converso, ein zwangskonvertierter Jude war, wie oft vermutet wird, oder ›nur‹ ein vorwitziger Altchrist, vielleicht auch ein Anhänger des Erasmus: Er tat jedenfalls gut daran anonym zu bleiben, denn sein schmales Meisterwerk von nicht einmal 100 Druckseiten Umfang war und ist voller Anzüglichkeiten, Zweideutigkeiten und Provokationen. So wurde es zwar schnell populär: Allein im Jahr 1554, aus dem die ersten erhaltenen Exemplare stammen, gab es drei Auflagen. Es kam aber auch bald (1559) auf den Index der verbotenen Bücher, wonach es eine Zeit lang nur noch in ›gereinigter‹ Form, als *Lazarillo castigado* (1578), erscheinen konnte.

Das Werk wirkte gattungsbildend. Mit ihm entstand die *novela picaresca*, das urspanische Genre des Schelmenromans. Die Bemühungen, ihm antike, in der Renaissance wiederentdeckte ›Vorläufer‹ voranzustellen, etwa den *Goldenen Esel* des Apuleius, überzeugen nicht; zu groß sind die Unterschiede, vor allem in der Konstruktion des Protagonisten. Zwar präsentiert sich die *novela picaresca* im *Lazarillo* noch nicht in der ausgeprägten Form wie im vielfach umfangreicheren *Guzmán de Alfarache* von Mateo Alemán (2 Bde., 1599 und 1604), dem bis zur Mitte des 17. Jahrhunderts nur noch drei oder vier weitere ›echte‹ Schelmenromane folgten. Aber die wichtigsten Merkmale der Gattung – die Form der fiktiven Autobiographie, ja der Lebensbeichte eines aus anrüchigen Verhältnissen stammenden Angehörigen der Unterschicht; dazu die episodenhafte Reihung seiner Arbeitsverhältnisse als Diener vieler Herren – finden sich schon im *Lazarillo*, dem einzigen Schelmenroman, der auch dem Leser von heute noch unmittelbares Vergnügen bereitet.

Harmlos-schelmisch ging es in der Picaresca allerdings nie zu, weshalb der deutsche Begriff eigentlich nicht passend ist. Schon im *Lazarillo* wird nämlich mit harten Bandagen ums tägliche Brot und um einen bescheidenen Platz an der Sonne gekämpft. Dabei wird dem *pícaro* nichts geschenkt, im Gegenteil: Er ist, da er keine ehrbare Familie hinter sich hat, auf sich allein gestellt und muss sehen, wie er sich im Leben behauptet. Schon Lazarillos Vater war ein Dieb; unter mysteriösen Umständen ist er ums Leben gekommen. Die Mutter verrichtet Gelegenheitsarbeiten und lässt sich von einem farbigen Untermieter aushalten, der Lazarillo alsbald ein schwarzes Brüderchen beschert. Das sind skandalöse Zustände in den Augen derer, die über die Gültigkeit von Normen bestimmen; für Lazarillo und die Seinen aber sind sie normal, ja selbstverständlich und werden ohne Scham akzeptiert, zumal die Familie seit dem Einzug des Schwarzen satt wird. Hier gilt also, ganz materialistisch: »Erst kommt das Fressen, dann die Moral.«

Andererseits ist es aber auch wieder nicht so, dass die Moral im Text überhaupt keine Rolle spielte. Sie kommt aber im *Lazarillo* noch nicht durch den handelnden Protagonisten ins Spiel, sondern indirekt: durch die Frage einer hochgestellten Persönlichkeit – »vuestra merced« –, die im Text ständig angeredet wird, deren Namen man aber nicht erfährt und die Auskunft über einen die Moral betreffenden ›caso‹ verlangt, der erst im letzten, dem siebten Kapitel erörtert wird. Der ganze Text des *Lazarillo* kann demnach auch als Vorbereitung auf die geforderte Antwort, ja als eine Art Dialog mit »vuestra merced« verstanden werden. Andererseits gibt es kurze, eher lebenspraktische als moralische Erzählerkommentare, wobei absichtlich im Unklaren gelassen wird, ob sie vom gebildeten Autor oder vom ungebildeten Lazarillo stammen, der in Beantwortung der an ihn gestellten Frage auf sein bisheriges Leben zurückblickt. Es macht nämlich nicht den geringsten Reiz der *novela picaresca* aus, dass sich in ihr die Perspektiven des erlebenden und des erinnernden Ich, dazu die des beteiligten fiktiven und die des außenstehenden tatsächlichen Erzählers und Autors ironisch vermischen.

Der Text besteht aus einem Prolog, durch den der Kontakt mit »vuestra merced« hergestellt wird, und den sieben Kapiteln, die im Original *tractados* heißen. Sie sind unregelmäßig lang, zeugen aber von einem einheitlichen Gestaltungswillen, insbesondere deshalb, weil die Erfahrungen des erlebenden und beobachtenden Ich dem Leser durchgängig in einem eindringlichen, zu grotesken Übertreibungen neigenden, gleichsam hyperrealistischen Stil vermittelt werden. Der Grundton ist, trotz der vielen Unbarmherzigkeiten, die Lazarillo zu erleiden hat, heiter: Im 16. Jahrhundert konnten Alltagssorgen, auch wenn sie, wie der ständige Hunger, belastend waren, nur im ›niederen‹, also komischen Stil behandelt werden. Erst im Sozialroman des 19. Jahrhunderts, bei Jack London, Dickens oder Zola, wurden sie ernst genommen, weil man die Lage der unteren Schichten zu verbessern hoffte; hier hingegen ist sie noch als unabänderlich hinzunehmen und also am besten mit Humor zu ertragen.

Gleichwohl liegt die eigentliche Sensation des *Lazarillo* gerade darin, dass sein Verfasser die Welt vom Kopf auf die Füße gestellt hat. Im scharfen Kontrast zu der Märchenwelt der damals noch vorherrschenden idealistischen Modegattungen des Ritter- und Schäferromans, der Moriskenerzählung und der *novela sentimental* wird hier der krude Alltag derer beleuchtet, die am unteren Rand der Gesellschaft und an sehr konkreten Orten, meist in der Stadt, leben, im *Lazarillo* in Salamanca und in Toledo. Neben dem *pícaro*, dem Antihelden *par excellence*, besteht das Personal des *Lazarillo* aus Bettlern, käuflichen Damen, verarmten Adligen, knausrigen Priestern, geschäftstüchtigen Polizisten, Ablasskrämern (die ›Heuschrecken‹ der damaligen Zeit) und einem korrupten Kirchenmann aus dem klerikalen Mittelstand. Kurzum: eine ›feine Gesellschaft‹. Im *Lazarillo* begegnet man keiner Wunschwelt mehr, sondern den sehr realen und oft bedrückenden Lebensbedingungen, denen sich viele Spanier zur Zeit Karls des Fünften im Inneren des Landes ausgesetzt sahen, während dieses nach außen noch den hohen Rang einer Weltmacht repräsentierte, in deren Grenzen die Sonne nicht unterging. Der *Lazarillo*, die *novela picaresca* überhaupt, bietet uns sozusagen die Kehrseite zur ›Vorderansicht‹: Not versus Gloria.

In jedem der sieben Kapitel dient Lazarillo einem anderen Herrn; dazu kommen noch zwei weitere, die nur kurz erwähnt werden. Im ersten *tractado* wird Lazarillo von seiner Mutter – heute würden wir entsetzt sagen: sorglos und fahrlässig – bei einem durchziehenden Blinden, einem professionellen Bettler, in Dienst gegeben, bei dem seine ›Lehrzeit‹ beginnt und bei dem ihm – ausgerechnet von einem Blinden! – die Augen geöffnet werden fürs Leben, von dem er also ›sehend‹ gemacht wird, sehend vor allem für die Tatsache, dass er von nun an allein auf sich gestellt ist und auf die Niedertracht seiner Mitmenschen gefasst sein muss.

> -Hijo, ya sé que no te veré más. Procura de ser bueno, y Dios te guíe. Criado te he y con buen amo te he puesto; válete por ti.
>
> Y así me fui para mi amo, que esperándome estaba. Salimos de Salamanca, y, llegando a la puente, está a la entrada della un animal de piedra, que casi tiene forma de toro, y el ciego mandóme que llegase cerca del animal, y, allí puesto, me dijo:
>
> -Lázaro, llega el oído a este toro y oirás gran ruido dentro dél.
>
> Yo, simplemente, llegué, creyendo ser ansí. Y como sintió que tenía la cabeza par de la piedra, afirmó recio la mano y diome una gran calabazada en el diablo del toro, que más de tres días me duró el dolor de la cornada, y díjome:
>
> -Necio, aprende, que el mozo del ciego un punto ha de saber más que el diablo.
>
> Y rió mucho la burla.
>
> Parescióme que en aquel instante desperté de la simpleza en que, como niño, dormido estaba. Dije entre mí: »Verdad dice éste, que me cumple avivar el ojo y avisar, pues solo soy, y pensar cómo me sepa valer.« [...]
>
> Y fue ansí, que, después de Dios, éste me dio la vida y, siendo ciego, me alumbró y adestró en la carrera de vivir. (22 ff.)

Lázaro merkt sich die Lektion, dass der Mensch des Menschen Wolf ist, und gibt dem Blinden später mit Zinseszins zurück, was er ihm an dieser Stelle gleichsam vorstreckt, indem er ihn an einen Ort geleitet, wo er ein Rinnsal überspringen muss, gerade gegenüber einem steinernen Pfosten, an dem er sich den Schädel einrennt. Damit endet das erste Dienstverhältnis abrupt, ohne dass Lázaro sich um den Schwerverletzten kümmert. Dazwischen aber lernt er von seinem Herren die Hohe Schule des Betrugs und des Gegenbetrugs, denn der Blinde ist nicht der einfache *pordiosero*, den es um der Barmherzigkeit willen und nach christlichem Gebot zu unterstützen gilt; er ist vielmehr ein Meister der Verstellung, der mit seiner gerissenen Scheinheiligkeit den Mitmenschen das Geld förmlich aus der Tasche zieht und in »einem Monat mehr verdient als hundert (ordentliche) Bettler in einem ganzen Jahr«. Er ist Teil des auch in Wirklichkeit weitverbreiteten und durchaus mafiotisch organisierten Bettlerunwesens, das manche Stadtväter zur drakonischen Maßnahme der gewaltsamen Vertreibung zwang, weshalb die Betroffenen schon ganz von selbst immer ›auf der Durchreise‹ waren.

Rasch lernt der Junge sich anzupassen. Die beiden übervorteilen einander bei jeder sich bietenden Gelegenheit: bei der Verteilung der Einnahmen, aber auch beim Essen und Trinken. Beim Verspeisen von Weintrauben wird ausgemacht, dass man immer gleichzeitig je eine Traube abpflückt. Rasch aber merkt oder ›sieht‹ der Blinde, dass Lázaro ihn betrügt und statt einer drei Trauben auf einmal nimmt. Wie er das herausgebracht hätte? Ganz einfach: er, der Blinde habe immer zwei genommen, und da Lázaro nicht protestierte, habe er gewusst, der nähme mindestens drei.

So heiter bleibt aber der Verteilungskampf nicht. Einmal zertrümmert der erzürnte Blinde einen von Lazaro angezapften Weinkrug auf dessen Gesicht und Gebiss. Ein anderes Mal holt er eine von diesem schon verzehrte Wurst wieder ›zurück‹, indem er seine immer länger werdende Nase so tief in des Knaben Schlund bohrt, dass er ihn zum Erbrechen bringt »y lo suyo fuese vuelto a su dueño«. Es ist dies zugleich ein Beispiel für den grotesken Hyperrealismus, mit dem in der *novela picaresca* die Niederungen der Kreatürlichkeit bis ins Ekelhafte ausgemalt werden.

Im nächsten Dienstverhältnis (*tractado* II) ergeht es Lázaro eher noch schlimmer. Während er beim Blinden ums Essen noch kämpfen musste, aber am Ende doch satt wurde, lernt er bei einem filzigen Kleriker den nackten Hunger kennen. Der verschließt das Brot in einer Art Safe derart gründlich vor seinem Zugriff, dass Lázaro nur mit Hilfe eines Nachschlüssels doch noch daran kommt. Vom Anblick des Brotes ist der Halbverhungerte derart hingerissen, dass er es anbetet wie eine Hostie: »comencélo de adorar, no osando recebillo« (denn der Kleriker hat die Stücke natürlich nachgezählt). Es ist dies auch ein hübsches Beispiel für die freche Zweideutigkeit des *Lazarillo*, verwandelt doch der Hungernde in aller Unschuld (und der wahre Autor nicht ohne ›protestantische‹ Anzüglichkeit) den Leib Christi wieder in gewöhnliche Materie.

Nachdem auch dieses Arbeitsverhältnis auf für Lázaro äußerst schmerzhafte Weise zu Ende gegangen ist, tritt er im dritten Traktat den Dienst bei einem *escudero* (oder *hidalgo*) an, einem Angehörigen des niederen Adels, bei dem er es besser zu haben hofft, zumal sein Herr nach außen hin ein tadelloses Benehmen an den Tag legt. Bald aber muss er einsehen, dass Schmalhans hier erst recht Küchenmeister ist, nicht weil der *escudero* kein Essen hergeben will, sondern weil er, aufs Äußerste verarmt, schlicht selber nichts hat. Es fällt Lázaro nicht leicht, diese neue, auch für ihn unerwartete Erfahrung zu akzeptieren. Zunächst wartet er – mit einem geradezu chronometrischen Zeitgefühl ausgestattet – gleichsam minütlich, dann stündlich darauf, dass die Essenszeit endlich gekommen sei. Am Ende aber muss er einsehen, dass die Rollen hier komplett vertauscht sind und nicht der Diener, sondern der Herr der Hilfsbedürftige ist. Tatsächlich verschafft erst Lázaro, der auf die gesellschaftliche Etikette keine Rücksicht zu nehmen braucht und im bargeldlosen Organisieren Bescheid weiß, dem Herrn die nötigen Lebensmittel.

Dieser fährt unterdessen darin fort, die Fassade der Vornehmheit und des gesellschaftlichen Ansehens aufrechtzuerhalten, abermals mit zum Teil grotesken Details, wie dem ständigen Zurschaustellen eines Zahnstochers, der dem Beobachter einerseits das Problem der Beseitigung von Essensresten (also von ›Überfluss‹) und andererseits die gepflegte Reinlichkeit der eigenen Person signalisiert. Alles an diesem *escudero* ist auf die Wahrung des äußeren Scheins ausgerichtet: so zu tun als sei er (noch) eine wichtige Respektsperson, die keiner (erniedrigenden) Erwerbsarbeit nachzugehen braucht, obwohl er doch in seinem Heimatdorf, wo er einen wertlos gewordenen kleinen Erbsitz hat, kaum noch gegrüßt wird. Eben deshalb hat er sich in die Anonymität der Stadt geflüchtet, um dort wenigstens noch so zu *tun, als ob* er noch der alten *honra*, der Standesehre und -würde teilhaftig sei, die er wie einen Popanz vor sich herträgt. So perplex ist Lázaro über den Widerspruch zwischen Sein und Schein, dass er sich in einer ganzen Serie von zur Seite gesprochenen Kommentaren satirisch-kritisch darüber auslässt – ganz gegen seine sonstige Gewohnheit, die Dinge so zu nehmen, wie sie sind.

Gerade an diesem dritten Kapitel zeigt sich, dass der *Lazarillo* auch ein soziales Zeugnis ersten Ranges ist, in dem illusionslos der Niedergang der alten *hidalgos* konstatiert wird, die einst, bei der Reconquista, ihren Königen die Kastanien aus dem Feuer geholt hatten, nach 1492 und im Zeitalter der dann aufkommenden Söldnerheere aber nicht mehr gebraucht und nach und nach auch um ihre letzten Privilegien – die Steuerbefreiung und die Befreiung von körperlicher Arbeit – gebracht wurden. *Wie* äußerlich (und unecht) die *honra* dem *escudero* tatsächlich geworden ist, zeigt sich zum Schluss noch daran, dass er sich feig aus dem Staub macht und Lázaro mit seinen Gläubigern im Stich lässt.

Ist im dritten Traktat die *honra* in Form der Standesehre ihres Prestiges entkleidet worden, werden in den folgenden Kapiteln Missstände innerhalb der Kirche aufs Korn genommen. Das trifft insbesondere auf den fünften Traktat zu, wo, fast schon im Geiste Luthers, die Vermarktung des Glaubens in Form des Ablassverkaufs denunziert wird. Es dürfte nicht zuletzt dieses häresieverdächtige Kapitel gewesen sein, das den Text auf den Index gebracht und den Verfasser zum Verschweigen seines Namens veranlasst hat. Lázaro, der in diesem Kapitel nicht selbst als Handelnder auftritt, sondern als Beobachter diskret im Hintergrund bleibt, verdingt sich hier bei einem *buldero*, der die Aufgabe hat, die Ablassbullen möglichst massenhaft zu verkaufen. Es scheint, dass der *buldero* selbst dem Priesterstand angehört oder dass er ungestraft so tun kann, als ob er die entsprechenden Weihen besäße. Es ist bekannt, dass die katholische Kirche dieses Geschäft ebenso großflächig wie skrupellos betrieb und, auch über Subunternehmen, Ablassbullen für alles anbot, was nachgefragt wurde oder auch in ihrem eigenen Interesse stand: von der Sündenbefreiung bis zur Entbindung vom Fastengebot; es wurden aber auch, in Form einer Zwangssteuer, Bullen zur Finanzierung der Heidenbekehrung auferlegt, an denen der Staat ganz erheblich mitverdiente.

Lázaros *buldero* nun, ein Tartuffe *avant la lettre*, gegen den der Blinde geradezu aufrichtig wirkt, versteht sein Unternehmertum so gut, dass er sogar im Fall einer verstockten Gemeinde den Umsatz steigern und sich seine *boni* verdienen kann. Dann nämlich arbeitet er mit dem örtlichen Polizisten zusammen, der ihn zunächst öffentlich des Betrugs zu bezichtigen hat, den Widerstand der Gläubigen scheinbar bestätigend. Daraufhin erfleht der *buldero* am Altar den Beistand Gottes und legt dem Polizisten eine Hostie aufs Haupt. Dieser fällt darauf, wie vom Blitz getroffen, in epileptische Trance und gesteht reumütig, er habe falsches Zeugnis abgelegt. Die Gemeinde aber macht, angesichts des offensichtlichen Wunders, keine Schwierigkeiten mehr und kauft.

Wie viele der im *Lazarillo* vorkommenden Gags ist vermutlich auch dieser der Folklore oder dem Erzählschatz des Mittelalters und der Renaissance entlehnt. Auch der »caso«, auf den im letzten, dem siebten, Traktat endlich die Rede kommt, ist ein solches traditionelles Erzählelement, wie es, in Form von ›Dreiecksgeschichten‹, dem berühmten *ménage à trois*, in den Literaturen der Romania überreichlich thematisiert wird: von den altfranzösischen Fabliaus bis zu Boccaccio und weit darüber hinaus. Hier aber wird die Dreiecksgeschichte nicht um ihrer selbst willen erzählt, sondern nur insofern sie Teil des »caso« ist, auf dessen Aufklärung – als Herzstück von Lázaros Beichte – von Beginn an hingearbeitet wurde.

Eng verbunden mit dem letzten ist das vorletzte sechste Kapitel, in dem sich die Lebensumstände Lázaros bereits zu seinen Gunsten zu verändern beginnen: »Este fue el primer escalón que yo subí para venir a alcanzar buena vida« (p. 126). Als Angestellter eines Kaplans hat er sich um die Wasserversorgung zu kümmern und erzielt dabei einen festen Verdienst, von dem er sich bürgerliche Kleidung leisten kann: »me vi en hábito de hombre de bien«. Also statt der Misere ein kleiner Aufstieg, der sich im letzten Kapitel fortsetzt, freilich – wieder einmal – nur scheinbar.

Auf Betreiben des Erzpriesters von San Salvador in Toledo, der seinerseits ein Freund von »vuestra merced« ist, erhält Lazarillo, der Herumtreiber, sogar eine bescheidene Beamtenstelle und wird (bis auf Weiteres) sesshaft: als *pregonero*, Ausrufer also, der nicht nur die öffentlichen Bekanntmachungen zu verkünden hat, sondern auch an der Weinversteigerung beteiligt ist, hat er ein festes Salär und Nebeneinnahmen. Da aber das Amt des *pregonero* auch zu Hilfsdiensten bei der Justiz verpflichtete, genauer beim Henker, war es nicht gut angesehen. Außerdem ist es an eine ›kleine‹ Bedingung geknüpft: Lázaro muss die Konkubine des Priesters heiraten, damit dieser nach außen am Zölibat festhalten kann, während Lázaro die Augen davor zu verschließen hat, dass er der permanent gehörnte Ehemann ist. Natürlich zerreißen sich die Toledaner darüber die Mäuler: »[...] malas lenguas, que nunca faltaron ni faltarán, no nos dejan vivir, diciendo no sé qué y sí sé qué ...« (p. 132) – eine wunderbar zweideutige Formulierung, mit der Lázaro die Sache zugleich zugibt und verschleiert. Das kann er auch beruhigt tun, denn der Erzpriester hilft ihm und ist ein Meister im Verkünden des »aquí no pasa nada«, mit dem die ›Ehre‹ salviert wird. »Ella entra – beruhigt er seinen Untergegeben – muy a tu honra y suya [...]. Por tanto no mires a lo que pueden decir, sino a lo que te toca: digo a tu provecho« (p. 133). Das lässt sich Lázaro, der von Kindheit an, und von der eigenen Mutter, daran gewöhnt wurde, das Fressen über die Moral zu stellen, nicht zweimal sagen und beendet seinen Bericht an »vuestra merced« mit dem Bescheid:

Hasta el día de hoy nunca nadie nos oyó sobre el caso; antes, cuando alguno siento que quiere decir algo della, le atajo y le digo:
-Mirá, si sois mi amigo, no me digáis cosa con que me pese. [...] Que yo juraré sobre la hostia consagrada que es tan buena mujer como vive dentro de las puertas de Toledo. Quien otra cosa me dijere, yo me mataré con él.
Desta manera no me dicen nada, y yo tengo paz en mi casa. (134 f.)

Eine *richtige* Antwort auf die Frage von »vuestra merced« ist das freilich nicht; allenfalls eine halbe. Dazu kommt noch der blasphemische, weil falsche Schwur auf die Hostie und die freche Drohung an jedermann, der die ›Ehre‹ seiner Frau in Frage stellt: als befinde man sich unter *wirklichen* Ehrenmännern! Zweideutiger, nein: zynischer geht es nicht mehr.

Und wo bleibt am Ende die Moral, an die man sich halten kann und deren Einforderung durch »vuestra merced« garantiert schien? Bleibt sie nicht sogar auf der Strecke, denn als Freund (wahrscheinlich sogar als Protektor) des Erzpriesters ist die ominöse ›letzte Instanz‹ des Textes selbst reichlich zwielichtig.

Es ist genau dieser Amoralismus bei der ›Lösung‹ des *caso*, auch das Fehlen einer wirklichen Reue vonseiten Lazarillos, die den Text des Anonymus vom *Guzmán de Alfarache* unterscheidet, wo zwischen den Sünden des unterwegs Befindlichen und der Reue des Angekommenen scharf unterschieden und zusätzlich noch reichlich moralische Belehrung in die laufende Handlung eingestreut wird. Offensichtlich hat Mateo Alemán die Lektion des *Lazarillo*-Verbotes gelernt und *seinen* Roman den Normen der offiziellen Moral angepasst.

Es bleibt allerdings etwas zu bedenken: Der niederländische Humanist Erasmus von Rotterdam, der einer der Wegbereiter des Protestantismus war und auch in Spanien hochgestellte (erst gegen Ende der Regierungszeit Karls V. verfolgte) Anhänger hatte, schrieb 1511 – ein paar Jahrzehnte vor dem *Lazarillo* – einen satirischen Traktat mit dem Titel *Lob der Torheit*, der, gleichsam ex negativo, eigentlich ein Lob der *prudentia* war. Den *Lazarillo* könnte man im Anschluss daran fast wie ein »Lob der Unverschämtheit« lesen, vor dem die Scheinmoral, die Scheinheiligkeit und die Scheinwürde umso verwerflicher oder auch lächerlicher erscheinen. So wäre der reinigende Zynismus am Ende eine Moral mit umgekehrten Vorzeichen?

Literaturhinweise

Ausgabe: *Lazarillo de Tormes*, ed. Francisco Rico, Cátedra, 1987
Übersetzung: *Das Leben des Lazarillo vom Tormes*, übers. von Rudolf Grossmann, Leipzig 1949

Weitere Literatur

Spanische Literaturgeschichte, S. 133–136
Klaus Meyer-Minnemann/Sabine Schlickers (Hg.): *La novela picaresca*, Madrid/Frankfurt a.M. 2008
Francisco Rico: *La novela picaresca y el punto de vista*, Barcelona ⁴1989

Hans Gerd Roetzer: *Der europäische Schelmenroman*, Stuttgart 2009

Übersetzung
(Rudolf Grossmann)

Zu S. 39:

»Mein Sohn, ich weiß, dass ich dich nicht wiedersehe. Bemüh' dich, ein guter Mensch zu werden, dann wird Gott dich geleiten. Ich habe dich aufgezogen und dir einen guten Herrn verschafft; nun hilf dir selber!«

Und dann machte ich mich auf den Weg zu meinem neuen Herrn, der mich schon erwartete. Wir zogen aus Salamanca fort. Wenn man dann an die Brücke kommt, steht an dem einen Ende ein Tier aus Stein, das ungefähr die Gestalt eines Stieres hat. Und der Blinde befahl mir, an das Tier heranzutreten. Und als ich dort stand, sagte er zu mir: »Lazarus, halt dein Ohr an diesen Stier, dann wirst du ein lautes Geräusch darin hören.«

Einfältig wie ich war, trat ich heran; denn ich glaubte, es sei so. Als er fühlte, dass ich meinen Kopf neben dem Stein hatte, holte er jedoch mit aller Wucht aus und gab mit eine derartige Ohrfeige, dass mein Kopf von dem Prall gegen den verfluchten Stier mehr als drei Tage lang schmerzte, und er sagte zu mir: »Dummkopf! Merk dir, der Bursche des Blinden muß noch ein bisschen mehr wissen als der Teufel.«

Und er lachte laut über seinen Scherz.

Mir war, als ob ich in dem Augenblick aus der Unschuld erwachte, in der ich bis dahin als Kind geschlummert hatte. Ich sagte zu mir: »Recht hat er; es ist Zeit, dass ich die Augen offen halte und wach bin, denn ich stehe allein und muß daran denken, wie ich weiterkomme.« [...]

Und so geschah es auch; denn nach Gott war er es, der mir das Leben gab, mich, blind wie er war, erleuchtete und mir den Lebensweg wies.«

Zu S. 43:

Bis auf den heutigen Tag hörte uns keiner mehr über diese Angelegenheit sprechen; merke ich jedoch, dass mir jemand über sie etwas sagen will, so falle ich ihm ins Wort und erkläre ihm: »Hör mal, wenn du mein Freund bist, so sage mir nichts, was mir Kummer macht; denn der ist mein Freund nicht, der mir unangenehme Dinge sagt. [...] Ich schwöre bei der heiligen Hostie, dass sie die beste Frau ist, die in den Toren Toledos lebt; und wer mir etwas anderes sagt, dem springe ich an die Gurgel.«

So sagen sie mir nichts mehr, und ich habe zu Haus meinen Frieden.

Kapitel VI
San Juan de la Cruz, Fray Luis de León (16. Jh.)
Das Erlebnis der *unio mystica*

Wer sich mit San Juan de La Cruz beschäftigt, begibt sich auf vermintes Gebiet. Das gilt für Juans eigene Zeit ebenso wie für die unsrige. Damals war seine Person umstritten, heute streitet man sich um sein Werk und um die Frage, wie damit umzugehen und wie es zu verstehen ist.

Juan de Yepes y Alvarez, der spätere Heilige Johannes vom Kreuz, wurde 1542 in der Nähe von Ávila geboren. Er kam aus einfachen Verhältnissen. 1563 trat er in den Karmeliterorden ein und studierte in Salamanca Theologie; einer seiner Lehrer war der große Humanist Fray Luis de León. Seine Mentorin im Orden selbst wurde keine Geringere als die ebenfalls aus Ávila stammende, 27 Jahre ältere Teresa de Jesús, mit der ihn eine lebenslange Freundschaft verband. Leider ist der Briefwechsel der beiden, gewiss nicht ohne Zutun von außen, vernichtet worden; er wäre ein Zeitdokument ersten Ranges. Wie Santa Teresa war auch San Juan als Reformator des Ordens, als Seelsorger, als Theoretiker des Mystizismus und als Berater bei der Gründung neuer Niederlassungen tätig, unermüdlich auf eine Rückkehr zu strenger Disziplin und Askese drängend, womit er sich die Feindschaft nicht nur der kirchlichen Obrigkeit, sondern auch die seiner bequemer lebenden Mitbrüder von der Fraktion der *calzados* (der »Beschuhten«) einhandelte; er selbst rechnete sich den *descalzos*, den »Unbeschuhten« zu. Im Sommer 1591 wurde er sämtlicher Leitungsfunktionen im Orden enthoben und sollte nach Mexiko versetzt werden. Dazu kam es aber nicht mehr, weil er erkrankte und noch vor Jahresende in Úbeda starb.

1577/78 wurde Johannes mehrere Monte lang in einem von den *calzados* geleiteten Kloster in Toledo gefangen gehalten, aus dem er sich nur durch die Flucht befreien konnte. In dieser Zeit und kurz danach ist sein schmales poetisches Œuvre entstanden, dessen Mittelpunkt drei Gedichte bilden, die als Meisterwerke der spanischen Mystik gelten: *En una noche oscura*, *Cántico espiritual* und *Llama de amor viva*. Auch mit seiner Dichtung ist er auf Widerstand gestoßen. Sie durfte, weil der Häresie verdächtig, zu seinen Lebzeiten nicht veröffentlicht werden. Überhaupt standen mystische Praktiken schon deshalb unter Generalverdacht, weil sie eine Vereinigung der Seele mit Gott unmittelbar, und das heißt ohne die Vermittlung der Amtskirche und ihrer Dogmatik, allein durch Selbstdisziplin und Meditation zu erreichen versuchte.

Provozierend wirkte – das Paradox sei gestattet – die anschauliche Mehrdeutigkeit seiner Gedichte, an der sich auch heute noch die Geister scheiden. Für die einen stellen sie eine Transgression sämtlicher weltlicher und religiöser Normen dar, die in ihrer Entstehungszeit galten; für die anderen eine Allegorie der innigsten

Gottesliebe. Beide Seiten verteidigen ihre Position bisweilen mit einem so massiven Einsatz hermeneutischer Spitzfindigkeiten, dass dem arglosen Betrachter Hören und Sehen vergeht, zumal er befürchten muss, als *terrible simplificateur* zu gelten. Trotzdem will ich zunächst die ›Verständlichkeit‹ und unmittelbare Zugänglichkeit jener Poesie herausstellen, und zwar am Beispiel von *Noche oscura*. Bei diesem Gedicht kann man nämlich am besten sehen, wie San Juan es darauf anlegt, das Heilige mit dem Profanen, das Weltliche mit dem Göttlichen so zu vermitteln, dass man die an sich unsagbare *unio mystica* in annähernder Weise tatsächlich, nämlich körperlich, *erfahren* und *nachvollziehen* kann. Das ist schon deshalb nicht sonderlich schwierig, weil San Juan im Gedicht selbst keinerlei theologische Kenntnisse voraussetzt und sich auch didaktischer Unterweisung strikt enthält. Wer nach Unterweisung sucht, muss sich an die erst erheblich später verfassten Kommentare halten, deren Umfang den der Gedichte um ein Vielfaches überschreitet. In ihnen versucht San Juan, den literarischen Text nachträglich in die Sprache der Theologie zu übersetzen – eine Lektüre, die dem heutigen Leser kaum noch zugemutet werden kann. Es ist nicht auszuschließen, dass San Juan den Kommentar auch deshalb geschrieben hat, um sich vor der Inquisition und deren Zensur zu schützen.

> En una noche escura
> con ansias en amores inflamada
> ¡o dichosa ventura!
> salí sin ser notada
> 5   estando ya mi casa sosegada.
>
> A escuras y segura
> por la secreta escala, disfraçada,
> ¡o dichosa ventura!
> a escuras y en celada
> 10   estando ya mi casa sosegada.
>
> En la noche dichosa
> en secreto que naide me veýa
> ni yo mirava cosa
> sin otra luz y guía
> 15   sino la que en el coraçón ardía.
>
> Aquésta me guiava
> más cierto que la luz de mediodía
> adonde me esperava
> quien yo bien me savía
> 20   en parte donde naide parecía
>
> ¡O noche, que guiaste!
> ¡O noche amable más que la alborada!

¡O noche que juntaste
amado con amada,
25   amada en el amado transformada!

En mi pecho florido
que entero para él solo se guardaba
allí quedó dormido
y yo le regalaba
30   y el ventalle de cedros ayre daba.

El ayre del almena
quando yo sus cavellos esparcía
con su mano serena
en mi cuello hería
35   y todos mis sentidos suspendía.

Quedéme y olbidéme,
el rostro recliné sobre el amado;
cessó todo, y dexéme
dexando mi cuydado
40   entre las açucenas olbidado.

Nichts hindert uns daran, das Gedicht beim Wort zu nehmen: als Liebesgedicht. Eine junge Frau, in Liebe entbrannt und von ihrer Sehnsucht getrieben (Z. 2), verlässt, als alle schon schlafen, heimlich, über eine verborgene, nur ihr bekannte Treppe oder Leiter (Z. 7–9, 12), das Haus, um, nur vom Licht in ihrem Herzen geleitet (Z. 17), im Schutz der Dunkelheit zum Rendezvous mit ihrem Geliebten zu eilen, der sie an sicherer Stelle, auf den Zinnen einer Burg nämlich (Z. 31), erwartet (Z. 20). Die mehrmals als Helferin gepriesene Nacht (Z. 21 ff.) macht es möglich, dass die beiden Liebenden sich vereinigen (Z. 25). ›Danach‹ schläft er an ihrer Brust ein, während sie ihn liebkost und eine leichte Brise den beiden erfrischende Luft zufächelt (Z. 29 ff.).

Bis hierher ›stört‹ nichts die von mir vorgenommene textnahe Zusammenfassung des Geschehens und seiner scheinbar erotischen Eindeutigkeit. Erst am Schluss (ab Z. 31) geht der Versuch, den ›Vorfall‹ als galantes Abenteuer zu deuten, nicht mehr so leicht auf, und es verbreitet sich eine gewisse Rätselhaftigkeit: Wieso ›verletzt‹ (Z. 34) der von den Zinnen der Burg herüberwehende Wind den Hals der Geliebten? Auf Amors Pfeil kann damit nicht angespielt sein, denn der hätte ja schon getroffen, bevor die Gedichthandlung überhaupt beginnt. Warum erst jetzt, und nicht auf dem Höhepunkt des Liebesaktes, die selige Ekstase, die alle Sinne schwinden lässt (Z. 35)? Und wie ist die letzte Strophe zu erklären (ab Z. 36), in der die Geliebte, von allen Sorgen befreit (man beachte das Enjambement in Z. 38 f.), sich in einer Weise ›fallen‹ lässt, die nicht mehr allein mit dem Erlebnis der sexuellen Hingabe zu erklären ist, zumal die »cuidados« den »azucenas«, den Lilien, dem Symbol der Reinheit, überlassen werden (Z. 40). Hier ist offensichtlich zugleich eine Art von Selbstvergessenheit, ja Selbstverneinung oder besser: Selbstaufhebung im Spiel (Z. 39 f.). Freilich könnte auch das noch in einen profanen Zusammenhang passen, wenn man daran denkt, dass es seit jeher zur Metaphorik der Liebeserfüllung gehört, sich im anderen gleichsam zu verlieren. Selbst das geheimnisvolle »herir« ließe sich in den erotischen Zusammenhang integrieren, nicht nur, weil der Hals für Liebkosungen besonders empfindlich ist, sondern auch, weil das Verbum nicht nur »verletzen« im Sinn von ›Schmerz zufügen‹, sondern auch ›eine empfindliche Stelle berühren‹ bedeuten kann (»herir los sentidos«). Es gibt aber auch noch andere Wörter, die bei einer zweiten Lektüre ›auffällig‹ werden: »transformar« in Z. 25 gehört dazu; damit könnte einerseits das ›Ineineinanderübergehen‹, das ›Verschmelzen‹ der Liebenden, andererseits aber auch die Verwandlung des irdischen Körpers in die immaterielle Glückseligkeit der Gottesnähe gemeint sein. Oder »pecho florido« in Z. 26: Das kann sich auf das ›aufblühende‹ Herz der Frau beziehen, die das Haupt des Geliebten an ihre Brust gebettet hat (»pecho« bedeutet ja sowohl »Brust« wie, metonymisch, »Herz«). Die Wortfügung lässt aber auch an die offene Brust der Herz Jesu-Verehrung denken, bei der das Herz des verwundeten Erlösers gleichsam offen zutage liegt. Und auch wenn »pecho florido« im Text eindeutig zur »amada« gehört, ist doch gerade in der Zeile davor von ihrer Verwandlung in den »amado« die Rede gewesen, sodass das ›offene‹ Herz des Gottessohnes sehr wohl auch ihr zugehörig sein könnte. Auch das vieldeutige »herir« würde in diesen Zusammenhang passen.

Wie auch immer (und bevor es auch an dieser Stelle zu spitzfindig wird): Kein wirklich gutes Gedicht, ob weltlich oder religiös, lässt sich restlos in die Sprache des Verstandes übersetzen, ganz einfach deshalb, weil just in der Lyrik versucht wird, Unsagbares (und dazu gehört ganz bestimmt das mystische Erleben) sagbar zu machen, wobei die Reimmelodie und der Rhythmus der Verse, der ›Wohlklang‹ also, weit mehr als eine bloß schmückende, nämlich zugleich eine die Intuition fördernde Funktion haben. Fray Luis de León hat das in seiner berühmten Ode an den Organisten Salinas, auf die noch zurückzukommen ist und die ebenfalls zur Lyrik des Mystizismus gehört, eigens zum Thema gemacht. Ebenso gehört zur Lyrik der Spielraum der Mehrdeutigkeit, der dem aufmerksamen Leser spätestens am Ende des vorliegenden Gedichts nicht mehr verborgen bleibt. Wenn man dann noch die (ebenfalls erst später hinzugefügte) Gedichtüberschrift zur Kenntnis nimmt, wird der Weg für das mystisch-religiöse Verständnis vollends frei: »Canciones de el alma que se goza de aver llegado al alto estado de la perfección, que es la unión con Dios, por el camino de la negación espiritual.«

Um diese Vorgabe nun ihrerseits auf das Gedicht zu übertragen, brauchen wir nicht auch noch den komplizierten Kommentar zu Rate zu ziehen; es genügen die Schlüsselwörter der Überschrift selbst, um bei einer zweiten Lektüre zu begreifen, dass mit dem weiblichen Ich die Seele gemeint ist; mit dem *amado* Gott; mit dem zurückzulegenden Weg, einschließlich des Erklimmens der Treppe, die zur Höhe der Burgzinnen führt, der Weg zum Erreichen des »alto estado de la perfección«; ein Weg zugleich, der mit Selbstverneinung oder Selbstaufgabe und Hingabe verbunden ist, auch mit dem Ausschalten des kritischen Intellekts (»camino de la negación espiritual«). Diese »negación« wird durch die Dunkelheit der Nacht begünstigt, in der die Sinne sich von außen nach innen kehren. Nur so gelangt die Seele zum »gozo« (»Genuss«) der Glückseligkeit.

Man sehe es dem theologisch nicht geschulten Interpreten nach, wenn er sich in puncto mystischem Erleben ungeschickt ausdrückt. Aber gerade diese Selbstreflexion bringt uns auch wieder auf das Wesentliche des Gedichtes zurück, das gerade *nicht* für den theologisch Versierten, sondern in erster Linie für den Laien geschrieben ist. *Noche oscura* ist keine Allegorie, bei der die profane Liebesgeschichte nur als Verweis auf das Heilige, nicht aber in sich selbst Bestand hat. Ganz im Gegenteil: Die starke Wirkung des Gedichtes geht gerade von seiner weltlichen Verfasstheit aus, die allerdings so geschickt arrangiert ist, dass sie, gleichsam zusätzlich, auch eine religiöse Lesart erlaubt, bei der das Erlebnis der *unio mystica* am Beispiel der erotischen, ja der sexuellen Hingabe sozusagen annäherungsweise fassbar gemacht wird. Nur so ist zu verstehen, dass uns das Gedicht auch heute noch faszinieren kann, in einer Zeit, in der die westlichen Kulturen dem Mystizismus radikal abgeschworen haben, in der sie vom Orient aber auch immer wieder darauf verwiesen werden, dass es ihn anderswo noch gibt, in friedlicher, aber auch in pervertierter Form: nicht von ungefähr wird den todbringenden Gotteskriegern die Selbstvernichtung mit den sexuellen Freuden eines sehr irdisch funktionierenden Paradieses schmackhaft gemacht.

Von solcher Pervertiertheit ist der Heilige Johannes vom Kreuz gerade deshalb durch Welten getrennt, weil er letztlich auf dem Boden der Erfahrung bleibt und den Umkreis dessen nicht verlässt, was ›menschlich‹ zumutbar und einsichtig ist. Auch auf dem Gebiet der literarischen Tradition schließt er sich nicht nur an religiöse Vorbilder an: an die Bilderwelt des *Hohen Liedes* Salomons aus dem Alten Testament, also an jenen Teil der Bibel, der durch seine ›Sinnlichkeit‹ selbst schon aus dem Rahmen fällt. Sicher wurde er auch durch die *a lo divino*-Dichtungen seiner eigenen Zeit beeindruckt, in denen – etwa bei Sebastián de Córdoba – weltliche Motive religiös umgedeutet wurden.

Vor allem aber führt er die Tradition der – weltlichen – petrarkistischen Lyrik fort, die in Spanien durch Garcilaso de la Vega, Juan Boscán, Fernando de Herrera und Francisco de Aldana zu einer eigenen Blüte gebracht wurde. Das zeigt sich schon daran, dass er für sein Gedicht Garcilasos Odenform der *Lira* benutzt, fünfzeilige Strophen mit Vollreimen nach dem Schema a/b/a/b/b und dem ständigen Rhythmuswechsel zwischen Sieben- und Elfsilberzeilen. Allerdings überbietet er zugleich das petrarkistische Modell, das ja letztlich noch die sprachlichen und ideologischen Konventionen des *amour courtois* bis in die italienische Renaissance getragen hat, wo sie mit neuplatonischen Ideen verschmolzen wurden: die Schönheit als Abglanz der göttlichen Vollkommenheit; die Vergöttlichung der Frau; die Unerreichbarkeit der Geliebten, die man zwar begehren, aber nicht besitzen kann; den Schmerz des sich verzehrenden Liebhabers, für den paradoxerweise der (Liebes-)Tod dennoch Leben bedeutet – alles Erfahrungen, die, wenngleich in weltlicher Poesie erlebt, selbst schon in der Nähe des Mystizismus stehen. Man bedenke, dass bei Petrarca allein Lauras Anblick den Liebenden schon in Verzückung versetzt.

San Juan hat das Motiv des Liebesschmerzes, dessen Linderung im *amour courtois* letztlich nur in Form geistiger Sublimation denkbar war, auch in sein eigenes Gedicht übertragen: der *cuello herido* kommt hier einmal mehr ins Spiel. Aber bei ihm wird die Erfüllung nicht mehr verweigert; er hat im Gegenteil das Motiv so weit materialisiert, dass nun sogar der leibliche *gozo* vorstellbar wird. Aber das ist nicht die einzige Änderung, die zu beobachten ist. Eine weitere besteht darin, dass bei ihm die traditionelle Rolle des lyrischen Ich gleichsam umgekehrt wird. Es ist nicht mehr der *amado*, der die Verschmelzung mit der *amada* ersehnt, vielmehr ›verfolgt‹ jetzt die *amada* den *amado*. Die weibliche Initiative wird darüber hinaus von einem männlichen Dichter imaginiert, was dann vollends jenseits der geltenden Normen ist. Man kann dieses Skandalon auch nicht einfach dadurch entschärfen, dass man gleichsam entschuldigend die Form der Allegorie wieder ins Spiel bringt, wonach mit *amada* und *amado* ja ›nur‹ die Seele und Gott gemeint seien. Wenn das Gedicht eine weltliche Konsistenz hat – und die hat es, wie gezeigt, zu allererst –, muss auch auf der Transgression weltlicher Normen beharrt werden, die in ihm vorkommen, zumal es davon noch weitere gibt. Allen voran die Rücksichtslosigkeit, mit der die *amada* sich über die gesellschaftlichen Konventionen hinwegsetzt, indem sie ›heimlich‹ und ›in Verkleidung‹ (also im vollen Bewusstsein ihrer Grenzüberschreitung) ›ausreißt‹, als alle jene schon schlafen, die sie hätten daran hindern können: diejenigen also, die für die Rücksicht auf Ehre und *opinión* zuständig sind, allen voran Vater und Brüder.

Manche Interpreten legen auf die Transgression überlieferter Normen ein so starkes Gewicht, als ob der Bruch mit gesellschaftlichen Konventionen des Verfassers eigentliches Ziel gewesen und San Juan darüber hinaus gleichsam der Entdecker des *gender*-Denkens gewesen sei. Diese Lesart ist dem Gedicht aus heutiger Sicht zwar durchaus zuzumuten, sie dürfte aber dem Verfasser selbst kaum bewusst gewesen sein. Für ihn stand zweifellos die Absicht im Vordergrund, das Heilige mit dem Profanen zu vermitteln und eine unsagbare Erfahrung in eine sagbare zu verwandeln, und erst *infolgedessen* hat er sich so weit vorgewagt, dass der Versuch ihn auf vermintes Gebiet führte: auf das der Sexualität und ihrer Tabus. Die letztlich unsagbare *unio mystica* wird also durch das Beispiel einer körperlichen Liebesvereinigung doch noch in verständliche Worte gefasst, in Worte aber, die eigentlich ihrerseits wieder tabuisiert sind. Und umgekehrt kann man auch argumentieren, dass erst der religiöse ›Hintersinn‹ des Gedichtes dem Verfasser die Legitimation verschafft hat, sich überhaupt so weit vorzuwagen, weiter jedenfalls als es in der rein weltlichen Poesie möglich gewesen wäre.

Ein weniger verfänglicher Versuch, die *unio mystica*, die Vereinigung der Seele mit ihrem göttlichen Ursprung, am Beispiel eines irdischen *gozo* begreiflich zu machen, ist die bereits erwähnte *Oda a* [Francisco] *Salinas* (1577) von Fray Luis de León, in der statt der Liebe die Musik zum Wegbereiter des Gleichklangs mit den Sphärenharmonien des ewigen Lebens gemacht wird. Auch hier geht der Verfasser von einer konkreten Erfahrung aus: vom Orgelspiel des bewunderten Freundes und Professorenkollegen an der Universität Salamanca, das den Hörer gleichsam Schritt für Schritt seiner selbst enthebe und seine Seele zum Aufstieg in die »más alta esfera« des göttlichen Ursprungs und zur Wahrnehmung einer ›höheren‹ Harmonie bereit mache, die auch nach dem Erlebnis des »desmayo dichoso«, des Höhepunktes der Vereinigung mit Gott, noch nachklinge und den Wunsch wach halte, sie möge sich ewig wiederholen. Welcher Musikliebhaber hat nicht schon ähnliche Empfindungen gehabt und beim selbstvergessenen Hören eine Ahnung göttlicher Vollkommenheit empfunden!

> El aire se serena
> y viste de hermosura y luz no usada,
> Salinas, cuando suena
> la música extremada
> por vuestra sabia mano gobernada.
>
> A cuyo son divino
> el alma, que en olvido está sumida,
> torna a cobrar el tino
> y memoria perdida
> de su origen primera esclarecida.
>
> [...]
>
> Traspasa el aire todo
> hasta llegar a la más alta esfera
> y oye allí otro modo
> de no perecedera
> música, que es la fuente y la primera.
>
> Ve cómo el gran Maestro,
> a aquesta inmensa cítara aplicado,
> con movimiento diestro
> produce el son sagrado,
> con que este eterno templo es sustentado.
>
> Y como está compuesta
> de números concordes, luego envía
> consonante respuesta;
> y entre ambos a porfía
> se mezcla una dulcísima armonía.
>
> Aquí el alma navega
> por un mar de dulzura, y finalmente,
> en él ansí se anega,
> que ningún accidente
> extraño y peregrino oye o siente.

¡Oh desmayo dichoso!
¡Oh muerte que das vida! ¡Oh dulce olvido!
¡Durase en tu reposo,
sin ser restituido
jamás a aqueste bajo y vil sentido!

[...]

¡Oh, suene de contino,
Salinas, vuestro son en mis oídos,
por quien al bien divino
despiertan los sentidos,
quedando a lo demás adormecidos!

Im Übrigen gehörte auch Fray Luis de León (1527–91) zu denen, die unter dem Verdacht der Heterodoxie standen. Er saß fast fünf Jahre lang (von 1572 bis 1576) in der Untersuchungshaft des Inquisitionsgefängnisses von Valladolid, weil er ohne Erlaubnis das Hohelied Salomos kommentiert und ins Spanische übersetzt – also für jedermann verständlich gemacht – hatte, und das auch noch aus dem hebräischen Original statt aus der lateinischen Vulgata-Fassung der Bibel, die für die Kurie die einzig maßgebende war. Diese große philologische Leistung wurde allerdings erst 200 Jahre später tatsächlich im Druck publik; so lange blieb das Werk unterdrückt. Es ist überliefert, dass Fray Luis seine Vorlesung nach dem endlich erfolgten Freispruch und nach fünfjähriger Unterbrechung mit den gleichen Worten wieder aufnahm – »como decíamos ayer« –, mit denen man auch heute noch rekapitulierend an die vorhergehende Stunde anzuknüpfen pflegt.

Literaturhinweise

Ausgabe: San Juan de La Cruz: *Poesía*, ed. Domingo Ynduráin, Madrid 2000 [mit umfangreicher Einführung]; Fray Luis de León: *Poesías*, ed. Javier San José Lera, Biblioteca virtual Cervantes o. J.
Übersetzung: San Juan de la Cruz: Bernhard Teuber (s. u.), S. 164 f.; Nachdichtung zu Fray Luis de León: Karl Voßler (s. u.), S. 106 f.

Weitere Literatur

Spanische Literaturgeschichte, S. 103–123, spez. S. 107–109, 111–113
Dámaso Alonso: *La poesía de San Juan de la Cruz (desde esta ladera)*, en: id.: *Obras completas* II, Madrid 1973
Bernhard Teuber: *Sacrificium litterae. Allegorische Rede und mystische Erfahrung in der Dichtung des heiligen Johannes vom Kreuz*, München 2003
Karl Voßler: *Fray Luis de León*, München 1946

Übersetzung

Zu S. 46 f. (Bernhard Teuber):
> In einer dunklen Nacht,
> voll Sehnsucht in Liebe entflammt,
> o glückliches Geschick!
> Da brach ich auf, ohne bemerkt zu werden,
> Als mein Haus schon zur Ruhe gekommen war.
>
> In Dunkelheit und Sicherheit,
> über die geheime Leiter, in Verkleidung,
> o glückliches Geschick!
> Im Dunkeln und im Verborgenen,
> Als mein Haus schon zur Ruhe gekommen war.
>
> In der glücklichen Nacht,
> im geheimen, daß niemand mich sah,
> noch ich etwas schaute,
> ohne anderes Licht und Geleit
> außer dem, das in meinem Herzen brannte.
>
> Dieses führte mich
> sicherer als das Licht des Mittags
> dorthin, wo auf mich wartete,
> von dem ich ganz genau wußte,
> An einem Ort, wo niemand erschien.
>
> O Nacht, die geleitet!
> O Nacht, liebenswerter als das Morgenrot!
> O Nacht, die du vereint hast
> Geliebten mit Geliebter,
> Geliebte in den Geliebten verwandelt.
>
> An meiner blühenden Brust,
> die für ihn allein sich unversehrt bewahrte,
> dort war er eingeschlafen,
> und ich liebkoste ihn,
> und es kam vom Fächeln der Zedern Lufthauch.
>
> Der Lufthauch der Zinne,
> als ich sein Haar durchkämmte,
> mit seiner unbekümmerten Hand
> verletzte er mich am Hals
> und ließ alle meine Sinne schwinden.

Da blieb ich und vergaß mich,
neigte das Gesicht auf den Geliebten;
alles hörte auf, ich ließ mich fallen,
ließ ab von meiner Sorge,
unter weißen Lilien vergessen.

Zu S. 51 f. (Karl Voßler):
Wie heiter wird, wie klar
und jugendschön und licht, was uns umringt,
Salinas, wunderbar,
wenn die Musik erklingt,
von deiner kunsterfahrnen Hand beschwingt.

Es tönt wie Himmelsspiel.
Schon war die dumpfe Seele mir so blind,
und jetzt das ewige Ziel
sie wiedersieht und find't,
den Ort, wo ihre ersten Quellen sind.

[...]

Sie strebt durch allen Dunst
empor, bis sie auf höchster Höhe steht:
Dort lauscht sie einer Kunst,
die nicht im Wind verweht,
die nach den ältesten Gesetzen geht.

Sie sieht den Meister an,
wie er die ungeheuern Saiten schlägt
und rührt sie kunstvoll an,
daß sich hervorbewegt
der Urton, der das ewige Bauwerk trägt.

Da fühlt sich aufgebaut
in gleichgesetzten Tönen nun auch sie,
es eilt ihr Antwortlaut,
es hallet dort und hie
der Wechselsang in holder Harmonie.

Das Seelenschifflein schwingt
auf Wohlklangswellen durch der Töne Meer
bis es darin ertrinkt
und hört und fühlt nicht mehr

was fremd und schweifend kommt von außen her.
Du seliges Entzücken
und Tod, der Leben schenkt und süßes Schwinden,
möcht ewige Ruhe glücken,
und nie zurück sich finden
zu niedern Sinnen, die uns irdisch binden!

[...]

Laß deine Melodie,
Salinas, im Gehör mir weiter schwingen,
laß Gottes Harmonie
mir zu den Sinnen dringen
von dir geweckt – das andere mag verklingen.

Kapitel VII
Cervantes: *Don Quijote* (1605/15)
Der Ursprung des modernen Romans

El ingenioso hidalgo Don Quijote de la Mancha (kurz: *El Quijote*, in zwei Bänden 1605 und 1615 erschienen) ist der berühmteste und meistkommentierte Text der spanischen Sprache. Er markiert zudem den Beginn der modernen Romankunst, jener Literaturgattung also, die auch heute noch als die populärste gelten darf. Soviel man aber über den *Quijote* an kommentierendem Wissen angesammelt hat, so wenig Sicheres weiß man über das Leben seines Verfassers. Es ist dies ein Fall, wo der Autor hinter seinem Text fast vollständig verschwunden ist, so wie die Verfasser der Evangelien hinter dem Text der Heiligen Schrift. Wie viel an persönlicher Erfahrung im *Quijote* verarbeitet worden ist, können wir deshalb nur noch erahnen, aber kaum wirklich ermessen. Man kann aber sagen, dass die Lebensumstände, aus denen eines der tiefsinnigsten und heitersten Werke der Weltliteratur hervorgegangen ist, die glücklichsten nicht waren.

1547 wurde Cervantes in Alcalá de Henares geboren. Der Vater war ›Chirurg‹, was damals weder besondere Kenntnisse voraussetzte, noch gesellschaftliche Anerkennung garantierte. Miguels Name taucht erstmals in Verbindung mit dem des Humanisten López de Hoyos auf, bei dem er vermutlich eine erasmistisch geprägte Ausbildung erfuhr. Darauf deutet seine ganze weltanschauliche Haltung hin, die zwar fraglos katholisch, zugleich aber auch erstaunlich liberal und aufgeklärt ist. 1569 musste Miguel Spanien verlassen, weil er – nicht zum letzten Mal in seinem Leben – mit der Polizei in Konflikt geraten war. Er floh nach Rom, wo er eine bescheidene Anstellung bei dem gleichaltrigen Giulio Acquaviva fand, der im Gegensatz zu Cervantes eine steile Karriere in den *Letras* machte und bald darauf ein blutjunger Kardinal wurde. Bei ihm kam er in Berührung mit der italienischen Literatur, darunter auch Ariostos *Orlando furioso*, eines der Vorbilder des *Quijote*.

Cervantes hingegen wandte sich den *Armas* zu. In den Jahren 1571 bis 1575 diente er als Marinesoldat und nahm an der berühmten Seeschlacht von Lepanto teil, dem großen Sieg der spanischen Flotte über die türkische. Dabei wurde er an der Hand verletzt, weshalb man Cervantes in patriotischer Übertreibung auch »El manco de Lepanto« nennt. Auf der Heimreise wurde sein Schiff an der Costa Brava von türkischen Piraten gekapert. Man verschleppte ihn nach Algier, wo man ihn irrtümlich für eine wichtige Persönlichkeit hielt. Da die Familie das für ihn geforderte hohe Lösegeld nicht aufbringen konnte, schmachtete er fünf Jahre lang im Bagno, unternahm freilich auch vier Ausbruchsversuche, von deren Risiken die Erzählung des *Cautivo* im Ersten Teil des *Quijote* beredtes Zeugnis ablegt. Erst 1580 kommt er frei und ist, inzwischen schon 33, allenfalls als Haudegen, nicht aber als Autor bekannt.

Auch im späteren Leben musste Cervantes kämpfen, in ungeliebten und in der Bevölkerung verhassten Brotberufen: als Steuereinnehmer und als Proviantkommissar für die spanische Flotte. Im berüchtigten Gefängnis von Sevilla, in dem Cervantes (vermutlich unschuldig) einsaß, weil er Steuergelder hinterzogen haben sollte, ist, wie er sich selbst ausdrückte, der *Quijote* »gezeugt« worden, wenn auch nur im Entwurf.

Der Erste Teil wurde rasch populär – vielleicht der einzige Glücksfall im Leben des Autors. Gut ging es Cervantes jedenfalls auch in den letzten Lebensjahren nicht. 1613 veröffentlichte er die *Novelas ejemplares*, als Gegenstück zu Boccaccios gleichwohl bewundertem *Decameron*, 1615 den Zweiten Teil des *Quijote*. Das Buch, das er selbst am meisten schätzte (und das heute kaum noch jemand kennt), *Los trabajos de Persiles y Segismunda*, erschien erst 1617, ein Jahr nach seinem Tod. Cervantes starb, verarmt und seit längerem krank, am 23. April 1616. Der Todestag wird heute in ganz Spanien als *Dia del libro* gefeiert, an dem in Madrid der *Quijote* in einer öffentlichen Marathonlesung von hunderten von Lesern aus allen Schichten vorgetragen wird, jeder nur ein kurzes Stück. Daraus erhellt, dass der *Quijote* für Spanien ›das‹ Buch schlechthin ist, gleichsam das weltliche ›Buch der Bücher‹.

Warum dieses Buch auch außerhalb Spaniens bis auf den heutigen Tag kaum etwas von seiner Wirkung eingebüßt hat, erklärt sich aus dem Umstand, dass es einen fundamentalen Widerspruch lebendig in Szene setzt, und dies gleich in mehrfacher Hinsicht und Brechung, wobei es zugleich den Unterschied zwischen Mittelalter und Neuzeit, zwischen Antiquiertheit und Modernität anschaulich macht: Don Quijote hat als verarmter *hidalgo*, der gleichwohl aus Standesrücksichten nicht arbeiten darf, viel Zeit zum Lesen. Seine Lieblingslektüre sind die Ritterromane, die späten Nachfahren der *matière de Bretagne*, des höfischen Romans also. Davon liest er so viele, dass er darüber den Verstand verliert und sich schließlich einbildet, er sei dazu berufen, das Rittertum wieder zum Leben zu erwecken und dessen Ideale zur Geltung zu bringen. Von nun an ist er für seine Umgebung ein ›Verrückter‹, *un loco*, weil er ein wandelnder Anachronismus in einer längst von moderner Rationalität geprägten Welt ist. Während er sich noch vom Glauben an eine höhere Sendung leiten und sich von den widerspenstigen Gegebenheiten der Realität nicht beeindrucken lässt, gilt für alle anderen nur noch das, was empirisch ›nachweisbar‹ und mit den Sinnen und dem analytischen Verstand zu begreifen ist. Zwar gibt es noch ein fraglose Verpflichtung auf die katholische Religion, aber darüber hinaus gilt keine einheitliche ›Wahrheit‹ mehr, sodass der ›Fundamentalismus‹ des Protagonisten als störend empfunden wird. Die ›reale‹ Welt des *Quijote* hingegen ist durch die Vielfalt verschiedener und im Prinzip gleichberechtigter Interessenstandpunkte gekennzeichnet.

Während Don Quijote noch in einer Märchenwelt lebt, die von Zauberern, Edelfräulein, Giganten und fahrenden Rittern bevölkert ist, besteht die ihm begegnende tatsächliche spanische Bevölkerung der Jahre 1605 und 1615 aus handfesten ›Mitbürgern‹, die ihrem Alltagsgeschäft nachgehen: Bauern, Schafhirten, Beamte, Sträflinge, Pilger, leichte Mädchen, Nachbarn, Wirte und reisende Kaufleute. Es bleibt aber, was Don Quijotes Verhältnis zu dieser Umwelt betrifft, nicht bei einfacher Gegensätzlichkeit, sondern es kommt rasch zu dynamischer Wechselwirkung, ja zu Auseinandersetzungen, die bisweilen gefährlich sind. Sein Sendungsbewusstsein lässt Don Quijote nämlich allen Ernstes glauben, er sei dazu berufen, eine entidealisierte Welt wieder ›in Ordnung‹ zu bringen. Deshalb deutet Don Quijote die Phänomene, die nicht in sein Gedankenschema passen, nicht nur flugs zu solchen um, die es bestätigen, etwa Windmühlen zu Riesen oder Schafherden zu Heerscharen. Wenn es sein muss, schreckt er auch vor Gewaltanwendung nicht zurück, um die Menschen zu ihrem Glück zu zwingen: die reisenden Kaufleute zur Anerkennung der »unvergleichlichen« Dulcinea (die ebenfalls nur in seiner Einbildung existiert), die Galeerensträflinge zur Befreiung von ihren Fesseln, die Dame in der Postkutsche zur Erlösung von ihren vermeintlichen Entführern. Mehrmals wird er nur dadurch an einem Totschlag gehindert, dass sein klappriges Pferd, von ihm hochtrabend Rocinante (wörtlich: »früher war es ein Ross«) genannt, im rechten Moment stolpert und den Reiter abwirft, bei dem sich die undankbaren Adressaten seiner Wohltaten dann auch noch durch Prügel, Spott und üble Nachrede bedanken. Wegen der Befreiung der Galeerensträflinge (immerhin ein Eingriff in das königliche Justizwesen) wird Don Quijote sogar von der Landpolizei verfolgt und verdankt seine Straffreiheit nur dem Umstand, dass seine Freunde, der Pfarrer und der Barbier des Dorfes, seine Unzurechnungsfähigkeit ins Feld führen können.

Da all diese Übergriffe aber letztlich glimpflich enden, Don Quijote sich dabei in den Augen seiner Gegenspieler nur lächerlich macht, und da er zudem mehrmals – durchaus berechtigte – Prügel bezieht, galt der Roman seinen ersten Lesern vor allem als Divertimento, als lustige Unterhaltung ohne weiteren Tiefgang, als Parodie, zu Deutsch als ›Veräppelung‹ der Ritterromane. Man stelle sich vor: ein ›Held‹ von 50 Jahren (damals ein hohes Alter), den Kopf voll phantastischer Ritterabenteuer und -amouren, mit den Symptomen einer handfesten *locura*, misst die Welt an Maßstäben, die gar nicht auf sie passen. Das scheint weiter nichts als lächerlich zu sein.

Ganz anders sahen es die deutschen Romantiker, die überhaupt erst den wahren Tiefsinn des Romans aufgedeckt und gezeigt haben, dass Don Quijote keine flache oder eindimensionale Figur ist, sondern jemand, der trotz seiner *locura* sympathisch, ja Respekt gebietend ist. Er war ja auch nicht *immer* verrückt. Er heißt eigentlich auch nicht Don Quijote, sondern Alonso Quijano und trägt den von Freunden und Nachbarn verliehenen Beinamen el Bueno, was darauf hinweist, dass er von Natur aus gütig und vernünftig ist. Seine durch die Ritterromanlektüre verursachte Verblendung (Don Quijote als das erste Medienopfer der Neuzeit!) ist nur vorübergehend. Denn am Ende des Zweiten Teils kommt er wieder zu sich, wird wieder ›normal‹ und stirbt als Alonso Quijano der Gute, der er im Grunde nie aufhörte zu sein. Seine natürliche Güte ließ sich auch während der *locura*-Phase nicht verleugnen. Und wenn Don Quijotes Phantasie einmal nicht von Ritterromanvorstellungen eingenommen war, blieb sein Naturell auch weiterhin zu menschlicher Größe fähig, was sich besonders in seinem Verhältnis zu Sancho Panza, seinem Knappen, zeigt. Ja selbst seine Narreteien sind im Grunde noch seiner Grundanständigkeit geschuldet, denn er will ja gerade nichts Verwerfliches, sondern allein

Gutes tun. Dass die gute Absicht nicht immer Gutes bewirkt, wird von Cervantes allerdings auch mit aller Deutlichkeit demonstriert. Insofern haben die Romantiker die Ehrenrettung Don Quijotes zu weit getrieben, wenn sie aus dem einst nur verlachten Narren einen tragischen Idealisten machten, der am Unverständnis seiner banausischen Mitmenschen scheitert.

Für die heutigen Leser, die in einer Zeit leben, in der die weltlichen und religiösen Ideologen und Fundamentalisten die Opfer nicht zählen, derer es zur Verwirklichung des Idealzustandes bedarf (sei es der des Kommunismus, des Herrenmenschentums, des Gottesstaates oder der kapitalistischen Weltbeglückung), erscheint das Scheitern Don Quijotes, dessen Narrheit ja nichts anderes als eine ideologische Verranntheit ist, gar nicht mehr als tragisch, sondern im Grunde als verdient, ja als befreiend, zumal Don Quijote am Ende selbst einsieht, dass er mit seinem Fundamentalismus auf dem Holzweg war.

Es war sicherlich der glücklichste Einfall des Cervantes, dem hochfliegenden (und auch körperlich hochgeschossenen) Don Quijote mit dem kleinen und dicken Sancho Panza einen erdverbundenen Schildknappen an die Seite zu stellen. Gewiss gab es den (ebenfalls adligen) *escudero* auch schon im Ritterroman, aber dort war er nur eine Nebenfigur. Bei Cervantes hingegen wird er – jetzt als Plebejer – zur zweiten Hauptperson, die sprachlich genau so präsent ist wie Don Quijote selbst und die bis ans Ende der Reise der ständige Gesprächspartner und Gegenredner des Protagonisten bleibt. Dadurch erhält der Roman des Cervantes überhaupt erst jene dialogische und dialektische Dynamik, die ihn über die Jahrhunderte hinweg lebendig erhalten hat. Die Wortwechsel zwischen den beiden und die unterschiedlichen Sprachstile, die sie verwenden (kultiviert, aber auch hochtrabend der eine; sprichwortnah, ja vulgär der andere), machen dem Leser darüber hinaus begreiflich, dass ›die Wirklichkeit‹ nicht für alle Menschen und unter allen Umständen gleich, sondern dass sie mehrdeutig und also relativ ist, je nach dem Standpunkt und der Interessenlage, in der man sich gerade befindet.

Fast könnte man Sancho die Negation Don Quijotes nennen. Denn während alle anderen Personen des Romans nur ein Abenteuer lang auftreten und dann wieder verschwinden, bleibt Sancho Panza, gleichsam als der institutionalisierte Einspruch ›von unten‹, ständig an Don Quijotes Seite. Trotz dieser Gegensätzlichkeit werden die sozial und charakterlich so unterschiedlichen Weggefährten mit der Zeit zu wirklichen Freunden, und sie bewähren ihre Freundschaft, ja ihre Solidarität, gegen ihre jeweils höchsten Ziele: Don Quijote gebietet Einhalt, als die angeblich verzauberte Dulcinea durch Sanchos Auspeitschung ebenso angeblich entzaubert werden soll, weil er die Gesundheit des Familienvaters im entscheidenden Augenblick über seine Ritterchimäre stellt; und Sancho Panza, der die langersehnte Insel von der Herzogin nur unter der Bedingung bekommen soll, dass er seinen Herrn verlässt, ist seinerseits zum Verzicht bereit.

Durch die Freundschaft zwischen Don Quijote und Sancho Panza bekommt der Roman von vornherein einen versöhnlichen (übrigens auch einen sozialutopischen) Charakter, weil Don Quijote in Sancho die Mitwelt, so wie sie ist, auch noch in den Momenten der höchsten *locura* anerkennt, weshalb das Ende des Romans, an dem der närrische Ritter wieder zu sich kommt und einen christlichen Tod stirbt, alles andere als ein tragisches Scheitern ist. Denn Don Quijote erreicht als Freund Sanchos und anderer Personen des Romans insgeheim eben doch, was er eigentlich erstrebt hat, nämlich ein Helfer der Menschheit zu sein. Aber er stellt seine Größe ganz anders unter Beweis, als er es erträumt hatte: nicht mit illusionärem Heldentum, mit dem er stets Schiffbruch erleidet, sondern mit menschlicher Solidarität; nicht mit *soberbia*, sondern mit *modestia*. Als ›Held‹ ist Don Quijote bei Cervantes nur noch eine lächerliche Figur, während er ›als Freund, als Nachbar, als Weggefährte und als Streitschlichter Format hat. Historisch gesehen wird jedenfalls mit dem großen Werk des Cervantes die Epoche der Heldenepen abgeschlossen und eine neue Zeit eröffnet, in der das soziale Problem des menschlichen Zusammenlebens immer stärker in den literarischen Vordergrund rückt.

Der exemplarische Sinn des *ganzen* Romans wird auch durch dessen Komposition verdeutlicht, dank derer der Zweite Teil mehr als eine bloße Fortsetzung des Ersten ist. Vielmehr wird im Zweiten Teil die Bekanntheit des Ersten im Text selbst vorausgesetzt, sodass Don Quijote und Sancho Panza schon als Berühmtheiten erwartet werden und alle Welt sich auf sie einstellen kann. Schon am Anfang des Zweiten Teils beginnt auch die Rezeption des Ersten, wenn die handelnden Personen kritische Urteile über ihn referieren. So ist der Zweite Teil eine Art Metaroman im Verhältnis zum Ersten.

Er ist aber zugleich eine Umkehrung von ihm: Während im Ersten Teil alle Initiative von Don Quijote ausging und die anderen darauf nur reagieren konnten, geht im Zweiten Teil die Initiative von den ›Bescheid wissenden‹ Anderen aus, und Don Quijote ist derjenige, der zum Spielball ihrer Launen wird. Wenn der Erste Teil eine Parodie der Ritterromane war, ist der Zweite Teil eine Parodie des Ersten. Gut sichtbar wird das schon bei der ›Verzauberung‹ Dulcineas durch Sancho Panza, der inzwischen gelernt hat, wie Don Quijote zu reagieren und zu reden, während Don Quijote, wie einst Sancho, statt der drei von Sancho vorgegaukelten Prinzessinnen, die auf ihren Zeltern sitzen, nur die drei tatsächlich vorhandenen Bauerntrampel auf ihren Eseln sieht.

-Yo no veo, Sancho – dijo Don Quijote –, sino a tres labradoras sobre tres borricos.
-¡Agora me libre Dios del diablo! – respondió Sancho. -Y ¿es posible que tres hacaneas, o como se llaman, blancas como el ampo de la nieve, le parezcan a vuesa merced borricos? ¡Vive el Señor, que me pele estas barbas si tal fuese verdad!
-Pues yo te digo, Sancho amigo – dijo Don Quijote – que es tan verdad que son borricos, o borricas, como yo soy don Quijote y tú Sancho Panza; a lo menos, a mí tales me parecen.
-Calle, señor – dijo Sancho –; no diga la tal palabra, sino despabile esos ojos y venga a hacer reverencia a la señora de sus pensamientos, que ya llega cerca.
Y, diciendo esto, se adelantó a recibir a las tres aldeanas, y apeándose del rucio, tuvo del cabestro al jumento de una de las tres labradoras, y, hincando ambas rodillas en el suelo, dijo:
-Reina y princesa y duquesa de la hermosura, vuestra altivez y grandeza sea servida de recibir en su gracia y buen talante al cautivo caballero vuestro, que allí está hecho piedra

mármol, todo turbado y sin pulsos de verse ante vuestra magnífica presencia. Yo soy Sancho Panza su escudero, y él es el asendereado caballero don Quijote de la Mancha, llamado por otro nombre el Caballero de la Triste Figura.

A esta sazón ya se había puesto don Quijote de hinojos junto a Sancho, y miraba con ojos desencajados y vista turbada a la que Sancho llamaba reina y señora; y como no descubría en ella sino una moza aldeana, y no de muy buen rostro, porque era carrirredonda y chata, estaba suspenso y admirado, sin osar desplegar los labios. Las labradoras estaban asimismo atónitas, viendo aquellos dos hombres tan diferentes hincados de rodillas, que no dejaban pasar adelante a su compañera. (p. 706)

Auch die zentrale Episode im Zweiten Teil, Don Quijotes Aufenthalt bei den Herzögen, ist bloß eine gigantische *burla*, in der sich die Anderen auf Kosten Don Quijotes amüsieren.

Diese Umkehrung der Initiative hat aber zugleich einen moralischen Sinn: Im Zweiten Teil wird Don Quijote exemplarisch (durch Verlachen) dafür bestraft, dass er im Ersten die Welt nach *seiner* Vorstellung verbessern wollte, was, wie man weiß, ständig missglückte. Stets blieb die Welt *nach* dem Eingreifen des Weltverbesserers und ›Erlösers‹ in schlechterem Zustand zurück, als sie es vor seinem Auftreten war. In der Tat ist im spanischen 17. Jahrhundert die Vorstellung, dass der Mensch von sich aus die Welt verändern oder gar erlösen könnte, eine Sünde, die nicht ungesühnt bleiben darf, denn nachbessern zu wollen, was Gott geschaffen hat, ist Anmaßung und Größenwahn.

Der *desengaño* – die tiefe persönliche Enttäuschung –, der mit Don Quijotes Bloßstellung in den *burlas* und mit seiner Finalniederlage gegen den *caballero de la blanca luna*, alias Sansón Carrasco, verbunden ist und zu *melancolías* und schließlich zu seinem Tod führt, ist deshalb gerade nicht als Katastrophe zu verstehen. Vielmehr bietet er die Chance, in sich zu gehen und wieder zur Vernunft zu kommen, wie es – mit Gottes Hilfe und der Unterstützung von Don Quijotes Freunden – dann ja auch tatsächlich geschieht, und wie es durch den zunehmenden Realitätssinn des Protagonisten im Zweiten Teil auch aus der Handlung selbst heraus vorbereitet wird.

Man muss bei alledem auch bedenken, dass im Spanien jener Zeit die weltliche Literatur nicht nur einen Unterhaltungscharakter haben durfte, sondern zugleich die ethisch-moralische Reflexion zu fördern hatte. So hat es nicht nur die Kirche gewollt (und über ihre Kontrollorgane überwacht); es war vielmehr auch Cervantes' eigenes – und ganz gewiss ehrliches Bestreben –, dieser Forderung nachzukommen.

Bestätigt wird die moralische Dimension des Romans durch die Eingeschobenen Geschichten, die lange Zeit als nicht wirklich dazugehörig betrachtet wurden, die in Wahrheit aber, wie *Novelas ejemplares*, die sie tatsächlich sind, der Haupthandlung eine zusätzliche Tiefendimension verschaffen, indem sie deren Problematik wie in einem Brennspiegel zusammenfassen und überhaupt erst wirklich auf den Punkt bringen. Sie fügen der komischen Haupthandlung die ernste, ja tragische Grundsätzlichkeit hinzu. Am schönsten ist das an der Novelle *El Curioso im-*

pertinente zu sehen, die höchst kunstvoll in den Ersten Teil der Haupthandlung einmontiert ist und ebenfalls einen Fall von *locura* behandelt. In dieser Geschichte fühlt sich ein gewisser Anselmo dazu veranlasst, die Tugend seiner Frau an einer Idealvorstellung zu messen, der sie nicht genügen *kann*. Diese Anmaßung bezahlen in der knapp bemessenen Novelle am Ende alle Beteiligten mit dem Tod, während man sich in der Haupthandlung über Don Quijotes Narrheit nur zu mokieren braucht, weil sie in der ›weiten Welt‹ keinen bleibenden Schaden anrichten kann.

Nicht alle Eingeschobenen Geschichten sind so akkurat mit der Haupthandlung vernetzt. In jedem Fall aber fügen sie der Heiterkeit, die in ihr herrscht, den ernsten Ton hinzu, der nachdenklich stimmt. Das geht bis zu politischen Grundsatzfragen, die in der Haupthandlung konsequent vermieden werden. In der Geschichte des Ricote jedenfalls, die im Zweiten Teil steht, wird ein ganz aktuelles und dazu sehr ›heißes‹ Thema, die Vertreibung der Morisken nämlich, in einer Weise angepackt, dass man als Leser dazu veranlasst wird, das Problem aus der Sicht eines Betroffenen zu bedenken. Zwar dämpft der Erzähler seine Kühnheit an anderer Stelle wieder ab. Aber schon Thomas Mann hat in *Meerfahrt mit Don Quijote* bemerkt, dass »das Kapitel […] eine kluge Mischung von Loyalitätsbezeugungen […] und dem lebendigsten menschlichen Mitgefühl für das furchtbare Schicksal der maurischen Nation [ist]. […]. Durch das eine erkauft sich der Autor die Erlaubnis für das andere; aber ich vermute, es ist immer empfunden worden, dass das erstere politisches Mittel zum zweiten war und die Aufrichtigkeit des Dichters so recht erst beim zweiten beginnt.«

Zum Schluss muss noch ein Wort zu der trefflichen, zugleich ironischen und selbstgewissen Poetik des Romans gesagt werden. In der Tat ist die Meisterschaft verblüffend, mit der Cervantes all das zuwege bringt, was der heutigen Literarästhetik teuer ist: Autoreflexivität, Intertextualität, Dialogizität, die Verwendung verschiedener Diskursformen, die Problematisierung von ›Wahrheit‹ und ›Fiktion‹ und die Konstruktion komplexer Erzählwelten. Ob der Autor sich dessen immer ganz bewusst war oder ob es ihm bisweilen auch spielerisch ›unterlief‹ und ob es eben deshalb so unangestrengt, ja befreiend wirkt, ist schwer zu entscheiden. Es steht aber außer Frage, dass Cervantes eine klare Vorstellung von dem hatte, was gute Unterhaltungsliteratur leisten soll. Das Vorwort des Ersten Teils, das Autodafé gegen die Ritterbücher, die gründliche Auseinandersetzung zwischen Don Quijote und dem *canónigo* am Ende des Ersten Teils über eine ›nützliche‹ Romanliteratur; die fast wörtlichen Zitate aus der aristotelischen Poetik am Anfang des Zweiten über den Unterschied von Historie und Poesie; und die Bemerkungen über die Angemessenheit der Eingeschobenen Geschichten im Zweiten Teil bezeugen das. Jedenfalls ist Cervantes mit seinem Roman weit über das hinausgegangen, was damals poetologisch üblich und denkbar war.

Ein paar Andeutungen müssen genügen: Im Ritterroman war es selbstverständlich, die ›story‹ als *historia*, als ›wahre Geschichte‹ auszugeben, den Fiktionscharakter also zu verschleiern. Zu diesem Zweck taten die meisten Ritterromane so, als seien sie nicht von einem Romanautor, sondern von jemandem, der ›dabei‹ war, also von einem Chronisten verfasst worden, auf den sich der Erzähler als auf seine glaubwürdige Quelle bezieht und den er im Grunde bloß kopiert. Es wurde also so getan, als würden Tatsachen berichtet, wo doch in Wahrheit bloß Phantastik im Spiel war. Darin lag der oft kritisierte Lügencharakter des Ritterromans, der seinen Lesern gleichsam ein X für ein U vormachte (ein Problem übrigens, das auch der wiederauferstandenen *Fantasy*-Literatur unserer Tage nicht fremd ist).

Cervantes geht den genau umgekehrten Weg: Er offenbart geradezu plakativ den fiktionalen Charakter seiner allein von ihm erfundenen Geschichte, die aber *so* gut erfunden sei, dass sie dem Leser den Eindruck der *Wahrscheinlichkeit* vermittle (*verosimilitud* ist der Schlüsselbegriff der ganzen im Text selbst geführten poetologischen Diskussion). Genau damit beginnt die Ästhetik des modernen Romans.

Cervantes führt das dem Leser auf höchst unterhaltsame – und wiederum parodistische – Weise vor Augen: Im achten Kapitel des Ersten Teils, als Don Quijote und der Baske gerade mit erhobenen Schwertern einander gegenüberstehen, bereit, den todbringenden Schlag zu führen, geht dem Erzähler angeblich der Stoff, nämlich die historische Vorlage oder Quelle aus. Das Bild erstarrt wie bei einem Filmriss. Vorübergehend ist nun nicht mehr von Don Quijote, sondern von der Suche nach einer Fortsetzung des Berichts die Rede. Schließlich findet der Erzähler auf dem Markt von Toledo ›zufällig‹ das Manuskript eines arabischen Geschichtsschreibers namens Cide Hamete Benengeli, das er von einem Morisken ins Spanische übersetzen lässt – und siehe da: es beginnt (oder fährt fort) genau an der Stelle, an dem der Film zuvor gerissen war.

Damit wird einerseits unmissverständlich auf die demiurgische, also gottähnliche Macht des Schöpfers Cervantes verwiesen, der alles nach seinem Gutdünken verschwinden und wieder neu erstehen lassen kann. Und andererseits wird ingeniös die Glaubwürdigkeit der ›Quelle‹ in Zweifel gezogen, denn die stammt ja von einem Mauren, also einem Ungläubigen und eben deshalb nicht der ›höheren Wahrheit‹ Teilhaftigen, und wurde zudem von einem Morisken, also einem Glaubenswechsler, übersetzt, über dessen Zuverlässigkeit sich der Leser ebenfalls keine Illusionen machen darf, zumal er angeblich ganze Passagen unübersetzt gelassen hat.

Damit hat Cervantes mit einem Streich den gordischen Knoten der Erzähler-Ermächtigung gelöst: Er schafft Raum für seine persönliche Phantasie. Zugleich stattet er mit dem genialen Einfall, Don Quijote im Zweiten Teil als die schon allseits bekannte Romanfigur gleichsam *live* auftreten zu lassen, eben diese Figur mit einer eigenen Wirklichkeit aus.

Literaturhinweise

Ausgabe: Miguel de Cervantes: *Don Quijote de la Mancha*, ed. Francisco Rico, Barcelona 1998 [mit umfangreichen Kommentaren und bibliographischen Angaben]

Übersetzung: Miguel de Cervantes: *Der geistvolle Hidalgo Don Quijote de la Mancha*, herausgegeben und übersetzt von Susanne Lange, München 2008 [mit einem Nachwort und ausführlichen Kommentaren]

Weitere Literatur
Spanische Literaturgeschichte, S. 140–148
Hans-Jörg Neuschäfer: *La ética del Quijote*, Madrid 1999
Ders. (Hg.): Miguel de Cervantes: *Don Quijote de la Mancha (selección)*, Stuttgart
  2007 [Auswahl mit verbindenden Texten, Sach- und Wortkommentaren und
  ausführlichem Nachwort]
Christoph Strosetzki: *Miguel de Cervantes*. München 1991
Horst Weich: *Cervantes' Don Quijote*, München 2001

Übersetzung
(Susanne Lange)

Zu S. 60 f.:

>»Ich sehe nichts weiter, Sancho«, sagte Don Quijote, »als drei Bäuerinnen auf drei Eseln.«
>»Da schlag Gott den Teufel tot!« gab Sancho zurück. »Ist das die Möglichkeit, dass Ihr drei Zelter, oder was auch immer, weiß wie der blendendste Schnee, für drei Esel haltet? Bei Gott, wenn das wahr ist, will ich mir den Bart ausreißen.«
>»In der Tat, Sancho, mein Freund«, sagte Don Quijote, »so wahrhaftig sind es Esel oder Eselinnen, wie ich Don Quijote bin und du Sancho Panza. Zumindest erscheinen sie mir als solche.«
>»Still, Herr«, sagte Sancho, »so dürft ihr nicht reden, reibt Euch die Augen und kommt mit, Ihr müsst der Herrin Eurer Gedanken die Aufwartung machen, so nah, wie sie schon ist.«
>Mit diesen Worten ritt er voraus, um die drei Dorfmädchen zu begrüßen, stieg von seinem Grauohr, griff einer ins Eselshalfter, fiel vor ihr auf die Knie und sagte:
>»Königin, Prinzessin, Herzogin der Schönheit, möchte es Euer Hochmut und Hoheit belieblich sein, huldvoll und wohlgefälliglich jenen Rittersmann in Euren Banden zu empfangen, der dort zu Marmelstein erstarrt ist, mit verwirrtem Sinn und stockendem Atem im Angesicht Eurer großherrlichen Erscheinung. Ich bin Sancho Panza, sein Knappe, und er ist der vom Leid durchfahrene Ritter Don Quijote von der Mancha, auch genannt der Ritter von der traurigen Gestalt.«
>Inzwischen war auch Don Quijote neben Sancho auf die Knie gefallen und starrte mit schreckgeweiteten Stieraugen und verstörtem Blick die an, die Sancho Königin und Herrin nannte, und da er in ihr nichts als eine Bauernmagd erkannte, keineswegs hübsch anzusehen, denn sie war mondgesichtig und schafsnäsig, war er höchst verwundert und erstaunt und bekam kein Wort über die Lippen. Die Bäuerinnen waren ebenfalls sprachlos, wie sie da zwei so sonderbare Männer auf den Knien liegen und ihrer Gefährtin den Weg versperren sahen.

Kapitel VIII
Lope de Vega: *Fuenteovejuna* (1610)
Die Kunst des *engineering of consent*

Wollte man das Leben von Félix Lope de Vega Carpio (1562–1635) auch nur ansatzweise nacherzählen, bräuchte man dafür den Platz eines ganzen Kapitels. Großen Anteil daran hätten seine unzähligen, oft skandalumwitterten Liebschaften. Eine davon führte sogar zu einer mehrjährigen Verbannung von Madrid nach Valencia, das, nach der noch jungen Hauptstadt, Spaniens zweites Theaterzentrum war. Würde er heute leben, wäre Lope ein Fall für die *yellow press* und ihre *paparazzi*. Auch und gerade deshalb, weil er sich gegen Ende seines Lebens zum Priester weihen ließ. Umtriebig und unstet war sein Leben allemal, bald in Kriegsdiensten der Krone (u. a. bei der dann doch besiegten »Armada invencible«), bald als Sekretär oder Günstling hochadliger Mäzene: des Herzogs von Alba zuerst, des duque de Sessa später, der selbst keinen guten, also einen auffälligen Ruf hatte und bei Lopes Tod nicht einmal für ein anständiges Begräbnis sorgte. Das hinderte eine große Menschenmenge nicht daran, dem Leichnam die letzte Ehre zu erweisen. Denn eines war Lope gewiss: Er war populär wie kein anderer Autor des spanischen Barock, und er war es in erster Linie als Theaterautor, obwohl er auch als Epiker und mehr noch als Lyriker Großes geleistet hat. Wie versiert er allein schon in der Technik der Verskunst war, beweist die Polymetrie seiner Dramen, in denen er, jeweils passend zu Inhalt und Stillage, zwischen *redondillas*, *tercetos*, *romances*, *sonetos* und *coplillas* scheinbar mühelos hin- und herschaltete und gleichsam *en passant* Anschauungsmaterial für eine veritable Verslehre bot.

Man nannte ihn *monstruo de la naturaleza*, gewiss auch wegen seiner unbändigen Vitalität, vor allem aber wegen seiner schier unglaublichen Produktivität. Er selbst behauptete von sich, mehr als 1500 Theaterstücke verfasst zu haben. Wenn man bedenkt, dass tatsächlich 426 Comedias und 42 Autos sacramentales unter seinem Namen überliefert sind und dass die meisten (sehr kurzlebigen) Stücke des Barocktheaters gar nicht erst gedruckt wurden, ist diese Zahl vielleicht nicht einmal *sehr* übertrieben. Sie zeigt, dass er in der Lage war, eine Comedia sozusagen zwischen Frühstück und Mittagessen zu verfassen. Andererseits ist klar, dass eine solche Masse nur produziert werden konnte, wenn weitgehend schematisierte Ablaufmuster zur Verfügung standen und wenn der Verfasser gerade *nicht* zur Originalität verpflichtet war. Dass dabei trotzdem, allerdings eher ausnahmsweise, Stücke entstehen konnten, die uns auch heute noch erstaunen, zeigt sich unter anderem an *Fuenteovejuna*.

Lope gilt als der Erfinder des klassischen spanischen Theaters, obwohl er in Wahrheit nur sein Vollender war. Er fand nämlich schon ein weitgehend organisiertes Theaterwesen vor. In Madrid, das zu seiner Zeit noch keine hunderttausend

Einwohner hatte, gab es schon zwei große Corrales. Das waren Freilufttheater im Inneren eines Häusergevierts mit einer rudimentären Bühne vor dem Hinterhaus, dessen Türen und Fenster, sowie die im Boden eingelassen Fallen (*tramoyas*), den vom Publikum so geschätzten *enredo* mit Auftauchen und Verschwinden der Personen, also eine gewisse Bühnenillusion, ermöglichten. Angeblich hatten diese Corrales ein Fassungsvermögen von jeweils 1000 Zuschauern, wobei die unteren Schichten den Löwenanteil stellten. Sie stellten ihn im Wortsinn, denn im Patio gab es nur dicht gedrängte Stehplätze, dazu einen Extrakäfig für die Frauen (um unsittliche Berührungen zu vermeiden), die *cazuela*. Männer und Frauen machten sich lautstark bemerkbar und wurden während der Aufführungen von der Polizei überwacht. Die feierliche Stille des heutigen Theaters, bei dem schon ein Räuspern stört, gab es in den Corrales nicht. Die Atmosphäre glich eher derjenigen unserer Sportarenen, die gewaltbereiten Hooligans inclusive. Auf den Veranden im oberen Stockwerk, gleichsam im VIP-Bereich, hatten die Herrschaften ihre Sitzplätze, schon damals auch im Abonnement.

Das Publikum war also gemischt, aber der *vulgo* hatte das Sagen; er vor allem entschied über Erfolg oder Misserfolg. Sein Unterhaltungshunger war es auch, der die Produktion von immer neuen Stücken erforderte. Die Kirche stand dieser überaus weltlichen Vergnügungssucht ablehnend gegenüber und hätte die Spektakel am liebsten verboten. Aber da ein nicht geringer Teil des Eintrittsgeldes zum Unterhalt ihrer Hospitäler und anderer karitativer Einrichtungen abgezweigt wurde, hatte sie auch wieder ein Interesse an der Aufrechterhaltung des Spielbetriebs. Der König wiederum (während Lopes Hauptschaffenszeit waren das Felipe III und IV) ließ allerhöchstes Wohlwollen walten, so lange die Grundsätze der von ihm erstrebten (wenn auch nie erreichten) absolutistischen Staatsordnung unangetastet blieben und im Idealfall sogar unterstützt wurden. Daraus erklärt sich der in der Regel konformistische Charakter der weltlichen spanischen Comedia und ihres religiösen Pendants, des Auto sacramental, in dem die Grundsätze der christlichen Glaubenslehre veranschaulicht wurden. Letzteres geschah auf der – noch einfacheren – *Carro*-Bühne, die sich auf zwei Ochsenkarren unterbringen und von Ort zu Ort bewegen ließ. Daneben gab es noch das *teatro palaciego*, das in den Palästen der Hochadligen und des Königs selbst zur Aufführung kam, dies aber vor allem in der Zeit *nach* Lope de Vega.

Mittelpunkt des Theatergeschehens war vorderhand die populäre Corralbühne, die Lope de Vega im Sinn hatte, als er 1609 seine berühmte Theaterpoetik schrieb, den *Arte nuevo de hacer comedias*. In dieser, alles andere als trockenen, in gefälliger Versform gehaltenen Schrift, wehrt sich der Theaterpraktiker Lope gegen die Vorwürfe der Stubengelehrten aus der Madrider Akademie, er habe die sakrosankten aristotelischen Regeln – die drei Einheiten, sowie die Stil- und Ständetrennung – nicht respektiert. Tatsächlich tritt in *Fuenteovejuna* das ›niedere‹ Volk, und zwar als Kollektiv, und nicht etwa ein Grande, als Held auf. Der Grande hingegen, der Komtur des Calatrava-Ordens und Feudalherr des Bauerndorfes Fuenteovejuna (in der heutigen Provinz Córdoba), ist gerade der Bösewicht. Dergleichen wäre in der französischen Theaterklassik, aber auch im elisabethanischen Theater Englands, undenkbar gewesen. Von den Einheitsregeln wird nur die der Handlung, nicht aber die der Zeit und des Ortes respektiert. Und was das *decorum* anbelangt, das, was in der französischen *doctrine classique* wenig später als *bienséance* bezeichnet wurde, so setzte Lope sich souverän darüber hinweg, indem er Ernst, ja Tragik, und Komik gleichzeitig walten und die Herren oft ebenso deftig reden lässt wie die Bauern. Mit anzüglicher Ironie hält er den Akademikern die Realitäten des Theaterwesens vor Augen, in dem nun einmal der *vulgo* tonangebend sei, zumal der Autor und der Impresario hauptsächlich von dessen Eintrittsgeldern lebten. Da mögen die *doctos* noch so sehr auf die *necios*, die Ungebildeten, schimpfen; letztlich sei es die Masse der *necios*, die über den finanziellen Erfolg oder Misserfolg einer Comedia entscheide. Deshalb gelte: »Porque como las [comedias] paga el vulgo, es justo/ Hablarle en necio para darle gusto« (p. 12). An anderer Stelle ergänzt er das noch durch den Hinweis, dass man halt dem gehorchen müsse, der über die Macht verfüge: »pues debo obedecer a quien mandarme puede« (p. 14). Er, Lope, berücksichtige die aristotelische Doktrin (die er sehr wohl kenne: »no porque yo ignorase los preceptos«, p. 11) zwar so gut wie möglich, aber immer nur insoweit, wie sie dem Geschmack des Publikums nicht zuwiderlaufe. Wer sich nur streng an die Regeln halte, werde ausgebuht und bekomme keine Aufträge mehr. Weshalb er sie beim Schreiben einer Comedia lieber sechsmal verschließe: »Y cuando he de escribir una comedia,/ Encierro los preceptos con seis llaves« (p. 11 f.).

Auch wenn Lope, was er gern tat, hier ein wenig angibt und die Bedeutung des *vulgo* übertreibt, während er seine – Lopes – Abhängigkeit von adligen Gönnern und von der Macht des Königs ebenso unerwähnt lässt wie die von der Macht der Kirche, so ist doch nicht zu bestreiten, dass das ›Massenpublikum‹ schon in der ›Unterhaltungsindustrie‹ des spanischen Theaterwesens einen ähnlich großen Einfluss ausübte wie in unserer heutigen Fernsehlandschaft. Dort ist der Produzent eines Fernsehspiels oder einer Serie einerseits abhängig von den Vorgaben der Sendeanstalt, vor allem im öffentlich-rechtlichen Bereich. Sein Spielraum ist also politisch begrenzt. Sein Erfolg und damit indirekt die Frage seiner Wiederbeauftragung ist aber zugleich abhängig vom ermittelten Zuschauerinteresse: Wenn die Einschalt-›Quote‹ nicht stimmt, ist die Zusammenarbeit bald beendet, selbst wenn die politischen Vorgaben genau beachtet wurden.

Fuenteovejuna passt genau in den skizzierten Rahmen. Und nur weil das Stück ihn respektiert, kann es etwas für die Zeit so Aufregendes, ja Außergewöhnliches in Szene setzen wie es ein Volksaufstand ist, der zudem in einem Tyrannenmord gipfelt. Was im Stück dramaturgisch verarbeitet wird, ereignete sich um das Jahr 1470 tatsächlich. Wie eine ganze Reihe anderer Dramen von Lope de Vega, setzt also auch dieses sich mit einer Episode aus der spanischen Geschichte auseinander und deutet sie so, wie es seiner eigenen Zeit gemäß war.

Das Drama entstand zwischen 1610 und 1615. Lope benötigt die beiden ersten Akte zur Vorbereitung, um das Ungeheuerliche begreiflich und akzeptabel zu machen. Das geschieht in der ersten *jornada* (dem ersten Akt) dadurch, dass der Comendador Fernán Gómez sogleich als jemand eingeführt wird, der den Interessen der spanischen Krone, in diesem Fall dem der Reyes Católicos, zuwider handelt: Er paktiert mit Portugal und macht ihnen das Gebiet um Almagro und Ciudad Real streitig. Gleichzeitig erweist er sich in *Funteoveuna* von Beginn an als ein Feudalherr, der seine Sexualität nicht unter Kontrolle hat und es gegenüber seinen Untertanen am nötigen Respekt fehlen lässt, der also ein Willkürregime führt. Die Untertanen hingegen sind an dieser Stelle noch bemüht, ihn mit einem reichen bäuerlichen Gabentisch zu ehren, als er als Sieger aus dem Kampf zurückkehrt. An ihnen liegt es also nicht, wenn es zur Eskalation kommt. Es ist vielmehr der Comendador, der sich an ihren Frauen und Töchtern vergreift. »¿No basta a vuesso señor/ tanta carne presentada?«, fragt Laurencia, die Tochter des Bürgermeisters, einen seiner Diener mit Blick auf die ausgebreiteten Fleischwaren. Und bekommt als eindeutige Antwort zu hören: »La vuestra es la que le agrada« (v. 623 f.). Als dann der Komtur eben diese Laurencia im Beisein Frondosos, der ihr Bräutigam ist, mit Gewalt zu entführen versucht, kommt es zu einem ersten, noch partikularen Akt des Widerstands, der als Notwehr gerechtfertigt ist, zumal Frondoso zunächst um eine friedliche Schlichtung bemüht ist. Erst als der Comendador ihn als »perro villano« (v. 829) beschimpft und demütigt, greift er zur Waffe, und verscheucht und demütigt nun seinerseits den Herren, der ihn für diesen Übergriff mit tödlicher Rache bedroht.

In der zweiten *jornada* spitzen sich die Dinge zu. Man befindet sich jetzt auf dem Marktplatz des Dorfes und lernt nach und nach dessen Bewohner kennen, die dann in der dritten *jornada* als Kollektiv agieren werden. Die Kunde vom Entführungsversuch, der außerhalb des Ortes stattgefunden hatte, dazu weitere Übergriffe des Komturs, heizen die Stimmung an, sodass es, als er höchstselbst auf dem Dorfplatz erscheint, zu einer erregten Auseinandersetzung kommt, die aber vorderhand noch ein Wortgefecht bleibt. Gleichzeitig laufen die Hochzeitsvorbereitungen für Frondoso und Laurencia, die, obwohl sie zuerst gar nicht gut auf die Männer *im Allgemeinen* zu sprechen ist, Frondosos Liebe erwidert, seitdem er so todesmutig für sie eingetreten ist. Als dann der Komtur mit den Seinen die fröhliche Hochzeitsfeier sprengt, Frondoso verhaftet und Laurencia mitten aus ihrem Freundeskreis tatsächlich entführt, »volvióse en luto la boda« (v. 1642), wird das Hochzeitsfest zur Trauerfeier, wie Pascuala, Laurencias beste Freundin, am Schluss des Aktes kommentiert.

Damit treibt – und dies geschieht im dritten und letzten Akt – die Handlung unaufhaltsam auf ein gewaltsames Ende zu. Wie sie ausgehen wird, ist schon gegen Ende des zweiten angedeutet worden, als der Comendador zwar privat triumphiert, als Kriegsherr aber soeben von den Reyes Católicos geschlagen wurde. Jetzt wird ihn auch sein privates Schicksal ereilen.

Der dritte Akt beginnt mit einer Volksversammlung im Bürgermeisteramt. Man weiß, dass etwas unternommen werden muss, aber noch ist man zögerlich und sucht nach friedlichen Alternativen. Wer dann das Zögern in Entschlossenheit verwandelt, ist niemand anderes als Laurencia, die sich im letzten Moment hat befreien können und die mit aufgelösten Haaren, einer Furie gleich, in die Männerversammlung stürzt und mit einer flammenden Rede den Anstoß zur Aktion gibt. Ihre Wirkung erzielt die Rede vor allem dadurch, dass in ihr die Männer als Memmen hingestellt werden, ja dass ihnen ein Rollentausch in Aussicht gestellt wird: Die Weiber von Fuenteovejuna werden das Geschäft der Männer, nämlich die Ehrenrache, übernehmen, zu der die weibischen Männer nicht fähig scheinen:

> Ovejas sois, bien lo dize
> de Fuenteovejuna el nombre.
> [...]
> Liebres cobardes nacistes;
> bárbaros sois, no españoles.
> Gallinas, ¡vuestras mujeres
> sufrís que otros hombres gocen!
> [...]
> ¡Vive Dios,que he de trazar
> que solas mujeres cobren
> la honra de estos tiranos
> [...]
> Hilanderas, maricones,
> amujerados, cobardes!
> Y que mañana os adornen
> nuestras tocas y basquiñas,
> solimanes y colores. (v. 1758–1783)

Diese ebenso deutliche wie vulgäre Provokation lässt den »spanischen« Männern gar keine andere Wahl, als nach einem überstürzten ›Rütli-Schwur‹ sofort zur Aktion gegen den Tyrannen zu schreiten. Man kann sich auch gut vorstellen, wie sie auf den *vulgo* im Theater und besonders auf die Frauen in der *cazuela* gewirkt haben mag: Sie werden sich lauthals mit dem Aufstand identifiziert haben. Alles was jetzt noch geschieht, vollzieht sich in einer plebejischen Massenbewegung, und aus dem handelnden Einzelhelden des traditionellen Theaters wird nun ein Kollektivheld, einschließlich der Frauen. Gemeinsam organisiert man den Kampf, erstürmt man den Palast und tötet den Komtur – Letzteres hinter der Bühne; so viel *decoro* muss sein. Niemand tut sich bei diesem Kampf hervor, niemand steht zurück – eine solche Heldenfigur hat es zuvor nicht gegeben. Gleichzeitig entladen sich die in den beiden ersten *jornadas* aufgestauten Affekte. Die Wut über das erlittene Unrecht führt schließlich sogar zu jener grausig-makabren Festivität, bei der die von der Aktion berauschte und von der Willkürherrschaft befreite Menge den auf einer Lanze aufgespießten Kopf des Komturs singend umtanzt. Dabei schießt sie im Affekt allerdings über das Ziel hinaus und kommt selbst vorübergehend vom Kurs rationaler Selbstkontrolle ab. Mit der bloßen Liquidierung des Tyrannen ist das Stück aber auch noch nicht zu Ende; es folgen vielmehr noch zwei deutlich davon abgesetzte Phasen der Besinnung, die ganz offensichtlich die Funktion haben, den genannten Überschuss wieder aufzufangen.

Zunächst entsenden die Könige, die eine solche Gewalttat gegenüber einem wenn auch aufsässigen Feudalherren nicht einfach hinnehmen können, einen Untersuchungsrichter nach Fuenteovejuna, der die Bauern einem scharfen Verhör – und das heißt zu jener Zeit der Folter – unterzieht. Das Volk, das im ersten Teil des dritten Aktes die Initiative übernommen hatte, wird nun also wieder in die Defensive gedrängt und muss sich behaupten. Aber es bleibt auch jetzt noch aktiv, indem es sich auf die kommenden Ereignisse sorgfältig vorbereitet. Man übt den passiven Widerstand in einer Art Probelauf, in der einer den Richter spielt und alle anderen schon jetzt die stereotype Antwort auf die Folterfrage einüben.

> ¿Quién mató al Comendador?
> ¡Fuenteovejuna, señor! (v. 2227 f.)

Als der Richter erscheint, sieht er sich einem organisierten Schweigen gegenüber. Das Ausmaß an Entschlossenheit, das von Lope hier einer Volksmasse zugebilligt wird, ist umso erstaunlicher, als zu gleicher Zeit in der übrigen europäischen Literatur der Dörfler noch eine komische Figur war. Bei Lope aber wirkt das gemeine Volk nicht nur nicht komisch (außer in der Ausgelassenheit einer harmlosen Hochzeitsfeier); es steigt bei der echten Folterung, der alle ohne Ausnahme standhalten, sogar zu tragischer Größe empor, wobei immer wieder die stereotype Antwort »Fuentevejuna, señor« gegeben wird. Eine besondere Bedeutung kommt der Figur des Mengo zu, der in der *gracioso*-Rolle (der des Spaßmachers) gleichsam zum Kneifen verpflichtet ist. Als aber der Richter die Frage stellt: »¿Quién lo mató?«, bekommt er die überraschende und alle anderen noch übertreffende, auch das Versmaß sprengende *gracioso*-Antwort: »Señor, ¡Fuenteovejunica!« Das entnervt den Richter so nachhaltig, dass er von der Folter ablässt und unverrichteter Dinge wieder zu seinen königlichen Auftraggebern zurückkehrt.

Hier, wo das Volk von Fuenteovejuna beweist, dass es nicht nur zur spontanen, gleichsam im Affekt begangenen Tat fähig ist, sondern auch dazu, für diese Tat einzustehen und ihr eine authentische Bedeutung zu verleihen, hier also ist nun auch der Punkt erreicht, wo das aus dem ersten Teil des dritten Aktes noch offenstehende moralische Defizit ausgeglichen und der Zuschauer in die Lage versetzt wird, sich mit *diesem* Volk nicht nur gefühlsmäßig – wie bisher –, sondern auch rational zu identifizieren.

Auch die Könige – und damit schließt dann das Drama auf undramatische Weise – werden von dieser Haltung beeindruckt, zumal sie durch eine Abordnung der Hauptbetroffenen aus Fuentevovejuna bestätigt wird, die für die Zukunft nichts anderes sein wollen als treue Untertanen ihrer Majestäten, deren Wappen sie zu Haus bereits angebracht hätten. Also verzeihen die Könige, trotz der schweren Schuld und gleichsam *in dubio pro reo*, und beschließen zudem, das Dorf bis auf Weiteres – das heißt, bis sich ein besserer Komtur findet – ihrer direkten Oberherrschaft zu unterstellen. Es spricht der König:

> Pues no puede averiguarse
> el sucesso por escrito,
> aunque fue grave el delito,
> por fuerza ha de perdonarse.

Y la villa es bien se quede
en mí, pues de mí se vale,
hasta ver si acaso sale
Comendador que la herede. (v. 2442 ff.)

Hier liegt nun auch der Schlüssel zum Verständnis dafür, dass dieses Stück über die Revolte gegen einen schlimmen, in gewisser Weise perversen Feudalherren in Madrid gebilligt werden konnte, »en la villa y corte« also, wo die Aristokraten – unter ihnen auch Lopes Gönner – schon weitgehend gebändigt waren. Es handelt sich einerseits ja ›nur‹ um einen ›ausnahmsweise‹ bösen Feudalherren, womit noch nichts gegen den Feudalismus insgesamt gesagt ist. Zum anderen lag es im politischen Interesse des beginnenden Absolutismus, solche Auswüchse und Selbstherrlichkeiten, die das private Glück, den sozialen Frieden und die königliche Autorität selbst in Frage stellten, auf so ›elegante‹ Weise aus der Welt geschafft zu sehen. Und außerdem haben die Leute von Fuenteovejuna während des gesamten Dramas nie etwas gegen den Komtur unternommen, ohne sich dabei auf die Könige zu berufen und diese ihrer Loyalität zu versichern. Der Aufstand gegen die schlechte Herrschaft war also von vornherein durch die Berufung auf die ›echte‹ Herrschaft herrschaftlich legitimiert. Keine Frage: Lope de Vega war ein Meister dessen, was man heute *engineering of consent* nennt. Er hat es mit diesem Drama geschafft, den *vulgo* gleichsam zu adeln und dem Königtum die Aura der Volksverbundenheit zu verschaffen. Er hat mit seinem *Arte nuevo* also nicht nur schwadroniert, sondern mit *Fuenteovejuna* ein Drama geschrieben, das den dort skizzierten Bedingungsrahmen tatsächlich ausfüllt.

Man hat oft versucht, in Unterschätzung dieser kompromissbildenden Leistung, *Fuenteovejuna* einseitig als absolutistisches Propagandastück hinzustellen. Das war es natürlich *auch*. Es ist aber hauptsächlich ein Stück über die Selbstbefreiung einfacher Menschen aus Ungerechtigkeit und Zwang. Wäre das hauptsächliche Anliegen des Textes wirklich nur das Lob des absolutistischen Königtums gewesen, so wäre es spätestens mit der französischen Revolution dem Vergessen anheimgefallen. Die Emanzipierung des Menschen von Fremdbestimmung und die Erringung eines menschenwürdigen Freiheitsspielraums, wie sie der Text zentral in Szene setzt, muss aber immer wieder von Neuem verwirklicht werden, wird durch immer wieder andere, aber analoge Umstände in Frage gestellt und ist insofern nie ›abgeschlossen‹. Eben deshalb ist *Fuenteovejuna* lebendig geblieben, und nicht nur im Ort Funteovejuna, wo es unter dem Motto »*Fuenteovejuna* por Fuenteovejuna para Fuenteovejuna« bis heute immer wieder von den Einwohnern selbst nachgespielt wird.

Literaturhinweise

Ausgabe: Lope de Vega, *Fuenteovejuna*, ed. Juan María Marín, Madrid 2008; Lope de Vega: *Arte nuevo de hacer comedias* (Col. Austral), Buenos Aires 1948
Übersetzung: *Fuenteovejuna* (span. und dt.), übers. und hg. von Hartmut Stenzel unter Mitarbeit von Rafael de la Vega, Stuttgart 1993 [mit Kommentar und Nachwort]

Weitere Literatur

Spanische Literaturgeschichte, S. 167–172, speziell: S. 170 f.
Charles Vincent Aubrun: *La comedia española*, Madrid 1981
Hans-Jörg Neuschäfer: »Lope de Vega und der Vulgo«; in: *Spanische Literatur im Goldenen Zeitalter*. Frankfurt 1973, S. 338–357
Karl Voßler: *Lope de Vega und sein Zeitalter*. München [2]1947

Übersetzung
(nach Hartmut Stenzel/Rafael de la Vega)

Zu S. 69:

> Schafe seid ihr, das sagt ganz zu Recht
> Der Name von Fuenteovejuna.
> [...]
> Von Geburt an seid ihr Hasenfüße;
> Barbaren seid ihr, keine Spanier.
> Feiglinge! Ihr duldet,
> dass eure Frauen der Lust anderer Männer dienen!
> [...]
> Bei Gott, ich muß dafür sorgen,
> daß Frauen alleine
> die Ehre dieser Tyrannen erbeuten.
> [...]
> Spinnrockweiber, Tunten,
> weibische Jammerlappen!
> Und dass euch morgen
> unsere Hauben und Röcke schmücken,
> Schminke und Farben!

Zu S. 70 f.:

> Da es nicht möglich ist,
> das Geschehen aufzuklären,
> und obwohl das Verbrechen groß war,
> muß es verziehen werden.
> Und so ist es nur Recht, dass der Ort,
> der sich auf mich berufen hat,
> meiner persönlichen Herrschaft unterstellt wird,
> bis sich ein neuer Komtur findet,
> dem man es überlassen kann.

Kapitel IX
Calderón: *La dama duende* (1629)
Frauenwitz und Ehrenmänner

Die Lebensgeschichte von Petro Calderón de la Barca (1600–1681) ist, im Vergleich zu der von Lope oder Cervantes, nicht sonderlich aufregend. Hervorgegangen aus einer Familie, die dem niederen Beamtenadel angehörte, aufgewachsen in der Schule der Jesuiten und weitergebildet beim Studium der Theologie und Jurisprudenz in Alcalá, ist Calderón während seines ganzen, lang währenden, übrigens durchaus früh beginnenden, Theaterlebens, stets eine Art Höfling, später ein Diener der Kirche gewesen, immer im Einflussbereich der Austrias bleibend, von denen er Felipe IV und Felipe V überlebt und den letzten, Carlos II, noch erlebt hat. Seine Königstreue wurde zwar nicht mit Reichtümern, aber doch mit einer hohen Auszeichnung belohnt: mit der Aufnahme in den Santiago-Orden. Im fortgeschrittenen Alter von 51 Jahren ließ Calderón sich zum Priester weihen und vorübergehend von Madrid nach Toledo versetzen. Die bewegteste Zeit in seinem Leben dürften kleinere Kriegsteilnahmen zwischen 1638 und 1641 gewesen sein. Im Ganzen aber war sein Leben geregelt, und eben dies hat sicher dazu beigetragen, ihm den Ruf eines linien- und königstreuen Autors, dazu eines Bannerträgers der Gegenreformation einzutragen. Man wird sehen, dass dieses einseitige Image ihm kaum gerecht wird – ebenso wenig wie das des starrköpfigen und frauenfeindlichen Verteidigers aristokratischer Ehrbesessenheit und männlicher Präpotenz, wie es vor allem im *Médico de su honra* zum Ausdruck zu kommen scheint. Gewiss gehörte Calderón zu den Konservativen, und sein von der Theologie bestimmtes Weltverständnis beruht letztlich auf der Geringschätzung des Diesseits und dem Streben nach dem eigentlichen, dem jenseitigen und ewigen Leben. Aber seine Haltung ist alles andere als fanatisch, und sie ist auch nicht grundsätzlich weltabgewandt. Sie ist, was die Möglichkeiten des Menschen betrifft, sogar eher von einem skeptischem Optimismus geprägt, der zwar die Gefährdung durch die Macht der Leidenschaften in Rechnung stellt, letztlich aber auf die Freiheit des Willens, auf die Selbstverantwortung und die Fähigkeit der Vernunft vertraut. Die Art und Weise, mit der er immer wieder die Empirie gegen den Aberglauben zur Geltung bringt, trägt bisweilen sogar frühaufklärerische Züge.

Unumstritten sind seine dramaturgischen Fähigkeiten, ja sein Bühnengenie. Er gilt zu Recht als der Autor, der Lopes Theaterreform weitergeführt und das klassische, für ›gemischtes‹ Publikum bestimmte dreiaktige Corraltheater mit seiner charakteristischen Mischung aus Ernst und Komik, aus hohem und niederem Stil zur Vollendung gebracht hat. Daneben schuf er eine Serie von einaktigen Fronleichnamsspielen (*autos sacramentales*), in denen Glaubensinhalte so sichtbar in Szene gesetzt werden, dass sie dem Laien auch unabhängig vom bisweilen komplizierten Wortlaut ›einleuchten‹. Das geschah übrigens keineswegs zur einhelligen Freude der klerikalen Obrigkeit, der die Mischung aus Theologie und Poesie, die für das Auto sacramental charakteristisch ist, ein Dorn im Auge war. Am berühmtesten geworden ist *El gran teatro del mundo*, das in der Version von Hugo von Hofmannsthal noch heute zum festen Bestandteil der Salzburger Festspiele gehört und das Treiben der Welt ausgerechnet als Theater im Angesicht Gottes – also als Theater im Theater – versinnbildlicht. Nach 1635, als das (heute nicht mehr existierende) Hoftheater im Retiro-Park fertiggestellt war, ist die Produktion Calderóns sichtlich anspruchsvoller geworden und wurde stärker auf den Geschmack eines gehobenen Publikums abgestimmt. Auch aus dieser Epoche ragt ein Stück hervor: *La vida es sueño*, in dem zentrale Fragen des Glaubens mit denen der Politik und der persönlichen Lebensführung verbunden werden (s. dazu Kap. X). Nach 1651 hat Calderón sich vom Corraltheater ganz abgewendet und nur noch Stücke religiösen und mythologischen Charakters produziert, daneben heitere Sketches, die als Pausenfüller in den ernsten Autos sacramentales dienten. Insgesamt hat er rund 120 Comedias, 30 Autos sacramentales, 15 höfische Fiestas und etwa 100 kurze Zwischenspiele verfasst, viel weniger als Lope de Vega, aber noch immer eine beeindruckende Zahl, wenn man sie mit der schmalen Produktion der französischen Theaterklassik vergleicht.

La dama duende (Die Dame Kobold; drei Akte oder *jornadas*, 3114 Verse), eines seiner besten Stücke aus der ersten Epoche (entstanden 1629), gehört noch heute zum Theaterrepertoire. Es ist eine *comedia de capa y espada*, wie man das heitere Ehrentheater bezeichnete, ein »Mantel- und Degenstück« also, wobei die *capa* zum Verstellen und Verstecken und der Degen zur Verteidigung der Ehre diente. Im Grunde handelt es sich um eine Verwechslungskomödie, die man als eine karnevaleske Umkehrung des ernsten Ehrendramas betrachten kann. Denn eines steht außer Frage: Nichts war dem spanischen Theaterpublikum teurer als jene Stücke, in denen es ›um die Ehre‹ ging, sei es beim einfachen Volk wie in Lopes *Fuenteovejuna* oder Calderóns *Alcalde de Zalamea*, sei es bei den Aristokraten wie im *Médico de su honra* und bei der *Dama duende*. Bei letzteren steht vor allem das Verhältnis von Moral und Leidenschaft und die Fähigkeit der Affektkontrolle, also die Selbstbeherrschung, in Frage.

Spürbar ist in Calderóns ernsten Ehrendramen, soweit sie unter Aristokraten spielen, eine tiefgreifende Verunsicherung, um nicht zu sagen die Angst, die Vernunft könne der Leidenschaften nicht mehr Herr werden. Im Mittelpunkt steht die Sorge um den Verlust der *honra*, also der gesellschaftlichen Reputation, anders gesagt die Sorge vor der Bloßstellung als jemand, der nicht in der Lage ist, sein Leben und das der ihm Anvertrauten nach den geltenden moralischen Normen zu regeln. Es ist allein die Angst vor solcher Bloßstellung, die zum Handeln Anlass gibt. Die Hauptgefahrenquelle für einen möglichen Prestigeverlust des Protagonisten, der stets eine männliche Respektsperson oder ein Familienoberhaupt ist (Ehemann, Vater, Bruder), stellt in dieser Perspektive die affektive Unzuverlässigkeit, heute würden wir deutlicher sagen: der Sexualtrieb der ihm untergebenen Frau (Gattin, Tochter, Schwester) dar. Zwar haben die Männer im Ehrendrama auch eigene Schwächen, in der Hauptsache aber gilt für sie, dass die Schwachheit den Namen des ›Weibes‹ trägt: Die Frau verkörpert gegenüber dem Kontrollanspruch des Mannes die Gefahr der Subversion. Die Frau steht im Ehrendrama deshalb grundsätzlich im Verdacht, den Mann, den sie nicht aus Liebe geheiratet hat, mit einem Liebhaber zu hintergehen und ihn so seiner Respektabilität zu berauben.

Auch in *La dama duende* sieht die Personenkonstellation dementsprechend aus: Don Manuel, ein adliger Offizier, kommt nach Madrid, um eine Angelegenheit bei Hofe zu regeln. Begleitet wird er von seinem Diener Cosme, dem *gracioso* (der lustigen Person) des Stücks. Erwartet und untergebracht wird er im Haus seines Freundes Juan. Diesem obliegt, gemeinsam mit seinem Bruder Luis, die Sorge um und die Aufsicht über die jung verwitwete Schwester Angela, die sich von den Brüdern unterdrückt fühlt und gelegentlich heimlich aus ihrem Gefängnis ausbricht, um sich draußen, ›in der Freiheit‹, ein wenig zu vergnügen und zu erholen. Die Grundkonstellation ist also ähnlich wie im ernsten Drama: Männer wachen über die Tugend der ihnen anvertrauten bzw. der von ihnen abhängigen Frau, die Frau sehnt sich nach Freiheit und Liebe, ein Außenstehender verspricht diese Sehnsucht zu stillen. Allerdings sind die Beziehungen zwischen den Personen in der Komödie von vornherein etwas weniger belastet: Die Witwe ist keine Gattin, die Brüder sind keine Ehemänner, Manuel ist ein Freund, kein Rivale. Gleichwohl befindet sich die Witwe im Prinzip in der gleichen Lage wie die Gattin: Sie ist im Haus eingeschlossen und wird von ihren Brüdern bewacht, als ob sie mit ihnen verheiratet wäre. In der folgenden Szene trägt Angela noch das Kleid, das sie – tief verschleiert – bei Hofe getragen hatte, wohin sie ohne das Wissen ihrer Brüder kurz ›ausgebüchst‹ war, bevor sie auf den ›Befreier‹ Manuel traf. Jetzt muss sie es wieder gegen die Trauerkleider vertauschen, die sie an ein Leichentuch erinnern:

> *Doña Angela* (zu Isabel, ihrer Zofe):
> Vuélveme a dar, Isabel,
> Esas tocas ¡pena esquiva!
> Vuelve a amortajarme viva,
> ya que mi suerte cruel
> lo quiere así.
> *Isabel:*
> Toma presto;
> porque si tu hermano viene
> y alguna sospecha tiene,
> no la confirme con esto,
> de hallarte de esta manera,
> que hoy en palacio te vio.
> *Doña Angela:*
> ¡Válgame el cielo! Que yo
> entre dos paredes muera,
> donde apenas el sol sabe
> quien soy, pues la pena mia

> en el término del día
> ni se contiene ni cabe.
> [...]
> donde en efecto encerrada
> sin libertad he vivido,
> porque enviudé de un marido,
> con dos hermanos casada. (v. 371 ff.)

Obgleich die Komödie die Funktion hat, den Normendruck des ernsten Dramas zu mildern, verdankt sie ihre Wirkung doch auch dem Umstand, dass die Normen nach wie vor gelten. Das verdeutlicht schon die Eröffnungsszene auf der Straße, in der die verschleierte Angela, die wieder einmal ausgerissen ist und von ihrem Bruder Luis verfolgt wird (der sie für eine andere hält), zum ersten Mal auf Manuel trifft, der noch gar nicht am Haus seiner Gastgeber angelangt ist. Auf ihre dringenden Bitten hin hält er, ganz Kavalier, Luis auf und verwickelt ihn in ein Duell, bis Juan erscheint und seinen Bruder darauf aufmerksam macht, dass er es just mit dem Gastfreund zu tun hat. Angela erscheint also gleich zu Beginn als Verfolgte, zugleich aber auch als Ausbrecherin aus dem von den Brüdern bewachten Gefängnis. Damit macht die Komödie wahr, was im ernsten *Drama de honor* schon immer befürchtet wurde: Dass die Frau der männlichen Kontrolle entgleiten könnte. Auch wenn Angela inzwischen wieder nach Haus zurückgekehrt ist, lebt die Komödie doch auch im Ganzen davon – und darin liegt ihre Entlastungsfunktion –, dass es nun die Frau ist, von der die Initiative ausgeht, dass sie nicht mehr geopfert, sondern erlöst wird, dass die Zerberusse das Nachsehen haben und dass der Eindringling nicht auf der Strecke bleibt, sondern, wenn auch auf komplizierten Umwegen, in den Hafen der Ehe gelotst wird. Dabei wirkt besonders der duellwütige Luis wie die Karikatur der Tragödienhelden, denn er reibt sich in der Sorge um die Ehre geradezu auf, wird von Angela (mit Hilfe der Zofe Isabel und der Freundin Beatriz) aber immer wieder ausgespielt und muss schließlich ohnmächtig akzeptieren, dass seine Schwester praktisch vor seiner Nase – die er tatsächlich in all ihre Angelegenheiten steckt – vollendete Tatsachen schafft. Luis ist der *looser* des Dramas, nicht nur weil er seine Schwester nicht unter Kontrolle bekommt, sondern auch weil er die von ihm angehimmelte (und von seiner Eifersucht ›genervte‹) Beatriz an seinen gelasseneren Bruder Juan verliert.

Die Ohnmacht des Ehrenhüters wird in der Komödie also lachend in Kauf genommen – freilich unter Rücksichtnahme auf das *qu'en dira-t-on* der *opinión*, auf das Echo der öffentlichen Meinung. Das Stück kann nur deshalb gut ausgehen, weil sich das Geschehen allein in den vier Wänden des Hauses abspielt und weil nichts davon nach außen dringt, außer dass es mit einer Heirat, also normenkonform, endet. Damit ist zugleich die Bedingung genannt, unter der die sinnliche Liebe in der *comedia de capa y espada* akzeptiert werden kann: Die Form muss gewahrt bleiben. Wie aber gelingt es, Moral und Sinnlichkeit, Vernunft und Affekt so miteinander zu vermitteln, dass man als Zuschauer dabei Vergnügen empfindet? Wir werden sehen, dass *La dama duende* just den Reiz und das Risiko der Grenzüberschreitung in Szene setzt, nachdem Manuel und Cosme im Haus untergebracht sind und alles weitere sich innerhalb der Mauern abspielt.

Wichtig ist die Aufteilung der Örtlichkeit. Manuel und Cosme wohnen, ohne es zu ahnen, Wand an Wand mit Angela. Angela hingegen weiß sehr wohl, dass der Gast im Nebenzimmer eben jener Kavalier ist, der ihr auf der Straße so zuvorkommend aus der Bredouille geholfen hat, weshalb sie von vornherein neugierig ist, ihn näher kennenzulernen. Angelas Brüder sind davon überzeugt, dass zwischen den Zimmern keine Verbindung besteht, wenngleich Luis – wie sich zeigen wird, zu Recht – darüber besorgt ist, dass ein Teil der gemeinsamen Wand aus einem Glasschrank besteht, dessen Schlüssel freilich Juan in Verwahrung hat. Angelas Zofe Isabel aber hat einen geheimen Mechanismus entdeckt, der es erlaubt, den Schrank um seine Achse zu bewegen. Die Frauen haben also Zugang zum Zimmer Manuels, ohne dass die im Haus wohnenden Männer – die Partei der Bewacher ebenso wenig wie die Gäste – etwas davon ahnen.

Wie man sieht, ist der Glasschrank der dramaturgische Dreh- und Angelpunkt des Stücks, der den Ort der Handlung in höchst bedeutsamer Weise aufteilt und funktionalisiert: Auf der einen Seite befindet sich das Frauenzimmer, scheinbar wohlbehütet und der Ort kontrollierten Verhaltens, gleichzeitig aber auch der unterdrückten Ausbruchssehnsucht. Auf der anderen Seite befindet sich das Zimmer Manuels, der schon als ›Frauenheld‹ (wenngleich wider Willen) eingeführt wurde; sein Zimmer ist also der Ort, wo der Tugend Gefahr droht. Der Glasschrank markiert eine deutliche Grenze zwischen den beiden Orten. Gleichzeitig ist er aber auch ein Symbol für Durchlässigkeit und Zerbrechlichkeit. Vor allem aber ermöglicht er, da sein Mechanismus nur den Frauen (und dem Zuschauer) bekannt ist, die Geheimhaltung des Übertritts und damit die Schonung der Ehre. So kann das weitere Geschehen auch als eine Serie von Grenzüberschreitungen charakterisiert werden, in deren Verlauf sich Angela und Manuel immer näher kommen und schließlich zueinander finden. Jedesmal, wenn die Grenze überschritten wird – und dies geschieht im Verlauf des Stücks viermal, wobei die Initiative stets von Angela ausgeht – wird das Quantum an Freiheit größer, das sich die Sinne gegenüber der Tugend herausnehmen, gleichzeitig damit aber auch die Gefahr, den Bogen zu überspannen.

Beim ersten Übertritt ist es die bloße Neugier, die Angela und Isabel zum Schritt in Manuels Zimmer verleitet, wenngleich auch die Sorge um das Wohlergehen des Kavaliers eine Rolle spielt. Nachdem sie aber einmal dort ist, entfaltet Angela sogleich eine Aktivität, über deren erotischen Charakter für den Betrachter kein Zweifel bestehen kann, auch wenn sie selbst sich dessen kaum bewusst ist: Sie wühlt zuerst in der Wäsche Manuels, untersucht dann seine Toilettenutensilien, stellt fest, dass alles gepflegt ist und gut riecht, wird beim Anblick eines Frauenportraits eifersüchtig und schreibt ihm schließlich einen Brief, den sie ihm unter die Bettdecke legt, nicht ohne ihn mit der Aufschrift zu versehen, dass er ausschließlich für Manuel bestimmt sei: »Nadie me abra, porque soy/ de don Manuel solamente« (v. 995 f.).

Diese Adresse macht vollends klar, dass es sich hier um lauter indirekte Berührungen Manuels und um den nur wenig verschleierten Wunsch handelt, mit ihm in noch engeren Kontakt zu treten. Der Brief unter der Bettdecke, der nur vom Richtigen ›geöffnet‹ werden darf, liegt dort gleichsam in Angelas Stellvertretung.

Schon hier macht sich, wie Isabel es vorhergesagt hat (»notable cuento será«), Erstaunen bei den Männern breit (Manuel), ja Angst und Schrecken (Cosme). Die Damen haben nämlich, von einer vorzeitigen Rückkehr der Gäste überrascht, nicht nur den Brief, sondern auch heillose Unordnung hinterlassen, weil sie keine Zeit mehr zum Aufräumen hatten. Außerdem hat Isabel noch eins draufgesetzt, indem sie dem Diener Cosme einen Haufen Münzen durch einen Haufen Kohlen ersetzt, womit sich bei diesem sofort die Gewissheit einstellt, es müsse ein Kobold oder sonst irgendein bösartiges, übernatürliches und natürlich weibliches Teufelswesen im Spiel sein. Zwar versucht ihn sein Herr zu beruhigen, der von vornherein den Willen zur Aufklärung dem Aberglauben entgegensetzt, aber auch er irrt sich, wenn er vermutet, die rätselhafte Briefeschreiberin sei die Dame von Luis. Wie auch immer: Von nun an nimmt die Mutwilligkeit bei den Frauen und die Verwirrung bei den Männern ständig zu, die sich nicht erklären können, wie der *duende* (Kobold) in ihr Zimmer gelangt. Der Zuschauer freilich weiß von vornherein Bescheid und genießt es zu sehen, wie die einen die Drähte ziehen und die anderen im Dunkeln tappen, etwas zu erhaschen glauben und dann doch nichts erwischen und immer wieder nach Erklärungen suchen, die sich nicht finden lassen. Zwar betont Manuel immer wieder: »en duda tal,/ el juicio podré perder,/ pero no, Cosme, creer/ cosa sobrenatural« (v. 1075 f.). Einmal ist aber auch er mit seinem Latein am Ende und kurz davor aufzugeben: »¡De mármol soy!/ Por volverme atrás estoy«, was Cosme mit einem fast erleichterten »Mortal eres. Ya temiste« quittiert (v. 2018 f.). Und kurz darauf noch einmal: »Nunca me he visto cobarde,/ sino sólo aquesta vez«, was von Cosme mit »Yo si, muchas« (2069 f.) beantwortet wird. Da befindet man sich bereits im zweiten Akt, und es haben inzwischen zwei weitere Übertritte stattgefunden, bei denen es zu Beinahezusammenstößen der beiden Parteien gekommen ist, weil Manuel und Cosme nicht, wie angekündigt, zu einer Reise nach dem Escorial aufgebrochen sind, sondern unerwartet noch einmal zurückkehren, während die Frauen sich wieder bei ihnen zu schaffen machen.

Zuerst ertappen sich, in einer Szene voller Situationskomik, die Diener Cosme und Isabel gegenseitig im Dunkeln, als Isabel einen weiteren Brief hinterlegen will (Antwort auf die Antwort Manuels, der sich entschlossen hat, die Geheimnisvolle beim Wort zu nehmen). Dann überraschen einander die Herrschaften, wobei aufseiten der Frau vor allem die Fähigkeit zum ingeniösen *engaño*, zum in die Irre leitenden, schlagfertigen Dialog, ja zum konzeptistischen Wortspiel gefordert ist. Vor allem aber kommt dabei erstmals Licht ins Spiel, womit die Liebe sogleich erwidert wird, weil Manuel Angela *erblickt* und von ihrer Schönheit überwältigt ist. Ihre Identität will sie aber immer noch nicht preisgeben, und als Manuel den ›Kobold‹ mit dem Degen dazu zwingen will, wird Angela im letzten Moment von Isabel durch die Glastür zurückgeholt. Manuel bleibt mit leeren Händen stehen. In der Gehemmtheit Angelas, die dem Mann ihrer Liebe eben diese Liebe nicht zu gestehen wagt und die auch nicht wagt, ihm anzuvertrauen, wer sie ist und was sie will, zeigt sich, dass die Komödie dem ernsten Ehrendrama, das ja gerade durch die

Abwesenheit jeder Art von Vertrauen gekennzeichnet ist, wesensverwandt bleibt. Angelas Inszenierung ist ein Spiel, gewiss, aber es ist ein Spiel mit hohem Risiko, sogar mit dem Risiko des Todes.

Ihre Konklusion findet die Komödie im dritten Akt mit der vierten Grenzüberschreitung, die nun allerdings in umgekehrter Richtung erfolgt. Waren es bisher die Frauen, die aus dem normenkontrollierten Bereich in das unbewachte Gebiet des Gastes übertraten, so wird jetzt der Mann von der Frau aus seinem Gebiet heraus- und in den bewachten Frauenbereich herübergeholt. Angela lässt sich auf das ebenso kühne wie mutwillige Unternehmen ein, Manuel gleichsam zu entführen und ihn unter den Augen der Bewacher ins Allerheiligste selbst einzuschmuggeln. Natürlich geschieht auch dies in aller Heimlichkeit – die Heimlichkeit, die Verstellung, der *disimulo*, ist die Bedingung der erotischen Initiative – und zudem nicht direkt durch den Glasschrank. Vielmehr wird Manuel von einem Diener Angelas aus seinem Zimmer abgeholt und mit verbundenen Augen kreuz und quer durch Madrid geführt, sodass er den Eindruck gewinnen muss, sich weit entfernt zu haben, während er in Wahrheit doch nur nach nebenan gebracht wurde. Umso sprachloser ist er, als er im Verlauf der turbulenten Schlussszene vor den misstrauisch gewordenen Brüdern versteckt werden muss und sich unversehens wieder, via Wandschrank, im eigenen Zimmer findet. Die Metapher des Umwegs zum Nächstliegenden umschreibt wohl am besten, unter welchen Kautelen in der *Dama duende* das ›Unmögliche‹ wahr gemacht, der erotische Affekt in den Normenbereich hereingeholt und mit ihm versöhnt wird.

Gleichwohl hat Angela den Bogen jetzt tatsächlich überspannt. Einerseits ist das Bedürfnis nach Aufklärung bei Manuel jetzt so übermächtig geworden, dass es nicht mehr weiter hingehalten werden kann, und andererseits ist durch die tollkühne Entführungsaktion so viel Unruhe entstanden, dass auch die Brüder, um nicht zu sagen: die Wachhunde, aufgeschreckt und nicht mehr zu besänftigen sind. Und schließlich verlieren jetzt auch die Frauen selbst den Überblick und die Kaltblütigkeit, die sie anfangs ausgezeichnet hat: »para cada susto tengo un hermano« (v. 2.673) stöhnt die in die Enge getriebene Angela. So kommt es zu dem, was kommen musste: Die Sache fliegt auf, die Verwirrung erreicht ihren Höhepunkt, Manuel und Cosme halten sich gegenseitig für den Kobold, ein weiteres Duell wird fällig – aber es kommt auch zur Aussprache, die alles aufklärt, und zum Eheversprechen Manuels, das die Brüder schließlich ebenso zufriedenstellt wie die Liebenden selbst. Und nach außen bleibt der Eindruck, der auch heute noch allzu gern in Spanien erweckt wird, wenn ein Skandal in Verzug ist: »aquí no pasó nada« – »hier ist überhaupt nichts passiert!«

Literaturhinweise

Ausgabe: Pedro Calderón de la Barca: *La dama duende*, ed. Angel Valbuena Briones, Madrid 1976

Übersetzung: Werner Bahner, in: Ders. (Hg.): *Klassisches spanisches Theater*, Bd. II, Berlin 1969 [mit ausführlichem Nachwort]

Weitere Literatur

Spanische Literaturgeschichte, S. 173–183, speziell: 176 f.

Don W. Cruickshank: *Don Pedro Calderón*, Cambridge 2009

Hans-Jörg Neuschäfer: »Der Geltungsdrang der Sinne und die Grenzen der Moral. Das anthropologische Paradigma der Affektenlehre und seine Krise im klassischen Drama Spaniens und Frankreichs«, in: Fritz Nies/Karlheinz Stierle (Hg.): *Französische Klassik. Theorie, Literatur, Malerei*, München 1985

Übersetzung

(Hans-Jörg Neuschäfer)

Zu S. 75 f.

Angela (zu Isabel, ihrer Zofe):

Gib mir, Isabel, die Trauerkleider zurück und näh mich, bei lebendigem Leibe, erneut ins Leichentuch ein, wenn es mein Schicksal so will.

Isabel:

Mach schnell, bevor dein Bruder kommt, der ohnehin schon Verdacht geschöpft hat. Wenn er dich im selben Kleid sieht, das du bei Hofe getragen hast, kommt er vielleicht auf die Wahrheit.

Angela:

Ich muss also, dem Himmel sei's geklagt, zwischen zwei Mauern sterben, ohne dass die Sonne weiß, wer ich eigentlich bin. Mein Verdruss ist so groß, dass er nicht zwischen Anfang und Ende eines ganzen Tages passt. [...] Tatsächlich habe ich, der Freiheit beraubt, wie im Gefängnis gelebt, verwitwet von meinem Ehemann und verheiratet mit meinen zwei Brüdern.

Kapitel X
Calderón: *La vida es sueño* (1635)
Lehrstück und barockes Wortkunstwerk

In *La vida es sueño* (1635; drei Akte mit 3319 Versen) lernt man einen anderen Calderón kennen als in der im vorigen Kapitel vorgestellten *Dama duende*: den Didaktiker, aber auch den barocken Wortkünstler in der Nachfolge Góngoras, der den Zuschauer in Erstaunen versetzt, der seinem Intellekt und seinem Sprachgefühl aber auch einiges abverlangt. Dem modernen Leser (eine originalgetreue Aufführung kommt heute selbst in Spanien nur noch selten zustande) erschließt sich der Text ohne Hilfe nicht mehr ganz, weil ihm mythologisch-hagiographische Kenntnisse fehlen, die zur Entzifferung der reichen, für unseren Geschmack bisweilen auch überladenen Metaphorik unerlässlich sind. Zwar kann man getrost voraussetzen, dass das Durchschnittspublikum des 17. Jahrhunderts nicht gebildeter war, aber es war mit einem Schatz oft mündlich überlieferter Wissensbestände, Erfahrungsmuster und rhetorischer Figuren vertraut, die uns fremd geworden sind. Und es hatte vor uns Lesern den unschätzbaren Vorteil, dass es sich durch die Anschaulichkeit der Inszenierung und durch den Wohlklang der Verse faszinieren lassen konnte, ohne das Gesagte bis ins Detail gleich verstehen und verarbeiten zu müssen. Die Kunst bestand eben darin, eine Sache im Ganzen verständlich und einsichtig zu machen, und um dies zu gewährleisten, konfrontierte Calderón den Zuschauer mit einer Fülle so starker Eindrücke, dass er im Verlauf der Aufführung sehr wohl begreifen konnte, worauf es ankommt. Zu Recht gilt das bis ins Kleinste durchdachte und sprachlich wie metrisch brillante Stück als vollendetes Beispiel für das barocke Wortkunstwerk. Für die deutschen Romantiker war es das Nonplusultra einer reflektierten Poesie gerade deshalb, weil es nicht auf psychologische Wahrscheinlichkeit angelegt war, sondern allein auf die Schlüssigkeit eines spektakulär inszenierten Ideengefüges.

Rezipiert wurde *La vida es sueno* vor allem als moralphilosophisch-theologisches Lehrstück. Das ist es selbstverständlich *auch*, vielleicht sogar in erster Linie, aber keineswegs ausschließlich. Im Mittelpunkt des Lehrstücks stehen zentrale Glaubensfragen: zum einen die allegorische Anschauung vom Leben als Traum, als etwas Vorläufigem, Scheinhaftem, nicht wirklich Gültigem, aus dem man erwachen muss, um zum wahren Leben, und das heißt letztlich zum Leben nach dem Tode zu gelangen. Die andere Frage ist, ob die Lebensbahn des Menschen prädestiniert ist (in der Zeit Calderóns durch die Konstellation der Sterne; heute eher durch die Konstellation der genetischen Veranlagung), oder ob es eine Willensfreiheit gibt, die es ihm erlaubt, die Gegebenheiten, in die er hineingeboren wurde, zu überwinden und seine Geschicke selbstverantwortlich in die Hand zu nehmen. Beide Fragestellungen wurden von Calderón nicht erfunden; sie waren, zum Teil schon seit langem und in anderen Zusammenhängen, ›im Umlauf‹ – nicht nur in theologischen Disputen, sondern auch in Literatur und Folklore und vor allem in der sonntäglichen Predigt, sodass sie Hoch und Niedrig gleichermaßen geläufig waren. Calderóns Verdienst liegt darin, dass er sie dramaturgisch aufbereitet, mit Leben erfüllt, mit anderen Fragen und mit überraschenden, ja verblüffenden, in jedem Fall aber dramatischen Wechselfällen verbunden hat, die dafür sorgen, dass die Aufmerksamkeit und Neugier des Zuschauers stets aufs Neue angeregt werden. Auch wenn viele Interpreten es vergessen zu haben scheinen: *La vida es sueño* ist ein theatralisches Ereignis, ein Schau-Spiel, kein theoretischer Traktat.

Schon am Beginn steht ein Knalleffekt und ein Enigma, ein Rätsel. Rosaura, in Männerkleider ge- und verhüllt, stürzt im wahrsten Sinne des Wortes auf die Bühne, indem sie vom Pferd fällt, das seinerseits beim schnellen Abstieg aus einer zerklüfteten Felsenlandschaft gestrauchelt ist und sie abgeworfen hat. Dass der ›Gaul‹ mit ihr ›durchgegangen‹ ist, deutet ebenso auf die in Unordnung befindliche Psyche Rosauras wie die zerklüftete Landschaft und die ›unnatürliche‹ Kleidung. Auch die ›steile‹ Sprache, mit der Rosaura das wilde Pferd als »Hipógrifo violento que corriste parejas con el viento«, als » rayo sin llama, pájaro sin matiz, pez sin escama, y bruto sin instinto« (v. 1–5) zugleich beschimpft und mythologisch überhöht, trägt zur Verrätselung bei. Tatsächlich befindet sich die »mujer vestida de hombre«, die als Mann verkleidete Frau – ein gängiges Motiv der Literatur im Siglo de Oro – auf der Verfolgung eines Mannes, der sie verlassen und also entehrt hat. Schon hier wird deutlich, dass *La vida es sueño* auch ein Ehrendrama ist, wobei die Ehrenproblematik keineswegs nur als Nebenhandlung fungiert, sondern von vornherein gleichberechtigt mit der ›religiösen‹ Haupthandlung verknüpft wird. Diese beginnt erst in der zweiten Szene mit der berühmten Klage der Hauptperson Segismundo, der sich gegen den Himmel auflehnt, weil er sein Schicksal, über das er im Unklaren gelassen wurde, nicht begreifen kann (abermals ein Enigma), aber endlich begreifen (»apurar«) will. Dies ist der Beginn von Segismundos erstem großen Monolog, in dem er zwar einräumt, dass er, wie alle Menschen, durch die Erbsünde belastet ist, sich darüber hinaus aber keiner Schuld bewusst ist und deshalb nicht verstehen kann, warum ihm jene Freiheit vorenthalten wird, über die sogar Vögel, Raubtiere und Fische verfügen:

> !Ay, mísero de mí, y ay infelice!
> Apurar, cielos, pretendo,
> Ya que me tratáis así,
> qué delito cometí
> contra vosotros naciendo;
> aunque si nací, ya entiendo
> qué delito he cometido;
> bastante causa ha tenido
> vuestra justicia y rigor,
> pues el delito mayor
> del hombre es haber nacido. (v. 102 ff.)

Segismundo, der Sohn des Königs Basilio und somit der rechtmäßige Thronfolger (das Stück spielt in Polen, also – bezogen auf die spanischen Zuschauer von damals – in einem politischen Niemandsland), befindet sich, in Ketten gelegt und in Lumpen gehüllt, im dunklen Verließ eines vor der Öffentlichkeit verborgenen Turmes, wo er von einem Tier kaum zu unterscheiden, ja weniger frei ist als ein solches: »¿y teniendo yo más alma,/ tengo menos libertad?« (v. 131 f.), heißt es im weiteren Verlauf des Monologs. Dort wird er von der verirrten Rosaura entdeckt. Tatsächlich weiß er nicht, dass er von Geburt an dazu verdammt war, unter der Aufsicht Clotaldos dahinzuvegetieren, weil die Sterne vorausgesagt hatten, er werde ein grausamer Herrscher sein und seinen eigenen Vater demütigen. Der greise Basilio aber will, bevor er seine Nachfolge regelt, dem inzwischen Erwachsenen noch eine Chance geben und ihn für einen Tag probeweise regieren lassen. Besteht er das Examen, werden also die Sterne (und das Prinzip der Prädestination) Lügen gestraft, soll er die Krone übernehmen; wenn nicht, wird er in den Turm zurückgebracht und die Königswürde dem fremden Prinzen Astolfo übertragen, der aus Moskau stammt.

Damit steht – im zweiten Akt – ein spektakulärer Szenenwechsel auf dem Programm: Narkotisiert wird Segismundo aus dem dunklen Verließ in den hellen Palast verbracht (fast möchte man heute sagen: ›gebeamt‹), wo kulturelle Regeln und gesellschaftliche Hierarchien gelten und infolgedessen alle den Prinzen hofieren, der nicht weiß, wie ihm geschieht, ob er wach ist oder träumt und der jedenfalls völlig überfordert ist. Deshalb kommt es, wie es kommen musste: Er ›rastet aus‹, so wie es seiner ›wilden Natur‹ entspricht, die ihm vom Vater aufgezwungen wurde. Es folgt eine Aggression auf die andere: Clotaldo wird mit dem Tod bedroht; ein widerspenstiger Diener aus dem Fenster geworfen; Astolfo beleidigt; Rosaura um ein Haar vergewaltigt, weil sie, inzwischen selbst am Hofe, Segismundos sexuelle Begierde geweckt hat; der Vater tatsächlich gedemütigt. Vergebens warnt man den Prinzen immer wieder vor dem Hochmut und fordert ihn zur Mäßigung auf: Am Ende könne es ein böses Erwachen aus einem schönen Traum geben. Segismundo aber kann und will seine Affekte nicht beherrschen. Also scheint das Urteil der Sterne bestätigt, sodass die Rückführung in den Turm mittels einer erneuten Betäubung unerlässlich wird.

Damit erfolgt abermals eine dramatische Wendung, diesmal in umgekehrter Richtung: von der höfischen Pracht wieder zurück ins dunkle Elend. Jetzt aber ist die Wende nicht nur eine des äußeren Schicksals. Unter dem Eindruck des scharfen Kontrastes vollzieht sich auch ein Wandel in der inneren Einstellung dessen, der einer solchen Schockbehandlung unterworfen wurde. Clotaldo, sein Wächter, aber auch sein Protektor, macht Segismundo klar, dass alles nur ein Traum war, dass es aber darauf ankomme, selbst noch im Traum recht zu handeln – es sei dies der einzige Fixpunkt in den flüchtigen Erscheinungen des Lebens. Der zweite Akt endet mit einem Selbstgespräch Segismundos, in dem dieser, aufgeweckt durch Clotaldos Vorhaltungen, gleichsam zu sich und zur Einsicht kommt, dass alles im diesseitigen Leben nur ein Traum, ein Schatten, eine Illusion, ja ein Selbstbetrug (*engaño*) ist, allenfalls eine Vorstufe zum eigentlichen und allein gültigen Leben im Jenseits, zu dem man erst im Tode erwacht, auf das es sich aber schon jetzt vorzubereiten gilt durch gute Werke, vor allem durch die Mäßigung der Selbstsucht und die Beherrschung der Leidenschaften. Der Monolog schließt mit dem *desengaño*, der Ernüchterung Segismundos, die ihn dazu befähigt, eine weitere überraschende Schicksalsprüfung, mit der er im dritten Akt konfrontiert wird, anders zu meistern als die erste.

Noch heute können viele Spanier diesen entscheidenden Monolog Segismundos auswendig, von dem hier die erste und letzte Strophe ganz, die mittleren nur mit den Anfangszeilen zitiert werden:

> Es verdad; pues reprimamos
> esta fiera condición,
> esta furia, esta ambición,
> por si alguna vez soñamos;
> y sí haremos, pues estamos
> en mundo tan singular,
> que el vivir solo es soñar;
> y la experiencia me enseña
> que el hombre que vive, sueña
> lo que es, hasta despertar.
>
> Sueña el rey que es rey, y vive
> con este engaño mandando,
> disponiendo y gobernando;
> [...]
>
> Sueña el rico en su riqueza
> que más cuidados le ofrece;
> sueña el pobre que padece
> su miseria y su pobreza;
> [...]
>
> Yo sueño que estoy aquí
> destas prisiones cargado,
> y soñé que en otro estado
> más lisonjero me vi.
> ¿Qué es la vida?, un frenesí;
> ¿qué es la vida?, una ilusión,
> una sombra una ficción,
> y el mayor bien es pequeño;
> que toda la vida es sueño,
> y los sueños, sueños son. (v. 2148 ff.)

Nachdem Segismundo begriffen hat, dass es auf die innere Einstellung, nicht auf die äußeren Umstände ankommt, wird im letzten Akt ein ebenso turbulenter wie zügiger *desenlace*, eine Auflösung also, möglich. Dabei ist nicht zu übersehen, dass just die Zügigkeit dieser Auflösung, ja schon das rasche Umdenken Segismundos nach der Rückkehr in den Turm, dem modernen Verständnis Schwierigkeiten bereitet, weil es ihm ›unwahrscheinlich‹, nämlich unwahrscheinlich schnell vorkommt. Das hängt damit zusammen, dass wir gewohnt sind, einen so tiefen Sinneswandel an seiner psychologischen Wahrscheinlichkeit und nicht an seiner exemplarisch-vorbildhaften Bedeutung zu messen.

Es kommt zu einem Volksaufstand zugunsten Segismundos, des einheimischen Prinzen, der aus dem Turm befreit wird. Dies führt zu einer kriegerischen Auseinandersetzung mit seinem Rivalen, dem aus der Fremde stammenden Astolfo. Segismundo bleibt Sieger und verfügt jetzt sogar über die wahre, nicht nur die geliehene Macht, über alle zu triumphieren und Rache an denen zu nehmen, die ihm geschadet haben. Aber er ist jetzt fähig, seine Leidenschaften zu zügeln (»hoy ha de ser la más alta [victoria] vencerme a mí«, v. 3256 f.) und auf Revanche zu verzichten, auch wenn er wiederholt in Versuchung ist, sich gehen zu lassen. Nicht nur Clotaldo wird verziehen, weil er auf seine Weise loyal war; auch der König selbst, der sich seinem nun auch von ihm anerkannten rechtmäßigen Nachfolger zu Füßen wirft, sieht sich mit Großmut behandelt. Aber er muss sich von seinem Sohn auch vorhalten lassen, dass er sich von seinem Sternenglauben verleiten ließ, die falschen Schlüsse zu ziehen und mit seiner ›Vorsichtsmaßnahme‹ genau das herbeizuführen, was er eigentlich hatte verhindern wollen: aus einem Menschen ein Raubtier zu machen, indem er es von vornherein als ein solches behandelte.

> Mi padre, que está presente,
> por excusarse a la saña
> de mi condición, me hizo
> un bruto, una fiera humana;
> de suerte que, cuando yo
> por mi nobleza gallarda,
> por mi sangre generosa,
> por mi condición bizarra
> hubiera nacido dócil
> y humilde, solo bastara
> tal género de vivir,
> tal linaje de crianza,
> a hacer fieras mis costumbres;
> ¡qué buen modo de estorbarlas! (v. 3172 ff.)

Am Schluss ist nur ein einziges Opfer zu beklagen: Ausgerechnet der *gracioso* Clarín, der Unernst in Person, wird von einer verirrten Kugel getötet, als er sich, wie es dem *gracioso* gemäß ist, vor dem Kriegsgetümmel versteckt. Aber gerade das bestätigt das göttliche Gesetz, unter dem das ganze Geschehen in *La vida es sueño* letztlich steht:

> Y así, aunque a libraros vais
> de la muerte con huir,

> mirad que vais a morir,
> si está de Dios que muráis. (v. 3092 ff.)

Segismundo ist aber nicht nur der Protagonist des religionsphilosophischen Lehr-stücks; er ist auch derjenige, der das Ehren- und Politikdrama zu einem guten Ende zu bringen hat. Man darf nicht vergessen, dass die Ehrenhandlung schon rein quantitativ einen nicht geringeren Umfang hat als die vermeintliche Haupthandlung. In allen drei Akten wird die Ehrenproblematik stellenweise sogar vorherrschend: Rosaura verfolgt Astolfo, um ihn an seine Verantwortung als Ehrenmann zu erinnern; in Clotaldo ent-deckt sie den Vater wieder, der damit seinerseits aufgerufen ist, die Ehrenrettung der Tochter zu einer Frage der eigenen *honra* zu machen. Er aber ist Astolfo zu Dank ver-pflichtet, der seinerseits so ehrenhaft war, ihn gegen den rasenden Segismudo zu ver-teidigen, ja ihm das Leben zu retten. Astolfo wiederum, ein Neffe Basilios, ist inzwi-schen mit Estrella verlobt, Basilios Nichte. Beide waren für den Fall, dass Segismundo die Probe nicht besteht, vom noch regierenden König dazu ausersehen, seine Nachfol-ger zu werden, haben also einen nicht unbegründeten Thronanspruch. Segismundo wiederum hat sich schon bei seiner ersten und missglückten Probe in Rosaura verliebt. Nachdem er König geworden ist, könnte er sie als seine Gattin beanspruchen. Dies aber würde wiederum den Casus Rosaura-Astolfo nicht lösen. Kurzum: es hat sich ein fast unentwirrbarer Knoten von Problemen gebildet, wobei Ansprüche des persönli-chen Ansehens ebenso auf dem Spiel stehen wie die dringend notwendige Befriedung politischer Konflikte; es ist ja über die Frage der Thronfolge zu nichts weniger als zu Volksaufstand und Bürgerkrieg gekommen. Man darf annehmen, dass für das Publi-kum des 17. Jahrhunderts diese innerweltliche Problematik (und dramatische Kasuis-tik) nicht weniger interessant war als die Frage nach der rechten Einstellung zu Gott. Dass *La vida es sueño* kein weltabgewandtes Stück ist, zeigt sich auch daran, dass es für Segismundo keineswegs damit getan ist, zum persönlichen *desengaño* und zur Einsicht in die Vorläufigkeit des irdischen Lebens gelangt zu sein. Fast während des gesamten dritten Aktes ist vielmehr seine Tatkraft und seine politische Weitsicht gefordert, wobei seine neu erworbene Fähigkeit zur Selbstüberwindung ganz praktisch bei der Lösung der anstehenden Fragen, kurzum: beim ›Aufräumen‹ gebraucht wird:

> Rosaura está sin honor;
> más a un príncipe le toca
> el dar honor que quitarle.
> ¡Vive Dios!, que de su honra
> he de ser conquistador,
> antes que de mi corona. (v. 2986 ff.)

Die Restituierung der Ehre ist also eine Hauptaufgabe des *príncipe*. Segismundo meistert sie, indem er auf Rosaura verzichtet und so den Weg für die Versöhnung und Vermählung mit Astolfo freimacht, während er selbst sich mit Estrella arrangiert, die ihrerseits auf Astolfo verzichten muss, aber mit der Aussicht auf die Königswürde reichlich entschädigt wird. Und was die politische Weitsicht des Prinzen anbelangt, so steht am Ende nichts Geringeres als eine allgemeine Amnestie, von der nur einer ausgenommen wird: der Verräter, der den entscheidenden Hinweis für die Befreiung Segismundos gegeben hatte und dafür jetzt eine Belohnung fordert. Er bekommt sie nicht und wird stattdessen selbst in den Turm gesperrt. Illoyalität wird nicht geduldet, sobald sie nicht mehr gebraucht wird:

> Que el traidor no es menester
> siendo la traición pasada. (v. 3300 f.)

Damit wird vollends klar, dass *La vida es sueño* nicht nur ein rein religiöses, sondern auch ein politisches Lehrstück ist, das sehr wohl auch *ad usum delphini*, also zur Unterweisung von Heranwachsenden königlichen Geblütes im spanischen 17. Jahrhundert dienen konnte.

Die Wirkung des Stücks beruht aber nicht nur auf seiner Thematik und Dramatik, sondern wird auch mit einer geradezu schwelgerischen Metaphorik, einer reichen Bildersprache also, und mit der Vielfalt und dem Kontrastreichtum seiner Rhetorik, seiner Rhythmik, seiner Reime und Assonanzen erzielt, also auch dadurch, dass es direkt die Sinne des Zuschauers anspricht: Das Sehen der Bilder, das Hören des Wohlklangs und das Fühlen des Rhythmus ebnen in einer vorher nie dagewesenen, auch von Lope de Vega nicht erreichten Intensität überhaupt erst den Zugang zum Begreifen. Ein abschließender Blick auf die Prosodie des ersten Aktes kann das zwar nur andeuten, durch lautes Deklamieren aber lässt sich schon beim Lesen nachvollziehen, in welchem Ausmaß *La vida es sueño* ein Wortkunstwerk ist. Der erste Akt beginnt mit 51 Silvas, paarweise gereimten Sieben- und Elfsilblern (v. 1–102). Es folgen 17 Décimas (v. 103–272; darüber gleich mehr), danach kommen knapp 200 durch Assonanzen auf a-e verbundene Romanzenverse (v. 273–474), gefolgt von 25 Quintillas (bestehend aus fünfzeiligen, nach dem Schema ababa reimenden Strophen). Am Ende stehen wieder Romanzenverse (v. 600–985; diesmal mit Assonanzen auf i-o).

Im Mittelpunkt des Ganzen aber befinden sich die besonders klangvollen Décimas, in die, gleich zu Beginn, der erste große Monolog Segismundos gefasst ist (v. 102 ff., siehe oben). Es sind dies zehnzeilige Achtsilber-Strophen mit dem komplizierten Reimschema abba;ac;cddc. Nicht von ungefähr ist auch der zweite Hauptmonolog Segismundos (v. 2148 ff., siche oben) in Décimas gehalten, sodass das gedankliche Zentrum des Stücks sich im Gleichklang befindet, fast möchte man sagen – weil auch der Rhythmus der nämliche ist –, es erklinge in ihnen das gleiche musikalische Motiv. Tatsächlich ist es vom Wortkunstwerk Calderóns kein großer Schritt mehr zum Gesamtkunstwerk der großen Oper.

Literaturhinweise (s. auch Kap. IX)

Ausgabe: Pedro Calderón de la Barca, *La vida es sueño*, ed. Martín de Riquer, Barcelona 1954 [mit Kommentar]

Übersetzung: Calderón: *Das Leben ist ein Traum*, Nachdichtung von Eugen Gürster, Stuttgart 1995

Weitere Literatur

Spanische Literaturgeschichte, S. 176–183, speziell S. 177–179

Kurt und Roswitha Reichenberger: *Bibliographisches Handbuch der Calderón-Forschung/Manual bibliográfico calderoniano*, mehrere Bände, Kassel 1979–2003

Bernhard Teuber: »Pedro Calderón, *La vida es sueño*«, in: Volker Roloff/Harald Wentzlaff-Eggebert (Hg.): *Das spanische Theater. Vom Mittelalter bis zur Gegenwart*, Düsseldorf 1988, S. 146–163

Christoph Strosetzki: *Calderón*, Stuttgart 2001

Übersetzung

(Eugen Gürster)

Zu S. 82:
> Ich Elender! Oh, ich des Unglücks Sohn!
> Gebt mir Kunde, Himmel, sprecht:
> Welche Sünden häufte ich
> schon durch die Geburt auf mich,
> weil ihr mich durch Leiden schwächt?
> Doch mir scheint, ich ahne recht,
> welche Schuld ich auf mich nahm,
> seit ich auf die Erde kam:
> Eure Strafe hatte Gründe,
> denn des Menschen ärgste Sünde
> ist, dass er in's Leben kam.

Zu S. 84:
> Wahr ist es; es gilt zu zäumen
> meines Mutes jähes Beben,
> meiner Ehrsucht wildes Streben,
> wenn wir wieder einmal träumen.
> Und dies werden wir; wir leben
> in so fremden Lebensräumen,
> wo das Leben Traum nur heißt.
> Was mir selbst geschah beweist,
> dass wir unser Sein nur träumen,
> bis man uns dem Schlaf entreißt.
>
> König sei er, träumt der König,
> und befangen in dem Wahn,
> herrscht er stolz und ordnet an.
> [...]
>
> Von dem Reichtum träumt der Reiche,
> der ihm stets nur Sorgen schickt.

Und der Arme, leidbedrückt,
träumt, dass seine Not ihm weiche.
[...]

Ich, in Kerkerhaft gebückt,
träume, dass die Fessel drückt,
dass ein glücklicheres Los
früher einmal mich beglückt.
Was ist das Leben? Irrwahn bloß!
Was ist das Leben? Eitler Schaum,
Truggebild, ein Schatten kaum,
und das größte Glück ist klein;
denn ein Traum ist alles Sein,
und die Träume selbst sind Traum.

Zu S. 85 f.:

Hier mein Vater, um dem Wüten
Meines Wesens zu entgehen,
machte mich zum Tier, zum Vieh:
Ob ich gleich kraft edler Abkunft,
kraft des hochgesinnten Blutes,
kraft der tapfern Sinnesart
mild und sanft geboren wurde,
musste meine Lebensweise
und Erziehung schon genügen,
meine Sitten zu verwildern:
Schönes Mittel, mich zu hemmen!

Glaubt ihr, wenn ihr fliehend drängt,
eure Rettung zu erwerben;
gebet acht: ihr geht zum Sterben,
hat euch Gott den Tod verhängt.

Zu S. 86:

Ihre Ehr' vermisst Rosaura.
Mehr ist es des Fürsten Amt,
Ehre geben, statt sie stehlen.
Helfe Gott mir! Ihre Ehre
muß ich ihr erobern helfen,
eher als mir meine Krone.

Zu S. 87:

Der Verräter ist entbehrlich,
Wenn erst der Verrat vollbracht ist.

Kapitel XI
Moratín: *El sí de las niñas* (1806)
Von der Schwierigkeit, eine aufklärerische
Komödie zu schreiben

El sí de las niñas ist bis heute das berühmteste Theaterstück der spanischen Aufklärung. Es war schon zu seiner Zeit außerordentlich erfolgreich: Viele tausend Besucher sollen es allein in den ersten 26 Tagen nach seiner Uraufführung am 24. Januar 1806 im Teatro de la Cruz gesehen haben. Danach begannen die in der Fastenzeit obligatorischen Theaterferien. Fertiggestellt und einem Kreis von Freunden vorgelesen wurde das Stück aber schon 1801. Es dauerte also fünf Jahre, bis es aufgeführt werden konnte. Ob es ohne ein Machtwort Manuel Godoys, des damals noch mächtigen Premierministers und angeblichen Liebhabers der spanischen Königin, überhaupt so weit gekommen wäre, darf man bezweifeln. Moratín hatte nämlich, wie die spanische Aufklärung ganz allgemein, mit dem Widerstand der Zensur zu kämpfen, hinter der sich das ›andere‹, noch immer übermächtige und der ›großen‹ Vergangenheit nachtrauernde Spanien verschanzte. Es war nicht nur die staatliche Kontrolle, die darauf achtete, dass die Neuerer nur einen kleinen Spielraum bekamen; es waren auch und besonders die kirchlichen Institutionen, nicht zuletzt die noch immer aktive Nachhut der Inquisition, die es sich angelegen sein ließen, dem Stück trotz oder gerade wegen seiner Popularität Steine in den Weg zu legen. 1815, nach der Beendigung des spanischen Unabhängigkeitskriegs, der Entmachtung Godoys und der Re-Inthronisierung des reaktionären Königs Fernando VII, wurde es im Zuge einer Hexenjagd gegen die Liberalen verboten, nachdem es während des sieben Jahre dauernden Krieges ohnehin nicht hatte aufgeführt werden können. Die Verfolgung der Liberalen hatte das Ziel, die ohnehin nicht starken Spuren der spanischen Aufklärung gleich wieder zu tilgen. 1823, nach dem kurzen Zwischenspiel des *trienio liberal*, wurde das Verbot erneuert, und erst 1834 – nach dem Tod Fernandos – wurde *El sí de las niñas* wieder zur Aufführung zugelassen, allerdings, wie in Spanien bis in die Francozeit üblich, nur mit ›Kürzungen‹. Mariano José de Larra, der eine enthusiastische Rezension über die Neuinszenierung schrieb, meinte, das Publikum habe die Streichungen trotzdem ›mitgedacht‹, weil die Erinnerung daran lebendig geblieben sei und weil man *memoria* glücklicherweise nicht verbieten könne.

Leandro Fernández de Moratín (1760–1828) lebte zu dieser Zeit schon nicht mehr. Er war, wie so viele spanische Aufklärer, beispielsweise sein Freund Goya, im Exil gestorben: Moratín in Paris, Goya in Bordeaux. Dabei war Don Leandro alles andere als ein Eiferer. Gewiss verkehrte er in den Kreisen weltoffener, besonders an Frankreichs Kultur orientierter Madrider Intellektueller, zu denen auch sein ebenfalls bekannter Dichter-Vater, Nicolás Fernández de Moratín, gehörte. Aber nach dem Tod des reformwilligen Königs Carlos III (1788) war der kurze Frühling der spanischen Aufklärung schon wieder vorbei. Spätestens nach der französischen Revolution erkalteten auch die offiziellen Beziehungen des spanischen Hofes zum Nachbarland, zumal in den Jahren des Terrors. Nach der Machtübernahme Napoleons gab sich der frisch gekürte *empereur* zwar als Spanien-Freund aus, aber nur, um das Land in der Auseinandersetzung mit England an seine Seite zu ziehen und die Erlaubnis zu erlangen, es ›friedlich‹ besetzen zu dürfen. Mit dem Versprechen, die spanische Aufklärung gegen die klerikale Reaktion in Schutz zu nehmen, konnte er Spaniens Intellektuelle, soweit sie ohnehin frankreichfreundlich waren, eine Zeit lang beeindrucken. Zu diesen – später als *afrancesados* Beschimpften – gehörte auch Moratín. Als dann aber der ›freundlichen Übernahme‹ rasch ein hartes Besatzungsregime folgte, in dem die Einheimischen nichts mehr zu sagen hatten, vollends als Napoleons Bruder José als König von Spanien eingesetzt war, hatten die spanischen Aufklärer keine Chance mehr: Sie wurden durch die Umstände förmlich dazu gezwungen, im 1808 ausbrechenden Unabhängigkeitskrieg mit den Kräften der Reaktion zu kooperieren oder das Land zu verlassen. Die spanische Aufklärung war damit entweder unter Kontrolle gebracht oder ausgegrenzt und vertrieben worden. Die Folgen davon haben das Land noch bis zum Bürgerkrieg von 1936–39 und bis in die lange Franco-Diktatur belastet, die von der Opposition nicht von ungefähr gern mit dem Regime von Fernando VII verglichen wurde.

Der ›Fall Moratín‹ ist paradigmatisch für die spanische Aufklärung im Ganzen. »Tarde, mal y nunca« – »spät, schlecht und nie« – sagt man zu einem Ereignis, dessen richtiger Zeitpunkt verpasst wurde. Auch wenn man den Spruch gewiss nicht in seiner ganzen Schärfe auf die *ilustración española* anwenden kann, so führt doch kein Weg an der Feststellung vorbei, dass sie im Vergleich zu England und Frankreich erst spät und nur gleichsam leise und vorsichtig zu Wort kam. Zu groß war die Macht der Vergangenheit, insbesondere die Macht der Kirche. Der langlebige Benito Jerónimo Feijóo (1676–1764), selbst ein Kleriker, war zwar ein spanischer ›Frühaufklärer‹, blieb aber stets auf dem Boden des offiziellen Dogmas. José Cadalso (1741–1782), der mit seinen *Cartas marruecas* ein Gegenstück zu Montesquieus *Lettres persanes* schuf, durfte das Werk zu seinen Lebzeiten nicht veröffentlichen; es erschien als Buch erst elf Jahre nach seinem Tod. Gaspar Melchor de Jovellanos (1744–1811), der unermüdliche Verfasser aufklärerischer Denkschriften, die er meist im Auftrag der Regierung schrieb (u. a. zur Agrar- und Bildungsreform und zum unwürdigen Schauspiel des Stierkampfs), war hoch angesehen und wurde trotzdem abgesetzt (vom Amt des Justizministers), festgesetzt (in der mallorquiner Festung Bellver) und schließlich in seine asturianische Heimat verbannt. Und Moratíns spätaufklärerisches Drama erschien erst zu Beginn des 19. Jahrhunderts, kurz vor dem Krieg, und wurde danach gleich wieder verboten.

El sí de las niñas spielt, worauf der Autor in der Regieanweisung ausdrücklich hinweist, an einem einzigen Ort, einem Gasthaus in Alcalá, und im Zeitraum von nur 12 Stunden, zwischen 7 Uhr abends und 5 Uhr am Morgen des nächsten Tages. Der Hinweis auf die Einhaltung der klassischen Einheiten (zu denen auch die Observanz von Wahrscheinlichkeit und zivilisiertem Verhalten und die Verwendung

von Alltagsprosa anstelle wechselnder Versmaße gehört) signalisiert von vornherein eine entschiedene Abwendung von den Usancen des Barocktheaters, das, in der
Nachfolge Calderóns, noch bis ins 18. Jahrhundert die Bühne beherrschte. Moratín
hatte mit dieser Tradition schon 1792 gebrochen, als er seine vehemente Theater-
satire *La comedia nueva* vorstellte. Dort gab er mit den Mitteln der Parodie die
Auswüchse des Barocktheaters in ähnlicher Weise der Lächerlichkeit preis, wie es
Cervantes zu seiner Zeit schon mit der Mode des Ritterromans gemacht hatte: Er
lässt die abgelebte Poetik der Haupt- und Staatsaktion und die ewigen Ehrenhän-
del als vernunft- und naturwidrigen *disparate* (Unsinn) erscheinen. *El sí de las
niñas* zieht daraus die praktische Nutzanwendung und erweitert die ästhetische
Zurückweisung zu einer gesellschaftlichen. Konkret macht Moratín Usancen seiner
eigenen Zeit zum Gegenstand der Komödie, indem er sie als überholt verwirft.
Vor allem nimmt er die Erziehung junger Mädchen in klösterlicher Abgeschieden-
heit ins Visier. Wer dort untergebracht war, entsprach dem ›Reinheitsgebot‹ weib-
licher Tugendhaftigkeit, mit dessen Ausweis junge Frauen an den Meistbietenden
gleichsam versteigert werden konnten, ohne je um ihre Zustimmung gebeten zu
werden.

El sí de las niñas ist ein Kammerspiel über eben dieses Problem. Es gibt nur sieben Personen: vier Haupt- und drei Nebenfiguren, die zudem alle zur gleichen
Familie gehören oder doch demnächst gehören sollen. Auf der einen Seite stehen
die Alten: die dreifach verwitwete Doña Irene und der reiche Don Diego; auf der
anderen die Jungen: Doña Francisca oder kurz Paquita, die Tochter Irenes, und der
Offizier Don Carlos alias Félix, der Neffe und Ziehsohn Diegos. Dazu kommen die
Diener von Diego (Simón), von Carlos (Calamocha) und Paquita (Rita), die nicht
nur als Helfer ihrer jeweiligen Herrschaften fungieren, sondern auch zum Lach-
effekt der Komödie beitragen.

Irene ist die zu verlachende Negativfigur des Stückes. Sie hat ihre (äußerlich)
gehorsame Tochter Paquita dazu veranlasst, sich mit Don Diego zu verloben, der
knapp 60 Jahre alt und für die damalige Zeit fast schon ein Greis ist. Der unnatürlichen Verbindung ging eine ebenso unnatürliche Mädchenerziehung im Kloster zu
Guadalajara voraus, das zudem von einer Verwandten Irenes geleitet wird. Überhaupt umgibt sich die fromme Witwe mit einer durch und durch religiösen Aura.
In ihrem Umkreis gibt es praktisch nur Nonnen, Priester, Weihbischöfe und Verfasser von Heiligenviten, die schon durch ihre ausgefallenen Namen – Candelaria,
Circuncisión oder Don Cucafate – der Lächerlichkeit preisgegeben werden, sehr
zum Ärger der Zensurbehörden übrigens.

Für Don Diego, den verliebten Alten, der seine Braut gleichwohl kaum kennt, ist
das alles in der Tat eine Art Garantie: Im Kloster und bei *dieser* Verwandtschaft
kann die Zukünftige nicht auf schlechte Gedanken gekommen sein. Vor dem (vernünftigen) Diener Simón preist er die Vorteile der Klostererziehung:

> Bordar, coser, leer libros devotos, oír misa y correr por la huerta detrás de las mariposas,
> y echar agua en los agujeros de las hormigas, éstas han sido su ocupación y sus diversio-
> nes … ¿Qué dices? (p. 173)

Worauf der Diener nur ein knappes »Yo nada, señor« zur Antwort gibt. Anders als Irene ist Diego allerdings grundgütig; vor allem aber ist er lernfähig und verfügt damit über eine Tugend, die der Aufklärungsepoche besonders teuer war.

Was die Jungen betrifft, so ist Paquita, die sich von ihrer Mutter willig das Wort verbieten und widerstandslos in eine Verbindung führen lässt, die ihr gegen den Strich oder besser: gegen die Natur geht, im Kloster systematisch zum *disimulo* erzogen worden, zur Verleugnung und Unterdrückung ihrer natürlichen Triebe und zum fraglosen Gehorsam gegenüber etablierten Autoritäten (Priester, Eltern, Ehemann). Trotzdem hat sie sich Hals über Kopf in den schneidigen, aber etwas unzuverlässigen »Félix« (alias Carlos) verliebt, den sie schon vor mehr als einem Jahr kennengelernt hat, wie man erst am Ende des letzten Aktes erfährt. Überhaupt befinden sich zu Beginn des Stücks alle Beteiligten noch in tiefer Ahnungslosigkeit über das, was ihnen die Zukunft enthüllen wird.

Zu Beginn des ersten Aktes treffen sich Irene, Paquita und Diego im besagten Gasthaus, das auf halbem Weg zwischen Madrid und dem Schulort liegt. Morgen will man gemeinsam in die Hauptstadt reisen, und dort soll dann geheiratet werden. Die Ausgangslage könnte verfahrener nicht sein: ein verblendeter alter Mann, eine in künstlicher Unmündigkeit gehaltene Kindfrau und eine geldgierige Mutter, die, als Witwe, die Tochter zu ihrem ›Eheglück‹ zwingen will, wobei sie als ›Erziehungsberechtigte‹ nicht weniger autoritär verfährt als es im Barocktheater die Väter oder Brüder taten.

Don Diego hat nur *eine* Sorge, die ihn immerhin ehrt. Er möchte sicher sein, dass Paquita ihr Eheversprechen, ihr »Sí«, aus freiem Willen gegeben hat. Das wiederum bringt ihn in komischen Widerspruch zu Irene, die alles daran setzt, ihre Tochter gar nicht erst zu Wort kommen zu lassen. Freilich macht Paquita auch von sich aus keine Anstalten, ihren Willen kundzutun. Im Gegenteil: Ihn zu verbergen, sich in besagtem *disimulo* zu üben, ist ja gerade eines der ›Bildungsziele‹ der Klostererziehung gewesen. Insgeheim ist Paquita freilich nicht untätig gewesen. Sie hat Carlos einen Notruf zukommen lassen und hofft, dass er sie noch rechtzeitig retten wird. Tatsächlich taucht am Ende des ersten Aktes, gleichsam als Vorbote, sein Diener Calamocha auf. Noch aber wissen die Beteiligten nicht, was sie demnächst erwartet: Carlos ahnt nicht, dass der Alte, der ihm die Braut zu stehlen droht, ausgerechnet sein Onkel Diego ist, den er wie einen Vater verehrt und dem er zu Dank verpflichtet ist, weil er ihn als Waisenkind liebevoll aufgenommen und gefördert hat. Und Diego ahnt nicht, dass der Rivale, der ihm im zweiten Akt ins Gehege kommen wird, sein Neffe und Adoptivsohn ist; ja er ahnt am Ende des ersten Aktes nicht einmal, dass es einen Rivalen überhaupt gibt. Wo sollte der auch herkommen, bei all den Garantien, die Paquitas Klostererziehung und die totale Bevormundung durch die Mutter zu gewährleisten schienen?

Im zweiten Akt geraten die Ahnungslosen aneinander – unvermeidlich und zunächst noch auf komische Weise. Nach einem neuen – und abermals vergeblichen – Versuch Diegos, Paquita zur Aufrichtigkeit zu ermuntern und die Mutter vom Missbrauch ihrer Autorität abzuhalten, kommt es zuerst zu einer Art Anagnorisis (Wiedererkennung) zwischen den Dienern, die – gleichsam nach dem Motto »Die Welt ist klein« – nicht wenig darüber verwundert sind, sich ausgerechnet in einem

Gasthaus zu Alcalá über den Weg zu laufen. Anschließend setzt sich das unverhoffte Wiedersehen auf der Ebene der Herrschaften fort, wobei der alte Don Diego in seiner gutmütigen Naivität zugleich lächerlich und rührend wirkt. Während nämlich der junge Carlos – hier noch immer unter dem Pseudonym eines Don Félix – längst Kontakt mit Paquita aufgenommen hat, die er großspurig zu befreien verspricht, notfalls durch die physische Vernichtung seines reichen Gegenspielers, ist Diego noch immer vollkommen ahnungslos. Auch Carlos ist nicht wirklich auf dem Laufenden, denn er rechnet vorderhand noch mit der Unterstützung des ›lieben‹ Onkels. Und während Carlos beim Aufeinandertreffen folgerichtig zu Tode erschrickt und sofort bereit ist, die Segel zu streichen, glaubt Diego, der junge Mann befände sich in offizierstypischen Schwierigkeiten – Spielschulden?, Duell? Unerlaubte Entfernung von seinem Regiment? – und bedürfe der Hilfe. Eigenhändig bringt er ihn aus der Schusslinie, indem er ihn anderwärts einquartiert und ihm damit überhaupt erst die Gelegenheit verschafft, erneut aktiv zu werden. Diego ist über den raschen Gehorsam seines Neffen sogar noch zu Tränen gerührt. Wir haben hier fast das alte Schwankschema des gehörnten und darob auch noch erfreuten Ehemannes, des »mari battu et content«, vor Augen. Immerhin bekommen Rita und Paquita nun doch Bedenken, um nicht zu sagen Gewissensbisse: »El pobre D. Diego, qué chasco se va a llevar. Y por otra parte, vea usted qué señor tan bueno, que cierto da lástima …« kommentiert Rita. Und Paquita antwortet: »Pues en eso consiste todo. Si él fuese un hombre despreciable, ni mi madre hubiera admitido su pretensión, ni yo tendría que disimular mi repugnancia …« (p. 239 f.).

Im dritten Akt wird aus der bisher vorherrschenden Komik Ernst, der erst ganz am Schluss wieder etwas zurückgenommen wird. Es beginnt damit, dass Diego jäh aus seinen Illusionen gerissen und durch den *desengaño* zur Selbsterkenntnis gebracht wird. Als nämlich Carlos um drei Uhr morgens, als Ständchenbringer verkleidet, Rita einen Brief für Paquita zuwirft, verfehlt er sein Ziel: die Botschaft landet bei Diego, der nach der Lektüre über die wahren Herzensverhältnisse im wahrsten Sinne des Wortes ›aufgeklärt‹ ist. In einem Monolog, der sich deutlich von entsprechenden Eifersuchtsmonologen des Barocktheaters absetzt, verwandelt sich Eifersucht rasch in Scham, »celos« in »vergüenza«, und damit die mögliche Tragödie der Ehrenrache in die Tragikomödie vernünftiger Selbstkritik.

> ¿Y a quién debo culpar? ¿Es ella la delincuente, o su madre, o sus tías, o yo? ¿Sobre quién ha de caer esta cólera, que por más que lo procuro no la sé reprimir?… ¡La naturaleza la hizo tan amable a mis ojos!… ¡Qué esperanzas tan halagüeñas concebí! ¡Qué felicidades me prometía!… ¡Celos!… ¿Yo?… ¡En qué edad tengo celos!… Vergüenza es … (p. 253)

Der Scham der Selbsterkenntnis folgt der Entschluss, reinen Tisch zu machen, wobei das schon vorher sichtbar gewordene grundgütige und vernünftige Naturell Diegos seine Bewährungsprobe besteht, ganz wie es dem anthropologischen Grundoptimismus der Aufklärung entspricht. Es kommt zu drei Aussprachen, zu denen der alte Herr nicht nur die Initiative übernimmt. Er wird in deren Verlauf sogar zur echten Respekts- und Autoritätsperson des Stücks, nicht obwohl, sondern gerade weil er zunächst die eigene Schwäche zu überwinden hatte. Als erste nimmt er sich Paquita vor: »Venga usted acá ... Hablemos siquiera una vez sin rodeos ni disimulación ...« (p. 260). Am Ende bringt er die junge Frau nicht nur zu einem Eingeständnis ihrer wahren Neigung, sondern verspricht auch noch, sie vor dem Zorn Irenes zu schützen. Sein Fazit über das Erziehungswesen, das die Frauen versklave, sie zur Triebverleugnung zwinge, sie zu Lügnerinnen mache, ja sie zum Sakrilegium geradezu anstifte, lässt an Deutlichkeit nichts zu wünschen übrig:

> Ve aquí los frutos de la educación. Esto es lo que se llama criar bien a una niña: enseñarla a que desmienta y oculte las pasiones más inocentes con una pérfida disimulación. Las juzgan honestas luego que las ven instruídas en el arte de callar y de mentir. [...] Todo se las permite, menos la sinceridad. Con tal que no digan lo que sienten, con tal que finjan aborrecer lo que más desean, con tal que se presten a pronunciar, cuando se lo manden, un sí perjuro, sacrílego, origen de tantos escándalos, ya están bien criadas, y se llama excelente educación la que inspira en ellas el temor, la astucia y el silencio de un esclavo. (p. 263)

Mit den »escándalos« sind die gerade zu jener Zeit sich häufenden Ehebrüche oder ehebruchsähnlichen Verhältnisse gemeint, die für die Stabilität des Staatswesens noch immer als bedrohlich galten. Auch Paquita und Carlos wären demnach potentielle Ehebrecher gewesen, wenn Diego durch sein Einlenken nicht noch in letzter Minute für eine naturgemäße Korrektur der unnatürlichen Erziehung gesorgt hätte.

Als nächstes kommt es zu einer stürmischen Aussprache zwischen Onkel und Neffe, die zuerst einem Verhör, dann einem Beichtgespräch gleicht. Hier muss Don Carlos den romantischen »Félix« endgültig ablegen und sich ganz der Autorität des Älteren unterwerfen. Und schließlich knöpft Diego sich Irene vor, wobei die Komik, auch die Parodie des Barocktheaters, noch einmal zu ihrem Recht kommt. Als die scheinheilige Mutter abermals ihre gewohnte Taktik des Unterbrechens, der Ablenkung, des tränenreichen Verweises auf ihre Witwenschaft und der Beschwörung ihrer klerikalen Verwandtschaft einzuschlagen beginnt, wird ihr von Diego nun ihrerseits höflich aber bestimmt das Wort abgeschnitten:

> Señora Doña Irene, hágame usted el gusto de oírme, de no replicarme, de no decir despropósitos, y luego que usted sepa lo que hay, llore y gima, y grite y diga cuanto quiera ... Pero, entretanto, no me apure usted el sufrimiento, por amor de Dios. (p. 277)

Danach wird sie rückhaltlos darüber aufgeklärt, dass das junge Paar schon seit einem ganzen Jahr miteinander zugange ist, dass daran weder Circuncisión noch irgendein anderer der klerikalen Tugendwächter etwas ändern können und dass man schlicht den Tatsachen ins Auge zu blicken habe:

> Usted, y yo el primero, nos hemos equivocado solemnemente. [...] Él y su hija de usted estaban locos de amor, mientras que usted y las tías fundaban castillos en el aire, y me llenaban la cabeza de ilusiones, que han desaparecido como un sueño. (pp. 278 u. 283)

Als Irene daraufhin, wie in einem calderonianischen Ehrendrama, die Familie vor
der Schande eines Skandals bewahren und ihre Tochter töten und als Carlos sich
pathetisch als Lebensretter dazwischen werfen will, wird alle Theatralik durch das
Machtwort Diegos abgeschnitten, das mit einem Schlag den Konflikt auflöst, die
natürliche Wahl der beiden Jungen legitimiert und das Eheversprechen an ihn
selbst aufhebt, auch wenn es ihm schwer fällt, das auszusprechen:

> Aquí no hay escándalos ... Ése es de quien su hija de usted está enamorada ... Separarlos
> y matarlos viene a ser lo mismo ... Carlos ... No importa ... Abraza a tu mujer.
> (Se abrazan [...] y después se arrodillan a los pies de D. Diego). (p. 282)

Mit der Erlaubnis zur Heirat der beiden Beinahe-Ehebrecher wird also zugleich
das traditionelle Ehrendrama der Barockzeit überholt, in dessen Mittelpunkt das
Skandalon der verletzten Ehre stand. Von Skandal spricht hier aber nur noch die
ausgegrenzte Irene, und eben diese Rede wird ihr vom gewandelten Diego verwiesen.

Mit der Mischung aus Ernst und Komik, Rührung und Spott, mit der Sorge um
familiäre Stabilität und mit der Emphatisierung vernünftigen und tugendhaften
Handelns knüpft Moratín sichtbar an das französische *Drame bourgeois* des 18. Jahrhunderts an (Diderot, Sedaine und der späte Beaumarchais). Sein Stück ist freilich
entschieden humorvoller und unterhaltsamer als die der französischen Vorgänger,
deren Tugendpropaganda dem heutigen Leser penetrant, wenn nicht unerträglich
erscheint. Moratín hingegen hält sich zurück und überlässt es der Natur junger
Leute sowie der Einsicht eines Mannes, der trotz seines fortgeschrittenen Alters
lernfähig geblieben ist, dass Fehler korrigiert, Irrtümer berichtigt und Illusionen
kritisch verworfen werden. Erst die Fähigkeit zum Umdenken, zum Wandel, zum
cambio, eröffnet auch die Möglichkeit, die drohende Ehrentragödie abzuwenden,
in der alle Beteiligten den nur allzu bekannten Zwängen unterworfen gewesen
wären. So aber tritt selbstbestimmte Vernunft an die Stelle des blinden Schicksals.
Unterstrichen wird dieser Prozess, der vor allem ein Prozess der Selbstaufklärung
ist, durch die Metaphorik des Lichtes, die, ineins mit der Technik der Zeiteintei-
lung, unaufdringlich ins Spiel gebracht wird: Die Handlung beginnt, wie gesagt,
um sieben Uhr abends, entwickelt sich in der Nacht und endet am frühen Morgen
des nächsten Tages. Und just auf dem Höhepunkt der Selbstaufklärung, als Diego
das entscheidende Gespräch mit Paquita führt, beginnt es hell zu werden. Eine
Regieanweisung weist ausdrücklich auf die Bedeutung der *iluminación* hin – ein
Wort, das just die Doppelbedeutung von ›Beleuchtung‹ und ›Aufklärung‹ hat:
(*Vase iluminando lentamente la escena, suponiendo que viene la luz del día*) (p. 261).

Freilich ist es, wie immer in Spanien, eine Aufklärung mit Vorsicht und Rücksicht: Gewiss geht es gegen eine überlebte Familienpolitik, gegen einen veralteten
Ehrbegriff, gegen Autoritätsmissbrauch, gegen Scheinheiligkeit und Bigotterie,
gegen Klosterschulen und Frauenunterdrückung. Aber es handelt sich nicht um
einen wirklichen Ehebruch, allenfalls um einen zukünftig möglichen; auch wird
weder die Religion, noch der Staat, noch ›echte‹ männliche Autorität in Frage ge-

stellt. Ganz im Gegenteil: auch wenn es in *El sí de las niñas* in erster Linie um Frauenbefreiung geht, so ist diese Emanzipation doch noch immer eine männlich vermittelte. Paquita muss nur wenig Eigenitiative entfalten, um durch Carlos erlöst und durch Diego losgesprochen zu werden. Alles was in Moratíns Komödie erreicht wird, verdankt sich letztlich der Einsicht des vernünftigen Mannes und wird durch IHN durchgesetzt. Am Ende erstickt Diego mit seinem energischen »Basta!« noch den möglichen Skandal. Damit ist Moratín dann doch wieder beim spanientypischen »aquí no pasó nada« angelangt; er hat den Zuschauer freilich auch um Einsichten bereichert, die zukunftsweisend sind.

Literaturhinweise
Ausgabe: Leandro Fernández de Moratín: *La comedia nueva*; *El sí de las niñas*, ed.
John Dowling/René Andioc, Madrid 1968

Weitere Literatur
Spanische Literaturgeschichte, S. 205–212, speziell: S. 210 f.
René Andioc: *Teatro y sociedad en el Madrid del siglo XVIII*, Madrid ²1988
Fernando Doménech: *Leandro Fernández de Moratín*, Madrid 2003
Horst Rien: *Leandro Fernández de Moratín*, Frankfurt a. M. 1982

Übersetzung
(Hans-Jörg Neuschäfer)

Zu S. 92:
> Sticken, nähen, fromme Bücher lesen, die Messe hören, im Garten den Schmetterlingen nachlaufen und Wasser in die Löcher von Ameisenhaufen gießen, das war ihre Beschäftigung und das war ihr Vergnügen ... Was sagst du dazu?

Zu S. 94:
> Und wem soll ich die Schuld daran geben? Ist sie die Schuldige oder ihre Mutter, oder ihre Tanten oder ich? Gegen wen soll sich mein Zorn richten? Denn so sehr ich mich auch dagegen wehre: ich kann ihn nicht mehr unterdrücken ... Die Natur hat sie so liebenswert gemacht in meinen Augen!... Welch schmeichlerische Hoffnungen habe ich mir gemacht! Welches Glück habe ich mir versprochen!... Eifersucht!... Ich? In welchem Alter empfinde ich Eifersucht?... Nein, Scham ist es ...

Zu S. 95:
> Das sind also die Früchte der Erziehung. Das bedeutet also »die gute Ausbildung« einer jungen Frau. Ihr beibringen, wie man die unschuldigsten Regungen mit perfider Verstellung verleugnet und verbirgt. Man hält sie für honett, wenn man sie in der Kunst des Schweigens und der Lüge unterrichtet hat. [...] Alles ist ihnen erlaubt, außer der Aufrichtigkeit. Wenn sie nur nicht sagen, was sie fühlen; wenn sie vorgeben, sie verabscheuten das, was sie am meisten wünschen; wenn sie sich schließlich bereitfinden, auf fremden

Druck hin ein meineidiges und das Sakrament entweihendes »Ja« zu sagen, das schon so viel Skandale verursacht hat – dann, ja dann gelten sie für wohlerzogen. Und das nennt man dann Bildung, wenn man sie zur Angst, zur Verschlagenheit und zur Stummheit von Sklaven abgerichtet hat!

Zu S. 95:
Verehrte Doña Irene, machen Sie mir die Freude, mir einmal zuzuhören, keine Widerrede zu geben und keine Ablenkungsmanöver zu machen. Und wenn Sie dann zur Kenntis genommen haben, was Sache ist, können Sie meinetwegen stöhnen und schreien und alles sagen was sie wollen ... Aber bis dahin wollen Sie meine Leidensfähigkeit bitte nicht auf die Probe stellen, um Himmels Willen!

Zu S. 95:
Sie und nicht zuletzt ich selbst befanden uns in einem fundamentalen Irrtum. [...] Er und ihre Tochter waren schon in Liebe zueinander entbrannt, als Sie und die Tanten noch Luftschlösser bauten und mir Flausen in den Kopf setzten, Flausen, die jetzt, wie ein Traum, zu Schaum geworden sind.

Zu S. 96:
Hier gibt es keinen Skandal! ... Das ist der Mann, den Ihre Tochter wirklich liebt ... Sie zu trennen wäre gleichbedeutend mit sie zu töten ... Carlos ... lass gut sein ... Nimm deine Frau in die Arme.
(Sie umarmen sich [...] und werfen sich anschließend Don Diego zu Füßen.)

Kapitel XII
Mariano José de Larra: *Artículos de costumbres* (1828 ff.)
Die Verzweiflung an der Rückständigkeit Spaniens

Am Ende des 18. und zu Beginn des 19. Jahrhunderts begann auch in Spanien ein neues Medium zu florieren: die Presse. Die Presse bringt einen neuen Typ von Autor hervor: den Journalisten, der, wie es der Name schon sagt, nicht für die Dauer, sondern für den Tag schreibt; nicht im gehobenen Stil, sondern allgemeinverständlich, informativ und womöglich auch unterhaltsam. So forderte es das vorwiegend bürgerliche Publikum, das, bei jetzt immer schneller wechselnden Zeitumständen, auf dem Laufenden gehalten, aber auch zerstreut sein wollte. Das eine Bedürfnis fand seinen Niederschlag in der politischen Tagespresse, das andere in einer Unzahl von – oft kurzlebigen – Wochen- und Monatspublikationen, deren Angebot später zunehmend auch im Unterhaltungsteil, also im Feuilleton, der Tageszeitung Berücksichtigung fand.

In die Sparte des Feuilletonismus gehörte der *Artículo de costumbres*, die humoristische Glossierung nationaler und regionaler Eigentümlichkeiten, Ereignisse und Milieus, die, je nach Temperament des beobachtenden Kommentators, nostalgisch beschworen oder satirisch-bissig aufs Korn genommen wurden. Dabei spielt stets das Bewusstsein mit, dass eine unumkehrbare Zeitenwende begonnen hat, in der Spanien vergebens am Althergebrachten festhält, wo doch ringsum, vor allem aus dem Ausland, die Rufe immer lauter werden, es müsse sich dringend modernisieren, wenn es nicht an seinem Immobilismus ersticken wolle. Während aber der Costumbrist in aller Regel ein klares Bild von der Gegenwart hat, bleibt das Bild von der Zukunft diffus und geht mit eher abstrakten Hoffnungen auf den ›Fortschritt‹ oder größere Freiheitsspielräume einher. Konkret modern ist nur, dass der Costumbrist in aller Regel ein überzeugter Stadtmensch ist.

Zu den Nostalgikern gehört der immer gelassen, fast etwas altväterlich wirkende Ramón de Mesonero Romanos, der gleichwohl viel dazu beigetragen hat, dass sich in Madrid so etwas wie ein Metropolenbewusstsein entwickeln konnte. Zu den Satirikern gehört der wortgewandte, exzentrische und stets unter Strom stehende Mariano José de Larra, den die Rückständigkeit Spaniens enervierte und gegen Ende seines kurzen Lebens schier zur Verzweiflung brachte. Larra fühlte sich eigentlich zu den höheren Formen der Dichtung berufen, ist in seinen dramatischen, epischen und lyrischen Hervorbringungen aber längst vergessen, während er ausgerechnet als Journalist nicht nur den Tag, sondern inzwischen schon fast zwei Jahrhunderte überlebt hat und heute mehr denn je als stilistisches Vorbild für anspruchsvolle Pressearbeit gilt.

Als Beleg dafür braucht man nur die Glossen zu lesen, die, meist von prominenten ›Federn‹ geschrieben, noch immer ihren festen Platz in spanischen Zeitungen haben, in der Regel auf der letzten Seite. In Deutschland hat allein die *Süddeutsche* noch einen angestammten Platz für costumbristische Betrachtungen, und dies sogar auf Seite eins. Ursprünglich war der Costumbrismus nämlich ein durchaus europäisches, zuerst in England und Frankreich aufkommendes Phänomen, aber nirgends hat er so lange nachgewirkt wie in Spanien, wohl deshalb, weil dort der Wandel von einer traditionellen zu einer modernen Mentalität besonders lange brauchte und ausgesprochen schmerzhaft war. Die von Larra initiierte, von Hassliebe geprägte radikale Spanienkritik, die zwar nicht selten bis zur Selbstverleugnung geht, auf Kritik von außen aber auch mit patriotischer Empfindlichkeit reagiert, zieht sich über die Spanienenttäuschung der Generation von 98 (die Larra wiederentdeckte) bis hin zur Spanienphobie eines Juan Goytisolo, der in einem temperamentvollen Essay Larra einen Märtyrer der unausrottbaren spanischen Unterentwickeltheit genannt hat.

Mariano José de Larra wurde 1809 in Madrid geboren. Sein Vater war Militärarzt in Diensten der französischen Besatzungsmacht. Nach dem Unabhängigkeitskrieg musste er, als *afrancesado*, nach Frankreich fliehen. Mariano verlebte seine Kindheit in Bordeaux, Paris und Straßburg. Erst 1818 durfte die Familie nach einer Amnestie wieder nach Spanien zurückkehren. Obwohl Larra selbst nicht zum *afrancesamiento* neigte, auch stets zu Spanien hielt, obwohl er an ihm litt, hat ihn das lange Exil doch auch dazu befähigt, das Land zugleich mit den Augen des Außenstehenden zu betrachten. Ein Jurastudium hat er nie beendet. 1828, mit 19, beginnt seine kurze und stürmische Journalistenkarriere mit der von ihm gegründeten Zeitschrift *El duende satírico del día*, die schon nach fünf Nummern eingestellt wurde. *El duende satírico* war auch sein erstes Pseudonym; später firmierte er als *Pobrecito hablador* und schließlich als *Fígaro* in wechselnden, stets prekären und von der Zensur bedrohten Besitz- und Beschäftigungsverhältnissen in verschiedenen Zeitungen und Zeitschriften. *Fígaro* wurde zu seinem eigentlichen Markenzeichen. Der Name war nicht von ungefähr der Komödie von Beaumarchais entnommen, in der Figaro seine bekannte Invektive gegen die Pressezensur vom Stapel lässt. Larra schrieb etwa 200 journalistische Artikel, darunter auch literatur- und übersetzungskritische.

1829 heiratete Larra – mit 20 Jahren – eine ebenfalls blutjunge Frau, mit der er (und sie mit ihm) nicht glücklich wurde. Einen Reflex davon bietet einer seiner berühmtesten Artikel: *El casarse pronto y mal* (»Die Kunst, früh und schlecht zu heiraten«). Wie bei anderen Artikeln – *El castellano viejo* (»Der Altkastilier«), *Vuelva usted mañana* (»Kommen Sie morgen wieder«) oder *¿Entre qué gente estamos?* (»Unter welchen Leuten leben wir eigentlich?«) – weist schon die Kunst der Titelfindung Larra als Meister seines Fachs aus. Gegen Ende seines Lebens, genauer: nach dem Tod von Fernando VII, wurden die Artikel zusehends politischer. Themen sind beispielsweise der Bürgerkrieg gegen die reaktionären Karlisten (der erste einer langen, bis 1939 reichenden Reihe spanischer Bruderkriege), das Justizwesen, die Korruption, die *desamortización* (Enteignung der Kirchengüter) und immer wieder die Pressefreiheit. Mit beißender Ironie geht er mit all jenen Politikern ins Gericht, die in ihren Sonntagsreden für diese Form der Freiheit eintreten. Wenn alle so dafür seien, heißt es im Artkel *Dios nos asista* (»Gott steh uns bei«), »¿quién diantres impide que la establezcan?« (»wer, verdammt, hindert sie denn daran?«). Allerdings lasse sich mit Geld manchmal sogar Meinungsfreiheit erkaufen: »Por dos mil reales te puedes dar un hartazgo« (»Für 2000 Reales kannst Du Dich mal richtig ausquatschen«).

Tatsächlich suchte Larra auch in der praktischen Politik Fuß zu fassen, scheiterte aber unter anderem mit einer Kandidatur für die Cortes. Auch privat hatte er kein Glück. Eine (für damalige Verhältnisse) skandalöse, offenbar turbulente Beziehung zu der Offiziersgattin Dolores Armijo endete am 13. Februar 1837 in einem von ihr herbeigeführten Bruch. Das scheint – zusammen mit Geldsorgen – bei dem äußerst empfindlichen, sehr von sich eingenommenen und schon seit geraumer Zeit zu Depressionen neigenden Autor das Fass zum Überlaufen gebracht zu haben. Noch am gleichen Tag nahm er sich, 28-jährig, mit einem Pistolenschuss in die Schläfe das Leben. Angeblich soll er dabei vor dem Spiegel gestanden haben; auch wenn das nicht wahr sein sollte, würde es zu ihm gepasst haben. Das Begräbnis war ein Ereignis, das in der Presse zwar weitgehend totgeschwiegen wurde. Die Anteilnahme war trotzdem groß, denn Larra war das, was man heute einen Star nennt, und als solcher durfte er, was damals noch eine Sensation war, mit einer Ausnahmegenehmigung sogar in geweihter Erde beigesetzt werden. Unter den Grabrednern war der junge José Zorrilla, der mit diesem ›Auftritt‹ zum ersten Mal auf sich aufmerksam machte.

Ob Larra der große Demokrat oder gar das Urbild des engagierten Dichters war, wie es später vor allem von der antifranquistischen Opposition behauptet wurde, muss dahingestellt bleiben. Er war ein bürgerlicher Liberaler, der für die Freiheit des Wortes und die Freiheit des Handels eintrat, wobei er mal dem progressistischen, mal dem moderaten Flügel der spanischen Liberalen zuneigte. Ein Frühsozialist war er bestimmt nicht, ja er verachtete das ›gemeine‹ Volk. Alles ›Vulgäre‹ war ihm, wie später Ortega, ein ästhetischer Gräuel: Man lese Larras *El castellano viejo* und Ortegas *La rebelión de las masas*. Beide Autoren traten für die Demokratie ein, der eine für die Verfassung von Cádiz aus dem Jahr 1812, der andere für die der Zweiten Republik von 1931. Aber beide scheuten vor der Macht des *demos* zurück. So war Larras Spanienkritik zwar radikal, blieb aber elitär und im Grunde herablassend. Er betrachtete das Land mit den Augen des Arztes, der – selbst vor ihr gefeit – eine schwere Krankheit diagnostiziert, auf eine Besserung hofft, aber eigentlich nicht mehr daran glaubt. Auf eine Anamnese verzichtete er. Nach historischen Gründen zu fragen ist allerdings auch nicht die Aufgabe des Satirikers, der vordringlich die gegenwärtigen Verhältnisse im Visier haben muss. Deshalb konnte er dem Patienten auch nicht zugutehalten, dass er vor der napoleonischen Invasion und dem verheerenden Unabhängigkeitskrieg sehr wohl zu Reformen fähig schien und dass just im Namen der (nur vorgeschobenen) französischen Revolutionsideale dem fortschrittlichen Spanien die Luft abgeschnitten und dem Rückfall in den reaktionären Absolutismus eines Fernando VII der Weg bereitet wurde.

Was an Larra besticht, ist die Unerschrockenheit, mit der er seine Kritik vorbringt. Das war in der *época ignominiosa*, dem Zensur-Regime Fernandos, nicht ungefährlich, und auch nach 1833 nicht einfach. Was uns bei der Lektüre auch heute noch, in einer schnelllebigen Zeit, unmittelbar anspricht, ist die nervöse Ungeduld, mit der Larra auf Veränderungen drängt, und der verzweifelte Sarkasmus, der ihn angesichts der Zählebigkeit überlieferter Verhaltensmuster befällt. Vor allem aber bezaubert noch immer die Fähigkeit des genialen Satirikers, diesem Sarkasmus pointierten Ausdruck zu verleihen, den Leser, im vertraulichen Ton des ›unter-uns-gesagt‹, in die Schilderung mit einzubeziehen und diese mit sketchartigen Dialogszenen lebendig werden zu lassen.

Einer der meist gelesenen Artikel ist *Vuelva usted mañana*. Hier mag der moderne Leser zunächst über den Umfang von zwölf Druckseiten erstaunt sein, der den in der heutigen Tagespresse, selbst in den Wochenblättern zugestandenen Platz bei weitem übersteigt. Man war zu jener Zeit eben noch nicht so auf kurze und häppchenweise verabreichte Darbietungen festgelegt und konnte sich, bei Abwesenheit anderer Unterhaltungsquellen wie Kino, Fernsehen und Events aller Art, mehr Zeit zur Lektüre nehmen. Trotzdem haben die Artikel Larras Tempo und Rhythmus, im Fall von *Vuelva usted mañana* schon durch die Ausgangskonstellation, bei der vorandrängender Fortschrittsgeist auf die Unabänderlichkeit eingefahrener *costumbres* trifft: Ein Ausländer, ein Franzose in diesem Fall, vom Erzähler sogleich als »Monsieur Sans-délai« (Herr Unverzüglich) eingeführt, kommt in das rückständige, von einer lähmenden *pereza* (Faulheit, Trägheit; die Achtundneunziger werden es *abulia* nennen) heimgesuchte Spanien, um eine Erbschaftsangelegenheit zu regeln und das Geld gleich in ein gewinnbringendes Unternehmen zu investieren. Dafür hat er zwei Wochen – »quince días« – eingeplant. Figaro, der Erzähler, der ihn freundschaftlich berät (er ist ja in *beiden* Ländern zu Hause), kann, weil er die spanische Administration kennt, darüber nur lachen: »Permitidme, monsieur Sans-délai – le dije entre socarrón y formal – permitidme que os convide a comer para el día en que llevéis quince meses de estancia en Madrid« (p. 193). Herr Unverzüglich will es nicht glauben, macht sich voller Tatendrang ans Werk und wird immer wieder ausgebremst und von einer Nicht-Zuständigkeit an die andere, von einer Inkompetenz an die nächste verwiesen. Und alle halten an dem fest, was sie immer gemacht haben. Schnell bei der Hand ist man nur mit dem Verweis auf »mañana«. Es dauert allein schon zwei Wochen, bis man den ersten Sachbearbeiter überhaupt antrifft:

-Vuelva usted mañana – nos respondió la criada – porque el señor no se ha levantado todavía.
-Vuelva usted mañana – nos dijo al siguiente día –, porque el amo acaba de salir.
-Vuelva usted mañana – nos repondió el otro – porque el amo está durmiendo la siesta.
-Vuelva usted mañana – nos respondió el lunes siguiente –, porque hoy a ido a los toros.
-¿Qué día, a qué hora se ve a un español?
Vímosle por fin, y »Vuelva usted mañana« – nos dijo –, porque se me ha olvidado. Vuelva usted mañana, porque no está en limpio.«

A los quince días ya estuvo; pero mi amigo le había pedido una noticia del apellido Díez, y él había entendido Díaz, y la noticia no servía.« (p. 194)

Kurzum: nach sechsmonatigen Bemühungen, die immer groteskere Formen annehmen und sich stellenweise wie eine tragikomische Vorahnung kafkesker Behördenerfahrungen ausnehmen, gibt der Franzose, *lost in administration*, auf, ohne sein Geld investiert zu haben. Der Erzähler fragt sich und den Leser, der sich jetzt allerdings auch selbst in den *pereza*-Verdacht einbezogen sieht, am Schluss, ob sich an dem derzeitigen, nein: an dem gleichsam schon immer währenden Zustand jemals etwas ändern wird, und verschiebt die Antwort – auf *morgen*!

¿Tendrá razón, perezoso lector (si es que has llegado ya a esto que estoy escribiendo), tendrá razón el buen monsieur Sans-délai en hablar mal de nosotros y de nuestra pereza? ¿Será cosa de que vuelva el día de mañana con gusto a visitar nuestros hogares? Dejemos esta cuestión para mañana, porque ya estarás cansado de leer hoy. (p. 201)

Es ist viel darüber diskutiert worden – oft in Form eines müßigen Entweder-Oder –, ob Larra ein Aufklärer oder ein Romantiker war. Er war beides. Aufklärerisch war seine Fixierung auf einen abstrakten Fortschritt, aufklärerisch war auch die Relativierung des ›Eigenen‹ durch den Vergleich mit dem ›Anderen‹ und aufklärerisch war schließlich die offensichtlich an Voltaire geschulte Kunst der Polemik, einschließlich vieler Ausfälle gegen den Klerikalismus. Romantisch hingegen war nicht nur der wachsende Pessimismus Larras, sondern vor allem die Tatsache, dass er sich am Ende selbst zum Gegenstand seiner radikalen Kritik und seiner ungeduldigen Verzweiflung machte. Darin liegt auch der hauptsächliche Unterschied zum gleichsam in sich ruhenden Mesonero Romanos. Bezeichnend ist, dass Larras nagende Selbstzweifel nicht nur moralischer Natur waren. Sie wurden vielmehr auch durch die Sorge um die Wirkung seines Werks genährt, das, wie gesagt, nicht nur aus den *artículos de costumbres* bestand. Er wollte mehr sein als ein bloßer *Entertainer*, er wollte ein großer ›Dichter‹ sein. Und es wurmte ihn sehr, dass man ihn eigentlich nur als Unterhalter schätzte. Einflusslosigkeit war das letzte, das er ertragen konnte.

Dramatisch wird die Selbstkritik, aber auch die Äußerung des beleidigten Stolzes, in Larras letztem Artikel, *La nochebuena de 1836* (»Weihnachtsabend 1836«), Untertitel: *Yo y mi criado. Delirio filosófico* (»Ich und mein Kammerdiener. Ein philosophisches Delirium«). Es ist das tragikomische Selbstportrait eines Neurasthenikers. Der Artikel beginnt moderat, in scheinbar noch gespielter Verzweiflung über die persönliche Unglückszahl 24: »El número 24 me es fatal: si tuviera que probarlo diría que en día 24 nací« (p. 400). Schon am Vortag und in der Nacht deuten alle Anzeichen auf Unglück: Fígaro kann nicht schlafen. Am 23. war schönes Wetter, also *muss* es am 24. regnen. Tatsächlich schneit es am Morgen sogar. Der Blick schweift über die zahlreichen, seit Monaten herumliegenden unvollendeten Arbeiten. Die Laune ist miserabel. Als der Diener um vier zum Essen ruft: kein Appetit. Mag Sancho essen, denn dazu ist er geboren. Plötzlich eine Erleuchtung. Haben die Römer zu dieser Jahreszeit nicht ihre Saturnalien gefeiert, die Rollen zwischen Herren und Sklaven vertauscht und diesen die Lizenz erteilt, jenen die Wahrheit zu sagen? Warum sollte er in seinem Haushalt nicht einmal das Gleiche probieren? »Miré a mi criado y dije para mí: ›esta noche me dirás la verdad‹« (p. 402).

Bis dahin ist aber noch viel Zeit. Fígaro verbringt sie flanierend auf den Straßen von Madrid. Dort sieht er, was wir auch heute noch sehen: Der Geburtstag des Erlösers ist der Anlass für den Massenkonsum, hier für eine kollektive Fressorgie: »El vientre es el encargado de cumplir con las grandes solemnidades« (p. 403). Stundenlang ist Fígaro unterwegs, in melancholische Gedanken vertieft, und versäumt fast die Mitternacht. Sollte der 24. doch noch ohne größeres Ungemach vorübergehen, außer mit schlechter Laune? Aber nein! Da ist ja noch – als er nach Hause kommt – der Diener, der Sklave, der asturianische Untermensch, sternhagelvoll von dem Wein, den er sich aus den Beständen des Herrn genehmigt hat. Vergebens versucht Fígaro, ihn beiseite zu schieben; der Kerl lässt sich nicht abweisen. Und jetzt fängt er auch noch an zu reden! *Jetzt* kommt er mit seinen Wahrheiten und hört, obwohl ihn der Herr immer wieder zum Schweigen zu bringen versucht, nicht auf, bevor er nicht alles losgeworden ist, was er zu sagen hat. Die Rollen sind tatsächlich vertauscht: Der Herr hat den Diener zu ertragen, und was er von ihm zu hören bekommt, ist deshalb so schmerzhaft, weil er Ähnliches in seinem tiefsten Inneren selbst schon geahnt hat. Der Dialog zwischen Herr und Diener kann also auch als eine Art Selbstgespräch mit dem eigenen Gewissen aufgefasst werden, ein Gespräch, in dem das vom Tages-Ich nur schwach Verdrängte in aller Klarheit an die Oberfläche kommt. Andererseits ist die Situation aber auch wieder ganz realistisch: Der Diener ist vom Alkohol enthemmt und verbindet seine Invektiven gegen den vom Ehrgeiz besessenen Herrn mit den Äußerungen des unbefangensten Behagens, wie es nur derjenige zeigen kann, der sich nicht beim täglichen Positionskampf im Rennen um die Publikumsgunst aufreiben und sich auch nicht fragen lassen muss, wen er dabei unblutig um die Ecke oder mit bloßen Worten um seine Ehre gebracht hat. Das sei ja gerade das Heimtückische an den Journalisten, meint der Diener. Sie unterschieden sich von den gewöhnlichen Kriminellen nur dadurch, dass sie keine Blutspuren hinterließen und deshalb auch nicht von der Polizei dingfest gemacht werden könnten.

Den schlimmsten, den treffendsten, den nachhaltigsten und vernichtendsten Angriff aber macht der *criado* zuletzt, kurz bevor er schnarchend in den Schlaf sinkt und den Herrn in heller Verzweiflung und in der Gewissheit zurücklässt, dass dies denn *doch* noch ein richtiger ›Vierundzwanzigster‹ gewesen sei. »Ten lástima ahora del pobre asturiano«, beginnt der Diener vor dem entscheidenden Tiefschlag, in Anspielung auf die gewöhnliche Herablassung des Herrn, und fährt fort: »Tú me mandas, pero no te mandas a ti mismo. Tenme lástima, literato. Yo estoy ebrio de vino, es verdad; pero tú lo estás de deseos y de impotencia« (p. 409). Hier haben wir sie: Fígaros tiefste Befürchtung, so tief, dass er sie sich nicht offen einzugestehen wagt und von einem Betrunkenen, normalerweise Verachteten und Übersehenen, diesmal aber ausnahmsweis Eloquenten formulieren lassen muss: die Furcht vor der Ohnmacht des Intellektuellen, die aber das gleichzeitige Streben nach Allmacht nicht ausschließt. Ein Thema mit Zukunft!

Literaturhinweise

Ausgabe: Mariano José de Larra: *Artículos*, ed. Enrique Rubio, Madrid [21]2005

Weitere Literatur

Spanische Literaturgeschichte, S. 265–277, speziell: S. 269–274

Juan Goytisolo: »La actualidad de Larra«, in: Ders.: *El furgón de cola*, Barcelona 1967

José Luis Varela: *Larra y Espana*, Madrid 1983

Übersetzung

(Hans-Jörg Neuschäfer)

Zu S. 102 f.:

»Kommen Sie morgen wieder«, antwortete uns das Dienstmädchen, »der Herr ist noch nicht aufgestanden.«

»Kommen Sie morgen wieder«, sagte sie uns am nächsten Tag, »der Herr ist gerade ausgegangen.«

»Kommen Sie morgen wieder«, sagte sie uns tagsdrauf, »er hält gerade seine Siesta.«

»Kommen Sie morgen wieder«, sagte sie uns am Montag der nächsten Woche, »heute ist er zum Stierkampf gegangen.«

»An welchem Tag und zu welcher Stunde trifft man eigentlich einen Spanier einmal zu Hause an?«

Schließlich bekamen wir ihn doch zu fassen, und: »Kommen Sie morgen wieder«, sagte er uns, »denn ich hab's vergessen. Kommen Sie morgen wieder, ich hab's noch nicht ins Reine geschrieben.«

Nach 15 Tagen war es endlich so weit; aber mein Freund hatte eine Auskunft über den Namen Díez bestellt, er aber hatte Díaz verstanden, sodass sie nicht zu gebrauchen war.

Zu S. 103:

Ob er wohl Recht hat, müßiggängerischer Leser (vorausgesetzt, du bist beim Lesen überhaupt so weit gekommen), hat also der gute Monsieur Sans-délai recht, wenn er schlecht über uns und über unsere Faulheit redet? Ob er wohl »morgen« noch einmal »wiederkommen« möchte, um uns mit Freude bei uns zu Haus zu besuchen? Aber verschieben wir diese Frage lieber auf morgen, denn für heute hast Du Dich sicher schon müde gelesen.

Kapitel XIII
José de Espronceda: *Canciones* (1835/40)
Politische Lyrik in der spanischen Romantik

Selten war die Persönlichkeit eines romantischen Dichters umstrittener als die von José de Espronceda. Selten auch sind Leben und Werk schwerer voneinander zu trennen gewesen als bei ihm. Der provokante Grundcharakter seiner Dichtung hat zur Legendenbildung bezüglich des Lebens ebenso beigetragen wie der umtriebige Aktionismus des Lebenden zur Politisierung der Dichtkunst. Den konservativen Kritikern galt er als ein romantisch posierendes, verzogenes Kind, *un niño mimado*; den progressiven als Vorkämpfer der spanischen Demokratie. Seit den bahnbrechenden Forschungen von Robert Marrast, in denen die journalistische und die politische Arbeit Esproncedas gleichberechtigt neben die dichterische tritt, kann an der Ernsthaftigkeit von Esproncedas Engagement aber kaum mehr gezweifelt werden.

Er wurde im Schlüsseljahr 1808, dem Beginn des spanischen Unabhängigkeitskrieges, geboren, und zwar – was zum Signum seines Lebens werden sollte – ›unterwegs‹, auf der Reise von Madrid nach Badajoz, wohin die Familie dem nach Extremadura abkommandierten Vater folgte. Erzogen wurde José, der selbst jener *clase acomodada*, d. h. dem begüterten Mittelstand angehörte, die er später bekämpft hat, im renommierten, von Alberto Lista geleiteten Madrider Colegio San Mateo. Schon in jungen Jahren, mit 17, machte er Bekanntschaft mit der Polizei, als angeblicher Freimaurer – in Spanien über 200 Jahre lang ein lebensbedrohender Verdacht. 1827 verließ er das Land, wozu die Abenteuerlust, der Protest gegen das Regime Fernandos VII und der polizeiliche Druck gleichermaßen beigetragen haben mögen. Er lässt keine der Fluchtstationen aus, die für einen spanischen Liberalen typisch waren: Gibraltar, Lissabon, London, Brüssel und Paris, wo er 1830 aktiv an der Julirevolution teilnahm. Er war aber von Louis Philippes Bürgermonarchie genau so enttäuscht wie von der nach-fernandinischen Entwicklung in Spanien selbst.

Am Ende des Regimes von Fernando VII kehrte er, wie viele spanische Exilliberale (von denen er einer der jüngsten war), in die Heimat zurück, als ein schon einschlägig in den Polizeiarchiven vermerkter ›Revolutionär‹. Als solcher galt man schon dann, wenn man für eine echte Demokratisierung eintrat, das heißt nicht nur für Freiheit (die von der jetzt auch in Spanien erstarkenden Bourgeoisie vor allem als Handels- und Bereicherungsfreiheit verstanden wurde), sondern auch für Gleichheit und Brüderlichkeit, wie Espronceda es in seinem berühmten Artikel *Libertad, igualdad, fraternidad* tat (erschienen 1835 in der Zeitung *El Español*). Stattdessen musste er erleben, wie der nur noch auf Geldakkumulation erpichte Egoismus auch in Spanien um sich zu greifen begann und wie bei der *desamortiza-*

ción (Verstaatlichung) der Kirchengüter die soziale Ungleichheit verschärft statt gemildert wurde. 1836 veröffentlichte er im *Español* einen Artikel unter der Überschrift *El gobierno y la bolsa*, in dem er seinem Ekel vor der Vergötterung des Geldes freien Lauf ließ.

Nicht nur in diesem Artikel, sondern auch in seiner Dichtung bringt Espronceda immer wieder Formulierungen ins Spiel, die zeigen, dass er am Beginn des kapitalistischen Zeitalters in ähnlicher Weise schockiert gewesen ist, wie wir es heute, anlässlich seiner womöglich finalen ›Krise‹, von Neuem sind. Die Spekulanten sind für ihn vergleichbar mit Casinospielern und die Fixierung auf die Börsenkurse erscheint ihm wie eine blasphemische Verkehrung christlicher Heilserwartung: »A fe que hay gentes que están esperando el alza de los fondos como los santos padres aguardaban el advenimiento de Nuestro Señor« (zit. nach Marrast, p. 549). Man muss diesen Sarkasmus und diese Empörung im Sinn haben, um verstehen zu können, wie ›anders‹ die Lyrik Esproncedas im Vergleich zur barocken *und* aufklärerischen Tradition ist, in der die soziale Ungleichheit ebenso wenig ein ernsthaftes Thema sein konnte wie die spekulative Vermehrung des Geldes.

Den Rest seines kurzen Lebens widmete Espronceda – als Literat, Journalist und Parlamentarier – mit erstaunlicher Konsequenz seinen Überzeugungen. Dabei scheute er auch vor tagespolitischer Routinearbeit nicht zurück. Als Parlamentarier beschäftigte er sich unter anderem mit der höchst unromantischen Steuergesetzgebung. Als Journalist gehörte er zu den Gründern der kurzlebigen Zeitung *El Siglo*, die nach nur 14 Ausgaben der Zensur zum Opfer fiel. Berühmt wurde – auch dank eines solidarischen Artikels von Larra (»*El Siglo* en blanco«) – die letzte Nummer, die nur aus den Überschriften der verbotenen Artikel und – das war Esproncedas Einfall – aus weißen Flächen bestand. Auch das literarische Œuvre ist eng mit dem Journalismus verbunden. Seine wichtigsten Texte erschienen zuerst in Zeitungen und Zeitschriften und wurden erst später, meist erst nach Jahren, in Buchform veröffentlicht, wo in synchroner Gleichzeitigkeit und als ›Werk‹ versammelt ist, was in Wahrheit stets nur gelegentlich geschrieben wurde. Espronceda starb 1842 in Madrid.

Er hat auch das Genre des epischen Poems gepflegt. Herausragend ist das knapp 6000 Verse umfassende, gleichwohl Fragment gebliebene *El diablo mundo* (1839), das zugleich eine Allegorie der Menschheitsgeschichte und eine fulminante (im Stil bisweilen an Heinrich Heine erinnernde) Zeitsatire ist, das aber wegen seiner Uneinheitlichkeit (und seiner Länge) kaum noch wahrgenommen wird. Ausgenommen vielleicht den zweiten Teil, in dem der Verfasser seiner großen und ›unmöglichen‹ Liebe, Teresa Mancha, aus Anlass ihres Todes ein elegisches Gedenken widmet. Wirklich überdauert hat nur ein Teil seiner Lyrik, und zwar derjenige, der vom Geist eines unbedingten, gleichsam hochromantischen Freiheitsdrangs beseelt ist und dessen Kennzeichen die politisch-moralische Empörung und die grenzenlose Verachtung des bourgeoisen Krämergeistes sind.

Eruptionsartig, in gleichsam stürmischer Metrik und einer ebenso direkten wie konkreten, nicht mehr gewählten, sondern bewusst volkstümlichen Sprache kommen diese Affekte nur in den *Canciones* zum Ausdruck, die erstmals 1840 gemeinsam veröffentlicht wurden, aber schon zwischen 1835 und 1838 einzeln in Zeitungen und Zeitschriften erschienen waren. Die erste von Ihnen, *Canción del pirata*, gehört zu den wenigen Gedichten der spanischen Literatur, die auch heute noch auswendig gekonnt werden.

Canción del pirata

Con diez cañones por banda,
viento en popa, a toda vela,
no corta el mar sino vuela
un velero bergantín:
5   Bajel pirata que llaman
por su bravura el Temido,
en todo el mar conocido
del uno al otro confín.

La luna en el mar rïela,
10   en la loma gime el viento,
y alza en blando movimiento
olas de plata y azul;
y ve el capitán pirata,
cantando alegre en la popa,
15   asia a un lado, al otro Europa,
y allá a su frente Estambul.

»Navega, velero mío,
sin temor,
que ni enemigo navío,
20   ni tormenta, ni bonanza
tu rumbo a torcer alcanza,
ni a sujetar tu valor.

»Veinte presas
hemos hecho
25   a despecho
del Inglés,
y han rendido
sus pendones
cien naciones
30   a mis pies.

»Que es mi barco mi tesoro,
que es mi Dios la libertad,
mi ley la fuerza y el viento,
mi única patria la mar.« (p. 171 ff.)

Das Gedicht beginnt mit zwei Octavillas (Z. 1–16), Strophen von acht Achtsilber-Zeilen, die nach dem Schema abbć deeć reimen, wobei die vierte und achte Zeile jeweils auf der Endsilbe betont werden, die übrigen auf der vorletzten. In der ersten Strophe wird das Piratenschiff ins Bild gesetzt: schnittig, schnell unter dem Wind, mit furchterregender Bewaffnung, gefürchtet auf allen Weltmeeren. In der zweiten Strophe erscheint der Kapitän in Person, vom Mondschein beleuchtet wie das Meer, mit dem er eins ist, den Blick zugleich auf Asien und Europa gerichtet, Istanbul voraus. Er singt, denn er ist frei. Beide Strophen sind voller konkreter Sinnesein-drücke: schnelle Bewegung, Windgeräusche, das Ächzen der Takelage, im Mond-schein glitzernde Wellen, präzise ›Standortbestimmung‹ in den Dardanellen, die Stimme des Kapitäns. Dieser übernimmt ab der nächsten, nur sechszeiligen Stro-phe (Z. 17–22; bestehend aus 5 Achtsilberversen und einem viersilbigen Kurzvers, reimend nach dem Schema abaccb) gleichsam in eigener Person das Kommando im Gedicht, in dem fortan er selbst als ›lyrisches Ich‹ auftritt, das mit seinem Schiff eine Art Zwiesprache hält, als ob es ein Teil seiner selbst wäre. Es folgt (Z. 23–30) eine achtzeilige Strophe, die ausschließlich aus kurzen Viersilbern besteht (Reim-schema wie bei den Eingangsstrophen) und die das Gedicht gleichsam voranpeit-schen: von Sieg zu Sieg.

Es folgt eine Strophe von vier Achtsilberversen, die nicht untereinander reimen (aber durch die Abwechslung von ›männlichen‹ und ›weiblichen‹ Versenden den-noch rhythmisiert werden) und die sich bis ans Ende des Gedichts noch viermal als eine Art Refrain wiederholen werden, dem jeweils wieder eine sechszeilige Strophe von Lang- und Kurzversen (wie bei Z. 17 ff.) und eine achtzeilige Kurzsilber-Strophe (wie bei 23 ff.) vorangehen. Insgesamt besteht das Gedicht nach der Einleitung aus fünf sich wiederholenden rhythmischen Sequenzen und 106 Zeilen. Wie man sieht, ist es von einem rasanten und mitreißenden Rhythmuswechsel ebenso gekennzeich-net wie von einer reichen prosodischen Vielfalt, was es schon vom Klang her gleich-sam unwiderstehlich macht. Dazu kommt, dass es beim Hörer oder Leser keinerlei ›höhere‹ Bildung voraussetzt, um es entschlüsseln zu können; keine schwierige Metaphorik, keine abstrakten Gedanken; es ist im wahrsten Sinne des Wortes ›all-gemeinverständlich‹ und damit, im Sinne Esproncedas, tatsächlich ›demokratisch‹.

Die lang anhaltende Wirkung des Textes lässt sich allerdings nicht allein durch seine variantenreiche Form erklären und auch nicht ausschließlich auf die leiden-schaftliche »intención cívico-moral« (Guillermo Carnero) zurückführen. Sie ver-dankt sich vielmehr auch und vor allem dem Einfall, das lyische Ich mit dem des Piraten, also des romantischen Outsiders und Normenbrechers *par excellence*, gleichzusetzen und damit dem Freiheitspathos überhaupt erst eine greifbare Iden-tität zu geben: *Mein* Schatz ist das Schiff (und nicht das zusammengeraffte Geld); *mein* Gott ist die Freiheit (und nicht der Gott der Bibel); *mein* Gesetz ist der Wind (und nicht das bürgerliche Recht); *mein* Vaterland das Meer (und nicht der Natio-nalstaat), heißt es im ›Refrain‹. Hinzukommt noch die geradezu unverschämte Selbstsicherheit, mit der sich der Pirat über alle Normen und sogar über die Todes-strafe hinwegsetzt, die an deren Übertretung geknüpft ist – das Gegenteil von Jam-mern und Larmoyanz:

»¡Sentenciado estoy a muerte!
Yo me río;
no me abandone la suerte,
y al mismo que me condena
colgaré de alguna entena
quizá en su propio navío.

»Y si caigo,
¿qué es la vida?
Por perdida ya la di,
cuando el yugo
del esclavo,
como un bravo,
sacudí.« (v. 71–84)

Der Pirat ist die lebendige Verkörperung romantischer Empörung aus enttäuschtem
Idealismus; er ist vor allem die Verkörperung der Freiheitsidee, nicht nur der politischen, sondern auch der persönlichen und existentiellen Freiheit. Er ist sogar frei von
Todesangst: sein »¿qué es la vida?« hat nichts mit calderonianischer Resignation, aber
viel mit unerschütterlichem Lebensmut zu tun. Er ist außerdem frei von Gewinnsucht und sorgt in seinem Umkreis für Gleichheit (»yo divido/ lo cogido/ por igual,
v. 60–62). Und er ist frei von staatlicher Überwachung und Grenzkontrolle, auf dem
grenzenlosen Meer, mit dessen Urgewalten er in vollständiger Übereinstimmung
lebt, geborgen wie im Schoß der Mutter Natur: »Y del trueno/ al son violento,/ y del
viento/ al rebramar/ yo me duermo/ sosegado/ arrullado/ por el mar« (v. 95–102).
Am Ende des Gedichts haben die kurzen Halbverse nicht mehr die Funktion der
Temposteigerung wie zu Beginn; hier ahmen sie vielmehr den einlullenden Rhythmus einer *nana* nach, mit der die Mutter das Kind in den Schlaf wiegt.

Esproncedas unerschrockener Capitán Pirata ist eine einzige Herausforderung des
bürgerlichen Kleingeistes, aber auch der Borniertheit der Potentaten (»allá muevan
feroz guerra/ ciegos reyes/ por una palmo más de tierra:/ que yo tengo aquí por mío/
cuanto abarca el mar bravío/ a quien nadie impuso leyes«, v. 35–40). Gleichzeitig
stellt dieses Gedicht eine geradezu klassische Wunscherfüllung im Freud'schen Sinne
dar, eine traumartige Entschädigung für vorenthaltenes Glück. Und gerade weil es
den Wunschphantasien in juveniler Rückhaltlosigkeit freien Lauf lässt, hat es seinen
Charme bewahrt. Ganz abgesehen davon, dass sein anarchisches, durch nichts einge-
schränktes Freiheitsgefühl der spanischen Mentalität weit entgegenkommt. In der
scheinbar ungebrochenen Selbstsicherheit dieses spanischen Piraten liegt auch der
entscheidende Unterschied zu anderen Seeräubergedichten der europäischen Romantik: Lord Byrons Versepos *The corsair*, Alfred de Vignys *La frégate* »La Sérieuse«
ou la plainte du capitaine und Victor Hugos *Chanson de pirates* aus den *Orientales*.

Auch die anderen Texte des Zyklus stellen jeweils eine Verkörperung des Außen-
seitertums und der gegenbürgerlichen Revolte in ihren Mittelpunkt, wie es schon
durch die Titel signalisiert wird: *El reo de muerte* (»Der zum Tod verurteilte«), *El*

verdugo (»Der Henker) und *El mendigo* (»Der Bettler«). Es fehlt ihnen aber der optimistische und lebensbejahende Grundton der *Canción del pirata*. Vielmehr herrschen in ihnen Sarkasmus, ja Verzweiflung vor. Im *Canto del cosaco* schlägt dieser Pessimismus sogar in Phantasien der Selbstzerstörung um. *El mendigo* kommt der *Canción del pirata* noch am nächsten, einschließlich der variationsreichen Rhythmik seiner Darbietung. Auch hier identifiziert sich das lyrische Ich mit dem Außenseiter und trumpft mit einem herausfordernden Selbstbewusstsein auf. Aber an die Stelle vitalen Lebensmutes tritt hier der blanke Zynismus.

Das unterscheidet das Gedicht auch von der traditionellen Bettlerliteratur, die in Spanien besonders reich ist: In der *novela picaresca* unterläuft der Bettler zwar die bestehende Ordnung, aber er stellt sie nicht in Frage, ja er arrangiert sich, wenn nötig, sogar mit ihr. Lazarillo macht es am Ende vor, wenn er, in Erwartung eines geregelten Einkommens, sogar noch die Hahnreischaft als *honra* akzeptiert. – Im *Costumbrismo* des 19. Jahrhunderts wird die Figur des Bettlers oft nur als pittoreske Beimischung zur Erzeugung von *couleur locale* benutzt, die soziale Problematik also verharmlost. Der Bettler Esproncedas hingegen verachtet die bürgerliche Gesellschaft und beutet ganz bewusst deren schlechtes Gewissen aus. Zynisch stellt er sich selbst als Parasiten, ja als Satire auf den Luxus dar und ist stolz darauf, die Selbstzufriedenheit der Besitzenden nachhaltig und durchaus bedrohlich stören zu können. Dieser Bettler ist kein *pordiosero* mehr; er ist auf dem Sprung zum Proletarier, der seine Rechte einfordert:

> »Mío es el mundo: como el aire libre,
> otros trabajan porque coma yo;
> todos se ablandan si doliente pido
> una limosna por amor de Dios.
> [...]
> Mal revuelto y andrajoso
> entre harapos
> del lujo sátira soy,
> y con mi aspecto asqueroso
> me vengo del poderoso,
> y a donde va tras él voy.
>
> Y a la hermosa
> que respira
> cien perfumes,
> gala, amor,
> la persigo
> hasta que mira,
> y me gozo
> cuando aspira
> mi punzante
> mal olor. (p. 179 ff., vv. 1–4 und 69 ff.)

Die Verachtung der ›guten Gesellschaft‹ steigert sich im – dichterisch zwar schwächeren, zugleich aber besonders provokativen – *Canto del cosaco* bis zum selbstzerstörerischen Hass auf das, was man heute die ›westliche Dekadenz‹ nennt, eine Dekadenz, die hauptsächlich der Raffgier geschuldet sei. Tatsächlich identifiziert sich das lyrische Ich in diesem spätesten Text der Serie nicht mehr mit einem Außenseiter der eigenen Gesellschaft. Es wird das Problem jetzt vielmehr gleichsam ›globalisiert‹ und von außen betrachtet, wenn sich der Sprecher zum ›Kosaken‹ macht, der seine Stammesbrüder gleichsam zum ›heiligen Krieg‹ gegen eine ›verdorbene‹ Zivilisation aufruft. In diesem Gedicht beschränkt sich Esproncedas Hass auf die Geldakkumulation also nicht mehr auf Spanien, sondern weitet sich auf ganz Europa aus: Nicht weniger als der ›Untergang des Abendlandes‹ durch einen Barbareneinfall wird hier geradezu fieberhaft herbeiphantasiert, was dem Gedicht eine gespenstische und bedrohliche Aktualität verleiht und zugleich zeigt, dass Espronceda alles andere als nur ein ›harmloser Romantiker‹ war:

> »¡Hurra, cosacos del desierto! ¡Hurra!
> La Europa os brinda espléndido botín:
> Sangrienta charca sus campiñas sean,
> de los grajos su ejército festín.
> [...]
> Nuestros sean su oro y sus placeres,
> gocemos de ese campo y ese sol;
> son sus soldados menos que mujeres.
> Sus reyes viles mercaderes son.
> Vedlos huir para esconder su oro,
> Vedlos cobardes lágrimas verter ...
> ¡Hurra! Volad, sus cuerpos, su tesoro
> huellen nuestros caballos con sus pies. (p. 175 f., vv. 1–4 und 14 ff.)

Literaturhinweise
Ausgabe: José de Espronceda: *El diablo mundo. El pelayo. Poesías*, ed. Domingo Ynduráin, Madrid 1992

Weitere Literatur
Spanische Literaturgeschichte, S. 258–261
Joaquín Casalduero: *Espronceda*, Madrid 1961
Guillermo Carnero: *Espronceda*, Madrid 1974
Robert Marrast: *José de Espronceda et son temps. Littérature, société, politique au temps du romantisme*, Paris 1974

Prosaübersetzung
(Hans-Jörg Neuschäfer)

Zu S. 108:

Piratenlied

Mit zehn Kanonen auf jeder Seite,
Wind von achtern, vollen Segeln,
durchschneidet, nein: fliegt über das Meer
ein Zweimaster:
5   Ein Piratenschiff, genannt
der Gefürchtete, wegen seiner Kühnheit;
und auf allen Meeren bekannt
von einem Ende der Welt bis zum anderen.

Der Mond glitzert auf dem Meer,
10   im Segeltuch stöhnt der Wind
und hebt in sanfter Bewegung
Wellen aus Silber und Blau.
Und es erblickt der Piratenkapitän,
auf dem Achterdeck fröhlich singend,
15   Asien auf der einen Seite, Europa auf der anderen,
und ihm gegenüber Istanbul.

»Segle, mein Boot,
ohne Furcht,
denn kein feindliches Schiff,
20   kein Sturm und keine Flaute
wird dich dazu bringen, vom Kurs abzuweichen
oder deinen Mut zu zähmen.

Zwanzig Prisen
haben wir aufgebracht,
25   dem Engländer
zum Trotz,
und hundert Nationen
haben ihre Fahnen
mir zu Füßen
30   gelegt.

Denn mein Schiff ist mein Goldschatz,
die Freiheit mein Gott,
des Windes Gewalt mein Gesetz
und das Meer mein einziges Vaterland.«

Zu S. 110:

»Zum Tode bin ich verurteilt!
Ich lache darüber!
Wenn das Glück mich nicht verlässt,
werde ich genau den, der mich verurteilt,
aufknüpfen an einer der Rahen
seines eigenen Schiffs.

Und wenn ich falle:
Was ist das Leben?
Ich gab es schon für verloren,
als ich das Joch
des Sklaven,
tapfer
von mir abschüttelte.«

Zu S. 111:

»Mir gehört die Welt, wie die Luft zum Atmen,
andere arbeiten, damit ich essen kann;
alle werden weich, wenn ich mit leidender Stimme
um ein Almosen bitte, um Gottes Willen.
[...]
Unordentlich und verdreckt
bin ich zwischen Lumpen
eine Satire auf den Luxus,
und mit meinem unappetitlichen Aussehen
räche ich mich an dem Mächtigen,
und wohin er geht, folge ich ihm.

Und die Schöne,
die hundert Düfte,
Eleganz und Liebe
verströmt,
verfolge ich
bis sie auf mich aufmerksam wird,
und ich genieße es,
wenn sie
meinen aufdringlichen
Gestank einatmet.«

Zu S. 112:

»Hurra, Kosaken der Steppe, hurra!
Europa bietet euch reiche Beute:

Blutige Tümpel mögen seine Felder werden,
sein Heer ein Festschmaus für die Krähen.
[...]
Nehmt euch sein Gold und seine Genüsse,
erfreut euch an seinen sonnigen Landschaften.
Seine Soldaten sind weniger als Weiber,
seine Könige sind würdelose Schacherer.
Seht, wie sie flüchten, um ihr Gold zu verstecken,
seht, wie sie feige Tränen vergießen ...
Hurra! Kommt schnell und zertrampelt
ihre Körper und ihre Schätze unter den Hufen eurer Pferde.«

Kapitel XIV
José Zorrilla: *Don Juan Tenorio* (1844)
Der gezähmte Burlador

José Zorrilla wurde 1817 in Valladolid geboren. Der Vater war Beamter in der königlichen Administration und Anhänger des absolutistischen Regimes von Fernando VII. Der Sohn war gewiss liberaler, aber auch politisch weniger interessiert
und in Glaubensfragen eher konservativ. Mit 20 machte er sich einen Namen, als er
am Grab Larras eine Trauerode verlas. Noch im gleichen Jahr 1837 veröffentlichte
er seine noch heute populäre Romanze *Corriendo van por la vega*. Überhaupt war
er als Lyriker in jungen Jahren nicht weniger produktiv denn als Dramatiker. Er
war erst 27, als er mit *Don Juan Tenorio* das Stück auf die Bühne brachte, das ihn
unsterblich machen sollte. Mit 22 heiratete er eine 38-jährige Witwe, die ihn fortan
derart mit ihrer Eifersucht verfolgte, dass er sich zuerst nach Frankreich und später
(1854–66) für zwölf Jahre sogar nach Mexiko absetzte, wo er allerdings kaum
durch literarische Aktivitäten auffiel und sich hauptsächlich dank der Unterstützung durch den unglückseligen Kaiser Maximilian über Wasser hielt. Man hat es
hier mit einem kuriosen Ausnahmefall zu tun: Nicht die politische Verfolgung, wie
bei so vielen anderen spanischen Intellektuellen, sondern die eheliche trieb Zorrilla ins Exil. Das entbehrt nicht der Komik, weil doch gerade er die Figur des Don
Juan mit allen Kennzeichen des diabolischen Draufgängers ausgestattet hat. Nach
seiner Rückkehr und dem Tod seiner ersten Frau heiratete er 1869 zum zweiten
Mal, diesmal mit umgekehrten Vorzeichen: *Sie* war mit 20 nur wenig älter als die
Doña Inés seines Dramas, *er* aber war bereits 52.

Als junges Genie hatte Zorrilla das Land auf dem Höhepunkt seines Ruhmes
verlassen. Über seine Jahre gealtert kehrte er zurück. Danach begann, mit Jean-
Louis Picoche zu reden, »una larga agonía«, nicht so sehr in physischer als vielmehr
in existentieller Hinsicht. Er litt an seiner nachlassenden Produktivität, an materiellen Sorgen und daran, dass er, der einst wegen seiner Vielseitigkeit gerühmte,
schon zu Lebzeiten nur noch als Autor *unius libelli* anerkannt und zu einer kultu-
rellen Institution geworden war: dank der ritualisierten, alljährlich sich wiederholenden Aufführung des *Tenorio* am Allerseelentag, an dem das Stück bis ans Ende
des 20. Jahrhunderts als quasi offizielles Memento mori fungierte. Zorrilla starb
1893 an einem Gehirntumor in Madrid.

Don Juan Tenorio ist ein Versdrama; es wurde 1844 am Madrider Teatro de la Cruz
uraufgeführt. Zorrilla behauptet, das Stück in der Rekordzeit von nur zwanzig Tagen geschrieben zu haben, was angesichts des Termindrucks, unter dem er bei der
Arbeit stand, angesichts der Bedeutung, die Tempo und Zeitnot auch in der Handlung selbst spielen, und angesichts unübersehbarer Flüchtigkeitsfehler durchaus
glaubhaft ist. Als wichtigste Quelle, zugleich als zu überbietendes ›Gegenstück‹,

diente ihm die Urfassung des Don Juan-Mythos, Tirso de Molinas *El burlador de Sevilla* aus dem ersten Drittel des 17. Jahrhunderts. Zorrillas Stück spielt denn auch – als historisches Drama – in der gleichen Zeit wie der *Burlador*: Mitte des 16. Jahrhunderts. Es ist kein Dreiakter mehr, sondern besteht aus zwei Teilen mit vier und drei, insgesamt also sieben Akten. Zwischen dem ersten und dem zweiten Teil klafft in der Handlungszeit eine Lücke von fünf Jahren. Das Stück hält sich weder an die Einheit des Ortes noch an die der Zeit. Andererseits spielt jeder der beiden Teile für sich aber in einer einzigen Nacht beziehungsweise an einem einzigen Tag, wobei jeweils ein Zeitlimit, das eine wahrhaftige *deadline* ist, für dramatische Spannung sorgt.

Die schon von Tirso verwendeten Grundelemente des Don Juan-Mythos werden von Zorrilla respektiert: die Unwiderstehlichkeit und Rücksichtslosigkeit des Verführers; seine Unerschrockenheit; seine Unbekümmertheit um Normen und Tabus; seine Gottvergessenheit; schließlich, kurz vor seinem Tod, die Geistererscheinung des von ihm selbst zum Nachtmahl geladenen Steinernen Gastes. Aber die Handlung wird bei Zorrilla von vornherein stark gerafft und zu einem ›Endspiel‹ zugespitzt.

Zunächst treffen sich (Akt I des ersten Teils) Don Juan und sein Freund und Rivale Don Luis, der bei Tirso nicht vorkommt, in einem Sevillaner Gasthaus. Die beiden hatten vor Jahresfrist gewettet, wer von ihnen in zwölf Monaten mehr Missetaten begehen würde. Jetzt finden sie sich ein, um abzurechnen. Dabei geht es zunächst darum, mit provozierender Selbstüberhöhung zu behaupten, man habe vor nichts und niemandem, nicht einmal vor dem Heiligen Respekt gehabt, jeden Gegner getötet, der vor den Degen kam und jede Frau entehrt, derer man habhaft werden konnte:

> Por donde quiera que fui
> la razón atropellé,
> la virtud escarnecí,
> a la justicia burlé,
> y a las mujeres vendí.
> Yo a las cabañas bajé,
> yo a los palacios subí,
> yo los claustros escalé,
> y en todas partes dejé
> memoria amarga de mí.
> Ni reconocí sagrado,
> ni hubo ocasión ni lugar
> por mi audacia respetado. (v. 501 ff.)

Darüber hinaus gibt es aber noch eine penibel geführte Buchhaltung, dank derer objektiv bilanziert werden kann, dass Juan ›besser‹ abgeschnitten hat als Luis. Dieser hat ›nur‹ 23 Duellgegner getötet und 56 Frauen verführt; Tenorio dagegen 32 respektive 72. Überlegen war er vor allem wegen der Schnelligkeit und Skrupellosigkeit, mit der er Frauen erobert, gleich wieder vergisst und durch andere ersetzt: »Uno [día] para enamorarlas,/ otro para conseguirlas,/ otro para abandonarlas/ y una hora para olvidarlas« (v. 686 ff.).

Diese Passage, die, wie viele anderen des *Tenorio*, zum spanischen Zitatenschatz gehört, zeigt, dass Don Juan die Frauen genau so zynisch ›erledigt‹ wie die Duellgegner und dass sie für ihn wie jene nur ein Mittel zum Zweck des Prestigegewinns sind, keineswegs aber Wesen, die um ihrer selbst willen begehrt, geschweige denn geliebt werden. Auch spielen sie als Individuen überhaupt keine Rolle; es kommt vielmehr darauf an, sie massenhaft zur Strecke zu bringen – je zahlreicher, desto auszeichnender für die ›Einzigartigkeit‹ Don Juans. Nur eines fehle in der Liste der Übeltaten noch, meint der geschlagene Luis: Es sei Juan nicht gelungen, eine Novizin zu entführen. Dieser nimmt den Einwand sogleich als neue Herausforderung an und wettet, er werde die Aufgabe in einer einzigen Nacht lösen, indem er Doña Inés aus dem Kloster entführe und, gleichsam im Vorbeigehen, auch noch Doña Ana, die Verlobte von Don Luis, ›mitnähme‹. Diese zweite Wette ist es, die man als Endspiel bezeichnen kann, denn diesmal ist der Einsatz das Leben. Überhaupt geht es in Zorrillas *Tenorio* in viel stärkerem Maße als in allen anderen Don Juan-Versionen um den Nervenkitzel bei hochriskanten Wetteinsätzen, und dies nicht nur im weltlichen ersten, sondern auch im geistlichen zweiten Teil des Dramas.

Die Abrechnung der alten und die Verabredung der neuen Wette findet zudem in aller Öffentlichkeit, vor gespannten Zuhörern und Zeugen, fast wie auf einer Bühne statt, auf der Don Juan der ›Star‹ ist, wie überhaupt Zorrillas Don-Juan-Version die mit den trefflichsten *Show*-Effekten ist. Auch die Väter von Juan (Don Diego) und von Inés (der Comendador Don Gonzalo) sind zugegen und bringen die Empörung und den Abscheu der älteren, noch fraglos normentreuen Generation zum Ausdruck, während die Anwesenden aus der jüngeren Generation nicht verhehlen, dass sie von dem arroganten Siegertyp beeindruckt sind.

Don Juan steht jetzt unter großem Zeitdruck, weshalb im zweiten und dritten Akt des ersten Teils seine Ankündigung *presto presto* in die Tat umgesetzt wird. Beide Angelegenheiten werden gleichzeitig betrieben und nebenbei noch widrige Umstände überwunden, wobei Don Juan die Reaktionsschnelligkeit eines Tellerjongleurs unter Beweis stellen muss, der aufzupassen hat, dass kein Requisit herunterfällt. Jedenfalls werden beide Bewacher (Don Luis im Fall seiner Verlobten Ana und Don Gonzalo im Fall seiner Tochter Inés) ausgespielt, trotz der rigorosen Vorsichtsnahmen, die sie ergriffen haben. Dies aber nicht nur dank dem reichlich spendierten Bestechungsgeld und dem Einsatz der Kupplerin Brígida, einer neuen Trotaconventos (s. o. Kap. II). Es ist – und darin liegt die glorreiche Ambivalenz des Dramas, zumindest in seinem ersten Teil – vielmehr auch die unterdrückte Sexualität (»el deseo mal dormido«, v. 1300) der Frauen selbst, die der Kühnheit Don Juans überhaupt erst jene erotische Faszination verschafft, der die unerfahrenen, von ihren Vätern absichtlich ›dem Leben‹ vorenthaltenen Töchter erliegen. Doña Inés vor allem, die im Kloster förmlich eingesperrt war und wie ein Schatz gehütet wurde, wartet, von Brígidas Suada und einem Brief Juans entsprechend vorbereitet, auf Don Juan wie auf einen Erlöser, den sie ängstlich herbeisehnt: »No sé qué fascinación/ en mis sentidos ejerce/ que siempre hacia él se me tuerce/ la mente y el corazón« (v. 1624 ff.).

Kein Zweifel: Don Juan wird in diesem Handlungsteil nicht nur verteufelt (unter reichlicher Verwendung entsprechender Benennungen und Vergleiche), er tritt zugleich auch als Retter auf, der Inés von einem Frauenschicksal befreit, das im Text mehrfach als unzumutbar hingestellt wird. Entsprechend schwankt auch der Zuschauer zwischen Empörung und Bewunderung.

Der vierte und letzte Akt des ersten Teils spielt in Don Juans Landhaus, das *extra muros* am Guadalquivir liegt. Hier, inmitten einer idyllischen und freien Natur, kann sich Inés nach der Entführung von der erstickenden Enge des Klosters erholen:

> Olvida de tu convento
> la triste cárcel sombría.
> ¡Ah! ¿No es cierto, angel de amor,
> que en esta apartada orilla
> mas pura la luna brilla
> y se respira mejor? (v. 2168 ff.)

So beginnt die meist zitierte, aber auch die meist parodierte Liebesszene der spanischen Dramengeschichte. Nicht nur erliegt hier Inés endgültig dem Charme und – wie man deutlich sieht – auch dem Sexappeal des Verführers: »Tu presencia me enajena,/ tus palabras me alucinan/ y tus ojos me fascinan/ y tu aliento me envenena« (v. 2252 ff.). Tenorio selbst verliebt sich vielmehr – anders als bei Tirso – zum ersten Mal wirklich, ja es wandelt sich sein ganzes Wesen (»¡Alma mía! esa palabra [amor]/ cambia de modo mi ser«, v. 2260 f.) unter dem Einfluss *ihrer* Zuneigung, die dem Verruchten nun als Gottesgeschenk erscheint. Schon an dieser Stelle beginnt im Grunde der zweite Teil des Dramas, an dessen Ende Don Juans Erlösung durch Inés steht.

Der einst so Hochfahrende ist sogar bereit, schon jetzt ›vernünftig‹ zu werden und sich vor Inés' Vater zu demütigen. Diese Absicht ist aber zum Scheitern verurteilt, weil sie von Don Gonzalo als Feigheit ausgelegt und zurückgewiesen wird. Das kann Don Juan natürlich nicht auf sich sitzen lassen. Es kommt zum unvermeidlichen Duell, dem der Comendador Don Gonzalo, *en passant* auch der racheschnaubende Don Luis zum Opfer fallen. Kaum ist der Versuch gescheitert, den überlieferten Ehrenstandpunkt zu überwinden und durch ein zivilisiertes Verhalten zu ersetzen, kehrt dem Tenorio der alte Hochmut zurück: er habe alles getan, um ein anderer zu werden. Wenn der Himmel ihm nicht beistehen wolle, dann umso schlimmer – für den Himmel.

Auch im zweiten Teil des Dramas geht es um eine Wette, bei der noch viel mehr auf dem Spiel steht als im ersten: nicht mehr das irdisch begrenzte Leben, sondern gleich das Seelenheil für die ganze Ewigkeit. Zwar stand auch schon bei Tirso das Motiv des *memento mori* im Vordergrund, und zwar von Anfang an: Immer wieder wird Don Juan dort ermahnt, ans Ende zu denken, und immer wieder wird der

Gedanke von ihm verdrängt: »tan largo me lo fiais« – so lange, bis es zur Reue zu spät ist. Das ist im Prinzip auch noch bei Zorrilla so. Dort aber wird die Frage, ob Don Juan es noch ›schafft‹ bevor es ›zu spät‹ ist, neu gestellt.

Von Anfang an steht der zweite Teil im Zeichen des Todes: Don Juan, der nach Jahren der Verbannung heimkehrt, gerät unversehens in eine imposante, gleichsam idealromantische Friedhofslandschaft, in der den früheren Widersachern, aber auch der geliebten Inés, prächtige Grabmonumente gesetzt wurden. Don Diego, der Vater Juans, hat dafür eigens dessen ganzes Erbe verbaut. Angesichts des gigantischen Pantheons meldet sich bei Juan noch einmal der alte Zynismus: »No os podéis quejar de mí,/ vosotros a quien maté;/ si buena vida os quité,/ buena sepultura os di« (v. 2900 ff.).

Aber bald vergeht Juan die Lust zum Spotten. Er, der im ersten Teil als der Empiriker, ja der Agnostiker, noch schlimmer: als der teuflische Gegenspieler der göttlichen Weltordnung erschien und auch im zweiten Teil noch lange leugnet, dass es ein Jenseits gibt, wird von nun an laufend mit Erscheinungen konfrontiert, die nicht von dieser Welt sind. Zuerst materialisiert sich das Bild der vor Gram verstorbenen Inés und verkündet, sie habe Gott die eigene Seele in der Gewissheit verpfändet, die seine, Juans, retten zu können. Hier sieht man nicht nur, wie ›gewinnbringend‹ sich Don Juans am Ende des ersten Teils erbrachter Gütebeweis auf der Habenseite seines Jenseitskontos schon niedergeschlagen hat; es ist auch zu ermessen, welch unglaubliches Risiko Inés eingeht. Würde sie scheitern, wäre nicht nur Don Juan, sondern auch sie selbst verloren. Indem sie gleichsam gegen den Allmächtigen wettet, überbietet sie nicht nur Don Juans Tollkühnheit, sondern überschreitet eigentlich auch die Grenzen christlicher Orthodoxie. Ob sich Zorrilla dieser Konsequenz ganz bewusst war, darf man bezweifeln, und auch für die langanhaltende Rezeption des Dramas scheint sie nicht wirklich ins Gewicht gefallen zu sein.

Wie es der Mythos vorschreibt, erscheint schließlich auch das Standbild Don Gonzalos, wobei es zum Entsetzen der schon geladenen Gäste alle physikalischen Gesetze außer Kraft setzt. Nur Don Juan hält stand, wenn auch unter immer stärker werdenden Zweifeln, und lädt den Komtur zu sich an den Tisch. Zum wiederholten Mal spricht der Steinerne Gast von der Eitelkeit des Lebens und kündigt zugleich Juans baldigen Tod an. Als dieser dann tatsächlich von einem Degenstich auf den Tod verletzt wird, geht bei dem bisher so Verstockten – anders als bei Tirso – endlich das Licht des Glaubens an. Das geschieht buchstäblich in allerletzter Sekunde (wieder das *deadline*-Motiv, jetzt freilich in ultimativer Steigerung), just beim Übergang vom Leben zum Tod, aber eben gerade noch rechtzeitig genug, dass es zum *perfecto acto de contrición*, zur Reue im Angesicht des Todes reicht. Jetzt befindet sich Zorrilla wieder auf dem rechten Gleis des Glaubens, und so kann das Stück im Gegensatz zur Tirso-Version in ein religiöses Happy End münden: Don Juan und die Gottesgnadenvermittlerin Inés sind endlich vereint – im Jenseits, versteht sich.

Auch wenn das Stück im zweiten Teil viel von seinem mitreißenden Schwung, auch von seiner Doppelbödigkeit einbüßt und man es heute am liebsten auf den ersten Teil reduziert sähe, muss man sich darüber im Klaren sein, dass seine historische Wirkung gerade aus dem Zusammenhang der beiden Teile resultiert. Dieser Zusammenhang konstituiert auch einen weiteren Unterschied zu Tirsos *Burlador*. Dessen Version endete mit der Höllenfahrt Don Juans, verwies also auf einen unerbittlichen Gott. Bei Zorrilla hingegen drückt der barmherzige Gott beide Augen zu, ja er lässt sogar mit sich handeln. Gegen die Bürgschaft der tugendfesten Inés gewährt er dem zweifelhaften ›Kunden‹ gleichsam den himmelstüröffnenden Kredit, mit dem dieser sein Sünden- oder besser: sein ›Schuldkonto‹ ausgleichen kann. In Zorrillas Version wird die Gottesfurcht also gemindert und letztlich dem bürgerlichen Wertesystem angepasst, in dem vorzugsweise in den Kategorien von ›Soll‹ und ›Haben‹ gedacht wird.

Andererseits wird im *Tenorio* aber auch vom Verhältnis der Geschlechter gehandelt. Wenn jemals die Ansicht illustriert wurde, der Mann müsse sich die Hörner abgestoßen haben, bevor er von der ›Richtigen‹ gezähmt wird, dann im Drama Zorrillas. In der Tat wandelt sich Don Juan vom alten und selbstbezogenen zum neuen, der Liebe fähigen Menschen, vom Macho zum Softy, wie man heute sagen würde. Auch das ist ein Unterschied zum *Burlador*, wo sich Don Juan stets gleich blieb.

Das Frauenbild hingegen bleibt traditionell. Die Frau ist entweder das Opfer der Prestigesucht des alten Don Juan oder der Garant für die Rettung des neuen. Als die großen weiblichen Tugenden erscheinen Geduld, Verzeihen und Verzicht – dies alles im Interesse des zu rettenden Mannes, wobei als Belohnung eine gewisse Vergöttlichung winkt: »Das ewig Weibliche zieht uns hinan« – doch das Risiko trägt allein *sie*.

Auch wenn *Don Juan Tenorio* in Spanien heute nicht mehr eine gleichsam offizielle Mahnfunktion hat, so ist es doch, unabhängig von seinem ideologischen Gehalt, ein brillantes Theaterstück und ein Wortkunstwerk, das seinesgleichen sucht. Kein anderer spanischer Autor – Calderón vielleicht ausgenommen – hat die Reimkunst so meisterhaft beherrscht wie Zorrilla. Der Rhythmuswechsel zwischen den dramatischen und den elegischen Passagen ist, schon innerhalb der einzelnen Akte, beeindruckend. Noch beeindruckender ist aber der Kontrast zwischen dem ersten und dem zweiten Teil. Während der erste Teil wie im Zeitraffer abläuft, verlangsamen sich die Vorgänge im zweiten zu einer Art Zeitlupe. Der erste Akt des zweiten Teils steht ganz unter dem Eindruck des statisch-kolossalen Grabmales. Der zweite Akt steht im Zeichen der Geistererscheinung des Steinernen Gastes, dessen Auftreten nicht weniger als sieben Mal durch ein unheimliches Türklopfen angekündigt wird. Und schließlich dehnt sich das quälende Sterben Don Juans durch den ganzen dritten Akt hindurch, bis es zum kaum noch erwarteten *acto de contrición* kommt.

Auf der anderen Seite steht der *Presto*-Rhythmus des ersten Teiles. In dessen zweitem Akt zum Beispiel kommt es bei der doppelten Wette zwischen Juan und Luis vor allem darauf an, schneller, schlauer und vorausschauender zu agieren als der Rivale. Zunächst versucht jeder, den anderen auszuschalten, indem er für dessen Verhaftung sorgt. Da indes beide Söhne reicher Familien sind und genug Geld zur Bestechung haben, kommen sie schnell wieder frei, glauben aber, jeder für sich, dass der andere noch festsitzt. So nähern sich die beiden Anas Kloster, der eine, um dort einzudringen, der andere, um eben das zu verhindern. Auf der engen und dunklen Gasse prallen sie unvermutet aufeinander und müssen schauen, wie sie das Hindernis möglichst rasch überwinden. Dabei schaukeln sich Arroganz und Hektik zu einem superschnellen Wortwechsel auf, der auch in eine passende Versform gefasst ist. Unser Ausschnitt beginnt, als Luis die sich nähernde Gestalt wahrnimmt, und endet, als die beiden wieder ›klar sehen‹:

> Luis: Mas se acercan. ¿Quién va allá?
>
> Juan: Quien va.
>
> Luis: De quien va así, ¿qué se infiere?
>
> Juan: Que quiere
>
> Luis: ¿Ver si la lengua le arranco?
>
> Juan: El paso franco.
>
> Luis: Guardado está.   Juan: ¿Y soy yo manco?
>
> Luis: Pidiéraislo en cortesía.
>
> Juan: ¿Y a quién?   Luis: A don Luis Mejía
>
> Juan: Quien va, quiere el paso franco.
>
> Luis: ¿Conocéisme?   Juan: Sí.   Luis: ¿Y yo a vos?
>
> Juan: Los dos.
>
> Luis: ¿Y en qué estriba el estorballe?
>
> Juan: En la calle.
>
> Luis: ¿De ella los dos por ser amos?
>
> Juan: Estamos.
>
> Luis: Dos hay no más que podamos
> necesitarle a la vez.
>
> Juan: Lo sé.   Luis: ¡Sois don Juan!   Juan: ¡Pardiez!
> los dos en la calle estamos. (v. 1161 ff.)

Zorrilla verwendet hier den *ovillejo*, eine selten gebrauchte, hochartifizielle, bei ihm aber ganz natürlich wirkende Strophenform. Damit man die Strophenform erkennen kann, habe ich den Ausschnitt zweigeteilt, obwohl zwischen v. 1170 und 1171 in Wahrheit keine Pause entsteht. Auch habe ich, um die Reimfolge sichtbar zu machen, Gegenreden, die im gleichen Vers stehen, nebeneinander gesetzt.
Eine *ovillejo*-Strophe besteht demnach aus zehn Zeilen unterschiedlicher Länge. In den ersten sechs Zeilen alternieren jeweils Acht- mit Drei-Silbern, also eine mäßig lange mit einer sehr kurzen Verszeile. Das Reimschema ist aabbcc, sodass jeweils ein Lang- und ein Kurzvers zusammengehören. Darauf folgen noch vier weitere Acht-Silber-Verse, die nach dem Schema cddc reimen, sodass der erste c-Reim der Viererkette unmittelbar an den letzten c-Reim der Sechserkette anknüpft. In den weiteren Strophen wiederholt sich das Schema.
Es wird gut sichtbar, wie gerade diese Versform die Hektik nicht nur wiederzugeben, sondern wie sie diese sogar zu steigern vermag. Zunächst gilt, dass die Aufeinanderfolge eines Lang- und eines Kurzverses die schnelle Wechselrede der Stichomythie begünstigt, wobei Luis der etwas ›langsamere‹, Juan der Kurzangebundene ist. Schon

in der siebten Zeile der ersten Strophe wird eine Wechselrede innerhalb eines einzigen Verses ausgetauscht, das Tempo also gesteigert. In der ersten sowie in der vorletzten Zeile der zweiten Strophe wird aber auch das noch übertroffen, indem gleich drei Redeanteile auf nur eine Verszeile fallen. Das ist laut Verslehre dann keine Stichomythie mehr, sondern eine Antilabe, ein Begriff, den man sich nicht merken muss. Wohl aber ist deutlich zu sehen, wie es Zorrilla gelingt, die Sprache selbst zu beschleunigen und damit die beschleunigte Zeit überhaupt erst erfahrbar zu machen.

Mag im *Tenorio* vordergründig der Don Juan-Mythos und die Glaubensfrage thematisiert werden; im Hintergrund steht die moderne Erfahrung der Zeitverknappung und des Termindrucks, die zu riskantem Handeln zwingen. Und das macht den *Tenorio* auch für den Leser von heute noch zum Erlebnis.

Literaturhinweise
Ausgabe: José Zorrilla: *Don Juan Tenorio*, ed. Jean-Louis Picoche, Madrid 1992
Übersetzung: Kurt Thurmann, in: *Von Liebe und Ehre im spanischen Theater*, Bonn
   1988, S. 549 ff. [auch in: *Mantel und Degen. Neun Komödien*, mit einem Nachwort von Martin Franzbach, München 1967]

Weitere Literatur
Spanische Literaturgeschichte, S. 252–257
Dietrich Briesemeister: »José Zorrilla y Moral: *Don Juan Tenorio*«, in: Volker Roloff/Harald Wentzlaff-Eggebert: *Das spanische Theater*, Düsseldorf 1988, S. 250 ff.
Hans Ulrich Gumbrecht: ›Eine‹ *Geschichte der spanischen Literatur*, Frankfurt a. M.
   1990, Bd. I, S. 658 ff.
Javier Blasco u. a.: *José Zorrilla: una nueva lectura*, Valladolid 1995

Übersetzung
(Zu S. 117 und 119: Hans-Jörg Neuschäfer; zu S. 122: Kurth Thurmann)

Zu S. 117:
   Wo immer ich mich befand,
   stieß ich die Vernunft vor den Kopf,
   beschämte ich die Tugend
   und lachte ich die Gerechtigkeit aus,
   die Frauen ließ ich sitzen.
   Ich stieg hinab zu den Hütten,
   schwang mich zu den Palästen hinauf.
   Ich überkletterte sogar Klostermauern
   und sorgte überall dafür,
   dass man meiner mit Bitterkeit gedachte.
   Nichts war mir heilig,
   und es gab weder Ort noch Gelegenheit,
   die vor meinem Übermut sicher waren.

Zu S. 119:
Vergiss deines Klosters
tristes Verließ.
Ist es nicht wahr, mein Engel,
dass an diesem Flussretiro
der Mond uns heller leuchtet
und die Luft zum Atmen reiner ist?

Zu S. 122:
Don Luis: Man nähert sich. Wer treibt sich dort herum?
Don Juan: Wer fragt denn da?
Don Luis: Wenn einer schleicht: was muss man von ihm halten?
Don Juan: Dass er ...
Don Luis: ... die Zunge ausgerissen haben will?
Don Juan: ... dass er zu gehen wünscht wo's ihm beliebt.
Don Luis: Die Straße ist gesperrt.
Don Juan: Hab ich kein Schwert?
Don Luis: Könnt Ihr nicht höflich darum bitten?
Don Juan: Wen?
Don Luis: Don Luis Mejía.
Don Juan: Straße frei, sag ich!

Don Luis: Ihr kennt mich?
Don Juan: Ja.
Don Luis: Und kenne ich Euch auch?
Don Juan: Auch das.
Don Luis: Was ist der Grund zum Streit?
Don Juan: Die Straße.
Don Luis: Weil wir sie beide haben wollen?
Don Juan: Ja.
Don Luis: Es gibt nur zwei, die sie benötigen.
Don Juan: Ich weiß.
Don Luis: Seid Ihr Don Juan Tenorio?
Don Juan: Sieh da, da sind wir also beide hier!

Kapitel XV
Benito Pérez Galdós: *Tristana* (1892)
Die ›Frauenfrage‹

Was man gemeinhin den bürgerlichen Roman nennt, hat in Spanien seine Blüte-
zeit erst in der *Época de la Restauración* erlebt, als, nach dem kurzen Intermezzo der
Ersten Republik, die Bourbonen auf den Thron zurückkehrten. Charakteristisch
für diese Zeit war der regelmäßige, jeweils abgesprochene und mit einem massiven
Wahlbetrug verbundene Regierungswechsel zwischen dem Lager der Konservati-
ven und dem der Liberalen, durch den demokratische Verhältnisse vorgetäuscht, in
Wahrheit aber verhindert wurden. Das war im letzten Viertel des 19. Jahrhunderts.
Mehr als auf anderen Gebieten scheint es deshalb berechtigt, auf dem des Romans
von spanischer Verspätung zu reden, war doch im übrigen Europa die Zeit des
Realismus und Naturalismus schon vorbei, bevor sie in Spanien richtig begann.
Man war deshalb lange Zeit mit herablassendem Wohlwollen bei der Hand und
sprach von Epigonentum.

Zu Unrecht: Ganz abgesehen davon, dass die Kunst des Romans eine spanische
Erfindung ist, die Cervantes' *Don Quijote* und der *novela picaresca* zu verdanken ist,
hat der spanische Roman kurz vor der Jahrhundertwende neue Eigenheiten entwickelt; Eigenheiten, die auf anderen Voraussetzungen beruhen als in Frankreich
oder England. Die ›soziale Frage‹ begann sich zwar auch in Spanien zu stellen, aber
vorderhand stellte sich noch dringender – und dies bereits lange vor der »Generation von 98« – die Frage der Spanien-Problematik. Woher kommen die spanischen
Probleme? Sind sie überhaupt lösbar? Wie steht es mit dem Widerstreit der ›Zwei
Spanien‹? Ist dem Land die Weitergeltung der ›Ewigen Werte‹ oder die Emanzipation von ihnen zu wünschen? Je nach politischem Temperament der Autoren werden solche Grundsatzfragen im Sinne des Liberalismus oder des Traditionalismus,
oft auch in reformistischer Absicht gestellt.

Da Grundsatzfragen stets Streitfragen sind, haben viele spanische Romane einen
ausgesprochen dialogischen Charakter. Im Grunde wird der Kampf zwischen den
Zwei Spanien auch und gerade im Roman ausgetragen, wobei die Varianten von
schroffer Gegensätzlichkeit bis zu vermittelnder Konzilianz reichen. Auch werden
zunehmend Fragen in die Diskussion einbezogen – die Frauenfrage etwa –, die in
anderen Ländern keineswegs avancierter behandelt wurden. Wenn man bedenkt,
dass das tatsächliche politische Leben der Restaurationszeit sich auf fiktive Schein-
auseinandersetzungen beschränkte, erscheint der Roman gar als eine Art von Er-
satzparlament, in dem wichtige Streitfragen und darüber hinaus der kritische Zustand des Landes überhaupt erst wirklich zur Sprache kommen. Dass gleichzeitig
auch die Errungenschaften des realistischen und naturalistischen Romans – die
Soziologisierung und Psychologisierung der Erzählung, sowie die ausgeklügelte

Mischung von auktorialer und personaler Erzählperspektive – übernommen werden, versteht sich von selbst. Hinzu kommen noch Einflüsse des russischen Romans, die vor allem für die ›spiritualistische‹ Wende im Spätwerk von Galdós verantwortlich sind.

Benito Pérez Galdós (1843–1920) darf als der eigentliche Begründer des modernen spanischen Romans gelten; sein bedeutendster Vertreter ist er – trotz Clarín – allemal. Seine Biographie bietet wenig Erzählenswertes; sie verschmilzt fast vollständig mit der Geschichte seines umfangreichen Werkes. Geboren in Las Palmas als Sohn einer gutbürgerlichen Familie, verbrachte er fast sein ganzes Leben in Madrid, wo er auch starb. Er ist einer der ersten, wenn nicht *der* erste Berufsschriftsteller Spaniens, der, ohne Protektion, allein von seiner Schreibarbeit lebte, was ihn zu einer fast mönchischen Arbeitsdisziplin zwang und ihm die Gründung einer Familie verwehrte. Es blieb bei ebenso stürmischen wie vorübergehenden Beziehungen, etwa zu der jüdischen Schauspielerin Concha-Ruth Morell (mit der er eine Tochter hatte) oder der Gräfin Emilia Pardo Bazán, die selbst eine bedeutende Autorin und außerdem eine Wegbereiterin des Feminismus war. Politisch war sie eher konservativ, während Don Benito liberale Positionen vertrat, die man heute als linksliberal bezeichnen würde. Leopoldo Alas (Clarín), der schärfste und klügste Literaturkriker seiner Zeit, schätzte ihn ebenso wie der ultrakonservative Marcelino Menéndez y Pelayo, der die Laudatio bei Galdós' Aufnahme in die Real Academia hielt. Auch zu Francisco Giner de los Ríos und der von ihm gegründeten (später, im Franquismus, unnachsichtig verfolgten) reformpädagogischen *Institución libre de enseñanza* bestand eine starke Affinität. Dies alles deutet schon etwas an, was für die besten Romane von Galdós (und überhaupt für gute Romane) kennzeichnend ist: die Vielfalt der Lektüremöglichkeiten.

Neben 24 Theaterstücken hat Galdós zwei Romanserien geschrieben. Zum einen die historischen Romane der *Episodios nacionales*. Geplant waren deren 50; zur Ausführung kamen immerhin 46. In den *Episodios* wird die jüngste Geschichte Spaniens vom Unabhängigkeitskrieg bis zum Tod von Cánovas, also das ganze 19. Jahrhundert, in kritischer Vergangenheitsbewältigung erzählerisch aufgearbeitet. Dabei wird jeweils ein herausragendes Ereignis der nationalen Geschichte mit dem persönlichen Erleben einer partikularen Durchschnittsperson gekoppelt. Zum anderen ist die Serie von 21 *Novelas contemporáneas* zu nennen, in denen, umgekehrt, jeweils eine partikulare Geschichte vor dem Hintergrund der Zeitgeschichte erzählt wird. Nicht von ungefähr gab Galdós seinem Vortrag bei der Aufnahme in die Real Academia den programmatischen Titel: »La sociedad presente como materia novelable«.

Zu den *Novelas contemporáneas* gehört *Tristana* (1892), ein relativ kurzer Text von rund 200 Seiten (*Fortunata y Jacinta* aus der gleichen Serie hat an die 1000), an dem viele galdosianische Eigenheiten gut zu exemplifizieren sind. Der Roman behandelt ein Thema, das im Spanien des 19. Jahrhunderts nur mit Vorsicht zur Sprache gebracht werden konnte: die Frauenfrage beziehungsweise die Emanzipationsproblematik. Man merkt die Vorsicht vor allem an der ironischen Skepsis, mit der erzählt wird; die Liberalität aber schlägt sich in der Sympathie nieder, die der Protagonistin und mit ihr dem Frauenstandpunkt gleichwohl zuteil wird.

Ort der Handlung ist, wie in fast allen Einzelromanen, Madrid, hier eine bescheidene Wohngegend am nördlichen Stadtrand. Don Lope, ein in die Jahre gekommener Don Juan und Freidenker, nach außen großspurig, in Wahrheit aber, wie Don Quijote, nur von einer kargen Rente lebend, nimmt Tristana, die verwaiste, noch minderjährige Tochter eines verstorbenen Freundes zu sich. Sein Altruismus ist echt, hat aber seine Grenze, wenn es um die Eroberung einer Frau geht. So wird denn aus dem paternalistischen Tutor rasch ein sexistischer Ausbeuter, gegen den Tristana, älter werdend, sich auflehnt. Die Emanzipation von Lope geht, nicht ohne dessen ständiges Drohen, in ein frei gewähltes Verhältnis mit dem Maler Horacio über, der ihrem Alter eher entspricht. Weil aber Tristana kompromisslos auf Gleichberechtigung besteht, bekommt es Horacio, der seiner einmal ›erwachten‹ Freundin auch intellektuell nicht mehr gewachsen ist, mit der Angst zu tun und zieht sich nach und nach aufs Land zurück. Tristana, die sich über seinen Charakter Illusionen macht, hält die Verbindung noch eine Zeit lang aufrecht, und zwar auf dem Weg der Korrespondenz. Der briefromanähnliche Mittelteil ist das wichtigste Stück des Textes, weil Tristana hier ihre emanzipatorischen Ideen schriftlich fixieren kann. Dem recht einseitigen Gedankenautausch wird ein jähes Ende gesetzt, als eine Gangräne mit anschließender Beinamputation, die in naturalistischer Manier ausführlich beschrieben wird, die Korrespondenz zum Erliegen bringt. Der Rest ist Resignation und Arrangement. Tristana bleibt gar nichts anderes übrig, als sich erneut in den Schutz Don Lopes zu begeben. Sie verzichtet auf Horacio, worüber der Maler keineswegs unglücklich ist. Der ›Sieger‹ ist Don Lope, der sich sogar mit seinem einstigen Rivalen versöhnt, als dieser sich mit einer anderen Frau bürgerlich verheiratet. Eine Eheschließung gibt es am Ende auch zwischen Lope und Tristana. Einerseits weil Lope, durch die Pflegekosten verarmt, nur unter dieser Bedingung an ein beträchtliches Erbe herankommt, andererseits aber auch, weil beide des Aneckens gegen die Konventionen müde geworden sind. Don Lope, der Kaffeehauscaballero und Freigeist von einst, wird sesshaft und begleitet Tristana zur Messe. Tristana ihrerseits findet einen gewissen Trost in mystischen Spekulationen und erlernt das vorher von ihr so verachtete Hausfrauenmétier, besonders die Kunst der Nachtischzubereitung. Äußerlich herrscht am Ende der häusliche Frieden. Aber ob sie »glücklich miteinander« waren, lässt der Erzähler am ironischen Schluss des Romans ausdrücklich dahingestellt.

Wie man sieht, bewegt sich die realistisch erzählte, zugleich aber auch symbolhaltige Geschichte im Kreis: Eine junge Frau will sich von der Bevormundung durch den ungeliebten älteren Mann emanzipieren und muss zum Schluss doch wieder in die Abhängigkeit zurück. Symbolhaft ist das vor allem im Hinblick auf den Zusammenhang von partikularer und öffentlicher Geschichte: So wie Tristana im Verhältnis zu Lope, hat sich das spanische Volk in der Revolution von 1868 vorübergehend von der obrigkeitsstaatlichen Bevormundung befreit, um nach der kurzlebigen Ersten Republik wieder entmachtet und in die Ordnung der Restauration zurückgezwungen zu werden. Insofern ist *Tristana* ein echter ›Restaurations‹-Roman.

Wie alle *Novelas contemporáneas* hat also auch *Tristana* nicht nur einen individual-, sondern zugleich auch einen zeitgeschichtlichen Aspekt. Dabei kommt dem Schicksalsschlag der körperlichen Verstümmelung eine besondere Bedeutung zu. Dieses Unglück fungiert jedenfalls wie eine von der Natur selbst veranlasste Disziplinierung, bei der Tristana gewissermaßen die Flügel gestutzt werden und zugleich die Bereitschaft zur Resignation gefördert wird. Es ist, als ob sich das grausige spanische Sprichwort von der Frau bewahrheitet hätte, der man lieber das Bein brechen sollte, als sie aus dem Haus (und der männlichen Kontrolle) zu entlassen: »Mujer honrada, pierna quebrada y en casa«.

Dennoch ist *Tristana* alles andere als ein antifeministisches Manifest. Es scheint aber, dass der Emanzipationsstandpunkt, der hier so grundsätzlich wie nie in der spanischen Literatur des 19. Jahrhunderts zur Sprache kommt, nur unter der Bedingung geäußert werden darf, dass gleichzeitig den traditionalistischen Vorbehalten Rechnung getragen wird. Es ist dies eine typisch spanische Kompromisstaktik, wie sie bis in die Gegenwart hinein immer wieder von Autoren angewendet wurde, die sich gegen starke Zensurwiderstände zu behaupten hatten.

In der Tat hat *Tristana* einen adversativen, ja anarchistischen Charakter, dank der starken personalen Präsenz der Hauptfigur. Das sieht man vor allem in der relativ langen Sequenz, in der vorzugsweise *ihre* Briefe wiedergeben werden. Es sieht so aus, als habe Galdós dafür sorgen wollen, dass Tristana, wenn sie schon ver- und behindert ist, sich selbst zu realisieren, doch wenigstens Gelegenheit erhält, sich ungehindert zu definieren. So entwickelt sie Schritt für Schritt ihre Theorie der »libertad honrada«, die vieles beinhaltet, was für das damalige Frauenverständnis unerhört war: das Recht auf Bildung, die Gleichberechtigung von Mann und Frau, auch in Bezug auf die Kindererziehung, den Anspruch auf einen ›anständigen‹ Beruf, der die Frau unabhängig macht, auch ökonomisch (konnte sie sich doch bis dato nur als Prostituierte ›emanzipieren‹). Am radikalsten artikuliert sich der Wunsch nach Selbständigkeit in der Ablehnung des für die bürgerliche Gesellschaft sakrosankten Instituts der Ehe:

»Aspiro [heißt es in einem ihrer Briefe an Horacio] a no depender de nadie, ni del hombre que adoro. No quiero ser su manceba, tipo innoble, la hembra que mantienen algunos individuos para que les divierta, como un perro de caza; ni tampoco que el hombre de mis ilusiones se me convierta en marido. No veo la felicidad en el matrimonio. Quiero, para expresarlo a mi manera, estar casada conmigo misma, y ser mi propia cabeza de familia. No sabré amar por obligación; sólo en la libertad comprendo mi fe constante y mi adhesión sin límites. Protesto, me da la gana de protestar contra los hombres, que se han cogido todo el mundo por suyo, y no nos han dejado a nosotras más que las veredas estrechitas por donde ellos no saben andar [...]« (p. 206)

Darüber hinaus stellt Tristana im Lauf des Romans überzeugend unter Beweis, dass sie hochbegabt ist, lernbegierig und lernfähig (außer vorerst für die Hausarbeit). Von Haus aus ungebildet wie alle jungen Frauen bürgerlicher Herkunft, saugt sie wie ein Schwamm alles auf, was ihr, zuerst von Horacio, später auch von dem umgänglich

gewordenen Don Lope an Lernmöglichkeiten zur Verfügung gestellt wird. Herausragend ist ihre Sprachbegabung. In kürzester Zeit lernt sie mit Horacio Italienisch (der
es, weil selbst halber Italiener, von Haus aus kann), später auch Englisch (mit einer
von Lope bezahlten Hauslehrerin) und ist in der Lage, Texte der entsprechenden
Klassiker (von Dante über Petrarca bis Shakespeare) im Original nicht nur zu verstehen, sondern sie auch punktgenau und mit Witz im Gespräch zu zitieren, wie überhaupt Tristanas Lebhaftigkeit und ihr ebenso maliziöser wie sprachschöpferischer
Witz dem Leser besonderes Vergnügen bereitet. Dass ihre Englischlehrerin auch
noch Protestantin ist, passt zu Tristanas Nonkonformismus:

> »Pues verás [heißt es in einem weiteren Brief]: haciendo un gran esfuerzo, me ha puesto
> profesor de inglés, digo, profesora, aunque más bien la creerías del género masculino o
> del neutro; [...] Llámase doña Malvina, y estuvo en la capilla evangélica, ejerciendo de
> sacerdota protestante, hasta que le cortaron los víveres, y se dedicó a dar lecciones ...
> Pues espérate ahora y sabrás lo más gordo: dice mi maestra que tengo unas disposicio-
> nes terribles y se pasma de ver que apenas me ha enseñado las cosas, yo ya me las sé.
> Asegura que en seis meses sabré tanto inglés como Chaskaperas o el propio Lord Mas-
> caole. (p. 210)

Die Verballhornung der Namen Shakespeares oder des (damals berühmten) Dichters, Historikers und Politikers Lord Thomas Macaulay (auch heute noch eine
Spezialität vieler Hispanohablantes, die mit der Aussprache nicht-romanischer
Namen ihre liebe Not haben) geht einher mit der Mitteilung, dass Tristana nebenbei auch noch ihr Französisch (»el franchute«) auffrische und anschließend dem
Deutschen zu Leibe rücken werde (»y luego le meteremos el diente al alemán«,
ebd.). Den im Landleben vergrabenen Geliebten grüßt sie mit den Worten: »*Give
me a kiss*, pedazo de bruto. Parece mentira que seas tan *iznorante*, que no entiendas
esto« (ebd.). Der *iznorante* seinerseits aber kann, bei aller vorgespiegelten Rück-
Heiterkeit seiner Antwort, nicht verbergen, dass ihn die zur *femme savante* gewordene Tristana schon *vor* ihrer körperlichen Verstümmelung erschreckt: »Cielín
mío, miquina, no te hagas tan sabia. Me asustas« (p. 211).

Kurzum: Tristana ist der lebendige Beweis dafür, dass die von der Aufklärung
behauptete Perfektibilität des Menschen nicht auf *ein* Geschlecht beschränkt ist –
ein Befund, der in Spanien unwilliger noch als anderswo akzeptiert wurde, von
Galdós aber energisch in Szene gesetzt wird, auch wenn seine Tristana nur deshalb
theoretisch so weit gehen darf, weil sie *praktisch* daran gehindert ist, ihre Theorie in
die Tat umzusetzen.

Der vorsichtigen Vermittlung eines schwierigen Themas, über dessen Tragweite
der Autor mit sich selbst noch nicht im Reinen ist, dient nicht nur der gleichsam
vertrauliche, kolloquiale und durchgängig umgangssprachliche Ton aller Mitteil-
ungen, sondern auch die durchgehende Haltung skeptischer Ironie. Im Gegensatz
zu seinen frühen Romanen – dem thesenhaft einseitigen *Doña Perfecta* etwa – gibt
es in *Tristana* keinen mit Autorität ausgestatteten Erzähler mehr, der dem Leser
den Weg weist, indem er ihm eine von ihm bestimmte Lesart, Moral oder These

aufzwingt. Der Erzähler in *Tristana* mischt sich zwar ständig ein und macht sich über seine Personen gelegentlich sogar lustig. »Creía sinceramente el bueno de Horacio que aquel era el amor de su vida« (p. 186), heißt es zum Beispiel. Aber er tut dies nie, um die Personen bloßzustellen und hat an anderer Stelle auch wieder ein gutes Wort für sie parat. Im Grunde sind sie ihm alle ziemlich sympathisch. Er urteilt also höchstens so, wie das ein mit Bonhomie begabter Mensch im ›richtigen Leben‹ auch macht: von Fall zu Fall und nie abschließend. Dazu fehlt ihm der ›Durchblick‹, denn er weiß auch nicht mehr als ›wir‹. Nicht umsonst endet der Text mit einer Frage, also mit einem offenen Schluss: »¿Eran felices uno y otro? … Tal vez.« Seine Ironie schließt die Selbstironie ein. Galdós steht in der Behandlung der ›Frauenfrage‹ Fontane wesentlich näher als Flaubert oder Zola.

Der Autor Galdós übt sich also in Selbstbescheidung und verzichtet auf die Anmaßung ›höheren Wissens‹, die letztlich noch den Texten des französischen Realismus und Naturalismus zugrunde lag: Flaubert gebärdete sich wie ein kalter *Dieu caché* und Zola sprach in den *Rougon Macquart* einer ganzen Epoche das Urteil. Dazu hat sich Galdós in den *Episodios nacionales* nie aufgeschwungen, obwohl es in ihnen nicht an Skepsis mangelt; auch sie haben einen offenen Schluss. In *Tristana* relativieren sich die stets personal, in erlebter Rede, im inneren Monolog oder im direkten Dialog vorgetragenen Standpunkte der Mitspieler stets gegenseitig, und der Erzähler hütet sich, für einen von ihnen offen Partei zu ergreifen. Insofern verhält er sich zwar ähnlich wie Flaubert, aber er ist alles andere als *impassible*, sondern lässt ganz im Gegenteil auf Schritt und Tritt erkennen, dass er *dazugehört* und empathisch immer *bei* seinen Personen ist. Wie sonst könnte er sich manchmal so kopfschüttelnd über sie äußern?

Es ist offensichtlich, dass Galdós sich in diesem Roman einem ganz anderen Vorbild annähert, dem *Don Quijote* von Cervantes nämlich, dem unumstrittenen Meisterwerk ironischen Erzählens. Das wird geradezu programmatisch durch den Beginn des Textes vorgegeben, der nichts anderes als ein Pastiche des Beginns von *Don Quijote* ist. Das Pastiche ist eine Art Parodie, aber eine, die, bei aller Ironie, gegenüber dem Original respektvoll bleibt. In der einführenden Präsentation Lopes schimmert die Don Quijotes wie ein Palimpsest durch, d. h. wie die auf mittelalterlichen Pergamenten nur unvollkommen gelöschte und dann von einem anderen Text überschriebene Urschrift, die durchaus noch sichtbar zu machen ist. Der *Quijote* beginnt mit den Worten »En un lugar de la Mancha, de cuyo nombre no quiero acordarme, no ha mucho tiempo que vivía un hidalgo de los de lanza en astillero, adarga antigua, rocín flaco y galgo corredor.« Es wird dann über die überaus bescheidenen Wohn- und Lebensverhältnisse des *hidalgo* berichtet und eine längere Betrachtung über seinen Namen angestellt: Quijote?, Quijada?, Quesada? In Wahrheit heißt er schlicht Alonso Quijano. Genauso, manchmal sogar wörtlich, verfährt Galdós, wenn er seinen gleichfalls verarmten, eher noch unzeitgemäßeren *hidalgo* Don Lope vorstellt, der statt in einem Dorf der Mancha in einem städtischen Neubauviertel lebt, genau dort, wo die Großstadt noch unmerklich ins ländliche Umland übergeht, wo aber die großen Häuser bereits den Charakter von Mietskasernen haben:

En el populoso barrio de Chamberí, más cerca del Depósito de Aguas que de Cuatro Caminos, vivía, no ha muchos años, un hidalgo de buena estampa y nombre peregrino; no
aposentado en casa solariega, pues por allí no las hubo nunca, sino en plebeyo cuarto de
alquiler de los baratitos, con ruidoso vecindario de taberna, merendero, cabrería y estre-
cho patio interior de habitaciones numeradas. La primera vez que tuve conocimiento de
tal personaje y pude observar su catadura militar de antiguo cuño [...] dijéronme que se
llamaba don Lope de Sosa, nombre que trasciende al polvo de los teatros [...]; y, en
efecto, nombrábanle así algunos amigos maleantes; pero él respondía por don Lope
Garrido. Andando el tiempo, supe que la partida de bautismo rezaba don Juan López
Garrido, resultando que aquel sonoro don Lope era composición del caballero, como un
precioso afeite aplicado a embellecer la personalidad. (p. 119 f.)

Wie im *Quijote* werden mit dieser Präsentation bereits die Weichen für das weitere
Vorgehen gestellt. Was Lope, den alten *macho* und Frauenverführer betrifft, erscheint
er so verstaubt wie ein Theaterrequisit und so zurechtgemacht wie eine Fälschung,
gleichsam wie der Geist Don Juans, von dessen einst hohem Prestige als einer urspa-
nischen Symbolfigur im Verlauf des Romans nicht mehr viel übrig bleibt. Ist Lope
am Beginn noch auf sein Äußeres bedacht und, im Umgang mit Tristana, skrupellos,
wird er am Ende immer mehr zum Pantoffelhelden und zu einem leidlich umgäng-
lichen Hausvater, der von seiner behinderten Frau schon so vollständig beherrscht
wird, dass es nur konsequent ist, wenn sie ihm in der kongenialen Verfilmung von
Luis Buñuel endgültig über den Kopf wächst. Die Dekonstruktion des Don Juan-
Mythos ist damit das *eine* Fazit, das der Leser aus dem Roman ziehen kann.

Dass über Tristana selbst so leicht nicht zu urteilen ist, haben wir bereits bei der
Analyse der Romanhandlung gesehen. Die Ambivalenz dieser Figur lässt sich mit
Hilfe des ›Palimpsestes‹, aber auch noch aus einer anderen Perspektive erläutern.
Am Ende zeigt sich nämlich, dass auch sie in den *Quijote* verwickelt, ja dass sie
gewissermaßen ein weibliches Pendant zum cervantinischen Helden ist. Denn
während Lope diesem nur insofern gleicht, als auch er ein von der Zeit ›Überhol-
ter‹ ist, der sich im Grunde aber recht gut mit ihren Erfordernissen zu arrangieren
weiß, ist Tristana von einem echt quijotesken Utopismus beseelt, der alles auf einmal will – Alles oder Nichts – und sich um die *Möglichkeiten* nicht schert. Mit der
Haushälterin Saturna gibt es auch eine Entsprechung zu Sancho Panza, so sehr die
äußerliche Gestalt (Saturna ist dürr) dem zu widersprechen scheint. Die Funktion
aber ist die gleiche: Saturna verweist ihre Herrin, die, ebenfalls wie im *Quijote*, mit
der Zeit zur Freundin wird, immer wieder auf die ›Realitäten‹. Da Tristana nicht
auf sie hört, kommt es, wie bei Cervantes, zum schicksalhaften *desengaño*, dem das
Hinnehmen der Gegebenheiten, die Resignation und der Friede mit Gott folgen.
Bei Galdós freilich ist die Ruhe der religiösen Einkehr ebenso trügerisch wie das
häusliche Glück. Wie es weiter geht, bleibt, wie gesagt, offen.

Offen bleibt auch, wie der Leser sich zum Roman *Tristana* stellt. Wie beim *Quijote* sind widersprüchliche Reaktionen denkbar: Die einen werden der Protagonistin
Recht geben und die bürgerliche Moral verdammen. Die anderen werden Tristana,
mit den Worten Anselmos in der – in den *Quijote* eingelassenen – Episode vom

curioso impertinente, zurufen: »Mira que el que busca lo imposible, es justo que lo posible se le niegue.« Tröstlich ist allerdings, dass einiges von dem, das einmal *unmöglich* erschien, inwischen, also in unserer Lesergegenwart, immerhin *möglich* geworden ist. Und es spricht einiges dafür, dass Galdós, bei aller Vorsicht, die er hat walten lassen müssen, eben dieses erhofft hat.

Literaturhinweise

Ausgabe: Benito Pérez Galdós: *Tristana*, ed. Isabel Gonzálvez y Gabriel Sevilla, Madrid 2008

Übersetzung: Benito Pérez Galdós: *Tristana*, übers. von Erna Pfeiffer, Frankfurt a.M. 1989 [mit Nachwort und Kommentar]

Weitere Literatur

Spanische Literaturgeschichte, S. 282–290, speziell S. 289 f.

Hans Hinterhäuser: *Die »Episodios Nacionales« von Benito Pérez Galdós*, Hamburg 1961

Wolfgang Matzat: »Novela y sociedad. En torno a la perspectiva cómica en el Naturalismo español«, in: Hartmut Stenzel/Friedrich Wolfzettel (Hg.): *Estrategias narrativas y construcciones de una ›realidad‹: Lecturas de las ›Novelas contemporáneas‹ de Galdós y otras novelas de la época*, Las Palmas 2003, p. 311 ff.

Hans-Jörg Neuschäfer: *Macht und Ohnmacht der Zensur*, Stuttgart 1991 [Kap. über die *Tristana*-Verfilmung von Luis Buñuel]

Friedrich Wolfzettel: *Der spanische Roman von der Aufklärung bis zur frühen Moderne*, Tübingen/Basel 1999

Übersetzung

(Erna Pfeiffer)

Zu S. 128:

Ich trachte danach, von niemand abhängig zu sein, auch nicht von dem Mann, den ich anbete. Ich will nicht seine Mätresse sein, eine unwürdige Figur, das Weibchen, das sich manche Individuen zu ihrem Vergnügen halten, wie einen Jagdhund. Ich will aber auch nicht, dass der Mann meiner Träume mein Ehegatte wird; ich glaube nicht, dass das Glück in der Ehe liegt. Ich will, um es auf meine Art auszudrücken, mit mir selbst verheiratet, mein eigenes Familienoberhaupt sein. Ich kann nicht aus Verpflichtung lieben; einzig und allein in Freiheit kann ich mir meine beständige Treue und grenzenlose Verbundenheit vorstellen. Ich protestiere, ich protestiere aus ganzem Herzen gegen die Männer, die die ganze Welt für sich in Beschlag genommen und uns nichts übriggelassen haben als die schmalen Pfade, auf denen sie nicht zu gehen verstehen [...]

Zu S. 129:

Stell Dir vor: Unter erheblichen finanziellen Opfern hat er mir einen Englischlehrer kommen lassen, will sagen, eine Lehrerin, obwohl Du sie eher dem maskulinen Geschlecht oder dem Neutrum zurechnen würdest. [...] Sie heißt Doña Malvina und war in der evangelischen Kapelle als protestantische Pfarrerin tätig, bis man ihr die Lebensmittel abgeschnitten hat und sie sich dem Stundengeben widmete ... Warte, das Beste daran kommt aber erst: Meine Lehrerin sagt nämlich, ich sei schrecklich begabt und sie staunt nur so zu sehen, dass ich, kaum dass sie mir die Dinge erklärt hat, sie auch schon intus habe. Sie versichert, dass ich in sechs Wochen soviel Englisch können werde wie Schäkerpeter oder Lord Maulkorb selbst.

Zu S. 131:

Im belebten Madrider Stadtteil von Chamberí, eher gegen das Wasserreservoir zu als nach Cuatro Caminos hin, lebte vor nicht allzu vielen Jahren ein stattlicher Hidalgo mit wohlklingendem Namen; er logierte nicht in einem Herrschaftshaus, denn die hat es dort nie gegeben, sondern in einer plebejischen Mietwohnung von der billigen Sorte, in geräuschvoller Nachbarschaft einer Taverne, einer Ausflüglerschenke und eines Ziegenstalls mit Molkerei sowie eines engen Hinterhofs mit nummerierten Zimmern. Das erste Mal, dass ich von besagter Persönlichkeit Kenntnis erhielt und Gelegenheit hatte, deren militärisch geschnittene Gesichtszüge von altem Schlag zu beobachten, [...] sagte man mir, er heiße Don Lope de Sosa, ein Name, der nach Theaterschminke klingt [...]; und tatsächlich wurde er von einigen spitzbübischen Freunden so genannt; er selbst aber hörte auf Don Lope de Garrido. Mit der Zeit erfuhr ich, dass sein Taufschein auf Don Juan López Garrido lautete, sodass sich herausstellte, dass jenes wohltönende Don Lope eine Komposition des Caballero war, wie ein kostbares kosmetisches Mittel, das dem Bild der Persönlichkeit den letzten Schliff geben sollte.

Kapitel XVI
Clarín: *La Regenta* (1885)
Der Abscheu vor Vetusta

Leopoldo Alas (1852–1901), der sich selbst Clarín nannte und unter diesem Künstlernamen bekannter wurde als unter seinem eigentlichen, gilt als der Autor *eines* Meisterwerks: des Romans *La Regenta* (Die Präsidentin, 1885). Der machte ihn schon zu Lebzeiten berühmt, jedoch weniger wegen seines literarischen Rangs (der anfangs nur von wenigen, etwa von Galdós, erkannt wurde) als wegen des Skandals, den der vermeintliche Schlüsselroman im konservativen Lager der ›Zwei Spanien‹ auslöste. Vor allem in Oviedo, der Heimatstadt Claríns, war die Empörung über den Nestbeschmutzer groß, denn hinter Vetusta, dem fiktiven Ort des Geschehens, verbirgt sich überdeutlich, bis in topographische Details nachvollziehbar, die Hauptstadt der Provinz Asturien, einst Ausgangspunkt der glorreichen Reconquista. Das einzige, was Vetusta (schon der Name war eine Beleidigung) vom realen Oviedo unterscheidet, ist das Fehlen der Universität, mit der Clarín, im Brotberuf Professor für römisches Recht, sich offensichtlich nicht auch noch anlegen wollte. Später wurde der Roman regelrecht verdrängt; die Empörung, die er bei der rückwärts gewandten *España eterna* und insbesondere beim konservativen Klerus hervorgerufen hatte, ward aber nicht vergessen. Das wurde Claríns Sohn zum Verhängnis, der beim Einmarsch der siegreichen Francotruppen Rektor der Universität war und, selbst überzeugter Republikaner, für die Sünden des Vaters hingerichtet wurde.

Erst gegen Ende des Franquismus und in der *transición*, dem Übergang von der Diktatur zur Demokratie, kam es zu einer Clarín-Renaissance und zur Kanonisierung des Romans, die freilich allzu großzügig darüber hinwegsah, dass das Werk neben unbestreitbaren Stärken auch unübersehbare Schwächen hat. Neben der *Regenta* hat Clarín einen weiteren, weniger beachteten Roman (*Su único hijo*, 1891) und mehr als 60 Kurzgeschichten geschrieben. Außerdem war er ein eifriger und gefürchteter Literaturkritiker, auch ein engagierter politischer Journalist, der nicht müde wurde, die republikanischen Ideale der Revolution von 1868 gegen den Geist der Restauration zu verteidigen, der nach dem Scheitern der Ersten Republik das letzte Drittel des 19. Jahrhunderts beherrschte. Das Pseudonym Clarín (nach der gleichnamigen *gracioso*-Figur in Calderóns *La vida es sueño*, s. o. Kap. X) legte er sich schon mit 23 Jahren als Mitarbeiter der Zeitschrift *El solfeo* zu. Charakteristisch für ihn ist auch der Titel seiner Dissertation, *El derecho y la moralidad*, deren Betreuer kein Geringerer als Francisco Giner de los Ríos war, der Begründer der *Institución libre de enseñanza*, der republikanisch gesinnten Gegengründung der 1880er Jahre gegen die staatliche Universität.

Der über 700 Seiten starke Roman *La Regenta* besteht aus zwei sich ständig durchmischenden Erzählebenen: zum einen dem Soziogramm von Vetusta, mit einer großen Zahl von detailliert charakterisierten Personen, die – von den Dienstboten abgesehen – ausnahmslos aus dem örtlichen Adel, dem Klerus und dem Bürgertum stammen, und zum anderen aus der persönlichen Geschichte der Regenta, die ihrerseits wieder eine synchrone und eine diachrone Dimension hat. Außerdem ist *La Regenta* ein Literaturroman, in dem zahlreiche Verweise auf die Ehrendramen Calderóns, auf Zorrillas *Don Juan Tenorio* und auf religiöse Erbauungsliteratur dazu beitragen, dass man den Geist und die calderonianischen Wertvorstellungen versteht, die in Vetusta offiziell noch immer gelten: die *honra*, der gesellschaftliche Ruf; der Triebverzicht (nur für Frauen); der Kampf um die Vorherrschaft zwischen religiösen und weltlichen Interessen (nur für Männer).

Das Soziogramm wird gleich zu Anfang des Romans durch einen Panoramablick aus dem Turm der Kathedrale eröffnet. Im Mittelpunkt der Stadt steht der Klerus, im Mittelpunkt des Mittelpunktes der ehrgeizige und machtbesessene Priester, Prediger und Beichtvater Don Fermín de Pas, der oft auch nur mit seinem Titel – el Magistral – erwähnt wird. Er ist es, mit dessen Augen, genauer: mit dessen Fernglas der Leser auf Vetusta herabblickt, wie der Habicht, der über seiner Beute schwebt. Der Klerus hat seine Hauptstütze im Adel, dessen Paläste im alten Stadtteil Encimada, in der Nähe der Kathedrale, liegen. Dort finden die wichtigsten gesellschaftlichen Ereignisse statt, bei denen sich die Hauptpersonen des Romans ständig begegnen und bei denen sie auch dann ›anwesend‹ sind, wenn sie *nicht* erscheinen und dafür im Klatsch umso intensiver vergegenwärtigt werden.

Die Stadtbourgeoisie, in der es einen starken Anteil von *Indianos* gibt (Menschen, die sich in Lateinamerika von bettelarmen Auswanderern zu protzigen Neureichen emporgearbeitet haben), lebt im modernen Erweiterungsstadtteil Vetustas, dem von geraden Straßen durchzogenen *ensanche* (auch *colonia* genannt). Dort strebt man durch eine Einheirat in den Adel die Verbindung zu den besseren Kreisen, womöglich gar einen Adelstitel an, so wie die Adligen ihrerseits auf das Geld der Bürger spekulieren.

Auch die Arbeiter, die im Roman sonst keine Rolle mehr spielen, erscheinen, weit weg zwar noch, aber gleichwohl schon bedrohlich, im Objektiv des Fernglases: Sie leben und arbeiten im asturianischen Kohle- und Stahlrevier und sind dem Einfluss Fermíns bereits entwachsen, weil sie den Gleichheitsverheißungen der Sozialisten mehr Glauben schenken als den auf die Ewigkeit vertröstenden Predigten der Kirche.

Im Übrigen stehen alle Beteiligten unter der strengen Beobachtung der *opinión*, die von anderen genau jene Tugendhaftigkeit verlangt, die man selbst nicht hat, und die sich lustvoll und voyeuristisch über jene hermacht, die, wie am Ende die Regenta, ›zu Fall kommen‹.

Man hat gelegentlich behauptet, in *La Regenta* gäbe es nicht mehr die Zweiteilung in ein progressives und ein rückschrittliches, ein weltoffenes und ein abgekapseltes Spanien; es sei nur noch das eine, das restaurative und scheinheilige, die *España eterna*, übrig geblieben. Das stimmt nur auf den ersten Blick. Das andere, das ›wahrheitsliebende‹ und republikanisch agitierende, ist keineswegs verschwunden, es hat sich lediglich in das gallige Temperament des kritischen Erzählers zurückgezogen, der dem Ewigen Spanien mit *La Regenta* einen gleichsam wutverzerrten Spiegel vorhält. Aber nicht nur der Erzähler ist ›anders‹; anders ist auch die Titelfigur, die Frauengestalt der Regenta, deren Leidensweg im bigotten Vetusta deutliche Züge des Martyriums trägt.

La Regenta ist ein Frauenroman, der das Verständnis für die weibliche Hauptfigur weiter treibt und tiefer begründet, als dies Claríns Vorbild Flaubert in *Madame Bovary* dreißig Jahre zuvor getan hatte. Die Geschichte der Regenta, die eigentlich Ana Ozores heißt, ist in das Soziogramm gleichsam eingelassen und macht das Vetustenser Personal überhaupt erst zu Protagonisten, Mitspielern und Zeugen in einer privaten Tragödie, deren Ausgang schon früh festgelegt ist.

In den ersten 15 Kapiteln des Romans werden die Personen eingeführt und das Ambiente von Vetusta gründlich durchleuchtet. Dabei vergehen in der Handlung (und auf 350 Romanseiten) nur drei Tage. In den Kapiteln 16–30 wechselt der Rhythmus. Eine Handlung kommt in Gang, entwickelt sich und gelangt ans fatale Ende, für das in der ersten Hälfte das Vorverständnis geschaffen worden ist. Auf abermals 350 Seiten vergehen darüber jetzt ganze drei Jahre.

Ana, eine temperamentvolle, sinnlich veranlagte junge Frau, der jedoch, wie vielen spanischen Frauen, im Hinblick auf die Sexualität ein tiefsitzendes Sündenbewusstsein anerzogen wurde, ist mit dem wesentlich älteren Don Víctor Quintanar, dem pensionierten Gerichtspräsidenten (spanisch *regente*) von Vetusta verheiratet, was für Ana, wie ausdrücklich betont wird, »ein Glück« war. Zuerst sollte sie nämlich einem ebenso reichen wie ungehobelten Indiano angedient werden. Sie durfte, weil aus einer ›entarteten‹, zudem verarmten und deshalb geschnittenen Adelsfamilie stammend, nicht wählerisch sein. Die unstandesgemäße, früh verstorbene Mutter war eine ›Künstlerin‹, der Vater ein republikanischer Freigeist, die erziehenden Tanten ohne Liebe für sie. Für sich einnehmen kann Ana nur mit ihrer Schönheit und mit ihrer Tugend. Ihr verdankt sie denn auch die gute Partie und das gesellschaftliche Ansehen, das der Gerichtspräsident ihr garantiert, auch wenn dafür in Kauf zu nehmen ist, dass Víctor nicht nur gutmütig, sondern auch impotent und an seinen Steckenpferden (der Jagd und der Lektüre von Calderóns Ehrendramen) mehr interessiert ist als an den erotischen Sehnsüchten seiner Gattin.

Ana steht von vornherein unter Beobachtung der Gesellschaft Vetustas. Gerade weil sie so schön und weil ihre Herkunft so prekär ist, muss sie besonders auf sich achten und die religiösen Rituale pünktlich erfüllen, die in dieser Gesellschaft üblich sind. Und gerade weil sie die Verpflichtung ernst nimmt, flüchtet sie sich in eine typische Ersatzbefriedigung für die iberische Frau jener Zeit, in mystische Religiosität nämlich, wobei sie von ihrem neuen Beichtvater, dem Magistral Don Fermín, entsprechend angeleitet wird. Gleichzeitig wird sie von Don Alvaro Mesía umworben, dem Präsidenten der vetustenser Casinogesellschaft, einem (gerade noch) jugendlich wirkenden, ebenso aufgeblasenen wie nichtsnutzigen Provinz-Charmeur und -Don Juan, der es sich zum Ziel gesetzt hat, sie als besonders schwer zu erringende Trophäe seiner Sammlung verführter Frauen einzuverleiben. Mesía ist auch der örtliche Vorsitzende der »liberal-dynastischen« Partei, jener Partei, die im fernen Madrid an der Macht und für die *restauración* verantwortlich ist. Da der

Beichtvater, unter dem Vorwand der Seelenverwandtschaft, sich ebenfalls in Ana verliebt und seiner Leidenschaft nicht mehr Herr wird, wendet sich die Regenta, obwohl im Grunde für seine Avancen nicht unempfänglich, erschrocken von ihm ab. Nachdem so ihrer Natur der religiöse Schutzschild entzogen wurde, erliegt sie umso sicherer dem Werben Alvaros. Ganz Vetusta hatte sich schon über das auffällige Interesse die Mäuler zerrissen, das die beiden – aus dem weltlichen und dem geistlichen Lager stammenden – Rivalen für die Regenta an den Tag legten, und es wurde eifrig darüber spekuliert, wie lange Ana dem Werben wohl standhalten würde. Als die scheinbar so Tugendhafte dann tatsächlich gestrauchelt ist – Vetusta *ahnt* es eher, als dass es das weiß; auch der Leser wird nicht Zeuge des zwischen zwei Kapiteln platzierten ›Sündenfalls‹ –, kennt die aufgegeilte Empörung keine Grenzen mehr. Sie zwingt letztlich auch den braven Ehemann zum Handeln, obwohl der von sich aus, trotz seiner calderonianischen ›Vorbildung‹, zur Großzügigkeit bereit gewesen wäre. Dank einer perfiden Intrige des Magistral, durch die der Vorfall überhaupt erst richtig publik wird, bleibt ihm am Ende kein anderer Ausweg als der von alters her vorgeschriebene Ehrenhandel.

Es kommt zum Duell zwischen dem betrogenen Ehemann und dem Liebhaber, der sich die ganze Zeit über als sein Freund ausgegeben hatte. In Umkehrung der traditionellen Rollen ist der alte Hahnrei aber gefasst und zielsicher und schießt trotzdem absichtlich vorbei, der Don Juan hingegen schlottert vor Angst und trifft seinen Gegner – unabsichtlich – in die Blase; die Verletzung ist tödlich. Die ganze Duellepisode liest sich wie eine tragische Farce, fast schon wie ein *Esperpento* Valle-Incláns (s. Kap. XIX). Sie beinhaltet jedenfalls eine drastische Herabsetzung der Ehrenideologie und des Don Juan-Mythos. Der echte Don Juan war zwar zynisch, aber er war auch kühn und allenfalls über-mutig. Claríns Don Juan hingegen ist nicht nur feige im Zweikampf selbst; er entzieht sich auch den Konsequenzen durch die (vorher schon sorgsam vorbereitete) Flucht nach Madrid, froh, seine große Eroberung los zu sein, die ihm schon lästig zu werden begann. Auch der Beicht-›Vater‹ will mit *dieser* Ana nichts mehr zu tun haben, obwohl oder gerade weil er doch selbst nur zu gern der Nutznießer ihres Sündenfalls gewesen wäre. In Anas Verstoßung sind sich weltliche und kirchliche Autorität, die sich nur vorübergehend bekämpften, wieder einig, und ganz Vetusta wendet sich naserümpfend von der Sünderin ab.

Mindestens ebenso wichtig wie der äußere Geschehnisablauf ist die innere, genauer: die Vor-Geschichte Anas, der im ersten Teil des Romans drei Kapitel gewidmet werden (4–6). Anlass für die Rückerinnerung, die auch eine Anamnese von Anas psychischer Labiliät ist, gibt die Vorbereitung auf die Generalbeichte bei ihrem neuen Seelsorger Fermín de Pas im dritten Kapitel. Ans Tageslicht kommt bei dieser schon deutlich tiefenpsychologisch motivierten Aufarbeitung der Vergangenheit, wie Ana als Kind die natürliche Spontaneität im Umgang mit dem anderen Geschlecht, ja mit dem Geschlecht überhaupt ausgetrieben und wie ihr liebevolle Zuwendung versagt wurde; wie sie in der Lektüre frommer Literatur, in der Hingabe an den Glauben und in heimlichen Selbstberührungsritualen eine gewisse Ersatzbefriedigung fand und wie sie als unberührt gebliebene erwachsene

Frau, die von vielen begehrt wird, unter neurotischen Störungen leidet, die man im 19. Jahrhundert unter dem zumeist negativ verwendeten Begriff der Hysterie zusammenfasste. Genese und Symptomatik dieser Störung wird in *La Regenta* vor allem deshalb so ausführlich dargelegt, um Anas Verstörtheit im Umgang mit ihren drei Männern sowie ihren Fehltritt zu erklären, wenn nicht zu entschuldigen. Unter den männlichen Hauptpersonen wird bezeichnenderweise dem Magistral Fermín de Pas eine ähnlich eindringliche und ebenfalls tiefenpsychologisch orientierte Analyse zuteil.

Der Dreh- und Angelpunkt des Romans ist das 16. Kapitel, das zwischen dem langsamen ersten und dem ereignisreichen zweiten Teil vermittelt. Es beginnt mit einer langen Betrachtung Anas über die Langeweile, den *tedio*, den ihr der regenreiche asturianische Herbst im Allgemeinen und die Stadt Vetusta im Besonderen bereiten. Und es endet mit ihrem Theaterbesuch am Abend des Allerseelentages, an dem – schon damals traditionellerweise – der *Don Juan Tenorio* von José Zorrilla aufgeführt wird. Der Leser erlebt die Aufführung aus der Perspektive Anas, die, unter wachsender Erregung, begreift, dass in diesem Stück ihr ferneres Schicksal gleichsam schon vorgezeichnet ist: Die Liebe von Doña Inés zu Don Juan vermischt sich mit ihren Empfindungen für Alvaro Mesía, mit dem sie gegen Ende der Aufführung gleichsam auf Tuchfühlung ist, während der Ehemann es vorzieht, im Foyer zu schwatzen. Sie ahnt aber auch, dass, wie im *Tenorio*, am Ende *sie* allein es sein wird, die für alles aufzukommen hat.

Auch zu Beginn des Kapitels überwiegt zunächst *ihre* Perspektive. *Sie* nimmt, in ihrer »angustia nerviosa«, das Läuten der Kirchenglocken am Allerseelentag wie eine quälende Kopfschmerzattacke wahr; *sie* ekelt sich vor den unappetitlichen Zigarrenresten, die Víctor auf dem Mittagstisch zurückgelassen hat; *sie* liest zerstreut den *Lábaro*, das örtliche Kampfblatt des ultramontanen Katholizismus, dessen Gemeinplätze und dessen Dummheit fast noch unerträglicher sind als das Läuten der Glocken.

Ana Ozores no era de las que se resignaban. Todos los años, al oir las campanas doblar tristemente el día de los Santos, por la tarde, sentía una angustia nerviosa que encontraba pábulo en los objetos exteriores, y sobre todo en la perspectiva ideal de un invierno, de otro invierno húmedo, monótono, interminable, que empezaba con el clamor de aquellos bronces.

Aquel año la tristeza había aparecido a la hora de siempre. Estaba Ana en el comedor. Sobre la mesa quedaban la cafetera de estaño, la taza y la copa en que había tomado café y anís don Víctor, que ya estaba en el Casino jugando al ajedrez. Sobre el platillo de la taza yacía medio puro apagado, cuya ceniza formaba repugnante amasijo impregnado del café frío derramado. Todo esto miraba la Regenta con pena, como si fuesen ruinas del mundo. [...]

Las campanas comenzaban a sonar con la terrible promesa de no callarse en toda la tarde ni en toda la noche. Ana se estremeció. Aquellos martillazos estaban destinadas a ella; aquella maldad impune, irresponsable, mecánica, del bronce repercutiendo con tenacidad irritante, sin por qué ni para qué, sólo por la razón universal de molestar, creíala descargada sobre su cabeza. [...] No hablaban de los muertos, sino de la tristeza de los vivos, del letargo de todo; ¡tan, tan, tan!, ¡cuántos!, ¡cuántos!, ¡y los que faltaban! ¿Qué contaban aquellos tañidos? Tal vez las gotas de lluvia que iban a caer en aquel otro invierno.

La Regenta quiso distraerse, olvidar el ruido inexorable, y miró El Lábaro. Venía con orla de luto. El primer fondo que, sin saber lo que hacía, comenzó a leer, hablaba de la brevedad de la existencia y de los acendrados sentimientos católicos de la redacción. »¿Qué eran los placeres de este mundo? ¿Qué la gloria, la riqueza, el amor?« En opinión del articulista, nada; palabras, palabras, como había dicho Shakespeare. Solo la virtud era cosa sólida. [...] Todas aquellas necedades ensartadas en lugares comunes; aquella retórica fiambre, sin pizca de sinceridad, aumentó la tristeza de la Regenta; esto era peor que las campanas, más mecánico, más fatal, era la fatalidad de la estupidez. (II, p. 63 ff.)

Man merkt beim Lesen aber auch, wie sich der Standpunkt Anas mit dem des Erzählers, ja des Autors vermischt. Man nimmt ihre Gedanken wahr, aber auch seine. Seine überlagern die ihren und übertreffen sie noch an Ablehnung und satirischer Boshaftigkeit. Das sieht man besonders deutlich bei der Kritik am *Lábaro*. Flaubert, der Erfinder des personalen Stils und der indirekten Rede, soll gesagt haben: »Emma, c'est moi.« Leopoldo Alas könnte replizieren: »Ana soy yo.« Die ganze Passage demonstriert, erzähltechnisch wie inhaltlich, wie stark Clarín tatsächlich von Flaubert beeinflusst worden ist: bis zu dem Punkt, dass der *Lábaro* wie ein *Dictionnaire des idées reçues* erscheint, auch bis zur Denunzierung einer allumfassenden und schicksalhaften *bêtise*, die bei Clarín *estupidez* heißt und deren Unvermeidlichkeit, deren *fatalidad* (Flaubert benutzt das Wort *fatalité*) man nicht entrinnen kann. *Ihre* Gedanken sind *seine* Gedanken, und es ist nicht nur *ihr* Ekel, der hier zum Ausdruck kommt, sondern auch der Claríns.

Der seine geht allerdings weiter, über den Allerseelentag hinaus. Es ist ein Ekel vor Vetusta insgesamt, eine Zurückweisung des dort herrschenden restaurativen ›Systems‹, das man in Spanien auch das *sistema canovista* nannte (nach Antonio Cánovas, dem langjährigen Regierungschef, dessen Stellvertreter in Vetusta Alvaro Mejía ist); es ist also auch eine Zurückweisung der gesamtspanischen Rückschrittlichkeit und des im ganzen Land herrschenden Provinzialismus, für den Vetusta lediglich eine Metonymie oder ein Symbol ist. Mit dieser letztlich *politisch* motivierten Spanienkritik unterscheidet sich Clarín ebenso von Flaubert wie in der Solidarisierung mit Ana, die auf der privaten Ebene das beispielhafte Opfer des Systems ist.

Schon die ersten Sätze des Romans, bei denen noch keine Personen auftreten, hinter denen sich der Erzähler oder der Autor verstecken kann, verkünden gleichsam *ex cathedra* dessen Verachtung für Vetusta: von der despektierlichen Namensgebung für die Stadt über die Ironisierung des offiziellen, auf Verdienste bei der Reconquista verweisenden Titels »muy noble y leal ciudad« für den einstigen Königssitz bis zur Degradierung der (nur damals) heldenhaften Bewohner, die sich heuer siestamüde der vulgären Tätigkeit der Verdauung hingeben, während sie sich vom monotonen Läuten der Kirchenglocken einlullen lassen.

La heroica ciudad dormía la siesta. [...]
Vetusta, la muy noble y leal ciudad, corte en lejano siglo, hacía la digestión del cocido y
de la olla podrida, y descansaba oyendo entre sueños el monótono y familiar zumbido de
la campana de coro, que retumbaba allá en lo alto de la esbelta torre en la Santa Basílica.
(I, p. 135 f.)

Tatsächlich wird an Vetusta und den Vetustensern auch im weiteren Verlauf des umfangreichen Romans kaum ein gutes Haar gelassen. Darin liegt auch der Unterschied zu Galdós, der zu seinen Personen zwar eine ironische Distanz wahrt, ihnen aber auch Verständnis entgegenbringt. Wenn man sich dagegen die zahlreichen Vetustenser vor Augen hält, die namentlich in *La Regenta* auftreten, wird man kaum jemanden finden, der wirklich als »noble y leal« bezeichnet werden kann. Man intrigiert, man verschleiert, man redet sich selbst schön und die anderen hässlich; man tut nichts Produktives, man schmort im eigenen Saft. Es gibt nicht mehr als drei Personen, die man allenfalls als Ausnahmen bezeichnen könnte: Víctor, der gutmütige Ehemann, der am Schluss gar nicht mehr lächerlich ist, freilich immer ein großer Egoist bleibt, der vor allem ›seine Ruhe‹ haben will; der Arzt Benítez, der sich vom geistlichen Pseudo-Therapeuten Fermín de Pas durch echte berufliche Kompetenz unterscheidet, und Frígilis, der Freund und Jagdkamerad Víctors, der gegen Ende des Romans, wenn auch nur vorübergehend, als einziger uneigennützig der bereits von allen gemiedenen Witwe beisteht, was ihm heftige Kritik einbringt. Und Ana selbst? Ana ist sichtbar das Opfer der herrschenden Verhältnisse, aber sie ist keine Widerstand leistende Gegenfigur zum in Vetusta herrschenden Mainstream, in dem sie gerade deshalb versinkt, weil sie in ihm mitschwimmt.

So radikal und in gewisser Weise auch bewundernswert Claríns Kritik an Vetusta ist – bewundernswert gerade deshalb, *weil* sie so unerbittlich ist –, so liegt doch gerade in deren exorzistischer Unbedingtheit auch eine Schwäche des Romans. Sie verleitet den Erzähler dazu, gelegentlich allzu dick aufzutragen und pamphletär zu übertreiben; *cargar las tintas* nennt man das auf Spanisch. So gelungen, ja meisterhaft viele Passagen in *La Regenta* sind – auf die Dauer ermüdet die ständige Dekonstruktion. Auch gerät Clarín manchmal unfreiwillig in die Nähe des Trivialromans: Anas Erfahrungen seit ihrer frühesten Kindheit sind ausnahmslos schlimm, und in der Romanhandlung selbst wird sie zu einer Figur der verfolgten Unschuld, wie man sie aus den sentimentalen Romanen des 18. und 19. Jahrhunderts kennt. Nicht von ungefähr unterscheiden sich die Illustrationen der Erstausgabe (die in der modernen Cátedra-Ausgabe dankenswerterweise übernommen wurden) kaum von denen der zeitgenössischen Unterhaltungsliteratur und lassen vermuten, dass der Verlag seinerzeit durchaus auf das Interesse der entsprechenden, meist weiblichen Leserschaft spekuliert hat.

Am Ende des Romans schließlich überstürzen sich die Ereignisse mit einer Melodramatik, die dem Feuilletonroman alle Ehre gemacht hätte: Der ehrgeizige Priester wird zum Bösewicht, die missratene Dienstmagd zur Verräterin. Dazu kommt die feige Flucht des ›siegreichen‹ Duellanten. Und als Höhepunkt die (aus heutiger Sicht) politisch unkorrekte Schlussszene des Romans, in der Ana, nach der Zurückweisung durch Fermín in Ohnmacht gefallen, dem ekelhaften Kuss des homosexuellen Kirchendieners Celedonio ausgesetzt ist, in Umkehrung des Märchenmotivs vom Froschkönig:

> Celedonio sintió un deseo miserable, una perversión de la perversión de su lascivia; y por gozar un placer extraño, o por probar si lo gozaba, inclinó el rostro asqueroso sobre la Regenta y le besó los labios.
> Ana volvió a la vida rasgando las nieblas de un delirio que le causaba náuseas.
> Había creído sentir sobre la boca el vientre viscoso y frío de un sapo. (II, p. 598)

Das allerdings unterscheidet den Roman Claríns dann wieder von der Trivialliteratur: Er hat keinen tröstlichen, er hat einen widerlichen Schluss.

Literaturhinweise

Ausgabe: Leopoldo Alas: *La Regenta*. 2 Bde., ed. Juan Oleza, Madrid 1995
Übersetzung: Leopoldo Alas: *Die Präsidentin*, übers. von Egon Hartmann, mit einem Nachwort von Fritz Rudolf Fries, Frankfurt a. M. 1987

Weitere Literatur

Spanische Literaturgeschichte, S. 294–297
Ralf Junkerjürgen: »Clarin: La Regenta«, in: Ders. (Hg.): *Klassische Romane Europas in Einzeldarstellungen*, Hamburg 2007
Ursula Link-Heer: »Leopoldo Alas (›Clarín‹): La Regenta«, in: Volker Roloff/Harald Wentzlaff-Eggebert (Hg.): *Der spanische Roman. Vom Mittelalter bis zur Gegenwart*, 2. Aufl. Stuttgart 1995, S. 272–297
Yvan Lissorgues: *Leopoldo Alas Clarín en sus palabras*, Oviedo 2007
Wolfgang Matzat (Hg.): *Peripherie und Dialogizität. Untersuchungen zum realistisch-naturalistischen Roman in Spanien*, Tübingen 1995
Hans-Jörg Neuschäfer/Dorothee Fritz-El Ahmad/Klaus-Peter Walter: *Der französische Feuilletonroman. Die Entstehung der Serienliteratur im Medium der Tageszeitung*, Darmstadt 1986
Gonzalo Sobejano: *Clarín en su obra ejemplar*, Madrid 1985

Übersetzung

(nach Egon Hartmann)

Zu S. 138 f.:
> Ana Ozores gehörte nicht zu denen, die sich schweigend abfanden. Jahr für Jahr, wenn die Glocken am Nachmittag mit traurigem Klang Allerheiligen einläuteten, spürte sie eine nervöse Beklemmung, die in all dem, was sie umgab, ihre Nahrung fand, vor allem aber im Gedanken an den kommenden Winter, an einen nassen, eintönigen, endlosen neuen Winter, der mit dem Geläut dieser Glocken begann.
> In diesem Jahr war die Schwermut zur selben Stunde wie immer über sie gekommen. Ana war allein im Esszimmer. Auf dem Tisch stand noch die zinnerne Kaffeekanne, die Tasse

und das Likörglas, aus denen Don Victor, der inzwischen bereits im Casino Schach spielte, seinen Kaffee mit Anislikör getrunken hatte. Auf der Untertasse lag eine halbe, ausgegangene Zigarre, deren Asche, von dem kalten, verschütteten Kaffee durchtränkt, einen unappetitlichen Brei bildete. Dies alles betrachtete die Präsidentin gequält, als seien es die Trümmer einer Welt. [...]
Die Glocken begannen mit der schrecklichen Verheißung zu läuten, dass sie den ganzen Nachmittag und Abend nicht mehr verstummen würden. Ana schauderte. Diese Schläge waren für sie bestimmt. Diese ungestrafte, unverantwortliche, mechanische Bosheit der Bronze, die ohne jeden anderen Grund, als um die Menschen zu quälen, mit aufreizender Hartnäckigkeit dröhnte, hämmerte auf ihren Kopf ein. [...] Es waren keine Grabesklagen, sie sprachen nicht von den Toten, sondern von der Trauer der Lebenden, der Lethargie aller Dinge. Bong! Bong! Bong! Immer mehr, immer mehr! Und wie lange das noch weiterging! Was zählten diese Glockentöne? Vielleicht die Regentropfen, die in dem neuen Winter vom Himmel fallen würden.
Die Präsidentin wollte sich ablenken, das unerbittliche Dröhnen vergessen und warf einen Blick in den »Lábaro« [die »Kreuzfahne«]. Er erschien mit Trauerrand. Der Leitartikel, den sie zu lesen begann, ohne sich ihres Tuns bewusst zu werden, sprach von der Kürze unseres Erdenwandelns und den lauteren katholischen Gefühlen der Redaktion. Was seien die Freuden der Welt? Was der Ruhm, der Reichtum, die Liebe? Nach Ansicht des Artikelschreibers: Nichts. Worte, Worte, Worte, wie Shakespeare sagte. Nur die Tugend war von Bestand. [...] All diese in Gemeinplätze verpackten Albernheiten, all die abgestandene Rhetorik ohne eine Spur von Ehrlichkeit verstärkten die Schwermut der Präsidentin nur noch. Das war schlimmer als die Glocken, noch mechanischer und fataler. Fatal, weil es dumm war.

Zu S. 140:
Die heldenhafte Stadt hielt Siesta. [...]
Vetusta, die altehrwürdige, königstreue Stadt, in fernen Jahrhunderten Sitz des Hofes, verdaute ihren Cocido, ihre Olla podrida, ruhte und vernahm dabei im Halbschlaf das eintönige, vertraute Schlagen der Chorglocke, die hoch oben auf dem schlanken Turm der Santa Basilica dröhnte.

Zu S. 141:
Celedonio verspürte ein gemeines Verlangen, der höchsten Perversion seiner Lüsternheit entsprungen. Und um sich einen seltenen Genuss zu verschaffen oder um zu probieren, ob es einer war, neigte er das widerwärtige Gesicht über das der Präsidentin und küsste sie auf die Lippen.
Ana kehrte ins Leben zurück. Sie zerteilte die Nebel eines Deliriums, das ihr Übelkeit verursachte.
Sie hatte geglaubt, auf ihrem Mund den schleimigen, kalten Bauch einer Kröte zu spüren.

Kapitel XVII
Antonio Machado: *Campos de Castilla* (1912/1917)
Die Poesie der Alltäglichkeit

Antonio Machado (1875–1939) ist Spaniens populärster Dichter; er war es insbesondere in der Zeit des Übergangs von der Franco-Diktatur zur Demokratie. Viele fanden in seiner Poesie genau das, was ihnen so lange vorenthalten worden war: den Ausdruck von Echtheit und Aufrichtigkeit und die Hoffnung auf ein ›anderes‹ Spanien. Dank der Vertonung durch den katalanischen *Cantautor* und Protestsänger Joan Manuel Serrat bekamen manche seiner Gedichte sogar den Kultstatus moderner Popsongs, auch wenn sie alles andere als anspruchslos und manche von ihnen sogar ausgesprochen schwierig sind.

Don Antonio selbst, bescheiden und zurückhaltend, ja introvertiert, bevorzugte die leisen Töne und mied die Öffentlichkeit. Er ließ sich auch nicht auf eine bestimmte Ideologie festlegen. Er war kein bekennender Katholik, aber er war auch kein Atheist; er war kein gläubiger Sozialist, aber er war als Knabe in der Madrider *Institución libre de enseñanza* erzogen worden, jener einzigartigen, von Staat und Kirche, von Thron und Altar gleichermaßen unabhängigen Schule des Republikanismus, in der die Schüler zu eigenständigem Denken und Handeln und zu sozialer Verantwortung angehalten wurden. Ihren Leiter, den Pädagogikprofessor Francisco Giner de los Ríos, hat er sein Leben lang als seinen wichtigsten Lehrer verehrt.

Geboren wurde Machado in Sevilla, in einer Gelehrtenfamilie, und hat, obwohl später als der Sänger Kastiliens gerühmt, nie seinen andalusischen Akzent verloren. Besonders fleißig scheint er in jungen Jahren nicht gewesen zu sein, es sei denn in der Madrider Bohème. Das Abitur jedenfalls holte er erst nach, als er schon 25 Jahre alt war. Verschiedene Aufenthalte in Paris, wo ihn besonders die Philosophie Bergsons beeindruckte, verhalfen ihm zu guten französischen Sprachkenntnissen und die wiederum zu Anstellungen als Französischlehrer in der tiefsten Provinz. Zuerst verschlug es ihn, der eigentlich lieber in Madrid geblieben wäre, 1909 nach Soria, das damals gerade einmal 7000 Einwohner hatte. Dort lernte er nicht nur die karge und zerklüftete kastilische Landschaft samt ihren spröden Menschen lieben, sondern auch die Tochter seiner Pensionswirte, Leonor Izquierdo, die er heiratete, als sie gerade 16 wurde und er schon 34 war. Er liebte sie trotzdem so, wie man nur eine als ebenbürtig Anerkannte lieben kann. Das Glück war von kurzer Dauer; schon 1912 erlag Leonor der damals so verbreiteten Tuberkulose. Für ihn war das ein großes Unglück, über das er nie ganz hinwegkam. Er ließ sich nach Baeza versetzen, dorthin, wo Andalusien an die Mancha grenzt und wo die *España profunda* noch abgelegener war als in Soria.

Die längste Zeit als Lehrer verbrachte er in Segovia, von wo er wenigstens am Wochenende nach Madrid fahren konnte. Erst spät, 1932 – Machado war schon 57 und hatte nur noch sieben Jahre zu leben –, erhielt er eine Anstellung in der Hauptstadt. Es war die Zeit der Zweiten Republik, für die er sich wie selbstverständlich engagierte. 1937 wurde er nach Valencia abgeordnet. Als das Ende der Republik nahte, reiste er mit seiner Mutter nach Barcelona. Im eisigen Frühjahr 1939 mussten die beiden, wie viele Tausende mit ihnen, vor den anrückenden Francotruppen über die französische Grenze ins nahe und damals doch so ferne Collioure flüchten, wo beide kurz hintereinander den Strapazen des langen Marsches erlagen.

Wenn man es genau nimmt, hat Machado nur drei – allerdings umso gewichtigere – Textbücher veröffentlicht: zwei Gedichtsammlungen: 1903 *Soledades* (1907 erweitert zu *Soledades. Galerías. Otros poemas*) und 1912, im Todesjahr Leonors, *Campos de Castilla*, das sich mit der Landschaft, den Menschen und der Geschichte Kastiliens aus der Perspektive seines Sorianer Lebensmittelpunktes beschäftigt. Die ursprüngliche Sammlung wurde bis 1917 noch fast um das Doppelte erweitert, unter anderem durch die ergreifenden Leonor-Gedichte, aber auch durch Betrachtungen aus der Perspektive von Baeza, sodass der ursprüngliche Titel *Campos de Castilla*, der gleichwohl beibehalten wurde, nicht mehr ganz zutreffend ist. Überhaupt darf man der immer wieder beschworenen Einheit dieser Sammlung kein allzu großes Gewicht beimessen, handelt es sich doch nicht um ein von vornherein geplantes, in sich schlüssiges Projekt, sondern eher um eine nachträgliche Zusammenfassung von mit der Zeit und an verschiedenen Orten veröffentlichten Einzelgedichten, von denen einige untereinander zusammenhängen (etwa die Leonor-Gedichte) oder an prominenter Stelle stehen und dadurch eine privilegierte Bedeutung erlangen (wie die beiden Eröffnungsgedichte), während andere Texte relativ unvermittelt nebeneinander stehen.

Den beiden Gedichtsammlungen folgte 1936 die im Verlauf des Bürgerkriegs noch um ein zweites Buch erweiterte sentenzenhafte Prosa eines von Machado erfundenen Lehrers namens Juan de Mairena, hinter dessen kurioser, den Leser herausfordernder Philosophie Machado selbst, letztlich aber auch sein alter Lehrer Giner de los Ríos steckt: *Juan de Mairena. Sentencias, donaires, apuntes y recuerdos de un profesor apócrifo*. Alles andere ist im Vergleich zu den bisher genannten Arbeiten von minderer Bedeutung, einschließlich der Theaterstücke, die er zusammen mit seinem Bruder Manuel schrieb, der Guiomar-Gedichte (Guiomar war Machados späte, eher einseitige Liebe) und der propagandistischen Bürgerkriegslyrik. Die nicht wenigen Hagiographen unter Machados Verehrern hören es allerdings nicht gern, wenn man nicht jede Zeile des Meisters für unsterblich erklärt.

In der Zeitspanne, die von den genannten Produktionen markiert wird, hat sich Machado vom melancholischen Ästhetizisten (*Soledades*) zum wachen Kritiker der spanischen Geschichte, zum Beobachter der Gegenwart (*Campos de Castilla*) und zum Verfechter einer demokratischen Kultur im eigenen Land (*Juan de Mairena*) gewandelt. Für einen Angehörigen der Generation von 98 – und Machado gilt als einer ihrer Hauptvertreter –, für die das Desaster im Krieg gegen die USA und der Verlust der letzten Kolonie (Kuba) zum Fanal des nationalen Niedergangs und zum Anlass für abgründigen Pessimismus wurde, war eine solche Öffnung von der Vergangenheit über die Gegenwart in die Zukunft alles andere als selbstverständlich.

Aber genau diese Reaktion entspricht dem Geist der *Institución* und des reformwilligen und nationalkritischen *regeneracionismo*, dessen Hauptvertreter, Joaquín Costa, Machado ebenfalls bewunderte. Nicht wenige ihrer Vertreter saßen in der Regierung der Zweiten Republik und waren so etwas wie deren geistiges Rückgrat.

In *Campos de Castilla* brach Machado mit den Prinzipien des Modernismo, die von ihm allerdings nie so konsequent befolgt wurden wie etwa von Rubén Darío oder Juan Ramón Jiménez, die Machados Zeitgenossen waren und die er sehr schätzte. Deren Credo hieß ästhetische Exquisitheit und *poesía pura*, bis hin zum *l'art pour l'art*. Dem hält Machado schon 1904 in einem Brief an Unamuno entgegen: »No debemos crearnos un mundo aparte en que gozar fantástica y egoístamente de la contemplación de nosotros mismos.« In der Tat: Nichts ist unalltäglicher und selbstbezüglicher als die Poesie des Modernismo – und nichts ist alltagsnäher und der Nabelschau ferner als die von *Campos de Castilla*. Das zeigt sich schon am Eröffnungsgedicht, dem berühmten, in Alexandrinern reimenden *Retrato* (Nr. XCVII der allseits akzeptierten Durchzählung von Machados *Sämtlichen Gedichten*). In ihm stilisiert sich Machado – im Gegensatz zum Modernismo, wo der Poet, durchaus spätromantisch, noch als höheres Wesen galt – ohne Scheu, ja selbstbewusst zum Alltagsmenschen (»un hombre al uso«, »de torpe aliño indumentario«), der einem Brotberuf nachgeht, seine Miete zahlt (»con mi dinero pago«) und keineswegs unpolitisch ist (»sangre jacobino« fließe in seinen Adern). Darüber hinaus charakterisiert er seine Dichtung, in polemischer Abgrenzung gegen »kosmetische« Künstelei, als ebenso schlichte wie genaue Beobachtung dessen, was man, im konkreten Raum und in bestimmter Zeit, mit den Sinnen erfassen und im Gedächtnis festhalten kann.

Mi infancia son recuerdos de un patio de Sevilla,
y un huerto claro donde madura el limonero;
mi juventud, veinte años en tierra de Castilla;
mi historia, algunos casos que recordar no quiero.

Ni un seductor Mañara, ni un Bradomín he sido
– ya conocéis mi torpe aliño indumentario –
[...]

Hay en mis venas gota de sangre jacobina,
pero mi verso brota de manantial sereno;
y más que un hombre al uso que sabe su doctrina,
soy, en el buen sentido de la palabra, bueno.

Adoro la hermosura, y en la moderna estética
corté las viejas rosas del huerto de Ronsard;
mas no amo los afeites de la actual cosmética,
ni soy un ave de esas del nuevo gay-trinar.

Desdeño las romanzas de los tenores huecos
y el coro de los grillos que cantan a la luna.
A distinguir me paro las voces de los ecos,
y escucho solamente, entre las voces, una.

[…]

Y al cabo, nada os debo; debéisme cuanto he escrito.
A mi trabajo acudo, con mi dinero pago
el traje que me cubre y la mansión que habito,
el pan que me alimenta y el lecho en donde yago.

Y cuando llegue el día del último viaje,
y esté al partir la nave que nunca ha de tornar,
me encontraréis a bordo ligero de equipaje,
casi desnudo, como los hijos de la mar.

Nicht weniger programmatisch und doch zugleich ganz konkret ist auch das zweite Gedicht (*A orillas del Duero*, Nr. XCVIII; abermals in Alexandriner-Reimen gefasst). Es ist ein Landschaftsgedicht und, ganz im Geist von 98, eine Reflexion über die Dekadenz Kastiliens. Die Landschaft wird nicht einfach beschrieben, sondern entdeckt und erwandert im steilen Aufstieg vom Duero-Ufer auf eine der Höhen um Soria. Der Aufstieg ist verbunden mit handfesten körperlichen Mühen, ja mit Schweißausbrüchen und Atemnot, die zum Verweilen zwingen. Dennoch oder gerade deshalb sind alle Sinne des Wanderers wach, sie nehmen die am Himmel kreisenden Raubvögel wahr, riechen die scharfen Gebirgskräuter und spüren die sengende Sonne eines heißen kastilischen Julitages.

Mediaba el mes de julio. Era un hermoso día.
Yo, solo, por las quiebras del pedregal subía,
buscando los recodos de sombra, lentamente.
A trechos me paraba para enjugar mi frente
y dar algún respiro al pecho jadeante;
o bien, ahincando el paso, el cuerpo hacia adelante
y hacia la mano diestra vencido y apoyado
en un bastón, a guisa de pastoril cayado,
trepaba por los cerros que habitan las rapaces
aves de altura, hollando las hierbas montaraces
de fuerte olor – romero, tomillo, salvia, espliego –.
Sobre los agrios campos caía un sol de fuego.
[…] (v. 1–13)

Oben angekommen, öffnet sich der Blick auf das Tal des Duero, der das »eichene Herz« Iberiens und Kastiliens durchquert. Jetzt beginnt eine lange Reflexion über den Niedergang des Landes, dessen ganz konkrete Gründe deutlich beim Namen genannt werden: Landflucht und Auswanderung infolge der Jahrhunderte während der Misswirtschaft, insbesondere bei der Abholzung der einst dichten Wälder. Das hat nicht nur zum demographischen, sondern auch zum geistigen Niedergang und dazu geführt, dass das einst stolze und herrische Land jetzt gleichsam in Lumpen gehüllt ist und seine Ignoranz mit Überheblichkeit kompensiert.

> El Duero cruza el corazón de roble
> de Iberia y de Castilla. ¡Oh, tierra triste y noble,
> la de los altos llanos y yermos y roquedas,
> de campos sin arados, regatos ni arboledas;
> decrépitas ciudades, caminos sin mesones,
> y atónitos palurdos sin danzas ni canciones
> que aún van, abandonando el mortecino hogar,
> como tus largos ríos, Castilla, hacia la mar!
>
> Castilla miserable, ayer dominadora,
> envuelta en sus andrajos desprecia cuanto ignora.
> [...] (v. 33 ff.)

Trotzdem endet das Poem nicht im Ton der Klage. Ganz im Gegenteil. An seinem Ende kommt das Ich wieder zu sich selbst und in die Gegenwart zurück, offen für die Eindrücke von hier und heute. Und die sind eher freundlicher Natur: Aus dem Tal hallt das harmonische Läuten der Glocken herauf; die Vorstellung, dass die schwarz gekleideten alten Frauen jetzt zum Rosenkranz eilen, stellt sich ein; zwei vorwitzige *comadrejas* (Wiesel) lugen neugierig aus den Felsspalten hervor. Und ganz am Schluss, am Ende des *weißen* Weges, wird die offene Tür einer Herberge sichtbar. So kehrt die Beschreibung des Abends fast wieder zur selbstgewissen Stimmung beim morgendlichen Aufstieg zurück.

> El sol va declinando. De la ciudad lejana
> me llega un armonioso tañido de campana
> – ya irán a su rosario las enlutadas viejas –.
> De entre las peñas salen dos lindas comadrejas;
> me miran y se alejan, huyendo, aparecen
> de nuevo ¡tan curiosas!... Los campos se obscurecen.
> Hacia el camino blanco está el mesón abierto
> al campo ensombrecido y al pedregal desierto. (v. 69 ff.)

Eines ist es offensichtlich, das Kastilienproblem historisch-konzeptionell und dann pessimistisch zu betrachten; ein anderes aber, die kastilische Landschaft und ihre Menschen in ihrer lebendigen Gegenwart auf sich wirken zu lassen. Dabei obsiegt ganz offensichtlich die ›bondad‹ des Betrachters, von der im ersten Gedicht die

Rede war, und es scheint, als sei über die Zukunft noch nicht das letzte Wort gesprochen. Bezeichnend ist dabei vor allem der Gegensatz von »caminos sin mesones« während der historischen Reflexion (v. 37) und des »mesón abierto« beim wachen Blick auf die Gegenwart (v. 75).

Was die Einstellung zu den Menschen angeht, ist der Eindruck, den *Campos de Castilla* beim Leser hinterlässt, ebenfalls zwiespältig: düster in *Por tierras de España* (XCIX), wo von Gewinnsucht und Verschlagenheit die Rede ist (»El hombre de estos campos que incendia los pinares«, v. 1). Und in *La tierra de Alvargonzález* (CXIV), dem romanzenartigen Binnenzyklus, der sich über 30 Seiten erstreckt, kommt das kastilische Urübel des Kainismus in einer Weise zur Sprache, die fast prophetisch schon auf den kommenden Bruderkrieg hindeutet.

Andererseits kann man sich kaum ein menschenfreundlicheres Gedicht vorstellen als das in Baeza geschriebene *Poema de un día* (*Meditaciones rurales*, CXXVII) und kein heitereres als *El tren* (CX), das aus der Sorianer Zeit stammt. In *El tren* setzt das Ich seine Selbstbeschreibung (und -bescheidung) fort, ist vom Anblick einer mitreisenden »monjita« gerührt und denkt, besorgt und amüsiert zugleich, an seine eigene »niña«, die hoffentlich nicht auch den Schleier nehmen, sich dann aber vielleicht lieber gleich mit einem Frisörgesellen verheiraten wird.

> Yo, para todo viaje
> – siempre sobre la madera
> de mi vagón de tercera-
> voy ligero de equipaje (v. 1 ff.)
> [...]
> ¡Frente a mí va una monjita
> tan bonita!
> Tiene esa expresión serena
> que a la pena
> da una esperanza infinita.
> Y yo pienso: Tú eres buena; (v. 23 ff.)
> [...]
> ¡Todas las mujeres bellas
> fueran, como tú, doncellas
> en un convento a encerrarse! ...
> Y la niña que yo quiero
> ¡ay! ¡preferirá casarse
> con un mocito barbero!
> El tren camina y camina,
> y la máquina resuella,
> y tose con tos ferina.
> ¡Vamos en una centella! (v. 44 ff.)

Ein kleines Ensemble für sich bilden die Liebesgedichte für Leonor (CXIX–CXXIV), genauer: die Gedichte der liebenden Erinnerung an sie. In CXXII, einer

Romanze, in der Traum und Wirklichkeit, Schmerz und Hoffnung ununterscheidbar ineinander übergehen, ist *er* wieder mit *ihr* vereint, lässt *er* sich von *ihr* führen, ist sie, mehr noch als ›Gattin‹ oder ›Geliebte‹, die gleichberechtigte »compañera«. Man kann sich kaum einen entschiedeneren Kontrast zum traditionellen spanischen Genderverständnis vorstellen als dieses ebenso innige wie unaufgeregte Übereinstimmen von Frau und Mann, und man kann nur mit Bewunderung konstatieren, wie es Machado mit einfachen Worten gelingt, ein tiefes Gefühl und eine fast musikalische Harmonie authentisch zu vermitteln:

> Soñé que tú me llevabas
> por una blanca vereda,
> en medio del campo verde,
> hacia el azul de las sierras,
> hacia los montes azules,
> una mañana serena.
>
> Sentí tu mano en la mía,
> tu mano de compañera,
> tu voz de niña en mi oido
> como una campana nueva,
> como una campana virgen
> de un alba de primavera.
> ¡Eran tu voz y tu mano,
> en sueños, tan verdaderas! ...
> Vive, esperanza, ¡quién sabe
> lo que se traga la tierra!

Gleichwohl ist der Blick auf die Menschen der Umgebung nicht nur von Sympathie oder wenigstens von Verständnis bestimmt. Es gibt auch Aversionen; eine starke Aversion vor allem gegen den Typ des *señorito*, der den Achtundneunzigern als der Inbegriff spanischer Rückständigkeit und sozialen Schmarotzertums galt. Diesem Typ hat Machado eines seiner populärsten Gedichte gewidmet, das unvergleichliche *Llanto de las virtudes y coplas por la muerte de don Guido* (CXXXIII), in dem der soeben verstorbene *señorito andaluz* (hier ist die kastilische durch die andalusische Perspektive abgelöst worden) mit beißender Ironie ins Grab verabschiedet wird. Es handelt sich um eine burleske Elegie, die von fern an die ernste und nicht weniger berühmte Elegie von Juan Manrique erinnert (*Coplas por la muerte de su padre*, geschrieben gegen 1480). Die wechselnden Rhythmen und die sonoren Verse machen das Gedicht regelrecht zum ›Ohrwurm‹, und die Frivolität des Diskurses passt genau zum Zynismus des ›Besungenen‹, der, einst großer Schürzenjäger und Saufbold, sich später aufs scheinheilige Arrangement mit dem Jenseits besonnen hat, sein Familienwappen aufpolieren ließ, durch die Heirat mit einer reichen Frau sein fast aufgezehrtes Vermögen wieder in die Gewinnzone brachte und in der Semana Santa demonstrativ an den Prozessionen teilnahm.

Al fin, una pulmonía
mató a don Guido, y están
las campanas todo el día
doblando por él ¡din-dan!

Murió don Guido, un señor
de mozo muy jaranero,
muy galán y algo torero;
de viejo gran rezador. (v. 1 ff.)
[...]
Cuando mermó su riqueza,
era su monomania
pensar que pensar debía
en asentar la cabeza.

Y asentóla
de una manera española,
que fue casarse con una
doncella de gran fortuna;
y repintar sus blasones,
hablar de las tradiciones
de su casa,
a escándalos y amoríos
poner tasa,
sordina a sus desvaríos.

Gran pagano,
se hizo hermano
de una santa cofradía;
el Jueves Santo salía,
llevando un cirio en la mano
– ¡aquel trueno! –,
vestido de nazareno.
Hoy nos dice la campana
que han de llevarse mañana
al buen don Guido, muy serio,
camino del cementerio. (v. 15 ff.)
[...]

Was aber hinterlässt er im Leben an Bleibendem und was nimmt er mit in die Ewigkeit? Die Antwort ist kurz und bündig: »nichts«, »cero, cero« (v. 56).

In scharfem Kontrast zum ebenso volltönenden wie spöttischen Abgesang auf Don Guido, der in der Versenkung des Grabes verschwindet, steht ein ganz anderer »Llanto«: die in schlichten Assonanzen und freien Rhythmen gehaltene Elegie auf den geliebten Lehrer Giner de los Ríos (CXXXIX), geschrieben 1915, wenige Tage nach dessen Tod. Im Gegensatz zu Don Guido, der die Vergangenheit symbolisiert, steht Giner für das ›andere‹, das lebendige Spanien. Dem entspricht, dass der ihm gewidmete *Elogio* trotz des traurigen Anlasses im Grunde tröstlich ist, ein Gedicht auch, in dem sich bestätigt, dass es in *Campos de Castilla* eine Zukunftsperspektive gibt: Don Francisco ist nur körperlich tot; seine Seele bleibt – im Gegensatz zu der Guidos (»cero, cero«) – lebendig, sie kann sogar zu uns sprechen, und Spanien wird wiedererstehen, wenn es *seinem* Arbeitsethos nacheifert. Deshalb ist dieser »llanto« ein »duelo de labores y de esperanzas«. Und was unter den »labores« zu verstehen ist, steht in der – vielleicht ein wenig *zu* plakativen, aber unmissverständlichen – Schlusszeile der ersten Strophe (v. 14): Es ist die produktive handwerkliche oder industrielle Arbeit, die den Amboss erklingen lässt und nicht das »din-dan« der Kirchenglocken, das im Nachruf auf Don Guido alles übertönt hat.

> Como se fue el maestro,
> la luz de esta mañana
> me dijo: Van tres días
> que mi hermano Francisco no trabaja.
> ¿Murió?... Solo sabemos
> que se nos fue por una senda clara,
> diciéndonos: Hacedme
> un duelo de labores y esperanzas.
> Sed buenos y no más, sed lo que he sido
> entre vosotros: alma.
> Vivid, la vida sigue,
> los muertos mueren y las sombras pasan:
> lleva quien deja y vive el que ha vivido.
> ¡Yunques, soñad; enmudeced, campanas! (v. 1 ff.)

Das Gedicht endet mit einer Evokation der Landschaft des Guadarrama, jenes Gebirges, das die Madrilenen, obwohl es vor ihrer Haustür liegt, so lange als zu beschwerlich und zu gefährlich gemieden haben, bis es just durch die *Institucionistas* und eben auch von Giner entdeckt wurde. Dort träumte er, so heißt es in den Schlusszeilen, von einem erneuerten Spanien: »Allí el maestro un día soñaba un nuevo florecer de España (v. 29 f.).

Nicht vergessen werden darf die große Zahl von 52 *Proverbios y cantares* (zusammengefasst unter der Nummer CXXXVI der Gesamtzählung), die im Kontext der *Campos de Castilla* noch einmal einen Unterzyklus mit Betrachtungen zur menschlichen Natur, aber auch mit spanienkritischen Aperçus bilden. Es sind sentenzenhafte Kurz- und Kürzestgedichte, von denen mindestens zwei mit der Zeit, losgelöst vom Verfasser, tatsächlich sprichwörtlich geworden sind: Das eine ist der Beginn von Nr. 29: »Caminante, son tus huellas/ el camino, y nada más;/ caminante, no hay camino,/ se hace camino al andar.« Das andere der Schluss von Nr. 52: »Españolito que vienes/ al mundo, te guarde Dios./ Una de las dos Españas/ ha de helarte el corazón.«

Hier kündigen sich bereits die Prosasentenzen an, die in *Juan de Mairena* ihren ganz eigenen Reiz entfalten werden. *Juan de Mairena* ist nichts anderes als eine Schule des kritischen Denkens, die es sich zum Ziel gesetzt hat, auf durchaus heitere Weise die Verkrampfungen jedweder Dogmatik zu lösen.

Zum Schluss kehren wir noch einmal in die Landschaft des Duero in der Nähe von Soria zurück, anhand von Machados vielleicht schönstem Naturgedicht (CV), das mit einem Sprichwort, also einer Volksweisheit, beginnt, das dann aber die Natur ganz sich selbst überlässt. Anders als in den ›Seelenlandschaften‹ der Romantik und des Modernismo, wo sie Spiegel des menschlichen Gemütes war, steht die Natur hier nur für sich, vom Dichter zwar wahrgenommen, der seinen – durchaus subjektiven – Eindruck an den Leser weitergibt, aber zugleich sich selbst genügend: sie *braucht* ihn nicht. Auch hier finden wir wieder, obwohl der Achtsilber vorherrscht, die für Machado so typische variantenreiche Reimtechnik und Rhythmik, die Lautmalerei, die Musikalität, dazu unterschiedlich lange Strophen, die sich den Launen der Natur gleichsam anpassen:

> Son de abril las aguas mil.
> Sopla el viento achubascado,
> y entre nublado y nublado
> hay trozos de cielo añil.
>
> Agua y sol. El iris brilla.
> En una nube lejana,
> zigzaguea
> una centella amarilla.
>
> La lluvia da en la ventana
> y el cristal repiquetea.
>
> A través de la neblina
> que forma la lluvia fina,
> se divisa un prado verde,
> y un encinar se esfumina,
> y una sierra gris se pierde. (v. 1 ff.)
> [...]

Wenn die Niederlage von 1898 *etwas* Gutes bewirkt hat, so war es der Zwang zur Selbstbesinnung. Das *kann* – wie bei Juan Ramón Jiménez – zur Nabelschau führen; es kann aber auch – und so war es bei Machado – die Augen öffnen für das, was man, weil es zu nah war, noch gar nicht entdeckt hat: die eigene Geschichte, die karge Landschaft Kastiliens, die einfachen Menschen, die sie bevölkern, und das Gefühl, dass man, auch als Dichter, einer von ihnen ist.

Literatur

Ausgabe: Antonio Machado: *Campos de Castilla*, ed. Geoffrey Ribbans, Madrid 1995; *Poesías completas*, ed. Oreste Macrí/Gaetano Chiappini, Madrid 1989 [die führende kritische Ausgabe mit ausführlichem Kommentar]
Übersetzung: Antonio Machado, *Campos de Castilla/Kastilische Landschaften*, span. und dt., hg. und übers. von Fritz Vogelgsang, Zürich 2001 [mit ausführrichem Nachwort]

Weitere Literatur

Spanische Literaturgeschichte, S. 310–319, speziell: S. 319; S. 338–344, speziell: S. 341–344
Antonio Sánchez Barbudo: *Los poemas de Antonio Machado*, Barcelona 1967
Hans-Jörg Neuschäfer: »Juan de Mairena und die Utopie einer spanischen Demokratie«, in: Ders.: *Macht und Ohnmacht der Zensur. Literatur, Theater und Film in Spanien (1933–1976)*, Stuttgart 1991
Bernard Sesé: *Antonio Machado. El hombre. El poeta. El pensador*, 2 Bde., Madrid 1980

Übersetzung
(Fritz Vogelgsang)

Zu S. 145 f.:
> Meine Kindheit sind Bilder vom Patio in Sevilla.
> Von einem lichten Garten voll reifender Zitronen;
> die Jugend: zwanzig Jahre in der Landschaft Castilla;
> meine Geschichten: Daten, die kein Erinnern lohnen.

> Kein Verführer Mañara bin ich jemals gewesen,
> kein Bradomín – ihr kennt mein unelegantes Kleid.
> [...]

> Es gibt in meinen Adern Tropfen von Jakobinerblut,
> doch meine Verse quellen aus ruhig-klarem Grund,
> und ich bin – in dem guten Sinne des Wortes – gut,
> mehr als ein Mensch der Norm mit fixer Doktrin im Mund.

> Ich verehre die Schönheit, und nach neuer Ästhetik
> schnitt ich die alten Rosen im Garten von Ronsard,
> doch ich mag nicht die Schminken der heutigen Kosmetik
> und bin kein Vogel aus der schicken Prunkzwitscherschar.

> Ich verschmäh die Romanzen hohl geschwellter Tenöre
> und den Grillenchor, der zirpend besingt den Mondenschein.
> Klar unterscheid ich Stimmen und Echos, die ich höre,
> innehaltend, und lausch nur einer Stimme allein.

[...]

Und ich bleib euch nichts schuldig am Ende; was ich schrieb,
schuldet ihr mir; ich zahle mit Arbeit, die ich tue,
den Rock, der mich bedeckt, die Wohnstatt, die mir blieb,
das Brot, das mich ernährt; das Bett, auf dem ich ruhe.

Und kommt er dann, der Tag der allerletzten Reise,
ist das Schiff ohne Rückkehr klar zum letzten Ade,
findet ihr mich an Bord, in unbeschwerter Weise,
leichten Gepäcks, fast nackt, wie die Söhne der See.

Zu S. 146:
Mitten im Juli war es. Ein wunderschöner Tag.
Ich, ganz allein, stieg, Winkel suchend, wo Schatten lag,
empor durch Steilhangklüfte, langsamen Schritts, dazwischen
stockend zuweilen, um den Schweiß von der Stirn zu wischen
und der keuchenden Brust ein Atemholen zu gönnen
oder um meinen Tritten Halt verschaffen zu können.
Mit vorgebeugtem Leib, auf einen Stock gestützt,
ähnlich dem Krummstab, wie ihn der Schafhirte benützt,
so erklomm ich die Höhen, wo die Raubvögel hausen
auf Gipfeln, Schritt für Schritt die heftig riechenden, krausen
Kräuter zertretend – Rosmarin-, Salbei-, Lavendel-, Thymianduft! –.
Übers schroffe Gefilde ergoß sich grelle Feuerluft.
[...]

Zu S. 147:
Der Duero durchbohrt das Herz aus Eichenholz
Iberiens und Kastiliens. O Land, traurig und stolz,
Land der Hochflächen und der Einöden voller Steine,
der Flur ohne Pflug, ohne Rinnsale, ohne Haine,
der verfallenden Städte, der Wege ohne Ruhestatt,
der Tölpel ohne Tänze und Lieder, stier und platt,
die der sterbenden Herdglut noch jetzt den Rücken kehren
und wie deine Flüsse, Kastilien, drängen nach Meeren!

Armes Kastilien, gestern herrschend in weitem Kreis,
heut in Lumpen, verachtend all das, was es nicht weiß.
[...]

Zu S. 147:
Die Sonne sinkt allmählich. Von der Stadt in der Weite
hallt harmonisch herüber fernes Glockengeläute
– schon zieht wohl schwarz zum Rosenkranz der Witwen Trauerlauf –.

Zwischen den Felsen tauchen zwei hübsche Wiesel auf,
schauen mich an, verschwinden, flüchtend, erscheinen wieder
– wie neugierig! Aufs Land sinkt Dämmerschatten hernieder.
Drüben am weißen Weg steht die Herberge offen
zwischen dunkelnder Feldflut und des Ödlands Schroffen.

Zu S. 148:
Ich, fahr ich irgendwann weg
immer auf Holz, als Insasse
meines Waggons dritter Klasse,
stets nur mit leichtem Gepäck.
[...]
Ein Nönnlein – wie nett ist sie! –
Sitzt mir vis-à-vis.
Sie atmet jene Gelassenheit,
die dem Leid
unendliche Hoffnung leiht.
Und ich denke: Gut bist du.
[...]
Alle schönen Frauen sollten,
solang sie noch unbescholten,
flüchten wie du hinters Klostertor! ...
Und mein Mädchen, dieser Engel,
ach, zöge die Heirat vor
mit einem Bartscherersbengel!
Fort und fort fährt unser Zug,
und die Maschine muß prusten,
husten mit keuchendem Husten.
Die Fahrt ist ein Funkenflug!

Zu S. 149:
Ich träumte, du führtest mich
einen weißen Pfad entlang,
mitten durchs grünende Feld,
entgegen dem Blau des Berglands
auf Gipfel zu. Blau im Blau,
an einem heiteren Morgen.

Deine Hand, ich fühlte sie
in der meinen, deine Freundeshand;
deine Mädchenstimme klang in
meinem Ohr wie eine neue
Glocke, wie die reine Glocke
eines frischen Frühlingsmorgens.

Deine Stimme, deine Hand,
sie waren im Traum so wahr! ...
Lebe auf, Hoffnung! Wer weiß,
was der Erdboden verschlingt!

Zu S. 150:

Die Lunge, die nicht mehr mag ...
Das gab ihm den Rest. Und stramm
läuten drum den ganzen Tag
die Glocken für ihn: bim-bam!

Es starb Don Guido, ein Grandseigneur,
als Jüngling ein Schwerenöter,
Weiberheld, auch Stierkampfamateur,
als Greis dann ein großer Beter.
[...]
Als sein Vermögen entschwand,
da dachte er mit Besessenheit:
Mensch, bedenk doch, es ist Zeit!
Werd gescheit, komm zu Verstand!

Und er kam,
auf spanische Weise: nahm
eine Frau, deren Vermögen
bürgte für den Ehesegen;
ließ die Wappen frisch bemalen,
sprach von Sitten, nicht Skandalen,
seines alten
Hauses; halbwegs der Affären
Sich enthalten
wollte er, dämpfte sein Gären.

Großer Heide, Freund der Luder,
ward er Bruder
einer frommen Büßerschar.
Am Gründonnerstag, ganz klar,
trat er auf als wohlgemuter
Kerzenträger – er, der Bummelant! –
im Nazarenergewand.
Heut nun sagt das Glockenläuten:
Morgen wird man diesen Mann,
Don Guido, den guten Exgalan,
sehr ernst zum Friedhof geleiten.

Zu S. 151:

Weil er fort ist, der Lehrer,
sprach das Licht dieses Morgens
zu mir: Drei Tage sind es,
dass mein Bruder Francisco nicht mehr arbeitet.
Starb er? … Wir wissen nur,
dass er fortging von uns auf hellem Pfad
mit den Worten: erweist mir
eure Trauer durch Werke und durch Hoffnungen.
Seid gut, nichts weiter; seid, was ich gewesen
in eurer Mitte: Seele.
Lebt, das Leben geht weiter,
die Toten sterben, und die Schatten schwinden;
mitnimmt, wer dalässt; es lebt, der gelebt hat.
Ambosse, auf, erklingt; verstummt, ihr Glocken!

Zu S. 152:

April hat Wasser die Füll.
Der Sturmwind scheucht Schauerböen,
Fetzen von Blau sind zu sehen
mitten im Wolkengewühl.

Wasser und Sonne. Die Leuchtkontur
des Regenbogens. Durchs Treiben
fernen Graus zickzackt
ein gelber Blitz seine Viperspur.

Der Regen schlägt an die Scheiben,
Glas scheppert im Tropfentakt.

Hinter dem Dunst, der sich hebt,
vom feinen Regen gewebt,
ahnt man ein Grün wie von Wiesen;
ein Steineichenhain entschwebt,
und graue Berge zerfließen.
[…]

Kapitel XVIII
Unamuno: *Niebla* (1914)
Auf der Suche nach dem verantwortlichen Autor

Niebla (Nebel, 1914) hat für die Geschichte des Romans Epoche gemacht. Mit diesem eher schmalen, aber intrikaten Text endet die Vorherrschaft einer ›realistischen‹, die Illusion von ›Wirklichkeit‹ erzeugenden Erzählweise, und es beginnt die bis in die Postmoderne weiterwirkende Selbstbezüglichkeit, in der das Erzählen und der Erzähler sich selbst zum Problem und die traditionelle Beziehung zwischen Autor, Romanfiguren und Leser aufgehoben wird. Im realistischen Roman, der oft auch ›bürgerlicher Roman‹ genannt wird, galt der Autor als verlässlicher Sinngeber, der mit Hilfe eines von ihm kontrollierten Erzählers und mittels einer Konfiguration von in ihren Lebensumständen handelnden Figuren dem Leser ein ›wirklichkeitsnahes‹ Weltbild vermittelte. Dazu trug auch die Erfindung ›personaler‹ Erzähltechniken bei, die es erlaubten, den Leser direkt in die Perspektive der handelnden Personen zu versetzen, wodurch sich der Eindruck noch verstärkte, hier melde sich die ›Wirklichkeit selbst‹ und nicht eine Fiktion zu Wort, die von einem Autor erfunden und nach *seinen* Vorstellungen modelliert wurde.

Niebla hingegen gibt sich von der ersten Zeile und durchgängig bis zur letzten immer wieder als Artefakt eines Autors zu erkennen. Unamuno, der sich schon 1905 in seinem Buch *Vida de Don Quijote y Sancho* eindringlich mit Cervantes beschäftigt hatte, knüpft damit bewusst an die Anfänge des neuzeitlichen Romans an. Schon Cervantes hatte nämlich die Wahrheitsbeteuerungen des Ritterromans ganz einfach dadurch ad absurdum geführt, dass er sie parodistisch als Wahnvorstellungen (*locura*) eines Protagonisten entlarvte, dem er, Cervantes, und nur er, Leben eingehaucht hat. Darauf insistiert er schon im achten Kapitel des ersten und ganz besonders in den ersten Kapiteln des zweiten Teils. Dass auch *Niebla* als parodistische Herabwürdigung des vorhergehenden Erzählmusters, in diesem Fall also des realistischen Romans am Ende des 19. Jahrhunderts, gelesen werden kann, hat Gerhard Müller schon vor vielen Jahren gezeigt. Wie Cervantes verfolgt also auch Unamuno eine literaturkritische Absicht in seinem Roman.

Unamuno hat in *Vida de Don Quijote y Sancho* aber auch schon eindringlich dargelegt, wie die Fiktion, wenn sie stark ist, mit der Zeit ein Eigenleben entwickelt, das den Autor in gewisser Weise auch wieder entmachtet, indem es ihn zu Weiterungen führt, die er ursprünglich gar nicht vorgesehen hatte. Cervantes hatte ganz offensichtlich nur eine Kurzgeschichte geplant; dann aber wuchs ihm die Figur des Don Quijote gleichsam über den Kopf und zwang ihm so sehr ihren Willen auf, dass er sie über zwei Romanteile und insgesamt fast 1000 Seiten ›ausagieren‹ lassen musste. Wir wissen aus den Tagebüchern von Thomas Mann, dass es ihm nicht nur im Josephsroman ähnlich ergangen ist und dass ihm die geplante Novelle gleichsam ›unter der Hand‹ ihren eigenen Rhythmus aufgezwungen hat. In Unamunos *Niebla* wird diese Dialektik von Macht und Ohnmacht des Autors, sowie die Eigendynamik der Fiktion insofern zum zentralen Problem, als sie geradenwegs zu einer Desintegration der bisherigen Zuständigkeiten und zu einer ›Sinnkrise‹ führt. Ganz einfach deshalb, weil erstens der Autor unsicher geworden ist, weil zweitens die Personen ihm nicht mehr bedingungslos gehorchen und weil es drittens unklar ist, wem eigentlich die Geschichte letztlich zuzuordnen ist: einem gewissen »Unamuno«, der sich als Autor aufspielt, oder einem Víctor Goiti, einem Freund des Protagonisten Augusto Pérez. Goiti arbeitet nämlich an einem von ihm als *nivola* bezeichneten Romanexperiment, von dem man den Eindruck gewinnt, es sei genau dasjenige, das man als Leser gerade vor sich hat. Nicht von ungefähr assoziiert man mit der von Goiti stammenden Gattungsbezeichnung *nivola* etwas neblig-unbestimmtes (genau so wie mit dem endgültigen, mit *nivola* sozusagen stammverwandten Titel »Niebla«), und nicht umsonst spielen Begriffe wie Anarchie und Konfusion eine leitmotivische Rolle in einem Text, dem es an einer verlässlichen Autorität und einer eindeutigen Sinngebung fehlt.

Umso leichter lässt sich in ihm das Spiel betreiben, das der wirkliche Don Miguel de Unamuno (1864–1936), Altphilologe und Philosoph, langjähriger Rektor der Universität Salamanca, sein ganzes Leben lang am liebsten gespielt hat: in philosophischen und literarischen Texten etablierte Gewissheiten in Frage zu stellen und das Publikum, besonders das ›gutbürgerliche‹, mit Paradoxien und Spiegelfechtereien zu provozieren, die ihm den Boden unter den Füßen wegzogen und es in seiner Selbstgewissheit bedrohten. Ernst Robert Curtius nannte Unamuno einmal treffend den »Excitator Hispaniae«. Als solcher begegnet er uns jedenfalls auch in *Niebla*. Nebenbei bemerkt erschien das schon 1907 geschriebene, aber erst 1914 veröffentlichte Werk noch sieben Jahre *vor* Pirandellos Drama *Sei personaggi in cerca d'autore* (1921), das allgemein als Ausgangspunkt der modernen autoreflexiven Literatur in Europa gilt und in dem es um ähnliche existentielle Unsicherheiten geht wie bei Unamuno. Die Problematik lag zu Anfang des 20. Jahrhunderts also gleichsam in der Luft.

Konfusion stiften schon die beiden Prologe, mit denen *Niebla* beginnt. Der eigentliche Prolog stammt von Victor Goiti, der ihn auf Bitten ›Unamunos‹ verfasst. (Ich setze im Folgenden ›Unamuno‹ immer dann in einfache Anführungszeichen, wenn es sich um den fiktiven, selbst in die Romanhandlung involvierten Unamuno handelt.) Auch wenn er im Vergleich zu ›Unamuno‹ recht unbedeutend sei und nicht eigentlich über einen eigenen Willen verfüge (also von ›Unamuno‹ abhängig ist), erlaubt er sich doch, allerhand Vermutungen anzustellen, die dessen Souveränität von vornherein in Frage stellen. Nicht nur meint er, dass ›Unamunos‹ Willensfreiheit kaum weiter gehe als die seine; er stellt auch allerhand Betrachtungen über dessen metaphysische Zweifel an, was wiederum ›Unamuno‹ zu einem »Postprólogo« provoziert, in dem er Goitis Indiskretion rügt und ihm das gleiche Schicksal wie das seines Freundes Augusto Pérez androht, der am Ende von *Niebla* bekanntlich stirbt, wobei unklar bleibt, ob ihn ›Unamuno‹ oder ob Augusto sich selbst getötet hat.

Goiti also plaudert in seinem Prolog aus der Schule und lässt den Leser an ›Unamunos‹ existentialistischem Pessimismus teilnehmen: »Es su idea fija, monomaníaca, de que si su alma no es inmortal [...], nada vale nada ni hay esfuerzo que merezca la pena« (p. 101). Daraus entstehe der »áspero humorismo confusionista«, den ›Unamuno‹ auch »malhumorismo« nenne. Der mache aus seinem Text eine metaphysische Farce, eine *burla*, eine Art philosophisches *esperpento* (s. Kap. XIX), in dem Gott und die Welt, Wissenschaft und Vernunft, ja die Wahrheit selbst zur Disposition stünden. »Y si nos han arrebatado nuestra más cara y más íntima esperanza vital – die Hoffnung auf göttliche Erlösung nämlich –, por qué no hemos de confundirlo todo para matar el tiempo y la eternidad y para vengarnos?« (p. 103). Hier sieht man – und die pikierte Reaktion ›Unamunos‹ im Post-Prolog bestätigt es –, dass die Dialektik von Macht und Ohnmacht des Autors, die den Text nicht nur umrahmt, sondern auch mitprägt, keine rein spielerische Angelegenheit ist, sondern eine zutiefst existentielle Problematik enthält, die mit den für Unamuno so typischen Zweifeln an der christlichen Glaubenslehre und Gottesauffasung zusammenhängen. Diesen metaphysischen Hintergrund hat der wahre Autor Unamuno in seiner 1935 verfassten »Historia de *Niebla*« noch einmal eigens hervorgehoben:

> También de una novela, como de una epopeya o de un drama, se hace un plano; pero luego la novela, la epopeya o el drama se imponen al que se cree su autor. O se le imponen los agonistas, sus supuestas criaturas. Así se impusieron Luzbel y Satanás primero, y Adán y Eva, después, a Jehová. [...] Así se me impuso Augusto Pérez. (p. 88)

Und so – darf man wohl fortfahren – lehne auch ich, Miguel de Unamuno, mich gegen die metaphysische Ungewissheit auf, die mich umtreibt und alles in Zweifel ziehen lässt, woran man früher einmal unbeirrt geglaubt hat.

Am Ende des Textes, erstmals in Kapitel XXV, vor allem aber in den drei letzten Kapiteln (XXX–XXXIII) wird der Machtkampf zwischen Autor und aufmüpfiger Kreatur erst recht zum zentralen Thema, dann aber innerhalb der Fiktion selbst. Das hat dazu geführt, dass in der Kritik fast ausschließlich der Rahmen (Prologe und letzte Kapitel) erörtert werden und dass die eigentliche Romanhandlung (immerhin gut 70 Prozent des Textganzen), also die Geschichte von Augusto Pérez, weitgehend übergangen, ja übersehen wird, so als ob sie nicht weiter ins Gewicht falle. Das liegt vor allem daran, dass sie sich selbst klein macht, ihren parodistischen Charakter hervorkehrt und als philosophisches Divertimento nicht allzu ernst genommen werden will. Wenn man diesen Hauptteil heute wieder liest, ist man erstaunt, wie nahe Unamunos Sprache hier schon dem anarchischen Humor von Jardiel Poncela oder Miguel Mihura kommt, die mit ihrem sprachspielerischen, selbstreflexiven und in Nonsenskreationen schwelgenden, vor allem aber klischeezerstörenden Witz in Spanien lange vor Eugène Ionesco die Tradition eines ›absurden Theaters‹ begründeten. Der erste Satz von Kapitel I gibt den Ton an:

> Al aparecer Augusto a la puerta de su casa extendió el brazo derecho, con la mano palma abajo y abierta, y dirigiendo los ojos al cielo quedóse un momento parado en esta actitud

estatuaria y augusta. No era que tomaba posesión del mundo exterior, sino era que observaba si llovía. (p. 109)

Es geht also gleich mit der Minimierung einer augusteischen Sieger- und Denkmalpose los, zumal auch der Allerwelts-Zuname *dieses* Augustus – er heißt Pérez – nichts Großes erwarten lässt. Tatsächlich ist sein Ich so schwach und zögerlich, dass er sich – wie ein Westentaschen-Hamlet – nicht einmal dazu entschließen kann, ob er nach rechts oder nach links gehen soll. Schließlich überlässt er es dem Schicksal: »Esperaré a que pase un perro – se dijo – y tomaré la dirección inicial que él tome« (p. 110). Tatsächlich kommt aber kein Hund, sondern ein prächtiges Mädchen vorbei – »una garrida moza« –, der er nachläuft und von der er fortan nicht mehr loskommen wird. Sie wohnt – die Eltern sind verstorben – bei Tante Ermelinda, die Augusto alsbald in ihr Herz schließt, und Onkel Fermín, einem friedfertigen, nur theoretisch ›starken‹ Anarchisten, der immer wieder beteuert, dass *er* keine Bomben wirft (anarchistische Terroranschläge sorgten zur Entstehungszeit des Romans für Angst und Schrecken, und der Anarchismus als Idee hatte in Spanien lange Zeit mehr Anhänger als der Sozialismus). Onkel und Tante versuchen ohne Erfolg, der eigensinnigen Nichte Eugenia – so heißt die *garrida moza* – elterliche Autorität angedeihen zu lassen. Augusto, gleich auf den ersten Blick rettungslos in sie verliebt, ist ein reicher *señorito* (wie viele Protagonisten spanischer Romane des Fin de siècle), der es sich leisten kann, unsystematische Studien zu betreiben und im Übrigen, dank Diener Domingo und Köchin Liduvina, nichts zu tun. Eugenia ist verarmt und versucht, die von den Eltern hinterlassenen Schulden durch Klavierunterricht abzutragen. Das erinnert an den Sozialroman des Realismus.

Parodistisch, diesmal in Anlehnung an die *Celestina*, ist auch die Art und Weise, wie sich Augusto Zutritt zu Eugenias Wohnung verschafft. Das gelingt ihm nicht nur mit Hilfe der *portera*, die gewissermaßen als Kupplerin fungiert, sondern, wie in der *Celestina*, vor allem mit Hilfe eines Vogels, der ihn direkt zur Angebeteten führt. In der *Celestina* ist es Calixtos gleichsam adliger Falke, in *Niebla* der eher kleinbürgerliche Kanarienvogel der zerstreuten Tante Ermelinda, die ihn samt Käfig aus dem Fenster fallen lässt, was Augusto die Gelegenheit verschafft, ihn zu bergen und persönlich bei der Familie abzugeben.

So scheinen Eugenia und Augusto gleichsam schicksalhaft füreinander bestimmt zu sein. Genau das aber wird durch den Verlauf der Handlung, die eine Minimalhandlung ist, widerlegt. Eugenia sträubt sich gegen das Werben von Augusto, einerseits weil sie Mauricio liebt, der aber ein arbeitsscheuer Taugenichts ist, andererseits weil sie sich von Augustos Großmut (er bezahlt alle ihre Schulden, ohne sie auch nur zu informieren) erdrückt und durch die daraus resultierende unfreiwillige Verpflichtung um ihre Unabhängigkeit gebracht sieht. Ob diese ›feministische‹ Prinzipienfestigkeit, die im Roman auch als solche bezeichnet und vom anarchistischen Onkel gebührend bewundert wird, tatsächlich einer moralischen Haltung oder einem raffinierten Kalkül entspricht, bleibt ironisch in der Schwebe. Denn schließlich akzeptiert Eugenia die Schenkung doch, nachdem sie sich vom willens-

schwachen Augusto hat versichern lassen, dass sie dadurch zu nichts verpflichtet
sei. Mauricio wiederum hofft durch den Geldsegen auf die ungeliebte Arbeitssuche
verzichten zu können, zu der ihn Eugenia immer wieder anhält, weil sie keinen
mittellosen Faulenzer heiraten wolle. Unterdessen übt Mauricio selbst Druck auf
Augusto aus, um sich von ihm eine Sinekure verschaffen zu lassen. Dann werde er
einer Heirat Augustos mit Eugenia nicht mehr im Wege stehen. Tatsächlich aber spekuliert er darauf, als heimlicher Liebhaber der ökonomisch-erotische Nutznießer
einer legalisierten Verbindung zwischen Eugenia und Augusto zu werden. Schließlich gibt Eugenia Augusto trotzdem ihr Eheversprechen, wie es scheint, eher aus
Mitleid denn aus Zuneigung, verschwindet aber gleich darauf mit Mauricio und
lässt den betrogenen Bräutigam, der plötzlich sein verletztes Ich entdeckt, so verzweifelt zurück, dass er sich hilfesuchend und zum Selbstmord bereit an den berühmten Autor ›Unamuno‹ in Salamanca wendet, womit die Geschichte wieder in
den Rahmen der Macht- und Ohnmacht-Thematik zurückkehrt.

In der Haupthandlung geht es also im Wesentlichen um eine Beziehungs- und
Geschlechterproblematik. Das ist an sich noch nichts Neues, hatte doch schon
Galdós, noch innerhalb des Realismus-Paradigmas, den iberischen Mann ent-
thront, indem er ihn als Schwächling vor dominanten Frauen erscheinen ließ:
Fortunata y Jacinta lässt schon durch die Titelgebung erkennen, dass der Mann
(auch hier ein *señorito*) sozusagen entbehrlich ist; und auch in *Tristana* ist *sie*, nicht
er, die beherrschende Figur. Das ist bei Unamuno nicht anders: Mauricio ist ein
Taugenichts, der von Eugenia ebenso überragt wird wie der unglückselige Augusto,
dessen besondere Schwäche noch dadurch unterstrichen wird, dass er, einmal verliebt, auch in Bezug auf das Liebesobjekt unschlüssig und unkonzentriert wirkt.
Zwar scheint er Eugenia verfallen zu sein, dennoch umflattert er, wie die Motte das
Licht, auch andere Frauen, etwa die Büglerin Rosario, ja sogar die Köchin Ludovina. Was *Niebla* konzeptionell von den Galdós-Romanen und ihrer letztlich eindeutigen Sympathielenkung unterscheidet, ist die moralische Zweideutigkeit (um
nicht zu sagen: die Prinzipienlosigkeit) der handelnden Figuren, die es dem Leser
unmöglich macht, sich mit einer von ihnen zu identifizieren. Am nächsten kommt
noch Eugenia einer Art von Identität. Sie hat immerhin auf eine bequeme bürgerliche Versorgungsehe verzichtet, auf eine Gelegenheit, die sie nur hätte ergreifen
müssen, und hat sich trotz allem für den unzuverlässigen Mauricio entschieden.
Aber selbst bei Eugenia weiß man nicht wirklich, woran man eigentlich ist und wie
man sie einordnen soll: unter dem Begriff ›Selbstbewusstheit‹, unter ›Stolz‹, oder
unter dem des bloß noch interessegeleiteten ›Egoismus‹, denn schließlich ist auch
Mauricio am Ende dank Augustos Großzügigkeit abgesichert und sie selbst ist sa-
niert. Konfusion, ja Anarchie herrscht also auch in ethischer Hinsicht; man könnte
auch von metaphysischem Zynismus reden. Jedenfalls gibt es keine ›klaren Verhältnisse‹ mehr. Man stochert, auch als Leser, mit der Stange im »Nebel« des Textes.
Aber andererseits ist Eugenia zweifellos die interessanteste Figur in Unamunos
Roman, und interessant ist auch des Autors zarte Neigung zum Feminismus.

Unterbrochen wird die Haupthandlung in *Niebla*, ähnlich wie im *Quijote*, durch
eine Reihe von eingeschobenen Erzählungen, die, weil zumeist ebenfalls unkon-

ventionelle ›Beziehungsgeschichten‹, die moralische Uneindeutigkeit noch einmal auf anderer Ebene spiegeln. Anders als die Haupthandlung sind die eingeschobenen Erzählungen wegen ihrer größeren Kompaktheit aber weniger verwirrend. Der Zynismus überwiegt in der Geschichte des scheinbar moribunden Pensionärs (Kapitel XVII), in der weibliche Pflegeleistung gegen die Aussicht auf baldige Witwenrente eingetauscht wird, in der aber die scheinbar so Hilfsbereite den Mann alsbald seinem Schicksal überlässt, weil die versprochene Gegenleistung (der rasche Tod) dann doch auf sich warten lässt. In anderen Geschichten gibt es so etwas wie einen Hoffnungsschimmer. In XXI findet Don Antonio nach vielen Verirrungen ein spätes Glück, als er eine Verbindung mit einer von ihrem Mann verlassenen (und um ihr Vermögen geprellten) Frau eingeht, nachdem er selbst seine *esposa legítima* an eben jenen Mann verloren hatte, der seine erste Frau so schmählich im Stich ließ. Und Víctor Goiti, Augustos schriftstellernder Freund (der gleiche, der im Auftrag ›Unamunos‹ den Prolog zu *Niebla* schrieb) durchlebt in XIV einen typisch iberischen Ehekonflikt, freilich gleichsam gegen den Strich: Nachdem seine Frau und er sich über Jahre zunächst gegenseitig die Schuld an der Kinderlosigkeit gegeben und sich schließlich doch damit arrangiert hatten, beendet eine späte Schwangerschaft jäh die häusliche Ruhe und führt zum Streit um das Gegenteil: Wer ist schuld am Zustandekommen des späten Störenfrieds? Die folgende Stelle zeigt im Übrigen sehr eindrucksvoll, dass *Niebla* in der Haupthandlung weniger vom Geschehen als vielmehr vom Dialog (hier zwischen Goiti und Augusto) lebt und wie stark dieser Dialog von einem gleichsam anarchischen Humor geprägt ist, der die herrschenden Klischeevorstellungen vom ehelichen Glück über den Haufen wirft.

Ein wunderbares Leben habe er gehabt, sagt Víctor, ohne Kinderlärm, ohne Sorgen um das Fortkommen der Brut, ohne Beeinträchtigung des ehelichen Sexuallebens – »mi mujer a mi disposición, sin estorbos de embarazos ni de lactancias; en fin, ¡un encanto de vida!« (p. 179) Und jetzt das! »¡Figúrate qué desgracia!« (ebd.). »¿Desgracia?«, fragt Augusto, »aber Ihr habt Euch doch so sehr Kinder gewünscht!«

> Sí, al principio, los dos o tres primeros años, poco más. Pero ahora, ahora. ... Ha vuelto el demonio a casa, han vuelto las disensiones. Y ahora, como antaño, cada uno de nosotros culpaba al otro de la esterilidad del lazo, ahora culpa al otro de esto que se nos viene. Y ya empezamos a llamarle ... No, no te lo digo ...
> -Pues no me lo digas si no quieres.
> -Empezamos a llamarle ¡el intruso! Y yo he soñado que se nos moría una mañana con un hueso atravesado en la garganta.
> -¡Qué barbaridad! (p. 179)

Kein Wunder, dass zwischen dem Verfassen dieses Textes und seinem Erscheinen 7 Jahre und zwischen der ersten (1914) und der zweiten Auflage (1928) noch einmal 14 Jahre vergehen mussten: Diese Art von schwarzem Humor, die heute kanonisiert ist, dürfte damals, in Spanien zumal, tatsächlich noch »barbarisch« gewirkt haben (auch wenn sich am Ende herausstellt, dass die späten Eltern *doch* noch Gefallen an ihrem Nachwuchs finden).

In Víctor Goitis Verhältnis zu Augusto beginnt sich auf der Handlungsebene auch schon der Konflikt zwischen Autor und Kreatur abzuzeichnen, der dann auf der Metaebene erst vollends zum Ausbruch kommt. Goiti ist ja nicht nur Augustos Vertrauter; er schreibt auch selbst an einem Roman, über dessen Eigenarten er im XVII. Kapitel berichtet. Es sind dies Eigenheiten (Handlungsarmut, Vorrang des Dialogs, Planlosigkeit und konzeptionelle Unbestimmtheit), die den Eigenheiten der vorliegenden Geschichte so sehr ähneln, dass man den Endruck bekommt, es könnte die gleiche sein. Auch wird just hier die Gattungsbezeichnung *nivola* von Víctor Goiti ins Spiel gebracht, der ihre Erfindung damit für sich selbst reklamiert. Das wiederum ruft ›Unamuno‹ auf den Plan, der sich am Ende von Kapitel XXV zu einem brutalen, weil illusionszerstörenden Eingriff genötigt sieht, mit dem er dem Leser signalisiert, dass *er*, und nicht Víctor Goiti, der Schöpfer der *nivola* und der in ihr agierenden Kreaturen sei: »Y yo soy el Dios de estos dos pobres diablos *nivolescos*« (p. 252). Für ihn steht Goiti also auf der gleichen Fitkionsebene wie Augusto und kommt infolgedessen nicht als ernstzunehmender Konkurrent in der Autor-Frage in Betracht.

Wie aber steht es mit Augusto? Mit dem hat sich ›Unamuno‹ verschätzt. Der Witz der Schlusskapitel (XXXI ff.) liegt nämlich gerade darin, dass just Augusto, der noch ›unter‹ Goiti zu rangieren schien, die Autorität des Ober-Autors in Frage stellt und dabei ein Maß an Beharrlichkeit, Behauptungswille und Vitalität an den Tag legt, die er auf der Ebene der ›fiktiven‹ Haupthandlung nie entfaltet hat. Vorderhand aber nimmt der noch selbstbewusste ›Unamuno‹ das Heft selbst in die Hand, um, wie er glaubt, endlich für klare Verhältnisse zu sorgen, weshalb der Text von nun an auch in der ersten Person gehalten, also vom Autor-Ich vorgetragen wird. Damit wird der Eindruck erweckt, als befände man sich erst jetzt auf der Ebene der Authentizität und als sei damit alles Vorhergehende als fiktionale Uneigentlichkeit abgetan – eine Annahme, die sich im Verlauf der Diskussion aber als unhaltbar erweist, weil die fiktive Person zusehends ›realer‹ und der ›wahre Unamuno‹ fiktionaler wird.

Das XXXI. Kapitel beginnt in der herblassenden Attitüde eines Autors, der sich seiner Romanperson sicher ist. Als der zum Suizid entschlossene Augusto ihm sein Leben erzählen will, wird er sogleich unterbrochen, denn ›Unamuno‹, der Allwissende, ›weiß‹ ja schon alles. Die Fähigkeit zum Selbstmord wird Augusto rundweg abgesprochen, weil er nur ein »ente de ficción«, ein »producto de mi fantasía« (p. 279) und weil ein Selbstmord vom Autor nicht geplant sei. Genau diese Überheblichkeit aber weckt in Augusto den Kampfgeist, den er bisher hat vermissen lassen. Er dreht den Spieß um, stellt seinerseits den Vorrang des Autors in Frage (zumal dieser ihn in *Vida de Don Quijote y Sancho* ja schon selbst bezweifelt habe) und wird ihm gegenüber immer respektloser, aufmüpfiger und droht schließlich sogar damit, ihn umzubringen:

No sea, mi querido don Miguel – añadió –, que sea usted y no yo el ente de ficción, el que no existe en realidad, ni vivo ni muerto ... No sea que usted no pase de ser un pretexto para que mi historia llegue al mundo ...
-¡Eso me faltaba! – exclamé algo molesto.
[...]

Bueno, pues no se incomode tanto si yo a mi vez dudo de la existencia de usted y no de la mía propia. Vamos a cuentas: ¿no ha sido usted el que no una, sino varias veces, ha dicho que Don Quijote y Sancho son no ya tan reales, sino más reales que Cervantes? (p. 279) [Die Diskussion wird immer heftiger und gipfelt schließlich in der erwähnten Todesdrohung.]

-¿Cómo? – exclamé, poniéndome en pie –, ¿Cómo? ¿Pero, se te ha pasado por la imaginación matarme? ¿tu?, ¿y a mí?

-Siéntese y tenga calma. ¿O es que cree usted, amigo don Miguel, que sería el primer caso en que un ente de ficción, como usted me llama, matara a aquel a quien creyó darle el ser ... ficticio? (p. 282).

Unamuno kommt durch Augustos überraschende Geistesgegenwart zusehends aus dem Gleichgewicht, und als ihm die Argumente ausgehen, beschließt er, der »anarchistischen« Subordination ein für alle Mal ein Ende zu setzen, indem er Augusto ankündigt, er, der Autor selbst, werde ihn sterben lassen, sobald Augusto wieder zu Hause angelangt sei.

-¡Esto ya es demasiado – decía yo, paseándome por mi despacho -; esto pasa de la raya! Esto no sucede más que ...

-Más que en las nivolas – concluyó él con sorna.

-¡Bueno, basta! ¡Basta! ¡Basta! ¡Esto no se puede tolerar.

[...]

¡Morir yo a manos de una de mis criaturas! No tolero más. Y para castigar tu osadía y esas doctrinas disolventes, extravagantes, anárquicas, con que te me has venido, resuelvo y fallo que te mueras. En cuanto llegues a tu casa te morirás. ¡Te morirás, te lo digo, te morirás! (p. 282 f.)

Tatsächlich stirbt Augusto in Kapitel XXXII in den Armen seines Dieners Domingo, aber es bleibt völlig offen, ob der Tod tatsächlich dem Willen ›Unamunos‹ oder nicht doch der Willenskraft Augustos zuzuschreiben ist, wie es die Köchin Ludovina vermutet: »Pues yo creo – intervino Ludovina – que a mi señorito se le había metido en la cabeza morirse y, ¡claro!, el que se empeña en morir, al fin se muere. [...] Lo de mi señorito ha sido un suicidio y nada más que un suicidio« (p. 293).

Da in Kapitel XXXIII schließlich auch der Autor ›Unamuno‹ selbst von Zweifeln über seine Souveränität heimgesucht wird, kann man sagen, dass die Partie zwischen Schöpfer und Figur am Ende unentschieden ausgeht, dass beide gleich wirklich oder unwirklich sind und also nicht auf verschiedenen Ebenen agieren, sondern ›in der gleichen Liga‹ spielen.

Damit kann, was das Verhältnis von Autor und Romanfiguren anbelangt, die Einstellung Unamunos auch von der seiner Vorgänger im Siglo de Oro abgegrenzt werden. Dass er von Cervantes inspiriert wurde, auch wenn er ihn gleichzeitig kritisiert, haben wir schon gesehen. Aber natürlich war bei seiner Konzeption auch das Vorbild von Calderón im Spiel, in dessen *Gran teatro del mundo* das Verhältnis Gottes zur Schöpfung mit dem des Autors zu seinen Spielfiguren verglichen wird, während in *La vida es sueño* das Verhältnis des Traumzustandes zum Wachzustand, der irdischen Fiktion zur Realität des Jenseits beleuchtet wird. In beiden Fällen kommt es aber zu einer klaren Lösung: An der Vorrangstellung des Autor-Gottes ist nicht zu zweifeln; keine seiner Figuren, die höchstens einmal ein wenig murren, maßt sich an, seine Allmacht in Frage zu stellen. Das gilt auch für Cervantes, der sich zwar auf die irdischen Verhältnisse beschränkt, an seiner Autor-Souveränität aber keinen Zweifel lässt. Genau das ist es, was bei Unamuno nicht mehr gilt, und es gilt deshalb nicht mehr, weil Unamuno, nicht nur in *Niebla*, sondern eigentlich in seinem ganzen Werk, daran zweifelt, ob es eine ›letzte Instanz‹ überhaupt gibt. Und dieser Glaubenszweifel ist es letztlich auch, der den ›Nebel‹ erzeugt, in dem man so leicht die Orientierung verliert.

Andererseits muss man *Niebla* aber auch von der metaphysischen Gleichgültigkeit postmoderner Erzählkunst abheben, so sehr das schon von Unamuno betriebene selbstbezügliche Spiel mit verschiedenen Fiktionsebenen und ihrer Zuordnung rein erzähltechnisch in die Zukunft weisen mag. Bei ihm kann aber gerade nicht von metaphysischer Gleichgültigkeit die Rede sein. Im Gegenteil: Sein Roman thematisiert letztlich noch die existentielle Notsituation dessen, der eigentlich glauben *will*, aber nicht mehr glauben *kann*. Letztlich steht Unamuno Calderón noch näher als etwa Italo Calvino oder Javier Marías. Das zeigt sich auch an der echt calderonianischen Pointe, in der sein Roman gipfelt, dass nämlich ausgerechnet die schwächste Kreatur, der unglückselige Möchtegern-Augustus aus der Haupthandlung, am Ende Stärke zeigt. Dass er sich dann aber sogar noch mit dem Autor anlegt und dass dieser sich am Ende seinerseits nur als Möchtegern-Souverän erweist, ist ein echt unamuneskes Paradox.

Literaturhinweise

Ausgabe: Miguel de Unamuno: *Niebla*, ed. Mario J. Valdés, Madrid [15]1999
Übersetzung: Miguel de Unamuno: *Nebel*, übers. von Otto Buek, rev. von Roberto de Hollanda und Stefan Weidle, mit einem Nachwort von Wilhelm Muster, Ravensburg 1988

Weitere Literatur

Spanische Literaturgeschichte, S. 329–335, speziell: S. 332–335
Heinz-Peter Endress: »Ficción y realidad en ›Niebla‹ de Unamuno, con resonancias cervantinas y calderonianas«, in: *Actas del XV. Congreso de la AIH*, México 2007, S. 113–122
Hans-Joachim Lope: »Der moderne spanische Roman am Beispiel von Miguel de Unamunos ›Niebla‹ (1914)«, in: Anselm Maler/Ángel San Miguel/Richard Schwaderer (Hg.): *Europäische Romane der klassischen Moderne*, Frankfurt a. M. 2000, S. 57–72
Jochen Mecke: »Miguel de Unamuno: *Niebla*«, in: Ralf Junkerjürgen (Hg.): *Spanische Romane des 20. Jahrhunderts in Einzeldarstellungen*, Berlin 2010, S. 47–64
Gerhard Müller: »Unamuno: *Niebla*«, in: Volker Roloff/Harald Wentzlaff-Eggebert (Hg.): *Der spanische Roman*, 2. Aufl. Stuttgart 1995, S. 320–341

Übersetzung
(nach Otto Buek)

Zu S. 160:

> Auch für einen Roman, wie für ein Epos oder ein Drama, entwirft man einen Plan; doch später beherrschen der Roman, das Epos oder das Drama den, der sich für ihren Autor hält. Oder die handelnden Figuren, seine angeblichen Geschöpfe, drängen sich ihm auf. Wie zuerst Luzifer und Satan, dann Adam und Eva dem Jehova. [...] So hat sich mir mein Augusto Pérez aufgedrängt.«

Zu S. 160 f.:

> Augusto trat aus der Tür seines Hauses, streckte den rechten Arm aus, die Innenfläche der geöffneten Hand nach unten gewandt, und verharrte dann, den Blick zum Himmel gerichtet, einen Augenblick lang in dieser statuenhaften und vornehmen Haltung. Nicht, als ob er so von der ihn umgebenden Welt Besitz ergreifen wollte: er wollte ganz einfach feststellen, ob es regnete.

Zu S. 163:

> »Ja, anfänglich, in den ersten zwei oder drei Jahren. Aber jetzt ... jetzt ... In unserem Haus ist wieder der Teufel los, wieder beginnen die Streitereien. Dieselben Anklagen wie früher. Damals war es die Unfruchtbarkeit, heute ist es das kommende Kind, das wir uns vorwerfen. Wir nennen es bereits ... Nein, ich kann es dir nicht erzählen ...«
> »Dann erzähl es mir eben nicht, wenn du nicht magst.«
> »Wir beginnen es schon den ›Eindringling‹ zu nennen. Ja, ich träumte sogar eines Tages, dass es gestorben, dass es an einem Knochen erstickt sei, der ihm in der Kehle stecken geblieben ist.«
> »Das ist stark!«

Zu S. 164 f.:

> »Könnte es nicht sein, mein lieber Don Miguel«, fuhr er fort, dass Sie selbst und nicht ich ein solches Phantasiegebilde sind, das in Wahrheit nicht existiert und weder tot noch lebendig ist?... Könnte es nicht sein, dass Sie nur ein Vorwand sind, damit meine Geschichte zur Kenntnis der Menschen gelange? ...«
> »Das hätte mir gerade noch gefehlt! rief ich ein wenig ärgerlich aus.«
> [...]
> Seien Sie doch nicht so ungehalten, wenn ich meinerseits Zweifel an Ihrer Existenz habe und nicht an der meinen. Sehen wir doch einmal zu! Waren nicht Sie es, der nicht ein, sondern viele Male erklärt hat, dass Don Quijote und Sancho nicht nur genauso real, sondern weitaus realer seien als Cervantes?«
> [...]
> »Wie?« rief ich aus, indem ich aufsprang. »Wie? Es konnte dir einfallen, mich zu töten? Dir? Mich zu töten?«
> »Setzen Sie sich wieder hin und seien Sie ganz ruhig. Glauben Sie denn, das wäre der erste Fall, dass ein Phantasiewesen, wie Sie mich zu benennen belieben, den tötet, der glaubte ihm diese seine imaginäre Existenz verliehen zu haben?«

Zu S. 165:

»Nein, das ist zuviel!« sagte ich, während ich in meinem Zimmer auf und ab schritt. »Das übersteigt alles. So etwas kann höchstens in einer *novela* [span. für »Roman«] passieren!«

»Höchstens in einer Nivola«, erwiderte er spöttisch.

»Gut. Nun aber Schluß, Schluß, Schluß! Das ist nicht zum Aushalten!«

[…]

»Mich zu töten? Mich? Du? Ich sollte von der Hand einer meiner Kreaturen sterben? Nein. Das werde ich nicht länger dulden. Um deine Kühnheit und diese umstürzlerischen, zersetzenden, extravaganten, anarchistischen Ideen, mit denen du mir hier kommst, zu bestrafen, entscheide und beschließe ich hiermit, dass du sterben sollst, Wenn du nach Hause zurückkehrst, wirst du sterben. Sterben sollst du, sage ich dir. Jawohl, du wirst sterben!«

Kapitel XIX
Valle-Incláns *Luces de Bohemia* (1921/24)
Spanien als Esperpento

Schon in Claríns *La Regenta* wurde die Spanienkritik vorherrschend. In der *generación del 98*, zu der auch Ramón del Valle-Inclán (1866–1936) gehört, wird sie obsessiv, in den *Esperpentos* sogar ausgesprochen bösartig. In *Luces de Bohemia*, einem noch immer faszinierenden, aber auch widerborstigen Text, erscheint Spanien als Zerrbild, in dem alles deformiert und entwertet ist, was dem herrschenden Bürgertum als unerschütterlich und beispielgebend galt: die staatlichen und kirchlichen Institutionen, deren Würdenträger, die Ordnungshüter, die sozialen Verhältnisse, die geistige Elite. Hoffnung auf Besserung gibt es nicht, weil die spanische Misere nicht als etwas Vorübergehendes gedacht wird, sondern als etwas wesenhaft zur Nation Gehöriges. Verzweiflung beherrscht die fiktive Handlung; demoralisierend wirkt aber auch die Sinngebung durch einen Autor, der nicht so sehr ›engagiert‹ als vielmehr nur noch angewidert ist. Nichts kommt dem Nihilismus näher als die *Esperpentos* von Valle-Inclán.

Das *esperpento* ist eine eigenartige Textsorte, die man nicht wirklich als ›Gattung‹ bezeichnen kann. Gewiss gibt es ›esperpentische‹ Ansätze schon in den Satiren Quevedos oder in Goyas *Caprichos* und *Disparates*. In gewisser Weise sind sie der spanischen Literatur sogar inhärent und bleiben auch über Valle-Inclán hinaus lebendig, wenngleich in stark gemilderter Form: in den ›absurden‹ Komödien Poncelas und Mihuras ebenso wie in Celas *tremendismo*. Der *esperpento* ›in Reinkultur‹ aber, in seiner hypertrophen, in seiner inclanesken Form, ist eine einmalige Erscheinung, die auch nur in einer ganz bestimmten historischen und persönlichen Konstellation zustande kommen konnte: Das Desaster von 1898 mit dem endgültigen Verlust einstiger Weltmachtgröße, die darauf folgende nationale Kollektivdepression, der Zusammenbruch des *sistema Canovista* als dem Garanten der bürgerlichen Ordnung, das Erstarken des Proletariats, Unruhen, Streiks und Anarchie, schließlich die Deklassierung der literarischen Intelligenz, von der Valle-Inclán auch selbst betroffen war. All das sind zugleich Eckpunkte, um die das Drama kreist. Zwischen ihnen muss man sich auch seine zeitliche Einbettung vorstellen: die Spanne zwischen dem Kubakrieg am Ende des 19. Jahrhunderts und dem Staatsstreich Primo de Riveras anfangs der 1920er Jahre, jenes Diktators, der – wie später auch Franco – ›Ordnung‹ in das ›Chaos‹ zu bringen versprach.

Aber handelt es sich wirklich um ein Drama? Dem ersten Anschein nach, ja: das Personenverzeichnis, die Regieanweisungen, der durchgehende Dialog sprechen dafür. Auch die Situierung der Handlung in Madrid: »La acción en un Madrid absurdo, brillante y hambriento«, heißt es am Ende der langen Personenliste, die nicht weniger als 50 namentlich oder anonym aufgeführte »Dramatis personae«

umfasst. Die Einheit der Zeit wird – bis zum Tod von Max – eingehalten: vom Abend des ersten Tages bis zum Morgengrauen des nächsten. Die Einheit des Ortes wird nur bedingt respektiert, denn obgleich alle Szenen in Madrid spielen, so doch jede an anderer Stelle: im Haus des Protagonisten, in einer Buchhandlung, auf der Straße, in der Kaschemme, im Café, im Park, im Innenministerium, im Gefängnis, in einer Zeitungsredaktion, auf dem Friedhof. Kurzum: es handelt sich um ein *drama itinerante*, in dessen Verlauf ganz Madrid in den verschiedensten Milieus (wenn auch hauptsächlich den verruchten) durchwandert wird. Man kann auch von einem Stationendrama sprechen, ja von einem Leidensweg, wenn auch einem grotesken. Eine Akteinteilung gibt es nicht. Das Stück besteht aus 14 kurzen Szenen oder Haltestationen, die nach und nach einen Madrider Bilderbogen ergeben. Abgeschlossen wird der Text von einer tristen »Escena última«. Die Szenen 13 und 14 sowie die ›letzte Szene‹, die von der Aufbahrung, der Beerdigung und den Folgen von Max' Tod (dem Selbstmord von Frau und Tochter) handeln, erweitern, mit der Einheit der Zeit brechend, die Handlungsdauer um weitere zwei Tage.

Untypisch für ein Drama, nur in der Lektüre, allenfalls noch im Film nachvollziehbar, ist auch die Stilisierung des Geschehens, die zwischen krudem Realismus und halluzinatorischer Phantastik schwankt und Personen bald in photographisch genauer Abbildlichkeit, bald in Gestalt von Tieren, Panoptikumsfiguren oder Hampelmännern erscheinen lässt; nicht selten werden sie auch durch groteske, verballhornende oder herabsetzende Namen entstellt. Ob Valle-Inclán selbst mit einer Theateraufführung des schwer inszenierbaren Stücks gerechnet hat, kann man bezweifeln. Man muss auch einräumen, dass manche Szenen, etwa die Szene 4, wo Max sich mit den modernistischen Dichterkollegen trifft, wegen der zahlreichen, für uns kaum noch nachvollziehbaren Anspielungen auf zeitgenössisches Personal, nur noch von eingeschränktem Interesse sind.

Wahrscheinlich hat der Autor *Luces de Bohmia* von vornherein eher als Lesedrama konzipiert. Darauf deuten schon die zum Teil ausführlichen, stilistisch stets ausgefeilten, atmosphärisch dichten und eine aufmerksame Lektüre fordernden ›Regieanweisungen‹ hin, die kaum auf dem Theater, wohl aber in der Lektüre und im Film zur Geltung zu bringen sind. Tatsächlich ist *Luces de Bohemia* erst 1970 – 50 Jahre nach seiner Erstveröffentlichung in einer literarischen Zeitschrift – auf dem Theater uraufgeführt worden. Bis dahin und auch darüber hinaus ist es vor allem gelesen worden. Gewiss gab es für die Aufführungsabstinenz auch politische Gründe – der Text hat nun einmal einen ›nestbeschmutzenden‹ Charakter –, und sicher ist es kein Zufall, dass es ausgerechnet am Ende des Francoregimes und in der *transición* eine Renaissance erlebte, gleichsam als ›Widerstandsstück‹. Aber es ist anzunehmen, dass dramaturgische Gründe einer früheren Aufführung mindestens ebenso stark entgegenstanden wie politische.

Weiten Kreisen bekannt geworden ist das Drama erst durch den Film von Miguel Angel Díez (1985), der auf einem vorzüglichen Drehbuch von Mario Camus beruht. Hier erst konnte der epische Charakter des so personenreichen und mit soviel *couleur locale* ausgestatteten Stücks wirklich visualisiert werden, freilich auf Kosten des Zerrbildcharakters, der – wie es im Film naheliegt – zugunsten einer stärker

›realistischen‹ Betrachtungsweise zurückgedrängt wurde. Ansätze zum Dokumentarismus fehlen zwar auch im Text von Valle-Inclán nicht, zumal er ihn 1924, vier Jahre nach der Erstausgabe, genau in diesem Sinne überarbeitet und ergänzt hat. Aber genau das, was auch den überarbeiteten Text noch auszeichnet, fehlt im Film, die Distanzierung vom Abbildcharakter des traditionellen Theaters nämlich, die in der zwölften Szene von *Luces de Bohemia* in einer Art von poetologischer Selbstbesinnung auch theoretisch diskutiert wird. Im Übrigen ist daran zu erinnern, dass *Luces de Bohemia* als Lesedrama nicht allein steht in der Reihe unverzichtbarer spanischer Texte: Auch der langanhaltenden Wirkung der *Celestina* hat es keinen Abbruch getan, dass der Text ›nur‹ ein Lesedrama ist, das durch die Verfilmung von Gerardo Vega (1996, mit einem Drehbuch von Rafael Azcona) zwar unterstützt, aber keineswegs ersetzt worden ist.

Es gibt zwei Hauptpersonen – Max Estrella und Don Latino –, die unzertrennlich Station um Station durchwandern und dabei nach und nach mit den vielen anderen Personen und Milieus in Kontakt treten. Max Estrella ist ein blinder Poet, ein Caféhausdichter und Bohémien, der angeblich dem 1908 verstorbenen Modernisten Alejandro Sawa nachgebildet ist, äußerlich aber auch Valle-Inclán, der selbst ein Bohémien war, ähnelt. Schon die Tatsache, dass der Autor ihn mit dem hochtrabenden ›Star‹-Namen Max(imo) Estrella versieht, deutet auf eine degradierende Absicht hin, zumal der ›große‹ Name in scharfem Kontrast zum ökonomischen Elend steht, in dem Max sich tatsächlich bewegt. Die erste Szene spielt in seiner ärmlichen Wohnung, wo ihn, der schon lange nichts mehr mit seiner Poesie verdienen kann, soeben die Kündigung seiner Zeitung erreicht hat, die ihm für die Lieferung kleiner Feuilletons noch ein schmales, aber wenigstens regelmäßiges Salär bezahlt hatte. Schon hier, nach dem Verlust der letzten Einkommensquelle, äußert Max gegenüber seiner Frau, Madame Collet, und seiner Tochter Claudinita Todesahnungen, hier noch in Form von Selbstmordgedanken.

Max stellt zwar hohe Ansprüche an die Dichtung und an sich selbst, hat wohl auch bessere Zeiten gesehen; er wird den Ansprüchen aber nicht (mehr) gerecht, sondern lässt sich von Don Latino, seinem skrupellosen Begleiter und Führer, immer tiefer in die Madrider Niederungen und in den Alkoholismus ziehen. Don Latino war von Max ausgesandt worden, um beim Buchhändler Zarathustra für einen Büchernotverkauf Geld zu beschaffen. Als er mit einem viel zu geringen Erlös zurückkommt, beschließt Max, Zarathustra zur Rede zu stellen und verlässt mit Don Latino das Haus. Vergebens versuchen die Frauen, ihn zurückzuhalten, wohl wissend, dass er bei solchen Ausflügen regelmäßig ›versumpft‹. Diesmal wird der Trip sogar tödlich enden.

Man sieht schon bei dieser ersten Szene, wie Valle-Inclán ganz bewusst mit literarischen Anspielungen arbeitet und wie er sie für seine Technik der Degradierung benutzt. Nicht nur wird hier an Nietzsche erinnert, dessen Zarathustra in der Gestalt des ausbeuterischen Buchhändlers und Verlegers gleichen Namens schon in der zweiten Szene im wahrsten Sinne ›tierisch‹ verunstaltet wird. Mit dem blinden Dichter wird auf Homer angespielt, und mit dem Tandem Max & Latino auf Dante und Vergil, die bekanntlich zusammen die Hölle erkunden. Das Motiv vom blinden Dichter, der trotzdem ein ›Seher‹ ist, kommt nicht nur in Form von Max' gelegentlichen Halluzinationen ins Spiel, sondern auch in seinem abgrundtiefen Pessimismus, der ihn als einzigen in die Lage versetzt, die spanische Farce zu durchschauen. Dem Abstieg des Tandems Max & Latino in die Niederungen Madrids folgt aber nicht nur keine Läuterung mehr, sondern nur noch die Einsicht in die Schäbigkeit der Menschen und des Staates, dem es nicht um Gerechtigkeit, sondern nur um die ›Aufrechterhaltung der Ordnung‹ geht. Einzig den Proletariern und den Huren, den eigentlichen Opfern der staatlichen Repressionspolitik, wird ein gewisser Respekt gezollt.

Oft wird auch das Sainete, das neben der Zarzuela (der spanischen Spielart der europäischen Operette) die Hauptform des Género chico, also des bürgerlichen Unterhaltungstheaters war, als Quelle der Inspiration für *Luces de Bohemia* genannt. Dies vor allem wegen der Verwendung populärer Idiolekte in den fast sketchartigen Szenen. In der Tat hatte das Sainete, das als freundlich-humoristische Dramatisierung der *Artículos de costumbres* begonnen hatte, schon bei Valle-Incláns Zeitgenossen Carlos Arniches (1866–1943) eine kritisch-satirische Wendung genommen, ohne je die destruktive Unbedingtheit zu erreichen, die für Valle-Incláns *Esperpentos* so charakteristisch ist. Immerhin stehen einige von ihnen, die Arniches als *tragedias grotescas* bezeichnet hat, schon von der Gattungsbezeichnung her in der Nähe des *Esperpento*.

Eben diese destruktive Tendenz unterscheidet die Bohème bei Valle-Inclán auch von ihrem Ursprungsmythos bei Murger und Puccini. Es fehlt der unbekümmerte Überlebenswille, der ihr bei Murger eigen war, aber auch die romantische Verklärung, die ihr von Puccini zuteil wurde. Bei Valle-Inclán wird die Deklassierung des Poeten nicht mehr beschönigt; sie ist vielmehr das zentrale Thema der – freilich nur ›dünnen‹ – dramatischen Handlung, in der Max seinen Ruf als anspruchsvoller Dichter verspielt und am Ende in der Gosse landet, nachdem ihm noch die letzten Habseligkeiten abgeluchst worden sind: zuerst die Bücher, wobei er von Zarathustra betrogen wird, dann der Mantel, den er versetzt, um sich dafür ein Los zu kaufen, das auch tatsächlich gewinnt. Dass der Ertrag ihn und die Familie hätte retten können, erfährt er aber nicht mehr, weil er vorher, ohne Mantel und sturzbetrunken, den Tod durch Erfrieren erleidet, während Latino ›vorsorglich‹ die Brieftasche mit dem Los an sich nimmt, um es vor dem Zugriff möglicher Diebe zu schützen. In der »Escena última« ist er dabei, es zu versaufen, während die Zeitungen den Selbstmord von Frau und Tochter melden, denen er angeblich doch so gern geholfen hätte …

Das einzige Erbe aus der klassischen Bohème, das bei Valle-Inclán noch lebendig, ja zugespitzt erscheint, ist die antibürgerliche Grundhaltung. Sie wird bei ihm zum permanenten Affront, ja zum eigentlichen Anliegen seines Textes, das jedenfalls noch wichtiger ist als die Handlung um das persönliche Scheitern von Max Estrella. Der Affront äußert sich extradiegetisch in Form eines ständigen *épater le bourgeois*, und intradiegetisch als Bloßstellung alles dessen, was dem offiziellen Spanien heilig ist: die Religion (Szene 2), die staatlichen Institutionen (Szene 5), die Polizei (Szenen 5 und 11), der Schutz des Privateigentums und die öffentliche Sicherheit (Szene 11), die willfährige Presse (Szene 7), aber auch der kulturpolitische Akademismus (Szene 4). Valle-Inclán berührt sich dabei mit den Positionen des spanischen Anarchismus, der zu Beginn des 20. Jahrhunderts den bürgerlichen Staat bekanntlich am radikalsten verneinte.

Wie nahe er dem Anarchismus kommt, zeigt die sechste Szene. Nach Erregung öffentlichen Ärgernisses beim Treffen mit seinen modernistischen Dichterfreunden (Szene 4) und einem grotesken Verhör im Innenministerium (Szene 5) kommt Max für eine Nacht ins Gefängnis, wo er sich mit seinem Zellengenossen, einem katalanischen Anarchisten, verbrüdert (Max: »¿Eres anarquista?« – El Preso: »Soy lo que me han hecho las Leyes«. – Max: »Pertenecemos a la misma Iglesia«, p. 98 f.). »El trabajo y la inteligencia« (ebd.), Arbeit und Intelligenz, träumen hier gemeinsam davon, *tabula rasa* zu machen und dem hässlichen Kapitalismus durch die Liquidierung der Ausbeuterklasse ein für allemal den Nährboden zu entziehen. Mateo, der anarchistische Zellengenosse, hatte in Barcelona einen Streik angezettelt und sich darüber hinaus geweigert, sich für einen der unseligen spanischen Kolonialkriege rekrutieren zu lassen. Als er am Ende der Szene aus der Zelle geholt wird, um, »wie üblich«, auf der Flucht erschossen zu werden (was in Szene 11 tatsächlich geschehen wird), ruft Max ihm nach: »¿Mateo, dónde está la bomba que destripe el terrón maldito de España?« (p. 103). Ob Valle-Inclán tatsächlich hinter dieser Szene steht, muss allerdings dahingestellt bleiben. Es kann sich auch ›nur‹ um einen weiteren esperpentischen Schreckschuss handeln. Immerhin aber hat Valle-Inclán sich seit seinen jungen Jahren von Rechts nach Links bewegt. Als er noch dem reaktionären Carlismus nahestand, strafte er den bürgerlichen Krämergeist mit Verachtung, indem er sich in einen prononcierten Ästhetizismus flüchtete. In späteren Jahren aber hat er sich gelegentlich zur sozialen Kunst bekannt und hat beim asturianischen Bergarbeiteraufstand von 1934 öffentlich für die streikenden Arbeiter Partei ergriffen. Die Kerkerszene gehört im Übrigen nicht zur ›Urfassung‹ von 1920, sondern ist erst 1924 hinzugefügt worden.

Auch sonst begegnet man in *Luces de Bohemia* immer wieder Szenen des Einverständnisses mit jenen »[que se ganan] honradamente la vida« (p. 148), wie bei Max' Techtelmechtel mit einer jungen Prostituierten in Szene 10 oder bei der Begegnung mit einer Mutter in Szene 11, deren Kind bei einer Straßenschlacht zwischen Polizei und Demonstranten ›aus Versehen‹ erschossen wurde. Wie immer wird von den ordnungsliebenden Zeugen solcher Kollateralschäden – in diesem Fall Kleinbürger und Ladenbesitzer – den Opfern vorgeworfen, dass sie selbst schuld seien. Max beschließt die Szene mit der bitteren Bemerkung, dass die *Leyenda negra*, die Verleumdung des katholischen Spanien durch seine protestantischen Feinde wegen der Gräueltaten der Inquisition, erst jetzt wirklich Teil seiner Geschichte, nämlich der Zeitgeschichte geworden sei:

»La Leyenda Negra, en estos días menguados, es la Historia de España. Nuestra vida es un círculo dantesco. Rabia y vergüenza« (p. 158)

Die Gleichung »Spanien = Leyenda negra« leitet direkt über zu jener berühmten Szene 12, in der Max, im Morgengrauen, schon im Angesicht seines bevorstehenden

Todes, mit Don Latino über die Gleichsetzung von »España« mit »Esperpento« philosophiert und damit zugleich die Poetik seines Textes ›von innen‹, d. h. aus der fiktiven Handlung heraus, erläutert.

> Max: El esperpentismo lo ha inventado Goya. Los héroes clásicos han ido a pasearse en el callejón del Gato [damals ein berühmtes Vergnügungsetablissement, in dem es u. a. einen Zerrspiegel gab].
> Don Latino: Estás completamente curda.
> Max: Los héroes clásicos reflejados en los espejos cóncavos dan el Esperpento. El sentido trágico de la vida española sólo puede darse con una estética sistemáticamente deformada.
> Don Latino: ¡Miau! ¡Te estás contagiando!
> Max: España es una deformación grotesca de la civilización europea.
> Don Latino: ¡Pudiera! Yo me inhibo.
> Max: Las imágenes bellas en un espejo cóncavo son absurdas.
> Don Latino: Conforme. Pero a mí me divierte mirarme en los espejos de la calle del Gato.
> Max: Y a mí. La deformación deja de serlo cuando está sujeta a una matemática perfecta.
> Mi estética actual es transformar con matemática de espejo cóncavo las normas clásicas.
> Don Latino: ¿Y dónde está el espejo?
> Max: En el fondo del vaso.
> Don Latino: ¡Eres genial! ¡Me quito el cráneo! (p. 162 f.)

Spanien aus der Perspektive des Zerrspiegels neu zu vermessen – oder ersatzweise aus der des Schnapsglasbodens, in den der Betrunkene schaut –, ist Max' genialer Einfall, vor dem Don Latino voller Bewunderung seinen »Schädel« zieht. Zugleich bricht Max mit den Normen der Theaterklassik, in der es tragische Helden gab. In Spanien aber, das nur eine groteske Deformation der europäischen Zivilisation sei, sind Heroen gar nicht mehr denkbar, weil sie durch groteske Panoptikumsfiguren ersetzt worden sind.

Letztlich gehört der Zerrspiegel aber auch in die lange Tradition der Spiegelmetaphorik, die immer wieder dazu benutzt wurde, die Widerspiegelungsfunktion der Literatur zu erläutern, ihren Abbild- und Nachahmungscharakter also, dies vor allem in der Epoche des bürgerlichen Realismus, die in Spanien besonders lange nachgewirkt hat, auch auf dem Theater. Noch Valle-Incláns Zeitgenosse Jacinto Benavente, der 1922 (zwischen den beiden Fassungen von *Luces de Bohemia*) mit dem Nobelpreis ausgezeichnet wurde und sich beim zeitgenössischen Publikum einer ungleich größeren Wertschätzung erfreute als der Erfinder von Max Estrella, hielt sich an die Normen des Realismus, wird aber, im Gegensatz zu Valle-Inclán, heute nur noch als zweitrangig betrachtet.

Wenn also Valle-Inclán sich derart vehement gegen die Normen eines heroisierenden Realismus auflehnt, lehnt er sich auch gegen eine spanische Theatertradition auf, die vom Siglo de Oro bis zum Theater von Benito Pérez Galdós den tragischen Helden bevorzugte. Trotzdem bleibt es noch eine offene Frage, ob er sich tatsächlich so radikal von der Widerspiegelungsästhetik verabschiedet, wie es den

Anschein hat. Zumindest spielt er mit ihr in höchst zweideutiger Weise. Einerseits gilt: Wenn man an die Stelle des normalen Spiegels den Zerrspiegel stellt, so verändert und verunstaltet dieser allerdings das abzubildende Objekt. Im Sinne von Brecht handelt es sich also um ›Verfremdung‹. Wenn man aber, andererseits, – und das tut Valle-Inclán ja ebenfalls – die ›Wirklichkeit‹ selbst schon als eine verunstaltete voraussetzt, dann wird der Zerrspiegel doch wieder zum Instrument einer ›naturgetreuen‹ Abbildung und ist dann abermals der angemessene Vermittler einer – wenn auch unappetitlichen – ›Wirklichkeit‹. Zwiespältig ist vor allem die Hauptperson selbst. Einerseits ist Max eine Marionette, deren Fäden von Don Latino und vom Alkoholismus gezogen werden. Andererseits kann er aber durchaus auch als tragisches Opfer des kapitalistischen Literaturbetriebs betrachtet werden, denn Max' Scharfsinn konnte vom Suff zwar vernebelt, aber keineswegs eliminiert werden. Vielleicht liegt gerade in der Zwiespältigkeit der Grund für die Langzeitwirkung des Textes.

Zwiespältig ist auch der Eindruck, den die Schlussszenen – 13, 14 und die »Escena última« – beim Leser hinterlassen. Sie machen eher den Eindruck eines Anhängsels, das nicht mehr so recht in die Einheit der geschlossenen Handlung passt, die bis einschließlich Szene 12 gegolten hatte. Diese Einheit bestand in der Wanderschaft der beiden Protagonisten, die mit dem Aufbruch in Szene 1 begann und mit Max' Tod in Szene 12 an ihr Ende gelangte – einem Tod übrigens, der in der ersten Szene schon vorausgesagt worden war.

In der Szene 13 geht es um eine groteske Totenwache bei dem in seiner Wohnung aufgebahrten Poeten. Der – wie immer – betrunkene Latino verwechselt Max mit Victor Hugo. Die Tochter Claudine ist kurz davor, ihn zu verprügeln. Ein russischer Anarchist behauptet, Max sei nicht wirklich tot, er befinde sich nur in einem kataleptischen Zustand, womit er farcenhaft auf dessen Unsterblichkeit anspielt. Der Kutscher des Leichenwagens, der es eilig hat, beweist ihm mit Hilfe einer brennenden Kerze, dass der Körper tatsächlich nur noch »fiambre« ist. Das despektierliche Wort für den toten Körper, für das abgehangene Stück Fleisch also, geistert im Übrigen durch die ganze Szene, die der üblichen Heuchelei bei derlei Totenwachen auf echt esperpentische Weise Hohn spricht.

Zivilisierter ist die Stimmung in Szene 14, in der Rubén Darío und der Marqués de Bradomín dem Begräbnis beiwohnen. Es sind aber nur die Totengräber, die von dem Verstorbenen mutmaßen, er sei wohl ein »hombre de mérito« (p. 183) gewesen. Darío, der schon in Szene IX als Max' Vorbild aufgetreten war, und der Marqués lassen kein Wort über dessen Verdienste verlauten. Sie philosophieren miteinander, und Darío will darüber hinaus lediglich wissen, wie es dazu kam, dass Max und Bradomín Freunde geworden sind. Trotzdem haben die beiden nicht nur einen engen Bezug zum Verstorbenen, der fiktiven Person Max, sondern auch und vor allem zum realen Autor, der sich über sie klammheimlich selbst in ein die Fiktion ironisierendes Spiel bringt. Es ist nämlich an dem, dass der Marqués de Bradomín, der hier als fast Hundertjähriger auftritt, eine literarische Figur des jungen Valle-Inclán ist, während Rubén Darío, der nicht nur Max' Vorbild, sondern auch das des echten Valle-Inclán war, tatsächlich gelebt hat – allerdings nur bis 1916 und nicht bis 1920, als das Drama vollendet wurde. Der Nicaraguaner Rubén Darío galt in Spanien als *der* Dichter des Modernismo, für den die Reinheit der Kunst über alles ging. Und der ebenso dekadente wie kunstbewusste, den schönen Frauen und der Libertinage ergebene, gleichzeitig erzkatholische und diabolische Marqués de Bradomín war die Hauptperson in den vier zwischen 1902 und 1905 entstandenen *Sonatas*, mit denen Valle-Inclán den Modernismo auf die Erzählliteratur übertrug, indem er den Leser in eine schönere Welt entführte, in der Platz ist für Eros und Thanatos, Liebe und Tod, aus der aber alles Schäbige und Hässliche verbannt bleibt. Die *Sonatas* haben denn auch den gemeinsamen Untertitel *Memorias del marqués de Bradomín*.

Mit solchen mehr oder weniger versteckten Hinweisen (auch schon bei der Begegnung mit den Modernisten in den Szenen 4 und 7) knüpft Valle-Inclán noch einmal an sein ästhetizistisches Frühwerk an und macht zugleich den Abstand deutlich, der dieses vom Spätwerk der *Esperpentos* trennt: hier *l'art pour l'art*, weit weg vom unansehnlichen bürgerlichen Alltag, dort eben diese unappetitliche Wirklichkeit, die den exquisiten Dichter Max inzwischen eingeholt, ja überrollt hat. Wie sehr dies der Fall ist, zeigt die »Escena última«, in welcher der zynische Don Latino sich breitmacht, nachdem die Familie von Max Estrella den Gashahn aufgedreht hat und als Empfänger des Losgewinns nicht mehr in Frage kommt. In *einer* Hinsicht aber sind die *Esperpentos* noch mit den *Sonatas* verwandt: Im Wesentlichen argumentieren sie nicht politisch, sondern ästhetisch – durch *Verunstaltung* dessen, was sie bekämpfen.

Literaturhinweise

Ausgabe: Ramón del Valle-Inclán, *Luces de Bohemia*, ed. Alonso Zamora Vicente, Madrid [30]1995

Übersetzung: Ramón del Valle-Inclán: *Wunderworte und Glanz der Bohème*, übers. von Fritz Vogelsang, Stuttgart 1983

Weitere Literatur

Spanische Literaturgeschichte, S. 329–338, speziell: S. 335–338

Wilfried Floeck: *Spanisches Theater im 20. Jahrhundert*, Tübingen 1990

Volker Roloff: »›Luces de Bohemia‹ als Stationendrama«, in: Harald Wentzlaff-Eggebert (Hg.): *Ramón del Valle-Inclán (1866–1936)*, Akten des Bamberger Kolloquiums vom 6.-8. November 1986, Tübingen 1988, S. 125–139

Übersetzung

(nach Fritz Vogelsang)

Zu S. 173:

> Die schwarze Legende ist, in diesen miserablen Zeiten, die Geschichte Spaniens. Unser Leben ist ein dantesker Teufelskreis. Wut und Scham.

Zu S. 174:

> Max: Die Kunst des Esperpento hat Goya erfunden. Die klassischen Heroen bummeln jetzt durch die Katzengasse.
>
> Don Latino: Du bist sternhagelvoll!
>
> Max: Die klassischen Heroen im Zerrspiegel ergeben den Esperpento. Das tragische Lebensgefühl Spaniens kann nur mit Hilfe einer systematisch verzerrten Ästhetik dargeboten werden.
>
> Don Latino: Miau! Dich hat's wohl erwischt!
>
> Max: Spanien ist eine groteske Verzerrung der europäischen Zivilisation.
>
> Don Latino: Mag sein. Ich halte mich da raus.
>
> Max: Die schönsten Abbilder sind im Zerrspiegel absurd.
>
> Don Latino: Zugegeben. Aber mir macht es Spaß, mich in den Zerrspiegeln der Katzengasse zu betrachten.
>
> Max: Mir auch. Die Verzerrung ist keine bloße Entstellung, wenn sie mit mathematischer Konsequenz erfolgt. Meine heutige Ästhetik gilt einer Verwandlung der klassischen Normen mittels einer Mathematik des konkaven Spiegels.
>
> Don Latino: Und wo ist dieser Spiegel?
>
> Max: Auf dem Grund des Schnapsglases.
>
> Don Latino: Du bist genial. Ich ziehe meinen Schädel vor dir!

Kapitel XX
Rafael Alberti: *Cal y Canto* (1926/27)
Modernisierter Gongorismus

›Dunkelheit‹, ›Unverständlichkeit‹ und ›Uninterpretierbarkeit‹ galten, nach Hugo Friedrichs epochemachendem Essay *Die Struktur der modernen Lyrik* (1956), lange Zeit als Kennzeichen, ja fast als Qualitätsausweis moderner Lyrik. Darin einbezogen war auch die Lyrik der spanischen *generación del 27*, der Friedrich zwar europäischen Rang zugestand, freilich nur gleichsam als Nachhall auf die höher eingeschätzten französischen ›Vorbilder‹ zwischen Symbolismus und Surrealismus, verkörpert durch Baudelaire, Rimbaud und Mallarmé bis hin zu Apollinaire. Direkt aus Spanien, nämlich aus einem oft einseitig interpretierten Essay von Ortega, stammt ein anderes Stichwort, das Friedrich häufig gebraucht: ›Enthumanisierung‹. Ortega verstand in *La deshumanización del arte* (1925) darunter allerdings eher Konzepte wie Entpersönlichung, Versachlichung, Verfremdung und Antisentimentalismus.

Erst Gustav Siebenmann hat uns in seinen Arbeiten zur modernen spanischen Lyrik für eine Wahrnehmung sensibilisiert, die nicht allein auf die Anzeichen einer ›negativen Poetik‹ fixiert ist und gleichzeitig den Weg frei macht für die Anerkennung spanischer Eigenständigkeit, ihres großen Spielraums an formalen und thematischen Möglichkeiten und ihres souveränen Umgangs mit den Einflüssen aus der europäischen Moderne und aus der großen lyrischen Tradition des eigenen Landes, den Cancioneros, den Romanzen und der Dichtung der Romantik.

Neben Federico García Lorca ist Rafael Alberti (1902–1999) der bedeutendste Lyriker der *generación del 27*. Er hat mit seiner langen weißen Mähne ihr ›Image‹ in die moderne Medienwelt hinübergetragen. Geboren wurde er im andalusischen Puerto de Santa María. Dort, im Angesicht des Meeres, starb er auch als Rückkehrer aus einem langwährenden Exil, das ihn, am Ende des Bürgerkriegs, zuerst nach Argentinien, später nach Italien verschlagen hatte. Gleich sein erster Lyrikband – *Marinero en tierra* (1925) –, für den er den Nationalpreis erhielt, machte ihn berühmt. Er hat ihn in einem Sanatorium unweit Madrids verfasst (deshalb der Titel mit der Konnotation des ›gestrandeten‹ Matrosen). In ihm hat er die volkstümlichen Motive aus der überkommenen spanischen Dichtung mit den sprachlichen Neuerungen der europäischen Avantgarde verbunden, wie überhaupt die Amalgamierung von Tradition und Moderne zu den wichtigsten Kennzeichen seiner Lyrik gehört.

In der Sammlung *Cal y Canto* (1926/27) hat er sich dem Gongorismus und damit einer besonders anspruchsvollen und kunstbewussten Spielart der Dichtung zugewandt, nicht zuletzt deshalb, weil sie unter den Dichtern seiner Generation just im 300. Todesjahr Góngoras in Mode gekommen war. Ja, die Selbstbenennung als *generación del 27* ist eigentlich nichts anderes als eine gemeinsame Verabredung auf und eine Hommage an den Meister der Barocklyrik, eine Mode aber auch, die nicht von langer Dauer und eher als Provokation des damaligen Literaturbetriebs gedacht war, dem Góngora als ›abartig‹ galt. Im Grunde genommen diente die Lyrik Góngoras den Autoren jener Generation ebenso als Spielmaterial wie das Erbe anderer Dichterschulen, die allerneuesten eingeschlossen. Schon mit der Sammlung *Sobre los ángeles* (1929) entfernte sich Alberti ganz bewusst wieder vom barocken Vorbild, auch von dessen metrischen Formen, und wendete sich den freien Rhythmen des Surrealismus zu. Der rasche Paradigmenwechsel ›passt‹ im Übrigen nur zu gut zur Rastlosigkeit des modernen Lebensstils, den Alberti wie kein anderer in seiner lyrischen Produktion zu evozieren wusste.

Anfang der 30er Jahre, zumal mit dem Beginn der Zweiten Republik, ändert sich die Interessenlage erneut: Alberti engagiert sich politisch und wird, zusammen mit seiner Frau Teresa León, Mitglied der Kommunistischen Partei (für die er, nach der Rückkehr aus dem Exil, noch als Hochbetagter im spanischen Oberhaus saß). Die lyrische Produktion jener Jahre – 1938 zusammengefasst unter dem sprechenden Titel *El poeta en la calle* – gehört zur ›engagierten Dichtung‹ im Sinne des Sozialismus und belegt, wenn auch gleichsam am äußersten linken Rand, dass die Lyrik der 27er keineswegs eine Lyrik des ›l'art pour l'art‹ war. Sie war es auch nicht bei Lorca, dessen *Romancero gitano* alles andere als eine folkloreselige Romantisierung des Zigeunerlebens darstellt, sondern, ebenso wie *Poeta en Nueva York*, das Schicksal der Unterdrückten und Ausgegrenzten ungeschönt zum Gegenstand ernster Lyrik macht. Die mehrbändige Autobiographie *La arboleda perdida*, deren schönste Teile (von der Kindheit bis zum Beginn der Zweiten Republik) im Exil entstanden sind, wurde nach der Rückkehr bis in die Mitte der 90er Jahre fortgeführt.

Die eigentliche Stärke in der Lyrik der 27er liegt darin, dass sie die Balance zu halten weiß zwischen dem Element des Spielerischen und Spontanen und dem Element des reflexiven Ernstes, zwischen der Rücksicht aufs Konkrete und Vorhandene und dem Aufstieg ins Abstrakte und Phantastische, zwischen Gefühl und Besinnung, zwischen der Fähigkeit zur Hingabe und der Fähigkeit zur Analyse. Albertis *Cal y Canto* ist deshalb von besonderem Interesse, weil es im Bewusstsein eines Zeitenumbruchs geschrieben wurde, in dem das Alte und Überlieferte – in diesem Fall die griechisch-römische und die christliche Mythologie, wie sie von Góngora beschworen wurde – seine Gültigkeit verliert und von einem nicht mehr aufzuhaltenden Modernisierungsschub abgelöst wird, dessen Kennzeichen die Technifizierung, die Internationalisierung (heute spricht man von Globalisierung) und die Emanzipation von allen religiösen Bindungen sind. Alberti stellt diesen Übergang als ein Faszinosum dar, verlockend wegen der Dynamik, die ihm eigen ist, und erschreckend wegen des Verlustes einer höheren, einer transzendentalen Bestimmung. Jedenfalls ist *Cal y Canto*, auch wegen seines durchgängig ironischen Tones, eines jener Dokumente, die am besten den tiefgreifenden Mentalitätswandel beleuchten, dem Spanien in den 1920er und 1930er Jahren ausgesetzt war.

Der Titel *Cal y Canto* ist, wie viele Gedichte der Sammlung auch, vieldeutig. Er spielt einerseits an auf die Redensart *a cal y a canto*, was so viel wie »hermetisch verschlossen« heißt (*cal*, »Kalk« und *canto* in der Zweitbedeutung von »kleiner

Stein«). ›Hermetisch‹ ist im Übrigen das Beiwort, das Góngoras Lyrik am häufigsten verliehen wird. Legt man aber die Erstbedeutung von *canto*, nämlich »Gesang« zugrunde, so kann man den Titel auch als einen Hinweis auf den Gegensatz von Starre und Lebendigkeit verstehen, welcher der Sammlung neben ihrem Hermetismus ebenfalls eigen ist, insofern nämlich, als anstelle der Natur die Künstlichkeit der ›kalten‹ Städte getreten ist, was jedoch keineswegs ausschließt, dass man sie auch mit einem gewissen Enthusiasmus ›besingen‹ kann.

Die Erinnerung an Góngora ist allgegenwärtig in *Cal y Canto*, das aus 43 Texten unterschiedlicher Länge und verschiedenster Versmaße (vom klassischen Sonett bis zu den freien Rhythmen des Surrealismus) besteht. Sie sind aufgeteilt in sieben Abteilungen, in denen jeweils mehrere Texte zusammengefasst sind, mit Ausnahme der vierten Abteilung, die nur einen einzigen enthält. Ein achter Abschnitt bildet unter dem Titel *Carta abierta* eine Art Epilog, in der das lyrische Ich manches von sich selbst und von den Bedingungen seines Dichtens preisgibt.

An prominenter Stelle finden sich die direkten Huldigungen auf Góngora: die vier Sonette im gongorinischen Stil, die Abteilung I bilden, und ein längeres Poem mit dem Titel *Soledad tercera*, das, ganz für sich allein, Teil IV ausmacht, just in der Mitte der Sammlung. Diese *Soledad tercera*, mit dem Untertitel *Paráfrasis incompleta*, ist expressis verbis als »Homenaje a don Luis de Góngora« bezeichnet, der bekanntlich selbst zwei bukolische *Soledades* verfasst hat, von denen die zweite ihrerseits unvollendet blieb. Albertis »dritte Soledad« ist also eine Art Fortsetzung und gleichzeitig ein Pastiche der gongorinischen ›Urtexte‹, die damit zu einer Art Hypotext von *Cal y Canto* werden. Zu den gongorinischen Prozeduren, die Alberti in diesen Huldigungstexten benutzt, gehören die latinisierende Syntax, die Häufung von Metaphern und die Verwendung barocker Bilder. Vor allem gehört dazu aber der ständige Bezug auf die griechisch-römische und die christliche Mythologie. Zu beobachten ist auch eine Vorliebe für die Metamorphosen zwischen göttlicher und irdischer Welt. Eines der Meisterwerke Góngoras ist ja die Fabel von Polyphem und Galatea, die ihrerseits wieder eine Adaption von Ovids 13. *Metamorphose* ist, also auf jenes lateinische Fabelwerk Bezug nimmt, dessen Reiz just in den Transformationen und Transgressionen zwischen göttlicher und menschlicher Welt, Zivilisation und Natur besteht. Wir sehen also, dass es, über Góngora hinaus, noch einen zweiten, nämlich ovidianischen Hypotext gibt und dass wir es in *Cal y Canto* mit einem intertextuellen und interkulturellen Spiel von beträchtlichem Reiz zu tun haben, wird doch mit Ovids *Metamorphosen* ein Schlüsseltext der abendländischen Kultur ins Spiel gebracht.

Cal y Canto betreibt aber nicht nur sein Spiel mit dem sprachlichen und mythologischen Material Ovids und Góngoras. Bedeutsam wird es erst durch die Art und Weise, wie es ›Klassik‹ und ›Moderne‹ miteinander in Beziehung setzt. Auf den ersten Blick sieht es so aus, als ob beide Welten nebeneinander bestünden. Einerseits das mythologische Personal: Venus, Apollo, Orpheus, Ganimed, die Sirenen, aber auch Gott Vater, der Heilige Geist und die Engel. Andererseits die Orte, die Kommunikationsmedien, die Apparate der modernen Zivilisation: Hotels, Bars, Schnellzüge, Bahnhöfe, Flugzeuge, Fahrstühle, Telegramme, Radio und Kino. Wenn man genauer hinschaut, merkt man indes, dass es einen Unterschied in der Geltung gibt. Das Klassische ist seinem angestammten Kontext entfremdet und der Moderne einverleibt worden; es wurde im wahrsten Sinne des Wortes ›modernisiert‹. Viele Texte von *Cal y Canto* haben genau diese Verwandlung zum Thema, und es ist gerade ihr ›metamorphologischer‹ Charakter, der die Gedichte zu Dokumenten eines Mentalitätswandels macht.

Drei Beipiele – wie die meisten Gedichte von *Cal y Canto* vieldeutig und nicht immer ganz zu entschlüsseln – mögen das belegen: In *Guia estival del paraíso* ist das Paradies ein Luxushotel. In *Los ángeles albañiles* werden die Engel zu Bauarbeitern, die in schwindelnder Wolkenkratzerhöhe wie von unsichtbaren Himmelsfäden in der Schwebe gehalten werden. Und in *Venus en ascensor* ist die Göttin der Liebe zum *maniquí* (in der spanischen Doppelbedeutung von »Model« und »Kleiderpuppe«) geworden, das im Lift von Stockwerk zu Stockwerk aufsteigt und dabei auf immer neue ›Metamorphosen‹ der antiken Mythologie trifft, die sich in der Alltagswelt der modernen Großstadt wiederfinden: Im ersten Stock arbeitet der in moderner Berufskleidung steckende Eros als Rechtsanwalt in Liebesangelegenheiten, der die Richter mit einem (Geld-)Schein aus 5000 (Zünd-)Kerzen blendet (Alberti liebt die Überlagerung von Bildern aus verschiedenen Bereichen der Gegenwartszivilisation – hier aus dem Bank- und dem Automobilgeschäft, sowie aus dem Bereich der Elektrizität). Im zweiten Stock trifft man auf eine Färberei, die zugleich eine Poesieagentur, also gewissermaßen eine Schönfärberei ist, betrieben von einem hemdsärmeligen und zerstreuten Apoll mit blechernem Weinbeerkranz. Im dritten Stock befindet sich ein Tonstudio, in welchem der sterbende Orpheus seine Leier aus dem Mülleimer zu fischen versucht. Im vierten befindet sich ein Kino, in dem Wochenschauen und allerlei Lügengespinste zu sehen sind und in dessen Werbespots Ceres und Bacchus auftreten. Im fünften Stock entdeckt man eine mit allen Fortschritten der Technik ausgestattete Luxustoilette, in der Ganimed auf Ikarus uriniert, wenngleich anscheinend mit einer benzin- und/oder ozonhaltigen Flüssigkeit. Hier geht es längst nicht mehr um eine bloße Modernisierung, sondern zugleich um eine Demontage der klassischen Mythenwelt. Die setzt sich auch im sechsten Stock fort, wo, in einem Pariser Modesalon, Narziss mit grünen Strapsen und hohen Absätzen erscheint, verliebt in seinen Gummibusen. Je höher man steigt, desto weniger ›Transzendenz‹ ist der Mythenwelt noch eigen. Und es ist deshalb nur konsequent, wenn auch im obersten, dem siebten Stock keine ›Erlösung‹ winkt. Im Gegenteil: Hier wird auch noch die letzte, die christliche, Hoffnung zunichte gemacht. Man befindet sich zwar in der Nähe des Himmels, aber der hat sich in eine blaue Skandalbar verwandelt, in der Gott Vater und die Taube (des heiligen Geistes?) herumhängen.

Venus en ascensor
(Cielos: 1,2,3,4,5,6,7)

Maniquí, Venus niña, de madera
y de alambre. Ascensores.

-Buenos días, portera. (La portera
con su escoba de flores.)

Primero:
Abogado y notario de los males de amores.

Eros, toga, monóculo y birrete,
clava a sus señorías
en el arco voltaico de un billete
de cinco mil bujías

Segundo:
Agencia de tinteros. Despacho de poesías.

Apolo, en pantalones, sin corbata
-»Diga usted«–, aburrido,
su corona de pámpanos de lata.
-»Repita« – lustra, ido

Tercero:
Realización de voces. Se perfila el sonido.

Con la esperanza a cuatro pies, procura
pescar, mientras expira,
Orfeo, del cajón de la basura,
la concha de su lira.

Cuarto:
Cinema. Noticiario. Artificio. Mentira.

En la pantalla anunciadora, Ceres
instantánea, embustera,
imprime a Baco un saldo de mujeres
de alcanfor y de cera.

Quinto:
Inodoro celeste. Termosifón. Bañera.

Ganimedes impar y pulcro, orina
sobre Ícaro, tronchada
luz del viento, una flor de gasolina
y ozono, destilada.

Sexto:
Modista parisién. A la inversa la entrada.

Narciso, ligas verdes, descocado,
todo tacón, se asoma
a una luna de azogue, enamorado
de sus pechos de goma.

Séptimo:
Bar azul del escándalo: Dios Padre y la Paloma.

Maniquí, Venus niña, de madera
y de alambre. Ascensores.
-Buenas noches, portera. (La portera,
sin su escoba de flores). (p. 69 ff.)

Venus en ascensor ist, wie man sieht, eine respektlose, dem Sakrileg nahekommende Parodie. Aber es geht dabei nicht nur um eine simple Ridikülisierung und Vermenschlichung des mythologischen Personals, sondern vor allem um eine Demonstration der unwiderstehlichen Sogwirkung, welche die moderne Zivilisation ausübt. Die ist so stark, dass selbst die Götter ihr nicht widerstehen können und sich ihr, unter Verlust ihrer traditionellen Reputation, rückhaltlos unterwerfen müssen.

Das ist aber noch nicht alles. *Cal y Canto* ist nämlich so konstruiert, dass sich die Gewichte zwischen antik und modern fortlaufend zu Ungunsten der traditionellen Mythologie verschieben. Am Schluss, in den drei Gedichten der siebten Abteilung, verschwindet das antike Personal vollständig und wird durch die Mythenträger der Moderne, den Film- oder Modestar, die Rekordschwimmerin und den Fußballprofi ersetzt. Gleichzeitig wird die strenge Form barocker Dichtung zugunsten freier Rhythmen aufgegeben, und auch das Vokabular ist hochaktuell. Am deutlichsten wird das in dem Gedicht *A Miss X enterrada en el viento del oeste*, das von Gerardo Diego in seine berühmte, 1932 veröffentlichte Anthologie von Gedichten der 27er Generation aufgenommen wurde. Es wird, wegen seiner Länge, hier nur auszugsweise zitiert:

¡Ah, Miss X, Miss X: 20 años!
Blusas en las ventanas,
los peluqueros
lloran sin tu melena
-fuego rubio cortado-.

¡Ah, Miss X, Miss X, sin sombrero,
alba sin colorete,
sola,
tan libre,
tú,
en el viento!

[...]

El barman, ¡oh qué triste!
(Cerveza.
Limonada.
Whisky.
Cocktail de ginebra.)
ha pintado de negro las botellas.
Y las banderas,
alegrías del bar,
de negro, a media asta.

¡Y el cielo sin girar tu radiograma!

Treinta barcos,
cuarenta hidroaviones
y un velero cargado de naranjas,
gritando por el mar y por las nubes.

[...]

¡Ah, Miss X, Miss X, qué fastidio!
Bostezo.
Adiós ...
-Good bye ...

[...] (p. 85 ff.)

Der Text ist, obwohl er ein ganz traditionelles Motiv variiert – das der Vergänglichkeit irdischer Schönheit – ein gutes Beispiel für den Avantgardismus der 27er und passt genau in die Kategorien von Ortegas *deshumanización*: Auf der einen Seite Entindividualisierung (Miss X) und Verschwinden der erkennbaren Person, die nur noch als vage Erinnerung evoziert wird. Auf der anderen Seite die Versatzstücke der (damals) avanciertesten Technik: Autos, Wasserflugzeuge (ist Miss X bei einem Flugzeugabsturz ums Leben gekommen?), Radiogramme, dazu englische Wortfetzen. Modernität liegt auch im stakkatoartigen, geradezu atemberaubenden Tempo, mit dem die Impressionen wie in Filmschnipseln (heute würde man sagen: im Videoclip) am Leser vorbeijagen; auch in der Schnelligkeit, mit der die zuerst so betrauerte Miss X, einmal aus den Augen, dann auch aus dem Sinn kommt und vergessen wird. Trotzdem erscheint das Ambiente, in dem sie sich bewegt hat, als kurz zitierte Kulisse: Schönheitssalons, Bars, Casinos, Schickeria – alles international. War sie ein ›Model‹ oder ein ›Sternchen‹ (wie sie damals in den illustrierten Zeitschriften wie *Blanco y Negro* aufkamen)? Jedenfalls war auch sie ›modern‹, Typ Garçonne, alleinstehend, frei, Haare im Wind. Das Ganze betont unsentimental, sachlich, unterkühlt, mit einem Unterton ironischer Amüsiertheit vorgetragen.

Das Filmsternchen blieb anonym, die Rekordschwimmerin auch. Im letzten Gedicht der siebten Abteilung aber, einem wahren Hymnus auf eine Fußballgröße, trägt der Heros wieder einen Namen: Platko (so auch der Titel). Platko, ehemaliger ungarischer Nationaltorwart, war einer der ersten prominenten Ausländer, die der in diesem Geschäft auch heute noch führende FC Barcelona mit Geld an sich gebunden hat. Das Gedicht erinnert (in einem in Klammern nach dem Titel gesetzten Einschub) an das in Santander ausgetragene Pokalendspiel vom 20. Mai 1928, das Barcelona dank überragender Torhüterleistungen Platkos gegen Real Sociedad San Sebastián mit 3:1 gewann. Alberti war unter den Zuschauern. Diesmal wird der Star nicht vergessen. Im Gegenteil: Die letzten Zeilen des Poems lauten, in fünffacher Beschwörung: »Nadie, nadie se olvida,/ no, nadie, nadie, nadie« (p. 93). Man fühlt sich bei der Lektüre von *Platko* lebhaft an den Radioreporter Herbert Zimmermann erinnert, der beim Berner WM-Endspiel von 1954 angesichts der Rettungstaten von Toni Turek beim 3:2-Sieg Deutschlands über Ungarn ausrief: »Turek, du bist ein Teufelskerl; Turek, du bist ein Fußballgott!« In diesen letzten Gedichten sind die alten Mythen endgültig ausgelöscht und durch die neuen Mythen des Kinos und des Sports ersetzt.

Im Epilog mit dem Titel *Carta abierta*, in dem der Autor von sich selbst spricht, wird der Übergang von der traditionellen zur modernen Wahrnehmungsweise noch einmal explizit aus der Selbsterfahrung dessen erklärt, der mit dem Kino und mit anderen technischen Errungenschaften groß geworden ist. Für ihn wird schon 1928 die endgültig erst durch Fernsehen und Computer realisierte Möglichkeit vorstellbar, dass die Welt, dank dem neuen Medium, zum globalen Dorf wird, in dem es keine zeitlichen und örtlichen Distanzen, auch keine nationalen und keine rassischen Unterschiede mehr gibt – nur noch Gleich-Zeitigkeit und Gleich-Gültigkeit:

> Nueva York está en Cádiz o en el Puerto [de Santa María].
> Sevilla está en Paris, Islandia o Persia.
> Un chino no es un chino. Un transeúnte
> puede ser blanco al par que verde y negro.
> [...]
> Yo nací – ¡respetadme! – con el cine.
> Bajo una red de cables y de aviones.
> Cuando abolidas fueron las carrozas
> de los reyes y al auto subió el Papa. (p. 98)

Literaturhinweise
Ausgabe: Rafael Alberti, *Cal y Canto*, Madrid 2002

Weitere Literatur
Spanische Literaturgeschichte, S. 355–368, speziell S. 362–364.
Hugo Friedrich: *Die Struktur der modernen Lyrik*, Hamburg 1956
Sabine Horl Groenewold: »Rafael Alberti: ›A Miss X, enterrada en el viento del Oeste‹«, in: Manfred Tietz (Hg.): *Die spanische Lyrik der Moderne. Einzelinterpretationen*, Frankfurt a. M. 1990, S. 197–211

Hans-Jörg Neuschäfer: »El Gongorismo de Alberti.«, in: Wilhelm Graeber/Dieter Steland/Wilfried Floeck (Hg.): *Romanistik als vergleichende Literaturwissenschaft, Festschrift für J. v. Stackelberg* Frankfurt a. M. 1995, S. 215–221
Gustav Siebenmann: *Los estilos poéticos en España desde 1900,* Madrid 1973
Kurt Spang: *Inquietud y nostalgia. La poesía de Rafael Alberti,* Pamplona [2]1991

Übersetzung
(Hans-Jörg Neuschäfer)

Zu S. 181 ff.:
Venus im Aufzug
(Himmel: 1,2,3,4,5,6,7)

Mannequin, kleine Venus, aus Holz
und aus Draht. Aufzüge.
-Guten Tag, Pförtnerin. (Die Pförtnerin
mit ihrem Blumenbesen).

Erster Stock:
Anwalt und Notar in Sachen Liebesleid.

Eros, im Talar, mit Monokel und Barett,
spießt die Herren Richter
auf den voltaischen Bogen eines Billetts
von fünftausend Kerzen.

Zweiter Stock:
Färbereiagentur. Poesiebüro.

Apoll, in Hosen, ohne Krawatte.
»Sie wünschen?« –, gelangweilt.
Seine Krone aus blechernem Weinlaub.
»Wiederholen Sie« – er ist zerstreut am Polieren.

Dritter Stock:
Stimmen werden aufgenommen. Man hört den Ton heraus.

Mit der Hoffnung auf allen Vieren, versucht
Orpheus, während sein Atem versiegt,
aus dem Abfalleimer
den Schildpattboden seiner Leier zu fischen.

Vierter Stock:
Kino. Wochenschau. Künstelei. Lüge.

Auf der Leinwand angekündigt: Ceres,
augenblicklich, betrügerisch,
drückt sie Bacchus einen Restposten Frauen
aus Kampher und Wachs auf.

Fünfter Stock:
Himmlisches Klo. Thermosyphon. Badewanne.

Ganimed, ungrad und geschniegelt, pinkelt
auf Icarus, bei verhindertem Windlicht,
eine destillierte Blüte
aus Benzin und Ozon.

Sechster Stock:
Pariser Modistin. Eingang hintenrum.

Narziss, in grünen Strapsen, schamlos,
auf Stilettabsätzen stehend, lehnt sich
zu einem Mond aus Quecksilber hinaus, verliebt
in seine Gummibrüste

Siebter Stock:
Blaue Skandalbar: Gott Vater und die Taube.

Mannequin, kleine Venus, aus Holz
und aus Draht. Aufzüge.
-Gute Nacht, Pförtnerin. (Die Pförtnerin
ohne ihren Blumenbesen).

Zu S. 183 f.:
Ah, Miss X, Miss X: 20 Jahre!
Blusen in den Fenstern,
die Frisöre
weinen ohne deine Mähne
-blondes Feuer, kurzgeschnitten-.

Ah, Miss X, Miss X, ohne Hut,
Sonnenaufgang ohne Rouge,
alleinstehend,
ganz frei. Du,
mitten im Wind!
[...]

Der Barkeeper, oh wie traurig!
(Bier,

Limonade,
Whisky.
Genever-Cocktail)
hat die Flaschen schwarz angemalt,
und die Fähnchen,
fröhliche Schmuckstücke der Bar,
in schwarz, auf Halbmast.

Und der Himmel ohne ein Radiogramm von dir zu senden!

Dreißig Schiffe,
vierzig Flugboote
und ein Segler, beladen mit Apfelsinen,
rufen nach dir auf dem Meer und über den Wolken.

[...]

Ah, Miss X, Miss X, wie ärgerlich!
Gähn.
Adios ...
Good bye ...

Zu S. 185:
New York ist in Cádiz oder in Puerto de Santa María.
Sevilla ist in Paris, Island oder Persien.
Ein Chinese ist kein Chinese. Ein Passant
kann weiß sein, aber auch grün und schwarz.
[...]
Geboren wurde ich – nehmt Rücksicht darauf – mit dem Kino.
Unter einem Netz aus Kabeln und Fliegern,
als die Karossen der Könige abgeschafft wurden
und der Papst ein Auto bestieg.

Kapitel XXI
Miguel Mihura: *Tres sombreros de copa* (1932/52)
Die Erfindung des absurden Theaters

»Habent sua fata libelli.« *Tres sombreros de copa* wurde 1932 geschrieben, aber erst 1952 uraufgeführt. Zwanzig Jahre lang wollte kein spanischer Theaterdirektor die Komödie haben; alle hielten sie für zu schwierig, ja unverständlich und mochten sie dem Publikum nicht zumuten. Mihura (1905–1977) selbst hatte das Stück schon abgeschrieben, als ein enthusiastischer junger Regisseur namens Gustavo Pérez Puig, der Leiter des TEU, des Teatro Español Universitario, dem Autor die Erlaubnis für eine einzige Aufführung auf einer Studentenbühne abrang. Was Mihura nicht wusste, war, dass es Pérez Puig, dank seiner guten Verbindungen, gelungen war, als Ort der Aufführung das sakrosankte Teatro español zu organisieren, das vor allem durch die Aufführung spanischer Theaterklassiker von sich reden machte und noch immer macht. Die Premiere wurde ein voller Erfolg, besonders beim jungen Publikum, und mit zwanzigjähriger Verspätung begann *Tres sombreros de copa* nun seinerseits eine Klassikerkarriere.

Mihura war zu dieser Zeit, mit 47 Jahren, schon ein berühmter Mann. Begonnen hatte er als Zeichner und Kurzgeschichtenschreiber für die Presse. Als Drehbuchautor für mehr als 50 Filme war er geradezu unersetzlich, u. a. für Luis García Berlanga, mit dem er das Drehbuch für die unsterbliche Filmkomödie *Bienvenido Mr. Marshall* (1952) schrieb. Populär wurde er darüber hinaus als Herausgeber der einzigen satirischen Wochenblätter, die das Francoregime zuließ, freilich auch immer wieder mit drakonischen Zensurmaßnahmen behinderte. Es waren dies *La Ametralladora* (1936–39) und, besonders langlebig und überaus erfolgreich, *La Codorniz*, mit dem ebenso ironischen wie zutreffenden Untertitel *La revista más audaz para el lector más inteligente*. In *La Codorniz* hatte Mihura die Art von Humor, die er in *Tres sombreros de copa* kreiert hatte, bereits unter die Leser gebracht, bevor das Stück das Licht der Öffentlichkeit sah. Genau das dürfte Pérez Puig auch dazu veranlasst haben, es endlich in Szene zu setzen. *La Codorniz* wurde von 1941 bis 1944 von Mihura selbst, anschließend von Álvaro de Laiglesia geleitet und redigiert, mit dem zusammen er auch ein erfolgreiches Theaterstück produziert hat: *El caso de la mujer asesinadita* (1946). Die großen Bühnenerfolge gelangen ihm aber erst nach dem Durchbruch von *Tres sombreros de copa*. Mihura hatte aus der Erfahrung mit diesem Stück die Lehre gezogen, dem Publikum künftig weiter entgegenzukommen, vielleicht sogar zu weit. Am nachhaltigsten gelang ihm das mit *Maribel y la extraña familia* (1959), das gelegentlich auch auf deutschen Bühnen und im deutschen Fernsehen aufgeführt wurde.

1932 war Mihura 27. Wäre *Tres sombreros de copa* schon damals aufgeführt worden, wäre heute Mihura und nicht Eugène Ionesco als der ›Erfinder‹ des absurden Theaters bekannt. Ionescos *La cantatrice chauve* erschien erst 17 Jahre später und wurde zum Welterfolg. Das metalinguistische Spiel mit den sprachlichen und gesellschaftlichen Konventionen, das Schwelgen in Paradoxien und Nonsenskreationen, der klischeezerstörende Witz, die allumfassendee Ironie – das alles findet sich schon im Theater Mihuras, das seinerseits wieder anknüpft an die von Ramón Gómez de la Serna und Jardiel Poncela ausgehenden Impulse der spanischen Avantgarde. Dieser Avantgarde ging es nicht mehr um die Nachahmung des ›wirklichen‹ Lebens, wie es noch im costumbristischen Sainete der Fall war, sondern um das Sprachspiel als solches.

Das Stück beginnt scheinbar idyllisch und geradezu rührselig. ›Scheinbar‹ deshalb, weil kleine Querschläger von Anfang an dafür sorgen, dass man sich in der Rührseligkeit nicht einrichten und die Sache nicht ernst nehmen kann. Don Rosario, der Besitzer eines zweitrangigen Hotels in einer zweitrangigen Provinzhauptstadt, lässt es sich nicht nehmen, seinen Stammgast Dionisio zum letzten Mal persönlich auf sein Zimmer zu bringen. Dionisio wird nämlich morgen heiraten und dann im Haus seiner vermögenden Schwiegereltern wohnen. Don Rosario kümmert sich wie ein Vater, ja fast so hingebungsvoll wie eine Mutter, um seine Gäste, die ihm Ersatz für den eigenen Sohn sind, der vor Jahren beim Sturz in einen Brunnen ertrunken ist. Seine exquisite Fürsorglichkeit hindert ihn aber nicht daran, Dionisio mit einem »parece usted tonto« (»Sie scheinen schwer von Begriff«) anzufahren, als der die drei Leuchtpunkte übersieht, die angeblich vom fernen Hafen herüberblinken und die den Gästen als Aussichtsattraktion angepriesen werden. Und Dionsio wiederum quittiert die Geschichte vom ertrunkenen Knaben, die er schon oft gehört zu haben scheint, mit einem kurzen: »Sí, la sé [cf. ›la historia‹]. Su niño se asomó al pozo para coger una rana … Y el niño se cayó. Hizo ›¡pin!‹, y acabó todo« (p. 67).

Damit ist von vornherein für Distanz gesorgt. Und wenn man dann noch Dionisios Loblied auf Don Rosarios Gastgebereigenschaften und auf die ständigen Verbesserungen des Hotelkomforts hört (von der Vertreibung der Mücken bis zur Einführung des Telefons) – jenen Lobpreis, welcher der Erwähnung des tragischen Unfalltodes unmittelbar voraufgeht, ist man vollends im Bilde über den parodistischen Charakter von Mihuras Komödie, die den Konversationston des traditionellen Unterhaltungstheaters bis ins Absurde verfremdet. So weit in die Utopie der Perfektion treibt Don Rosario seine selbstlose Gastfreundschaft, dass sie schon wieder lästig wird, legt er sich doch zum erkälteten Gast um ihn zu wärmen (zusätzlich zur ebenfalls eingeführten Heizung!) und spielt ihm Romanzen vor, wenn er nicht einschlafen kann – und das ausgerechnet auf der Trompete!

Dionisio: Hace siete años que vengo a este hotel y cada año encuentro una nueva mejora. Primero quitó usted las moscas de la cocina y se las llevó al comedor. Después las quitó usted del comedor y [...] las llevó al campo. [...] Luego puso usted la calefacción … Después suprimió usted aquella carne de membrillo que hacía su hija … Ahora el teléfono … De una fonda de segundo orden ha hecho usted un hotel confortable … Y los precios siguen siendo económicos … ¡Esto supone la ruina, don Rosario …!
Don Rosario: Ya me conoce usted, don Dionisio. No lo puedo remediar. Soy así. Todo me parece poco para mis huéspedes de mi alma …

Dionisio: Pero, sin embargo, exagera usted ... No está bien que cuando hace frío nos meta usted botellas de agua caliente en la cama; ni que cuando estamos constipados se acueste usted con nosotros para darnos más calor y sudar; ni que nos dé usted besos cuando nos marchamos de viaje. No está bien, tampoco, que, cuando un huésped está desvelado, entre usted en la alcoba con su cornetín de pistón e interprete romanzas de su época, hasta conseguir que quede dormidito ... ¡Es ya demasiada bondad ...! ¡Abusan de usted ...! (ebd.)

Drei Requisiten, die bei der Eröffnungsszene zunächst eher nebenbei in Erscheinung treten, sind für den weiteren Verlauf von großer Bedeutung: Erstens die drei Zylinderhüte, die dem Stück ihren Namen gegeben haben. Dionisio hat zwei davon gekauft und einen von seinem zukünftigen Schwiegervater vermacht bekommen, der als Don Sacramento ebenso über einen symbolträchtigen Namen verfügt wie Dionisio selbst. Die Zylinder sind zunächst ein Symbol bürgerlicher Ordnung und eines festen Eheversprechens gegenüber Dionisios Braut Margarita, die er zu lieben vorgibt, von der aber, als von einer »virtuosa señorita [...] que tiene dinerito« (so Don Rosario p. 69) nichts Aufregendes zu erwarten ist. »Es la primera novia que he tenido y también la última«, sagt Dionisio. »Ella es una santa [...] y sabe hacer unas labores muy bonitas y unas hermosas tartas de manzana ...« (p. 68 f.). Sehr bald werden die Zylinderhüte eine ganz andere Funktion erlangen.

Zweites Requisit ist das Telefon – im Hotel damals, zumal in Spanien, eine alles andere als selbstverständliche Errungenschaft moderner Kommunikationstechnik. In Mihuras Stück hat es allerdings nur eine einzige, sehr einseitige Funktion: als Verbindung zu Margarita, die ihren Dionisio einer ständigen Fernkontrolle unterwirft, ihn sozusagen an der Leine der Telefonschnur führt und immer dann anruft, wenn er – im übertragenen Sinn – aus dem Ruder, also wegzulaufen droht. Nur beim ersten Mal ist Dionisio selbst der Anrufer, um sich gleichsam zur Stelle zu melden (»Yo no hago más que lo que tú me mandes«, p. 70), wobei er jenen ängstlichen und willensschwachen Charakter erkennen lässt, der ihn in der Folge von einer Verlegenheit in die nächste treiben wird.

Drittes Requisit ist die Verbindungstür zum Nebenzimmer, das zunächst unbesetzt zu sein scheint. Aber kaum hat sich Don Rosario verabschiedet und Dionisio das Foto der Braut ausgepackt, wird die anfängliche Idylle durch eine lautstarke Auseinandersetzung jenseits der Tür jäh unterbrochen und Dionisio aus seiner Kontemplation aufgeschreckt. Er steht auf, probiert die Zylinderhüte, und hat gerade einen von ihnen auf dem Kopf, die beiden anderen – wie ein Jongleur – in je einer Hand, als die Tür aufgerissen wird und eine »maravillosa muchacha rubia, de 18 años« (Regieanweisung p. 72) aufgeregt und heftig schimpfend ins Zimmer stürmt, um sich vor ihrem aggressiven Freund Buby in Sicherheit zu bringen. Erst jetzt merkt sie, dass das Zimmer bewohnt ist. Mit einem Schlag sieht sich Dionisio mit einer neuen, für ihn ebenso fremden wie aufregenden Welt konfrontiert, mit der die Tür ihn – jetzt als wahrhaftige ›Verbindungstür‹ – fortan in ständigen Kontakt bringen wird.

Die ›andere‹ Welt ist die des Varieté, der Kleinkunst also, der Artisten und der Revuegirls, die antibürgerliche Welt *par excellence*; Don Sacramento wird sie voller

Verachtung die Bohème nennen. Paula gehört dazu, auch Fanny, Sagra, Trudy und Carmela, dazu Madame Olga, die Frau mit dem Bart. Buby, ein Farbiger, ist der Chef der Truppe. Paula hat Angst vor ihm und wendet sich nun hilfesuchend ausgerechnet an Dionisio, der doch so schüchtern und ängstlich ist. Nicht einmal seinen richtigen Namen wagt er zu sagen, als Paula ihn wegen der drei Hüte für einen Jongleur und also einen Kollegen hält. Damit werden die *tres sombreros* als Symbol umfunktioniert: Sie sind jetzt nicht mehr Zeichen bürgerlicher Solidität, sondern kleinkünstlerischer Ungebundenheit. Eilfertig legt sich Dionisio sogar einen Künstlernamen zu, Antonini, ja eine ganze Künstlerfamilie, wobei abermals der Nonsens blüht: Der Vater, der eigentlich dem Militär angehörte, wird zum Säbelschlucker gemacht (»le gustaba mucho tragarse su sable. Pero claro, eso les gusta a todos« [p. 74], spielt Dionisio die Sache herunter).

Den Gipfel der Verlegenheit stellt die erste Begegnung mit dem gefährlichen Buby dar, der sich schließlich doch Zutritt zu Dionisios Zimmer verschaffen konnte. Dionisio verwickelt ihn – *para romper, galante, el violento silencio,* so die Regieanweisung – in eine politisch ebenso korrekte wie absurde Konversation über seine Hautfarbe, die er einer Unfallfolge zuschreiben will – Ionesco *avant la lettre*!

> Dionisio: ¿Y hace mucho tiempo que es usted negro?
> Buby: No sé. Yo siempre me he visto así en la luna de los espejitos …
> Dionisio: ¡Vaya por Dios! ¡Cuando viene una desgracia nunca viene sola! ¿Y de qué se quedó usted así? ¿De alguna caída? …
> Buby: Debió de ser eso, señor …
> Dionisio: ¡Como que a los niños no se les debe comprar bicicletas! ¿Verdad, señorita? […]
> (p. 77)

Kaum ist man sich ein bisschen näher gekommen, läutet das Telefon, aber Dionisio, der weiß, dass es Margarita ist, tut nur so, als gehe er ran und behauptet, es sei ein Bettler gewesen, der ihn um ein paar Céntimos angegangen sei – die erste Verleugnung der ›Herrin‹ gleich beim ersten ›Hahnenschrei‹! Nach und nach defilieren auch die übrigen Mitglieder der Truppe vor Dionisios Bett, wobei sich besonders Fanny (die von Dionisios Äußerem angetan ist) mit einem dezidiert unbürgerlichen Kommentar zum Geschlechterverhältnis in Stellung bringt: »Si me gusta un hombre, se lo digo … Cuando me deja de gustar, se lo digo también« (p. 82) – da sei sie viel kompromissloser als Paula. Und während alle *señoritas* sich bereits anschicken, eine große *juerga* im angrenzenden Zimmer vorzubereiten, deren alkoholische Ausstattung einer Gruppe soignierter älterer Herren zu danken ist, die im Parterre in der Hoffnung auf erotische Gegenleistung warten –, läutet bei Dioniso erneut das Telefon. Wieder nimmt er nicht ab, weil just in diesem Moment Paula die Tür von der anderen Seite her öffnet und ihn ebenso dringend wie vielversprechend zum Mitmachen einlädt. So endet der erste Akt mit dem ›Übertritt‹ Dionisios in die andere Welt, vorerst freilich noch nicht aus Überzeugung, sondern aus Verlegenheit und Schwäche, aus mangelndem Widerspruchsgeist, aber auch, weil die bürgerliche Welt, trotz Telefonüberwachung, ihn nicht wirklich halten kann:

> Paula: Entre usted … Se lo pido yo … Sea usted simpático … Está ahí Buby, y me molesta
> Buby. Si entra usted, ya es distinto … Estando usted yo estaré contenta … ¡Yo estaré con-
> tenta con usted …! ¿Quiere?
> Dionisio: (Que siempre es el mismo muchacho sin voluntad.) Bueno.
> (Y va hacia la puerta. Entran los dos. Cierran. Y el timbre del teléfono sigue sonando unos
> momentos, inútilmente.)

Im zweiten Akt, in den Paula und Dionsio schon fast wie ein Paar eintreten, wird
Dionisio die andere, seinem Namen gemäßere Seite seiner Natur entdecken, die so
lange verschüttet war. Aber das wird nicht von Dauer sein …

Der zweite Akt spielt zwei Stunden später, am gleichen Ort, ›zwischen‹ den beiden
Zimmern. Eine groteske Fiesta ist im Gang, bei der die Herren der besseren Gesellschaft, alle verheiratet (»Los caballeros se casan siempre«, p. 99), mittels Alkohol und
Geschenken bei den Girls zu landen trachten. Fanny tanzt mit dem »anciano militar«
(der alte Militär), dem sie nach und nach alle Orden abluchst, mit denen seine Brust
anfangs voll dekoriert war. Am Ende steht er gleichsam nackt da. Sagra ist die Part-
nerin des »cazador astuto« (der listige Jäger), der mit einer Menge toter Hasen um-
gürtelt ist, die er, so wie andere sich beim Tanzen von Jackett und Weste trennen,
nach und nach abschnallt und, zu seiner Erleichterung, unters Bett pfeffert (woraus
sich eine ganze Serie grotesker Weiterungen ergibt). Am unsympathischsten ist der
»odioso señor« (der unsympathische Herr), der sich gleich, mit einer Art ›Platz da!‹,
als »el señor más rico de la provincia« (p. 91) einführt. Er hat es auf Paula abgesehen
und überhäuft sie mit Geschenken, die er, wie ein Zauberkünstler, nach und nach aus
seiner Hosentasche zieht. Aber obwohl Paula von Buby die strikte Anweisung hat,
sich ›verführen‹ zu lassen, weil die Truppe dringend Geld braucht, hält sie dem ange-
berischen und am Ende ausgesprochen bedrohlichen Werben des Odioso señor
stand, weil sie sich – ganz echt – in Dionsio verliebt hat.

Im Schatten, um nicht zu sagen im Schutz der verrückten Fiesta, bei der die Honoratioren reihenweise desavouiert und lächerlich gemacht werden, entwickelt sich
nämlich, wie ein zartes Pflänzchen, eine Verbindung zwischen Paula und Dionisio,
die vielleicht noch nicht als Liebe, wohl aber als Freundschaft zu bezeichnen ist, und
in der sich beide, Mann und Frau, glücklich und frei fühlen, wie die Kinder am
Strand. »Mañana saldremos de paseo«, sagt Paula zu Dionisio. »Iremos a la playa …,
junto al mar … ¡Los dos solos! Como dos chicos pequeños, ¿sabes?. ¡Tú no eres como
los demás caballeros! […] Tenemos toda la tarde para nosotros« (p. 106). Ganz nebenbei schimmert so etwas wie eine Utopie auf: die Utopie eines ungezwungenen
Zusammenlebens der Geschlechter, fernab den geschäftlichen Grundlagen einer Ehe.
»No te cases nunca …«, sagt Paula, die noch nicht weiß, dass Dionsio eben das bevor-
steht, »estás mejor así … Así estás más guapo … Si tú te casas, serás degraciado … Y
engordarás bajo la pantalla del comedor … Y, además, ya nosotros no podremos ser
amigos más … ¡Mañana iremos a la playa a comer cangrejos!« (p. 107).

Aber es wird nichts aus dem schönen Traum. Kaum haben sich die beiden zum
ersten Mal geküsst, werden sie unsanft geweckt, jeder auf seine Weise: Paula bekommt einen Schlag von Buby, der sie vor Dionisios Bett niederstreckt, und Dionisio

bekommt den Anruf der *novia*, die, besorgt, weil er so oft nicht zu erreichen war, den Besuch ihres Vaters Don Sacramento ankündigt. Und während Dioniso noch panisch versucht, die vermeintliche Leiche Paulas zu verstecken, pocht Don Sacramento schauerlich an die Tür, so wie es einst der Steinerne Gast in Zorrillas *Don Juan Tenorio* tat, als er sich anschickte, den ehrvergessenen ›Frauenhelden‹ zur Rechenschaft zu ziehen, in diesem Fall also den schüchternen Dionisio. Mit dieser Parodie auf eine Ikone der bürgerlichen Kultur endet der zweite Akt.

Der dritte Akt schließt – »eine Minute später« – unmittelbar an den zweiten an. Dionisio hat gerade noch Zeit, den Körper Paulas zu verstecken, bevor Don Sacramento, schon für die (für heute angesetzte) Hochzeit gekleidet, ins Zimmer stürmt und seinen zukünftigen Schwiegersohn mit Vorwürfen überhäuft. Wie eine Schellackplatte, die einen Sprung hat, wiederholt er immer wieder: ¡Caballero! ¡Mi niña está triste! Mi niña, cien veces llamó por teléfono, sin que usted contestase a sus llamadas. [...] ¿Por qué martiriza usted a mi pobre niña?« (p. 111). Vergebens bringt Dionisio allerlei Ausflüchte vor. Sie werden alle mit der Begründung abgeschmettert: »Usted es un bohemio, caballero«. Es müsse ihm der richtige Ordnungssinn erst noch beigebracht werden. Dabei überschlagen sich die Absurditäten bis ins Surreale. Dionisio sei spazierengegangen? Ein solider Mann, »una persona decente«, gehe nachts nicht spazieren. Er habe Kopfschmerzen gehabt? »Una persona decente« habe immer Kartoffelscheiben dabei, die man auf die Schläfe legt. Die Unordnung im Zimmer sei hoteltypisch? »Una persona decente« lebt nicht im Hotel. »En los hoteles sólo están los grandes estafadores [Hochstapler] europeos y las vampiresas internacionales« (alle p. 112). Wenn er erst einmal verheiratet sei und bei ihm wohne, würden solche Eskapaden nicht mehr geduldet. Um Viertel nach sechs werde geweckt, um halb sieben werde ein Spiegelei gefrühstückt. Dioniso möge keine Spiegeleier? »A las personas honorables las tienen que gustar los huevos fritos, señor mío [...]. Sólo los bohemios toman café con leche y pan con manteca« (p. 114). Um 19 Uhr Abendessen. Kein Theater! Kein Kino! Aber donnerstags und sonntags »haremos una pequeña juerga [...], porque también el espíritu necesita expansionarse, ¡qué diablo!«. Das Töchterchen werde Klavier spielen, und »Sr. Smith« (wieder Ionesco *avant la lettre*!), der schon 120 Jahre alt sei und noch fünf Zähne habe, komme mit seiner Frau zu Besuch (Dionisio: »¿Y cuántos dientes tiene su señora?«), und mit diesem »reizenden Ehepaar« werde man »unvergessliche Stunden« verbringen (p. 115). Mit dieser herrlichen Aussicht auf die Freuden der Ehe, die eher den Leiden in einem Gefängnis, bestenfalls in einer Kaserne gleichen, will Don Sacramento sich verabschieden, als ihm Verwesungsgeruch auffällt. Verstecken Bohémiens auch noch Leichen in ihrem Zimmer? Vergebens gibt Dionisio zu bedenken, in bescheidenen Hotels rieche es *immer* nach Leichen. Don Sacramento entdeckt schließlich – wenigstens nicht die scheintote Paula, sondern die toten Hasen, die der Cazador astuto unter das Bett geschleudert hatte und die jetzt zu riechen beginnen. Nach einer weiteren aberwitzigen Komplikation gelingt es Dionisio schließlich, sich Don Sacramento vom Hals zu schaffen – freilich für wie kurze Zeit! Die Hochzeitsvorbereitungen sind ja schon im vollen Gange und – angesichts von Dionisios Charakter – nicht mehr aufzuhalten.

Das Ende ist entsprechend melancholisch. Noch einmal taucht Paula auf, die wieder zu sich gekommen ist und das meiste mitgehört hat. Sie ist enttäuscht, weil Dionisio, der Zauderer, von dem sie im Grunde weiß, dass er sich niemals ein Herz nehmen wird, sie im Unklaren gelassen hat. Selbst jetzt noch versucht er zu lavieren. Als Paula ihm sagt, was er selbst nicht zu sagen wagte: »¡Te casas, Dionisio!«, antwortet er mit einem halben »Sí. Me caso, pero poco …« (p. 117). Am liebsten würde er alles rückgängig machen, nachdem er endlich seine dionysische Ader entdeckt zu haben glaubt: »¡Yo soy un terrible bohemio! Y lo más gracioso es que yo no lo he sabido hasta esta noche que viniste tú … y que vino el negro …, y que vino la mujer barbuda« (p. 118). Und die Spiegeleier, die er nicht verträgt, und das Bild seiner *novia*, das keinen Vergleich mit dem Angesicht Paulas aushält! »Paula, yo no me quiero casar. Tendré unos niños horribles …¡y criaré el ácido úrico!« (p. 121). Nicht *einmal* durfte er die *novia* küssen, *vor* der Ehe, was Paula, sexologisch exakt, mit dem Satz kommentiert: »Pobre muchacha, ¿verdad? Por eso tiene los ojos tan tristes« (p. 122). Worauf sich die beiden, ein letztes Mal, hingebungsvoll küssen.

Wie die bürgerliche Idylle im ersten Akt jäh durch das Hereinbrechen der Buby-Bande unterbrochen wurde, der zweite Akt mit der mitternächtlichen Orgie durch den Telefonanruf Margaritas und das schicksalsschwere Klopfen des ›Steinernen Gastes‹ Don Sacramento entzaubert wurde, wird dieses letzte Zusammensein der Liebenden durch das aufkommende Tageslicht und den Trompetenstoß Don Rosarios beendet, der gleichsam den Weckruf für den Hochzeitstag bläst. Paula selbst ist es, die Dioniso, mehr schlecht als recht, in die Hochzeitskleider und in die wieder standesgemäßen Zylinder hilft. Für einen Augenblick stellt sie sich neben ihn, als ob sie selbst die *novia* sei, während Dionisio von Don Rosario abgeschleppt wird, als ob es statt zum Traualtar zur Exekution ginge. Seine letzten Worte zu Paula, die sich unterdessen hinter einer spanischen Wand vor Rosario versteckt hat, sind: »¡Paula! ¡Yo no me quiero casar! ¡Vámonos juntos a Chicago …!« Aber dann geht er eben *doch* … zum Heiraten!

Das ist also Don Juan der Hasenfuß, Don Juan der Pantoffelheld, der nur eine Nacht lang – und auch das nur, weil er beschwipst war – die Utopie der freien Liebe, der Kamaraderie zwischen den Geschlechtern, der ungehemmten Sexualität geträumt hat, und er geht in die Realität der bürgerlichen Konventionen zurück, traurig zwar, weil er eine Ahnung von einer *anderen* Partnerschaft mitbringt, aber unwiderruflich. Hinter dem Nonsens, hinter den Absurditäten, ja hinter dem gelegentlichen Klamauk der Vordergrundshandlung hat das Stück – eine Komödie ohne Happy End – durchaus eine ›tiefere Bedeutung‹, die gewiss auch dazu beigetragen hat, dass es so lange immer wieder zurückgewiesen wurde. Eine Werbung für die konsakrierte Form der Ehe ist es jedenfalls nicht. Es steht in dieser Hinsicht durchaus in Analogie zu anderen Texten der Epoche, in denen die Zwänge überkommener Konventionen nicht in Form einer traurigen Komödie, sondern in Form einer verzweifelten Tragödie beschworen werden. Man denke an Lorcas Dramen *Bodas de sangre* (1933) und *La casa de Bernarda Alba* (1936), in denen *Frauen* zu Opfern der Heiratskonventionen werden. In Mihuras Komödie ist es der *Mann*, dem die Flügel gestutzt und der in den Käfig zurückgesperrt wird, aus dem er beinahe entflogen wäre. Als *macho* wäre es ihm zwar erlaubt gewesen, allerlei außereheliche Beziehungen zu unterhalten – so wie es die *fest* verheirateten Honoratioren im zweiten Akt vorführen; mit Entmündigung bestraft aber wird – wie der sensible Dionisio, oder wie Adela und die Großmutter in *La casa de Bernarda Alba* –, wer aus den bestehenden Zwängen auszubrechen droht. In beiden Fällen werden eben diese Zwänge in Frage gestellt, ja bekämpft: bei Mihura, indem sie der Lächerlichkeit preisgegeben; bei Lorca, indem sie zur spanischen Tragödie stilisiert werden, deren Schicksalhaftigkeit alle entkommen wollen, aber (vorderhand) nicht entkommen können.

Literaturhinweise

Ausgabe: Miguel Mihura, *Tres sombreros de copa*; *Maribel y la extraña familia*, Madrid 1987 [mit einem Vorwort von Miguel Mihura]

Weitere Literatur

Spanische Literaturgeschichte, S. 358 f.

Wolfgang Asholt: »Miguel Mihura: ›Tres sombreros de copa‹«, in: Volker Roloff/ Harald Wentzlaff-Eggebert (Hg.): *Das spanische Theater. Vom Mittelalter bis zur Gegenwart*, Düsseldorf 1988

Miguel Martínez: *El teatro de Miguel Mihura*, Salamanca 1979

Marta Sánchez Castro: *El humor en los autores de la »otra generación del 27«. Análisis lingüístico-contrastivo: Jardiel Poncela, Mihura, López Rubio, Neville*, Frankfurt a. M. 2007

Übersetzung

(Hans-Jörg Neuschäfer)

Zu S. 190 f.:

> Dionisio: Seit sieben Jahren komme ich regelmäßig in dieses Hotel und jedes Jahr finde ich eine Verbesserung vor. Zuerst haben Sie die Mücken aus der Küche entfernt und sie in den Speisesaal verbracht. Danach haben Sie sie aus dem Speisesaal entfernt [...] und ins Freie getragen. [...] Später haben Sie Heizung legen lassen ... Danach haben Sie den von Ihrer Tochter gemachten Quittengelee von der Speisekarte genommen ... Jetzt das Telefon ... Ein Absteigequartier zweiter Ordnung haben Sie in ein komfortables Hotel verwandelt ... Und trotzdem sind die Preise erschwinglich geblieben ... Aber das ist doch Ihr Ruin, lieber Don Rosario ...!
>
> Don Rosario:
> Sie kennen mich doch, Don Dionisio. Ich kann nicht anders. Ich bin halt so. Alles erscheint mir gering für meine heißgeliebten Gäste ...
>
> Dionisio: Trotzdem: Sie übertreiben ... Es kann doch nicht sein, dass Sie uns Wärmflaschen ins Bett stellen, wenn wir frieren; oder dass Sie sich zu uns legen, wenn wir erkältet sind, damit wir's wärmer haben und schwitzen können; oder dass Sie uns küssen, wenn

wir abreisen. Es kann auch nicht sein, dass Sie, wenn ein Gast nicht einschlafen kann, mit der Trompete ins Zimmer kommen, um ihn mit Romanzen aus Ihrer Zeit in den Schlaf zu wiegen … Das ist einfach zu gütig …! Die Leute missbrauchen Sie ja …!

Zu S. 192:

Dionisio: Sind Sie schon seit langem Neger?

Buby: Keine Ahnung. Ich habe mich schon immer so im Spiegel gesehen …

Dionisio: Mein Gott! Ein Unglück kommt selten allein! Und woher haben Sie das? Von einem Sturz vielleicht …?

Buby: Kann sein, Herr …

Dionisio: Man darf halt den Kindern keine Fahrräder kaufen! Nicht wahr, señorita […]?

Zu S. 193:

Paula: Treten Sie ein … Ich bitte Sie drum … Seien Sie so nett … Buby ist da, und Buby geht mir auf die Nerven. Wenn Sie dabei sind, ist es was andres … In Ihrer Gegenwart werde ich mich wohlfühlen … Wohlfühlen werde ich mich mit Ihnen …! Wollen Sie?

Dionisio (wie immer der Junge ohne eigenen Willen): Na gut.

(Er geht zur Tür; beide gehen ab, während sie die Tür hinter sich schließen. Das Telefon klingelt noch eine Zeit lang weiter, ohne dass jemand abhebt.)

Kapitel XXII
Federico García Lorca: *La casa de Bernarda Alba* (1936)
Die Enttabuisierung der weiblichen Sexualität

Federico García Lorca wurde 1898 in Fuentevaqueros (Provinz Granada) geboren, wo die Familie ausgedehnte Ländereien besaß. Das erlaubte dem Hochbegabten, der es in vielen Bereichen – der Poesie, des Theaters und der Musik – zur Meisterschaft brachte, ein Leben ohne materielle Sorgen. Seit 1919 wohnte er hauptsächlich in Madrid und knüpfte in der berühmten *Residencia de estudiantes* zahllose freundschaftliche Kontakte zu den führenden Köpfen der spanischen Kultur, ohne Rücksicht auf deren politisches oder weltanschauliches Credo. Keiner konnte sich Lorcas Charme entziehen. Er stand mit Salvador Dalí und Luis Buñuel ebenso auf freundschaftlichem Fuß wie mit José Antonio Primo de Rivera, dem Ideengeber des spanischen Faschismus. Lorca behauptete einmal scherzhaft von sich selbst, »católico, comunista, anarquista, libertario, tradicionalista y monárquico« zu sein. Aber auch wenn er politisch nie einseitig Partei ergriff, so stand sein soziales Gewissen doch immer eindeutig auf der Seite der Benachteiligten und Unterdrückten.

Berühmt wurde Lorca zuerst 1928 mit dem *Romancero gitano*, der populärsten Gedichtsammlung der *generación del 27*. 1929 unternahm er mit dem nachmaligen Kultusminister der Zweiten Republik, dem Granadiner Professor Fernando de los Ríos, eine Reise nach New York, deren Frucht die Gedichtsammlung *Un poeta en Nueva York* wurde. Anfang der 30er Jahre bereiste er Kuba, Uruguay und Argentinien. In Buenos Aires erschienen nach dem Bürgerkrieg mehrere seiner in Spanien verbotenen Texte.

Während der Zweiten Republik (1931–1936) gründete er die Schauspieltruppe »La barraca«, mit der er die spanischen Bühnenklassiker bis in die hinterste Provinz brachte. In dieser Zeit enstanden auch seine bedeutendsten eigenen Dramen: *Bodas de sangre* (1933), *Yerma* (1934) und *La casa de Bernarda Alba* (1936), nicht zu vergessen die melancholische Komödie *Amor de don Perlimplín con Belisa en su jardín* (1933).

Am 16. Juli 1936 fuhr Lorca von Madrid nach Granada, um dort die Sommerferien auf dem Landgut der Familie zu verbringen. Am 18. Juli brach der Bürgerkrieg aus; am 19. wurde er bei Viznar von den Faschisten erschossen. Zu groß war sein Schuldkonto bei ihnen: wegen seines Republikanismus; wegen seiner Homosexualität; wegen seiner Sympathie für die Zigeuner und wegen seiner »unverschämten« Dramen, in denen – unfassbar für die Hüter traditioneller Ordnung – ›ausgerechnet‹ den Frauen das Recht auf sexuelle Selbstbestimmung zugestanden wurde.

Inzwischen ist García Lorca zum Mythos geworden – als Inbegriff der *generación del 27*, als Wegbereiter der Schwulenkultur und als prominentes Bürgerkriegsopfer –, sodass es nicht einfach ist, seinen Texten noch mit Unvoreingenommenheit zu begegnen. *La casa de Bernarda Alba*, 1936 kurz vor Ausbruch des Bürgerkrieges entstanden, wurde 1945 postum in Buenos Aires uraufgeführt und stand in Spanien fast 30 Jahre lang auf dem Index der Zensurbehörde. Der stets wiederholte Ablehnungsbescheid lautete: »Prohibido por motivos de orden ético«. Das Stück galt dem Francoregime als Sakrileg an den »ewigen Werten« der Nation. Zugänglich war der Text in Spanien lange Zeit nur im Rahmen der teuren (und deshalb ›garantiert‹ auflagenschwachen) Gesamtausgabe, die Arturo del Hoyo 1957 bei Aguilar besorgte.

Lorca hat seinem Dreiakter eine Regieanweisung vorangestellt, über die man sich zunächst verständigen muss: »El poeta advierte que estos tres actos tienen la intención de un documental fotográfico.« Damit verweist er unmissverständlich auf den Realitätsbezug und auf den Aktualismus seines Dramas, in dem all jene surrealen Elemente fehlen, die noch in *Bodas de sangre* (1933) zu finden waren. Andererseits heißt es nicht »el *autor*«, sondern »el *poeta* advierte«. Und das heißt, dass wir es mit einem poetischen, also einem kunstvoll stilisierten, nicht mit einem direkt abbildhaften »documental« zu tun haben. In der Tat ist *Bernarda Alba* alles andere als eine Live-Reportage aus einem andalusischen Dorf, in dem es schon 1936 nicht mehr in allen Einzelheiten so zuging wie in Lorcas Drama. Vielmehr geht es dem Autor um etwas Grundsätzlicheres, nämlich um die Dramatisierung eines von weither überkommenen, gleichsam archaischen Gesellschaftsmodells, das in seiner Gegenwart aber noch immer Geltung beanspruchte. Dieses Modell wird zwar in ein ›andalusisches‹ Gewand gekleidet, betrifft in Wahrheit aber ›das ganze Land‹. Nicht umsonst lautet der Untertitel des Stücks »Drama de mujeres en los pueblos de *España*« (nicht de *Andalucía*). Es ist sogar möglich, *Bernarda Alba* als poetisches Lehrstück zu begreifen. Man mag sich daran erinnern, dass in den 30er Jahren auch Bertolt Brecht mit der Form des Lehrstücks experimentiert hat, um dem Zuschauer, mittels einer parabelhaften Handlung und mit Hilfe einer *pars pro toto*-Konstruktion, über gesellschaftliche Zwänge aufzuklären, die hinter ideologischen Beschönigungen verborgen werden. Freilich fehlt Lorca die Entschiedenheit des Besserwissers, die Brechts Lehrstücken eigen ist. Vielmehr hat man den Eindruck, dass der spanische Autor selbst noch nicht ganz mit sich im Reinen war und die eigentümlich suggestive Form eines zugleich nüchtern-prosaischen und ahnungsvoll-poetischen Theaters brauchte, um seinem und seiner Zuschauer Unbehagen an den bestehenden Verhältnissen symbolhaften Ausdruck zu verleihen. Dem Text von Lorca eignet etwas selbstreflexives, was bei den Stücken von Brecht nicht der Fall ist; darauf ist zurückzukommen. Man darf auch nicht vergessen, dass das Stück 1936 entstanden ist, als die gesellschaftlichen Spannungen in der Wirklichkeit schon mit Händen zu greifen waren. Noch bevor sie im Bürgerkrieg tatsächlich zum Ausbruch kamen, wurden sie im Theaterstück von der Dienerin La Poncia fast prophetisch beschworen.

Das Stück spielt innerhalb der dicken Mauern – »muros gruesos« – eines weiß getünchten Hauses, das am Ende des ersten Aktes zudem hermetisch verschlossen wird. Bewohnt wird es ausschließlich von schwarz gekleideten Frauen, und es sind auch ausnahmslos Frauen, die im Stück agieren. Sie haben den Tod des soeben verstorbenen Vaters zu betrauern, der Bernardas zweiter Gatte war. Soweit sie zu seiner Familie gehören, sind am Beginn der Handlung alle in der Totenmesse. Nur die beiden Dienerinnen sind zu Haus geblieben. La Poncia dient Bernarda, der klassenbewussten und besitzstolzen Witwe, schon seit vielen Jahren und hat das gleiche Alter wie sie (60). Auch für alle anderen Hausbewohner wird im Personenverzeichnis das genaue Alter angegeben: von der Großmutter Josefa (80) über die älteste Tochter Angustias (39) bis zur jüngsten, Adela (20). Insgesamt fünf Töchter hat Bernarda; vier sind von ihrem soeben verstorbenen zweiten Mann. Die älteste, Angustias, stammt aus Bernardas erster Ehe. Angustias ist also die Stiefschwester aller anderen und schon insofern in einer prekären Situation, zumal sie als einzige über ein eigenes Vermögen verfügt und nur infolgedessen noch auf einen (Ehe-) Mann hoffen kann, für den sie aus Altersgründen, auch weil sie kränkelt, eigentlich gar nicht mehr in Frage kommt. Wenn man die 30 überschritten hatte und noch unverheiratet war, galt man als *solterona*, als »alte Jungfer«, und damit als ›erledigt‹.

Die beiden Dienerinnen eröffnen das Drama mit abfälligen Bemerkungen über das ewige Geläute der Kirchenglocken; man fühlt sich an die Aversion von Claríns Regenta erinnert, bei der sie Migräne hervorriefen:

> Criada: Ya tengo el doble de las campanas metido entre las sienes.
> La Poncia: Llevan ya más de dos horas de gori-gori. (p. 139)

Rasch wird klar, dass La Poncia einen lang aufgestauten Hass auf ihre Herrin hat und dass der sich über kurz oder lang mit Gewalt entladen wird: zu lang ist sie von ihr und ihresgleichen unterdrückt und gedemütigt worden:

> Un día me hartaré. [...] Ese día me encerraré con ella en un cuarto y le estaré escupiendo un año entero: »Bernarda, por esto, por aquello, por lo otro« hasta ponerla como un lagarto machacado por los niños, que es lo que es ella y toda su parentela. (p. 144)

Von Anfang an steht das Stück damit im Kontext sozialer Spannungen, die wie ein schweres (Kriegs-)Unwetter über dem Haus liegen. La Poncia kündigt es im weiteren Verlauf noch zweimal an: »Hay una tormenta en cada cuarto. El día que estallen nos barrerán a todos« (p. 260). Und: »A mí me gustaría cruzar el mar y dejar esta casa de guerra« (p. 261).

Unterdessen kommt Bernarda mit den Töchtern und einer ganzen Armada schwarzgekleideter Frauen (Lorca spricht in der – gewiss hyperbolischen – Regieanweisung von 200) aus der Kirche zurück. Wie bei der Zahl von acht Jahren im Zusammenhang mit der Trauerzeit ist die Zahl 200 bei den Gästen eher symbolisch zu nehmen, als ein Hinweis auf ein »Sehr lang« und »Sehr viel«, womit Lorca jedenfalls noch nahe an der Realität bleibt. Das erste Wort, das Bernarda bei ihrem Erscheinen ausruft, ist »¡silencio!«. Es wird, am Ende des Stücks, auch ihr letztes sein. Die ganze Handlung wird von diesem Schweigegebot, das immer wieder erneuert wird, gleichsam umklammert. Es bezieht sich auf alles, was dem Ruf

Bernardas vor den vielen anderen Frauen schaden könnte: auf das vorlaute Personal, vor allem aber auf die Proteste der alten Großmutter und der eigenen Töchter, die aus dem Gefängnis ausbrechen wollen, in das sich Bernardas Haus alsbald verwandelt. Bernarda fühlt sich nämlich verpflichtet, nach dem Tod des Vaters selbst die Kontrolle über das Hauswesen zu übernehmen und ein normenkonformes Verhalten mit geradezu diktatorischer Strenge zu erzwingen. Dazu gehört für sie vor allem die strikte Beobachtung der strengen Trauervorschriften, die eine achtjährige Zurückgezogenheit der Angehörigen verlangen. Dieser von den Vätern überkommene Brauch, dessen Sinn niemand im Haus mehr verstehen, geschweige denn akzeptieren will, wird von Bernarda mit einer geradezu obsessiven Konsequenz derart auf die Spitze getrieben, dass sie das Haus in eine Art Hochsicherheitstrakt verwandelt, aus dem es kein Entrinnen gibt und in den auch niemand von außen eindringen kann. Nach der Verabschiedung der Trauer- und Kondolenzgesellschaft werden die Türen hermetisch geschlossen und bis zum Ende des Stücks nicht mehr geöffnet:

> ¡En ocho años que dure el luto no ha de entrar en esta casa el viento de la calle! Haceros cuenta que hemos tapiado con ladrillos puertas y ventanas. Así pasó en casa de mi padre y en casa de mi abuelo. Mientras, podéis empezar a bordaros el ajuar. (p. 157)

Hier wird vollends deutlich, dass es Lorca in *Bernarda Alba* nicht um ›sozialen Realismus‹ im Sinne des 19. Jahrhunderts, sondern um die Konstruktion eines Grundwiderspruchs geht, der bis auf die Ehrendramen des Siglo de Oro zurückgeführt werden kann und den man mit dem Gegensatzpaar ›autoritäre Normenkontrolle‹ versus ›Freiheitssehnsucht‹; ›soziales Gesetz‹ versus ›Naturgesetz‹ umschreiben kann.

Für Bernarda gilt noch immer das ›Reinheitsgebot‹ calderonianischer Ehrendramen: Die Ehre der Familie, vor allem die Tugend der Frau, muss über jeden Zweifel erhaben sein; es muss alles getan werden, um sie nicht ins Gerede der *opinión*, der öffentlichen Meinung geraten zu lassen. Ursprünglich war das eine rein männliche Ordnungsvorstellung, die von der Unterstellung ausging, dass die Ehre des Mannes von der ›Schwachheit des Weibes‹ bedroht und dass deshalb die Frau einer ständigen Kontrolle zu unterwerfen sei. Das Neue bei Lorca ist, dass es jetzt die ›starke Frau‹ ist, die sich das männliche Prinzip zu eigen macht und in ihren Töchtern das eigene Geschlecht unterwirft. Nur durch diese – geradezu selbstzerstörerische – Überanpassung an die alte Ehrenideologie, glaubt Bernarda, könne sie den durch den Tod des Vaters geschwächten Hegemonialanspruch ihrer Familie innerhalb der Dorfgemeinschaft aufrechterhalten. So stark ist sie vom Reinheitszwang besessen, dass sie das Personal ständig dafür rügt, das Haus nicht genügend geputzt und vor Schmutzspuren und Staubresten bewahrt zu haben. Und so groß ist Bernardas neurotische Sorge vor der *opinión*, dass sie die ›verrückte‹ Großmutter vor dem Sturz in den im Innenhof befindlichen Brunnen nicht deshalb bewahren will, weil ihr an der Unversehrtheit der Person gelegen ist, sondern weil das Unglück von den Nachbarinnen gesehen werden könnte. Als die *criada* ihr zuruft: »No tengas miedo

que se tire«, antwortet Bernarda: »No es por eso … Pero desde aquel sitio las veci-
nas pueden verla desde su ventana« (p. 160).

Im Mittelpunkt des Reinheitsgebotes steht die Tabuisierung der weiblichen Sexualität. Es ist dies Bernardas fixeste Idee und zugleich ihre größte Schwäche, denn
die Macht des Sexualtriebs erweist sich in *Bernarda Alba* als so groß, dass sie auf die
Dauer nicht zu unterdrücken ist. Indem sie ihn trotzdem zu kontrollieren versucht,
wird Bernarda, wie gesagt, zur Unterdrückerin ihrer eigenen Töchter, die sich aber
mit dem traditionellen ›Frauenschicksal‹ (»eso tiene ser mujer«, p. 157) nicht mehr
abfinden wollen.

Schon im ersten Akt brodelt es unter ihnen: Eine achtjährige ›Trauerarbeit‹
bringt sie nicht nur um die Chance, einen Mann kennenzulernen; sie bedeutet
auch einen totalen Freiheitsentzug, gegen den sich sofort Protest erhebt, zumal
nicht einmal im Inneren des Hauses das Anlegen von Schmuck oder schönen Klei-
dern erlaubt wird. Magdalena murrt: »Sé que no me voy a casar. Prefiero llevar
sacos al molino. Todo menos estar sentada días y días dentro de esta sala oscura«
(p. 157). Adela, die jüngste, murrt nicht nur, sondern stürmt wütend auf die Szene:

> Yo no quiero estar encerrada. ¡No quiero que se me pongan las carnes como a vosotras!
> ¡No quiero perder mi blancura en estas habitaciones! ¡Mañana me pondré mi vestido
> verde y me echaré a pasear por la calle! ¡Yo quiero salir! (p. 180)

Und die alte María Josefa durchbricht schon hier und als Erste sogar das Schweigegebot und bringt auf den Punkt, was die anderen nicht weniger umtreibt: das sexuelle Verlangen nach einem »varón«.

> Bernarda: ¡Calle usted, madre!
> María Josefa: No, no callo. No quiero ver a estas mujeres solteras rabiando por la boda,
> haciéndose polvo el corazón, y yo me quiero ir a mi pueblo. ¡Bernarda, yo quiero un varón
> para casarme y para tener alegría!
> Bernarda; ¡Encerradla! (p. 186 f.)

Tatsächlich wird die ›irre‹ María Josefa daraufhin wieder in ihre ›Zelle‹ zurückgebracht und innerhalb des Haus-Gefängnisses noch einmal gesondert in Verwahrung
genommen. Wer aber nun wirklich ›irr‹ ist – die ausbrechende María Josefa oder ihre
normenbesessene Tochter – das zu entscheiden, wird dem Zuschauer überlassen. Im
Übrigen demonstriert die alte Frau durch das ganze Stück hindurch die Unausrott-
barkeit und Alterslosigkeit des Sexualtriebs, ja des Freiheitstriebs überhaupt.

Auch wenn *Bernarda Alba* ein Drama ist, in dem ausschließlich Frauen auftreten, so ist doch – spätestens seit dem zweiten Akt – ständig von *einem* Mann die
Rede, wenngleich er nie leibhaftig zu sehen ist. Aber er spukt in den Köpfen, nein:
er ist in den erregten Körpern all der ›gefangenen‹ Frauen, die an nichts anderes
denken können als an *ihn*. Die Rede ist von Pepe el Romano, der sich trotz des großen Altersunterschieds – er ist 25 – ihres Erbes wegen mit der 39-jährigen Angustias
verlobt hat, obwohl er eigentlich Adela, die Jüngste, begehrt und von dieser begehrt

wird. Es gibt im ganzen Stück nur das sexuelle Begehren und das ökonomische Interesse, keine Liebe im umfassenderen Sinn. Zu deren Entstehung fehlen ganz einfach Zeit und Gelegenheit. »Verdaderamente es raro – kommentiert Martirio, die Zweitjüngste – que dos personas que no se conocen se vean de pronto en una reja y ya novios« (p. 194). Genau so haben sich Pepe und Angustias kennengelernt und den ›Handel‹ abgemacht. Es gibt aber auch andere und leidenschaftlichere Erfahrungen am vergitterten Fenster (*reja*), die von der Dienerin La Poncia genussvoll erinnert und an ihre begierige weibliche Zuhörerschaft weitergegeben werden. Freilich auch mit dem Hinweis, dass das Begehren bei den Männern rasch erlischt: »Os conviene saber [...] que el hombre, a los quince días de boda, deja la cama por la mesa y luego la mesa por la tabernilla. Y la que no se conforma se pudre llorando en un rincón« (p. 198).

Trotz dieses desillusionierenden Erfahrungsberichtes sind alle Handlungen des zweiten Aktes und ist das Verhalten *aller* Töchter durch die – man muss es so nennen – geile Fixiertheit auf Pepe motiviert. Es ist, als ob die hermetische Abkapselung im Inneren des Hauses eine Art von sexuellem Überdruck produziert, der das Blut aller in Wallung bringt. Dazu passt, dass ständig auf die unerträgliche Hitze hingewiesen wird und auf das Gewitter, das sich drohend zusammenbraut. Es herrscht eine aggressive Stimmung unter den Frauen; jede kontrolliert jede, keine kann unbeobachtet etwas tun: Der Sexualneid macht sie alle zu unfreiwilligen Helfern der Oberkontrolleurin Bernarda. Der Neid richtet sich in erster Linie gegen die behinderte Angustias, der man die Möglichkeit missgönnt, aus dem *Huis clos* doch noch ausbrechen zu können – ausgerechnet sie, die doch die unansehnlichste von allen ist. Er richtet sich aber auch gegen Adela, die Jüngste, weil sie die Begehrenswerteste ist und keine Gelegenheit auslässt, das auch zu betonen. Und er wird umso bösartiger, je mehr sich der Verdacht verdichtet, dass sie sich bereits heimlich mit Pepe trifft, wobei der Phantasie keine Grenzen gesetzt sind. Ob er sich schon um ein Uhr morgens von Angustias an der *reja* verabschiedet hat, wie diese selbst behauptet, oder ob er bis nach vier geblieben ist, wie andere beobachtet haben wollen, ist ebenso umstritten wie die Affäre um das bei Angustias entwendete Bild Pepes, das nach einer von Bernarda angeordneten strengen Hausdurchsuchung schließlich in Martirios Bett gefunden wird.

Trotz aller Bemühungen Bernardas, den sich anbahnenden Skandal vor den Nachbarn zu verbergen, ist nicht zu übersehen, dass im zweiten Akt schon eine Art Anarchie ausgebrochen ist, die nicht mehr wirklich unter Kontrolle zu halten ist. Sogar Bernarda selbst wird von einer ersten Ahnung heimgesucht, dass alle ihre Beschönigungsversuche und all ihre Schweigegebote zum Scheitern verurteilt sein könnten: »¡Silencio digo! Yo veía la tormenta venir, pero no creía que estallara tan pronto« (p. 225).

Tatsächlich bricht im dritten Akt, der im Patio des Hauses spielt, die Fassade der *honra* zusammen, weil der Trieb sich unaufhaltsam Bahn bricht. Das wird symbolisch vorweggenommen durch den Aufstand des brünstigen Hengstes, der mit seinen Huftritten die Stallmauern niederzureißen droht und vor dem man die jungen Stuten in Sicherheit bringen muss. Die *criada* überträgt genau das auf die Situation der

Töchter: »Bernarda cree que nadie puede con ella y no sabe la fuerza que tiene un hombre entre mujeres solas« (p. 260). Alles spitzt sich jetzt auf den Kampf zwischen Angustias, Adela und Martirio, der Zweitjüngsten zu, während Bernarda, weiter am »aquí no pasará nada« (p. 259) festhaltend, noch die Hochzeitsvorbereitungen für Angustias vorantreibt. Adela ist aber zum Äußersten entschlossen, auch wenn Martirio – nach dem Motto »wenn schon nicht ich, dann auch nicht die andere« – alles daran setzt, ihr Vorhaben zu vereiteln. Adela durchbricht das Schweigegebot, empört sich gegen die »decencia« und bekennt sich zur Liebe mit dem bereits verlobten Pepe el Romano, auch wenn sie dafür die Dornenkrone der Ehebrecherin tragen müsse:

> Ya no aguanto el horror de estos techos después de haber probado el sabor de su boca. Seré lo que él quiera que sea. Todo el pueblo contra mí, quemándome con sus dedos de lumbre, perseguida de los que dicen que son decentes, y me pondré delante de todos la corona de espinas que tienen las que son queridas de algún hombre casado. (p. 272)

Daraufhin ruft Martirio Bernarda laut (»a voces«) zu Hilfe, wodurch die Nachbarn aufmerksam werden. Adela scheint sich unterdessen Pepe hingegeben zu haben. Da es hinter der Bühne geschah, ist man auf Anzeichen angewiesen, die den Verdacht bestätigen: Strohreste auf der Kleidung Adelas, dazu das aufgelöste Haar – ein gebräuchliches Symbol für die erfolgte Entjungferung. Hinzu kommt Adelas triumphierende Aufforderung, Angustias möge im Stall nachsehen, wo Pepe sich noch immer befinde: »Ahí fuera está, respirando como si fuera un león« (p. 197). Vergebens wünscht sich Bernarda (wie Jupiter) den ordnungsschaffenden Blitzstrahl herbei: »¡Qué pobreza la mía, no poder tener un rayo entre los dedos!« (p. 197). Adela ist nicht mehr zu bremsen und entreißt ihr auch noch den Stock, den sie, gleichsam als Blitzersatz, gegen die Unbotmäßige zu erheben versuchte:

> Adela. (Haciéndole frente): ¡Aquí se acabaron las voces de presidio! (Adela arrebata el bastón a su madre y lo parte en dos). Esto hago yo con la vara de la dominadora. No dé usted un paso más. ¡En mí no manda nadie más que Pepe! (p. 275)

Damit ist die Tyrannin im Grunde entmachtet: Nachdem Adela Taten hat sprechen lassen, scheint es nichts mehr zu beschönigen zu geben; und nachdem sie den Stab über Bernarda gebrochen hat, scheint sie sich von deren Einfluss befreit zu haben. Trotzdem scheitert die Emanzipation Adelas an der Hartnäckigkeit, mit der Bernarda an der Illusion des ehrbaren Scheins und an der Möglichkeit der Triebkontrolle festhält. Sie versucht, den fliehenden Pepe, den Auslöser der affektiven Unordnung, mit einem Gewehrschuss niederzustrecken. Stattdessen verursacht sie damit aber nur den Selbstmord Adelas, die Martirios heimtückischer Unterstellung glaubt, Pepe sei tatsächlich tödlich getroffen worden (obgleich er entfliehen konnte). Ein letztes Mal noch vertuscht und beschönigt Bernarda daraufhin, was wirklich geschehen und nicht mehr rückgängig zu machen ist: Die skandalöse Selbsttötung wird zum Unfall erklärt und die quasi ehebrecherische Beziehung zur Bewährungsprobe der Jungfräulichkeit. Das Stück endet mit den gleichen Wort, mit dem

Bernarda es begonnen hatte: mit dem wiederholten »¡Silencio!« Für sie gilt weiter, dass nicht sein *kann* was nicht sein *darf*:

> Y no quiero llantos. La muerte hay que mirarla cara a cara. ¡Silencio! (A otra hija) ¡A callar he dicho! (A otra hija) ¡Las lágrimas cuando estés sola! ¡Nos hundiremos todas en un mar de luto! Ella, la hija menor de Bernarda Alba, ha muerto virgen. ¿Me habéis oído? ¡Silencio, silencio he dicho! ¡Silencio!
> (Telón). (p. 280)

Zum Schluss muss noch einmal der Lehrstück- oder Demonstrationscharakter von *La casa de Bernarda Alba* bedacht werden. Gewiss betreibt das Stück keine direkte Agitation für ein ›anderes‹ Spanien, wenngleich es unverkennbar traditionskritisch ist. Wohl aber inszeniert es, aus dem aktuellen Anlass der sich zuspitzenden Krise zwischen den ›Zwei Spanien‹, einen modellhaften Konflikt zwischen einer traditionellen Normenvorstellung auf der einen Seite und der von ihr unterdrückten Sehnsucht nach Freiheit, Lebensfreude und sexueller Erfüllung auf der anderen. Lorca gestaltet diesen Konflikt so, dass man ihn als Kritik der Ehrenideologie aus dem Theater des Siglo de Oro lesen kann, die in Spanien tatsächlich sehr lang und sehr unheilvoll nachgewirkt hat. Lorca entlarvt diese Ehrenvorstellung dadurch als schädlich, dass er sie als ein Krankheitsbild darstellt, im Kontext einer neurotischen Selbstisolation nämlich, die jeden Außenkontakt meidet und alle Tatsachen leugnet, die nicht ins Bild passen. Zu den Tabus Bernardas gehört vor allem die Anerkennung einer legitimen weiblichen Sexualität, die sich im Verlauf der Handlung aber Geltung verschafft – trotz des tragischen Endes. An ihrer ›Tatsächlichkeit‹ gibt es jedenfalls nichts mehr zu deuten, und eben darin besteht die Umdeutung des calderonianischen Ehrendramas, wo diese Legitimität stets in Abrede gestellt, ja im wahrsten Sinne des Wortes totgeschwiegen wurde.

Eben dieses: dass Lorca das Tabu ›vor Publikum‹ durchbrochen hat, ist im traditionalistischen Spanien als skandalös empfunden worden. Wie stark dieses Empfinden (und wie stark demnach die Nachwirkung der Ehrenideologie) tatsächlich war, kann ein Blick auf die zugleich entsetzten und angewiderten Äußerungen der Zensoren erweisen, die im Franco-Regime bis in die 60er Jahre für ein Aufführungsverbot des Stückes sorgten. Hier ein Zensururteil von 1961:

> En este libreto está »todo« lo inconfesable [...]. Está la sensualidad femenina más encabritada [...]. Y no respeta nada hasta conculcar los lazos de sangre en aras de una carnalidad bestial con el esposo de una hermana ... Y se buscan los símiles más incitantes en el caballo que, tomado por el »calor«, va a romper los tabiques a coces ... Lo sexual es, de principio a fin, algo obsesionante que, en un ambiente familiar hosco [...], hace que »todas« lo digan »todo« de »todas« porque están convencidas de que »todas« son iguales!
> ¿Qué hay de bueno o ejemplizador en este engendro? [...] Pienso que para escribir estas cosas basta tener una cosa: un tintero lleno de cieno y ... nada más. Entiendo que es elemental deber defender al público de fuentes tan envenenadas. (Neuschäfer 1991, p. 295)

Noch 1978, also schon nach Francos Tod und kurz vor der offiziellen Abschaffung des Zensurwesens, tat man sich – wegen dessen »perversem Sexismus« – ›offiziell‹ schwer mit *La casa de Bernarda Alba*.

Bleibt die Frage zu klären, warum Lorca sich so vehement mit der weiblichen Sexualität befasst, ja gleichsam zu deren Anwalt wird. Ich denke, dass dies nur zu begreifen ist, wenn man davon ausgeht, dass das Stück auch einen selbstreflexiven Charakter hat. Lorca war, wie man weiß, homosexuell. Und homosexuell zu sein, war, zumal in Spanien, zu seinen Lebzeiten noch ein Stigma, das man sorgfältig zu verbergen hatte. Es war völlig undenkbar, davon öffentlich zu sprechen, was das ›Anderssein‹ für die Betroffenen umso belastender machte. Es lag deshalb nahe, sich mit den Problemen von Frauen zu identifizieren, die einem ähnlichen Schicksal unterlagen wie der homosexuelle Mann: Opfer einer jahrhundertealten *opinión* zu sein, die alles dem Vorrecht des ›männlichen‹ Mannes unterordnete. Eben deshalb darf man Lorcas ›Frauentragödien‹ – und nicht nur *La casa de Bernarda Alba* – auch als eine Anklage gegen die Trägheit der *opinión*, ja gegen die obstinate Unbelehrbarkeit der *España eterna* lesen.

Literaturhinweise

Ausgabe: Federico García Lorca: *La casa de Bernarda Alba*, ed. María Francisca Vilches de Frutos, Madrid 2008 [mit ausführlicher Einleitung und Bibliographie]
Übersetzung: Federico García Lorca: *Bernarda Albas Haus*, übers. von Hans Magnus Enzensberger, Stuttgart 2001

Weitere Literatur
Spanische Literaturgeschichte, S. 350–354
Wilfried Floeck: »Federico García Lorca: *La casa de Bernarda Alba*«, in: Volker Roloff/Harald Wentzlaff-Eggebert (Hg.): *Das spanische Theater. Vom Mittelalter bis zur Gegenwart*, Düsseldorf 1988, S. 370–384
Ian Gibson: *Federico García Lorca*, 2 Bde., Barcelona 1985 u. 1987 [dt. Frankfurt a.M. 1991]
Hans-Jörg Neuschäfer: *Macht und Ohnmacht der Zensur. Literatur, Theater und Film in Spanien (1933–1976)*, Stuttgart 1991
Ders.: »Los dramas de Lorca y el *huis clos* de la censura. Una lectura política de LCdBA«, in: Theodor Berchem/Hugo Laitenberger (Hg.): *Federico García Lorca. Actas del coloquio internacional Würzburg 1998*, Sevilla 2000, S. 133–144
Carlos Rincón: *Das Theater García Lorcas*, Berlin 1975

Übersetzung
(Hans Magnus Enzensberger)

Zu S. 200:
  Die Magd: Mir schwirrt schon der Kopf von diesem ewigen Glockenläuten.
  La Poncia: Das Gebimmel geht jetzt schon seit zwei Stunden.

Zu S. 200:

Dann knöpfe ich sie mir vor und spucke ihr ins Gesicht, ein ganzes Jahr lang. »Da hast du, Bernarda! Das ist fürs eine, das ist fürs andere, und das fürs nächste!« – bis sie am Boden liegt wie eine Eidechse, auf der die Kinder herumgetrampelt haben, denn was anderes hat sie nicht verdient, sie und ihre ganze Sippschaft.

Zu S. 201:

Acht Jahre, das ist die Trauerzeit, und solange kommt mir nicht einmal der Wind von der Straße ins Haus. Wie hinter vermauerten Fenstern und Türen werden wir leben. Genauso ging es im Haus meines Vaters und meines Großvaters zu. Unterdessen könnt ihr anfangen, an eurer Aussteuer zu sticken.

Zu S. 202:

Den Teufel werde ich tun! Ich lasse mich nicht länger einsperren. Ich will nicht alt und runzlig werden wie ihr. Dazu ist mir meine Haut zu schade. Morgen ziehe ich mein grünes Kleid an und gehe auf die Straße. Ich will raus hier!

Zu S. 202:

Bernarda: Schweig, Mutter!
María Josefa: Nein, ich schweige nicht. Ich kann diese alten Jungfern nicht mehr sehen, die so lange darauf brennen, zu heiraten, bis ihr Herz zu Asche geworden ist. Ich gehe in mein Dorf zurück, Bernarda. Ich will einen Mann, um Hochzeit zu halten und mich an ihm zu freuen.
Bernarda: Sperrt sie ein!

Zu S. 204:

Seit ich weiß, wie sein Mund schmeckt, halte ich es nicht mehr aus in diesem grässlichen Haus. Ich tue alles was er will. Und wenn das ganze Dorf gegen mich ist und mit feurigen Fingern auf mich zeigt! Sollen sie doch schreiend hinter mir herlaufen, diese Leute, die sich wunder was darauf einbilden, wie ehrbar sie sind – nur weil ich einen verheirateten Mann liebe. Diese Dornenkrone will ich mir aufsetzen.

Zu S. 204:

Adela: (bietet ihr die Stirn.) Schluß mit dem Zuchthausgebrüll! (Sie reißt der Mutter den Stock aus der Hand und bricht ihn entzwei.) Da hast du dein Zepter! Kein Schritt weiter, du Tyrannin! Mir hat nur noch einer zu befehlen, und das ist Pepe.

Zu S. 205:

Ich will kein Gejammer hören. Dem Tod muß man ins Auge sehen. Seid still! (Zu einer anderen Tochter.) Still, habe ich gesagt! (Zu einer dritten.) Heulen kannst du, wenn du allein bist. Wir alle tauchen nun in ein Meer von Trauer. Aber sie, Bernarda Albas jüngste Tochter, ist unberührt gestorben. Habt ihr mich verstanden? Ihr habt zu schweigen. Schweigen, habe ich gesagt. Schweigen! (Vorhang).

Zu S. 205 (Übers. Neuschäfer):

In diesem Dramentext ist alles versammelt, was unaussprechlich ist. [...] Da ist die aller-
geilste weibliche Sinnlichkeit [...]. Und es gibt vor nichts Respekt. Sogar über die Bande
der Blutsverwandtschaft setzt man sich hinweg im Namen einer tierischen Fleischlichkeit
mit dem Bräutigam einer Schwester ... Und es werden die provozierendsten Vergleiche
angestellt mit dem Pferd, das, in ›Hitze‹ geraten, die Mauern mit seinen Hufschlägen
niederreißt ... Das Sexuelle ist, von vorn bis hinten, wie eine Obsession, die in einem
primitiven familiären Ambiente dazu führt, dass alle weiblichen Personen ›alles‹ von
›allen‹ anderen weiblichen Personen sagen, weil sie überzeugt sind, dass ›alle‹ sich
gleich sind!
Gibt es irgendetwas Gutes oder Exemplarisches in dieser Ausgeburt? [...] Ich denke, dass
man, um so etwas schreiben zu können, nur eines braucht: ein Tintenfaß voller Dreck und
... sonst nichts. Ich halte es für meine heilige Pflicht, das Publikum vor derart vergifteten
Quellen zu schützen.

Kapitel XXIII
Camilo José Cela: *La familia de Pascual Duarte* (1942)
Provokation und Besänftigung der Zensur

Camilo José Cela (1916–2002) war eine der schillerndsten Persönlichkeiten der spanischen Literatur nicht nur des 20. Jahrhunderts. Am Beginn seiner Karriere war er, nach Kriegsteilnahme aufseiten der Franquisten, Protégé des damals mächtigen Presse- und Propagandachefs der Falange, Juan Aparicio, und übte, wenn auch in bescheidenem Rahmen, eine Zensorentätigkeit aus, zu der er sich selbst gemeldet hatte. Nach dem Tod des Diktators ließ er sich vom spanischen König zum Senator der *Cortes constituyentes* während der *transición*, der Übergangszeit zur Demokratie, ernennen. Wirklich engagiert aber war er nur für sich selbst; niemand konnte wie er für seine eigene Person Partei ergreifen. Schon 1953, kurz nach der Veröffentlichung seines Madrid-Romans *La colmena*, schreibt er in *Baraja de invenciones*, er betrachte sich als den bedeutendsten Romancier seit 98 und es erschrecke ihn fast, wenn er daran denke, wie leicht es ihm gefallen sei, das zu werden. Er bitte um Verzeihung, dass er es nicht habe vermeiden können. Was seine brillanten stilistischen Fähigkeiten, aber auch seine Unverschämtheit, seine Chuzpe anbelangt, hat er tatsächlich alle überragt.

1989, aus Anlass der Nobelpreisverleihung, veröffentlichte die Staatsbahn RENFE eine ganzseitige Anzeige in *El País*. Sie begann mit einer übergroßen zweizeiligen Kopfleiste, in der nur zwei Worte standen: »¡POR FIN,/ COÑO!«. Diesen Ausspruch soll Cela, der sich schon seit vielen Jahren für preiswürdig hielt, getan haben, als er das Stockholmer Fernschreiben mit der Preisnachricht empfing. Dieses Fernschreiben ist in der Mitte der Anzeige im Faksimile zu lesen. In der unteren Hälfte steht links, Vertraulichkeit zwischen dem mächtigen Staatsunternehmen und dem preisgekrönten Autor signalisierend, mit imperialem Gestus: »Der Nobelpreis bist Du. Du hast die Welt erobert als guter Sohn Deines Vaterlandes. Glückwunsch, Camilo! Wenn Du in Stockholm ankommst, schreib uns!« Und rechts unten, wieder riesig, das Signet der RENFE.

Die beiden Texte werfen zwar auch ein Licht auf die Entwicklung der Werbetechnik: 1953 das selbstgemachte Eigenlob; 1989 das professionell gestylte *joint venture* zwischen Staatsbahn und Dichter zwecks gegenseitiger Verkaufsförderung. Sie bezeugen aber vor allem Celas nie erlahmenden Drang zur provokativen Selbstdarstellung, der sich unabhängig davon äußerte, unter wessen Schutzschild der Autor gerade stand: unter dem des franquistischen Nationalkatholizismus oder dem des Großkapitals.

Schillernd ist auch sein Welterfolg *La familia de Pascual Duarte*, der 1942 die Ordnungsvorstellungen des autoritären Staates und der katholischen Kirche gleichermaßen herausgefordert hat und es dennoch fertigbrachte, sie auf raffinierte Weise auch wieder zu bestätigen. Angesichts des skandalösen Inhalts war schon der Titel eine Provokation, kündigte dieser doch einen Familienroman an und galt doch die Familie dem Regime als sakrosankt. Genau diese ›heilige Familie‹ aber wird im Roman entweiht – durch das Ungeheuerliche, das in ihr und mit ihr geschieht, aber auch durch die Art und Weise, wie ausgerechnet derjenige über sie berichtet, der sich hauptsächlich an ihr vergangen hat, nämlich der Ich-Erzähler Pascual.

Entsprechend umstritten war und ist der Roman noch heute. Für die einen ist er ein ernst zu nehmendes soziales Dokument, eine Vorform der *novela testimonio*, in der sich die Geschändeten und Benachteiligten Gehör verschaffen. Für die anderen ist er eher ein Zeugnis für die Scharlatanerie des Autors, der durch *tremendismo*, durch die Anhäufung detailliert geschilderter Mord- und Vergewaltigungsszenen, bewusst den Skandalerfolg ansteuert, als ob es sich um eine Spätform des sensationalistischen Feuilletonromans oder der Moritatenliteratur handele. Sprachliche Meisterschaft aber bescheinigen alle.

Unumstritten ist darüber hinaus, dass der Autor sich in *La familia de Pascual Duarte* des altehrwürdigen Erzählschemas der *novela picaresca* bedient, in dem seit eh und je ein Delinquent aus der Rückschau auf sein verpfuschtes Leben mehr oder weniger reuevoll eine Art Generalbeichte ablegt. In Mateo Alemáns *Guzmán de Alfarache* geschieht das aus der Perspektive der Endstation Galeerenstrafe, bei Cela aus der Todeszelle des Gefängnisses von Chinchilla, in der Pascual, kurz vor seiner Hinrichtung im Jahr 1937, seine ›Memoiren‹ zu Papier bringt. Und schließlich ist auch noch zu bedenken, dass ein ganzes Arsenal von extradiegetischen Texten diese Memoiren umrahmt, mit dem einzigen Zweck, ihren explosiven Inhalt zu entschärfen und den Autor, der sich als Kopist ausgibt, von der Verantwortung für den unmoralischen Inhalt zu entlasten. Auch das ist ein alter Trick, der schon im Siglo de Oro zur Beschwichtigung der Zensurinstanzen angewandt wurde.

Wie in der *novela picaresca* beginnt Pascuals Beichte mit dem Bericht über seine Herkunft und Kindheit in einem gottverlassenen Kaff der Extremadura, der schon immer ärmsten Provinz Spaniens: »De mi niñez no son precisamente buenos recuerdos los que guardo« (p. 29). Der Vater, ein Portugiese, der sich als Schmuggler betätigt, ist gewalttätig und trunksüchtig, die ewig zänkische Mutter lieblos. Der Vater stirbt qualvoll an einer Tollwuterkrankung, ohne dass die Familie sich um ihn kümmert. Die Kinder sind verwahrlost. Das schwachsinnige Brüderchen Mario wird sich selbst überlassen; die Schweine fressen im Stall ein Stück seiner Ohren ab. Wenig später, fast gleichzeitig mit dem Tod des Vaters, ertrinkt er in einem Fass voller Olivenöl. Die Schwester Rosario versucht der ländlichen Misere durch Prostitution in der Stadt zu entgehen. Ihr Zuhälter, El Estirao, wird später auch Lola, die Frau Pascuals, verführen. Pascual selbst bleibt ohne Schulbildung. Er wird wortkarg und verschlossen, unfähig und unwillig, Gefühle auszudrücken, geschweige denn, Vernunftgründe gelten zu lassen, mit denen er nie vertraut gemacht worden ist. Seine Mentalität – manches erinnert an Lorcas ländliche Dramen – wird vielmehr geprägt von den Imperativen der *honra*, des *machismo* und der *violencia*. Pascual ist kein schlechter Mensch: »Yo, señor, no soy malo, aunque no me faltarían motivos para serlo« (p. 21). Er ist auch nicht unsensibel; aber da es ihm eingebläut wurde, Gefühle wie Zärtlichkeit oder Mitleid als unmännlich zu unterdrücken, dem Sexualtrieb aber freien Lauf zu lassen, gegenüber Frauen herrisch, wenn nötig gewalttätig zu sein, die Mannesehre über alles zu stellen und die Tat, auch wenn es die Untat ist, als die beste Ratio anzusehen, handelt er entsprechend. Bezeichnend dafür ist eine jener Szenen, die besonderen Anstoß erregt hat, in der Pascual seine zukünftige Frau Lola, nach dem Begräbnis des kleinen Bruders, just auf dem Grab Marios vergewaltigt, weil ihre weißen Oberschenkel, die beim Bücken sichtbar geworden sind, ihn aufs Äußerste erregt haben. Es ist dies *seine* Form der Werbung, und Lola ist darüber alles andere als empört. Noch die Erinnerung daran übermannt ihn inmitten der Niederschrift seiner Beichte so stark, dass er den frommen Anlass vergisst und die Szene aufs Neue so erlebt, als fände sie gerade erst statt:

> [...] a Lola, al arrodillarse, se le veían las piernas, blancas y apretadas como morcillas, sobre la media negra. Me avergüenzo de lo que voy a decir, pero que Dios lo aplique a la salvación de mi alma por el mucho trabajo que me cuesta: en aquel momento me alegré de la muerte de mi hermano ... Las piernas de Lola brillaban como la plata, la sangre me golpeaba por la frente y el corazón parecía como querer salírseme del pecho.
> [...]
> Fue una lucha feroz. Derribada en tierra, sujeta, estaba más hermosa que nunca ... Sus pechos subian y bajaban al respirar cada vez más de prisa. [...] La mordí hasta la sangre, hasta que estuvo rendida y dócil como una yegua joven.
> ....
> -¿Es eso lo que quieres?
> -¡Sí!
> Lola me sonreía con su dentadura toda igual ... Después me alisaba el cabello.
> -¡No eres como tu hermano ...! ¡Eres un hombre ...!
> [...]
> -¿Me quieres?
> -¡Sí!« (p. 56 ff.)

Die Vergewaltigung endet also in einer Art von Verlobung, die bald darauf durch eine Hochzeit mit der inzwischen Schwangeren bestätigt wird: Ein ›Mann‹ hat zu den Folgen seiner Handlungen zu stehen. Diese Szene, die nur noch von dem später eingeräumten und nicht weniger anschaulich erzählten Muttermord überboten wird, muss inmitten der bigotten Frömmelei und der heuchlerischen Körper- und Triebverleugnung des frühen Franquismus wie eine Bombe eingeschlagen und die Friedhofsruhe, die über dem Land lag, just mit einer *Friedhofsszene* nachhaltig gestört haben. Kein Wunder also, dass die Kirche, nachdem die erste, von der staatlichen Zensur flugs (schon nach einer einzigen Woche) freigegebene Auflage des Buchs schon verkauft war, wenigstens die zweite unter Kuratel stellen wollte. Aber auch hier kam sie zu spät, weil Cela, nachdem er rechtzeitig einen Wink bekommen hatte, fast den ganzen Bestand beiseite schaffen konnte. Ab der dritten oder vierten Auflage (ganz zu klären ist das nicht; eine erschien jedenfalls in Buenos

Aires) konnte *Pascual Duarte* wieder ungehindert verkauft werden und wurde von da an ein Dauererfolg: nicht ungewöhnlich in einem Zensursystem wie dem spanischen, wo der *enchufe*, die gute Beziehung zumindest zu *einer* Fraktion der Mächtigen, so manche scheinbar unerklärliche ›Ausnahme‹ bewirkte.

Die *hombría* bestimmt dann auch den weiteren Verlauf der Erzählung bis zu ihrem bitteren Ende: Nachdem Lola eine Fehlgeburt hatte, fühlt Pascual seine Manneskraft in Frage gestellt, zumal entsprechende Wirtshaushänseleien, die in wüsten Schlägereien enden, nicht ausbleiben. Für ganze zwei Jahre verlässt er daraufhin seinen Heimatort und durchwandert, wie der echte *pícaro*, ganz Spanien. Als er nach der Rückkehr seine Frau in geschwängertem Zustand vorfindet, ist das Maß voll: Er wäre zwar fähig, Lola zu verzeihen, die bald unter ungeklärten Umständen stirbt; den Estirao aber, den doppelten Ehrabschneider, ermordet er und kommt dafür ins Gefängnis. Nach nur drei Jahren ist er wieder frei: Ein Ehrenmord rechtfertig allemal eine rasche Begnadigung. Eine zweite Ehe mit Esperanza, die hätte glücklich werden können (*nomen est omen*), wird durch den Mord an der Mutter und durch die neuerliche Verhaftung Pascuals jäh beendet.

Den Abschluss der Beichte bildet das Eingeständnis eben dieses Muttermordes, in dem Pascuals ganze Wut auf seine verlorene Kindheit, auf die Lieblosigkeit seiner Mutter, auf ihre ständigen Intrigen während seiner Ehe und auf die wiederholte Infragestellung seiner *hombría* gipfelt. Wie alles in diesem Roman, ist auch dieses Ende höchst zweideutig. Denn einerseits entlädt sich hier der ganze Hass auf die ›Verhältnisse‹, der sich in Pascual aufgestaut hatte. Andererseits hat die Szene aber auch einen stark ödipalen Charakter, liest sich doch der Kampf zwischen Mutter und Sohn, ganz ähnlich wie die Vergewaltigung Lolas, fast wie die Beschreibung einer sexuellen Vereinigung, bei der die Liebe der Mutter gleichsam nachträglich erzwungen wird und die Ehefrau, die der Szene Licht gibt, als Voyeurin zugegen ist. Die Szene, die schließlich in eine Art Opferhandlung übergeht, bei der die Mutter wie ein Lamm geschlachtet wird, endet mit dem ausdrücklichen Hinweis auf Pascuals Erleichterung: Endlich habe er wieder frei atmen können. Erstaunlicherweise befindet sich der Muttermörder, wie man erst später erfährt, nicht wegen *dieser* Tat in der Todeszelle.

> Me abalancé sobre ella y la sujeté. Forcejeó, se escurrió ... Momento hubo en que llegó a tenerme cogido por el cuello. Gritaba como una condenada. Luchamos; fue la lucha más tremenda que usted se puede imaginar. Rugíamos como bestias, la baba nos asomaba a la boca ... En una de las vueltas vi a mi mujer, blanca como una muerta, parada a la puerta sin atreverse a entrar. Traía un candil en la mano, el candil a cuya luz pude ver la cara de mi madre, morada como un hábito de nazareno ... Seguíamos luchando; llegué a tener las vestiduras rasgadas, el pecho al aire. La condenada tenía más fuerzas que un demonio. Tuve que usar de toda mi hombría para tenerla quieta. Me arañaba, me daba patadas puñetazos, me mordía. Hubo un momento en que con la boca me cazó un pezón – el izquierdo – y me lo arrancó de cuajo.
>
> Fue el momento mismo en que pude clavarle la hoja en la garganta ...
>
> La sangre corría como desbocada y me golpeó la cara. Estaba caliente como un vientre y sabía lo mismo que la sangre de los corderos.

La solté y salí huyendo. Choqué con mi mujer a la salida; se le apagó el candil. Cogí el campo y corrí, corrí sin descanso, durante horas enteras. El campo estaba fresco y una sensación como de alivio me corrió las venas.
Podía respirar ... (p. 156 f.).

Damit endet der Berichtsteil. Was Pascual in seiner Beichte preisgibt, ist, wie man sieht, durchaus skandalös, und es ist *tremendo*. Aber Cela wäre nicht Cela, wenn er es nicht verstanden hätte, das Skandalon gehörig abzufedern und den Eindruck zu mäßigen, den es zunächst hinterlässt. Zu solcher Abschwächung dient ihm zum einen die Form der *novela picaresca*, zum anderen eine ausgeklügelte Rahmenkonstruktion.

Die Form des Schelmenromans erlaubt es, selbst Hochnotpeinliches mit einer gewissen Leichtigkeit zur Sprache zu bringen. Freilich ist es im echten Schelmenroman meist nur um Betrugsdelikte gegangen, nicht um derart detailliert geschilderte Mord- und Vergewaltigungsfälle. Ja man kann sagen, dass der *tremendismo* auch dadurch mit zur Geltung gebracht wird, dass zwischen der Schwere der Verbrechen und der Leichtigkeit der Erzählung eine ästhetische Inkongruenz besteht. Wie Lazarillo de Tormes schildert Pascual Duarte seine Taten nicht – oder nicht nur – in der Attitüde verbissener Selbstbezichtigung, sondern scheinbar naiv, mit einer gewissen Gelassenheit, ja Zutraulichkeit. Letzteres deshalb, weil er sich quasi vertrauensvoll – und durch die ganze Beichte hindurch immer auch wieder direkt – an jenen Don Jesús González de la Riva wendet, dem er seinen Bericht auch gewidmet hat: »A la memoria del insigne patricio Don Jesús González de la Riva, Conde de Torremejía, quien al irlo a rematar el autor de este escrito, le llamó Pascualillo y sonreía« (19).

Dass dieser Don Jesús Pascuals allerletztes Opfer war und dass Pascual ausgerechnet an ihn seine Lebensbeichte richtet – so wie Lazarillo an einen anonym bleibenden »vuestra merced« – ist zwar in der Widmung schon angedeutet, erfährt seine Bestätigung aber erst im Schlussrahmen, aus dem unter anderem hervorgeht, dass Pascual erst wegen dieser Tat wieder ins Gefängnis kam und ihretwegen zum Tod durch das Würgeeisen verurteilt wurde. Die näheren Umstände erfährt man nicht, aber da Don Jesús, der in Pascuals Nachbarschaft wohnte, *insigne patricio* genannt wird, darf man vermuten, dass er der Dorfkazike war (von denen zu Beginn des Bürgerkriegs nicht wenige umgebracht wurden). *Tremendismo* wird also schon durch die Widmung verbreitet. Freilich ist auch der *tremendismo* – wenngleich unter anderem Namen – ein Phänomen, das es in der spanischen Literatur und Kunst lange vor Cela gab, das also auch seinerseits eine Tradition hat. Man denke an Quevedos schauerlich-grotesken Schelmenroman *La vida del Buscón*, an die *Caprichos* und *Disparates* von Goya und nicht zuletzt an die *Esperpentos* von Valle-Inclán.

Celas Form des *tremendismo* im Gewand des Schelmenromans trägt jedenfalls dazu bei, die Skandalgeschichte in gewisser Weise zu ›entwirklichen‹, indem sie in ein Erzählschema eingepasst wird, das aller Welt als ein durch die Tradition legitimierter Artefakt bekannt war. Zu diesem Artefakt gehört auch, dass man nie genau weiß, wem das Gesagte eigentlich zuzurechnen ist: dem fiktiven Erzähler Pascual oder dem tatsächlichen Erzähler und Demiurgen Don Camilo. Die ironisch wirkende Zweideutigkeit in der Erzählweise des Textes – bald moralisch, bald zynisch; bald umgangssprachlich, ja vulgär, bald stilisiert und gebildet – machte jedenfalls schon immer einen besonderen Reiz der Gattung aus.

Neben der Verwendung der Schelmenromanform wirkt vor allem die Rahmenkonstruktion abschwächend, und zwar ganz im Sinne der 1942 herrschenden Erwartungen. Auch hier greift Cela wieder auf traditionelle, im inquisitorischen Spanien seit langem erprobte Verfahren und Vorsichtsmaßnahmen zurück: Der Lebensbeichte von Pascual wird allerhand vorausgeschickt: zunächst eine *nota del transcriptor*, in der vorgespiegelt wird, der auf dem Buchdeckel stehende Verfasser sei lediglich der Kopist eines ihm durch Zufall zugespielten Manuskriptes, das er nur unter stärksten Bedenken, nicht ohne einschneidende Eingriffe (Cela als sein eigener Zensor!) und allein in der Hoffnung an die Öffentlichkeit gebe, dass es dort als abschreckendes Beispiel, gleichsam als heilsamer Schock fungiere. Dem folgt ein – auf den 15. 2. 1937 datierter – Brief Pascuals, mit dem er sein Manuskript aus dem Gefängnis an Don Joaquín Barrera López schickt, einen Freund des mit der makabren Widmung bedachten Don Jesús González de la Riva. Barrera soll es also gleichsam anstelle des Toten entgegennehmen. Hier wird der Bericht Pascuals als »pública confesión« bezeichnet, die auch die postume Verzeihung des ermordeten eigentlichen Adressaten bewirken soll. Gleichzeitig wird den Justizbehörden von Pascual selbst bescheinigt, nur seine Hinrichtung könne die Gesellschaft vor weiteren Untaten des immer wieder rückfällig gewordenen bewahren. Schließlich wird noch eine Klausel aus dem Testament des inzwischen verstorbenen Barrera López abgedruckt, in der dieser das sittengefährdende Manuskript »eigentlich« dem Feuer überantwortete, »es sei denn« das Paket bleibe 18 Monate lang unentdeckt, nach deren Ablauf es dem Finder – also dem Kopisten! – freistehe, damit nach Belieben zu verfahren. Erst dann folgen Pascuals durch die bewusste Widmung eingeleiteten Erinnerungen.

Nach deren Beendigung mit dem Mord an der Mutter werden die ›Umrahmungsarbeiten‹ wieder aufgenommen. Darin findet sich unter anderem eine weitere ausführliche Anmerkung des Kopisten. Sie berichtet nicht nur von den Umwegen, die das Manuskript genommen hat, bevor es 1939 in die richtigen Hände kam. Sie bringt vielmehr – was wichtiger und für den Schelmenroman atypisch ist – ein Zeitkalkül ins Spiel (»un cálculo no muy difícil«, p. 158), das seinerseits entscheidend zur weiteren Entschärfung und Entaktualisierung der skandalösen Geschichte beiträgt. Aus diesem Kalkül, und aus gelegentlichen Hinweisen Pascuals während seines Berichtes, geht hervor, dass seine Aufzeichnungen in der Tat sich keineswegs auf die Gegenwart beziehen, da die in ihnen offengelegten Verbrechen schon Jahrzehnte zurückliegen, mit Ausnahme des Mords an Don Jesús. Danach wurde Pascual »vor 55 Jahren«, also 1882, geboren, womit klar ist, dass die elenden Kinder- und Jugendjahre einer Zeit angehören, die das neue Regime nicht nur nicht zu verantworten hatte, sondern die es selbst als nationale Schande bezeichnete. Der

Mord am Estirao fällt ungefähr in das Jahr 1914. Die dafür verhängte 28-jährige Gefängnisstrafe wird nach drei Jahren erlassen, weil ein Ehrenmord mildernde Umstände rechtfertigte. Der Mord an der Mutter wird von Pascual selbst auf den 10. Februar 1922 datiert.

Dies bedeutet, dass über den letzten, der Gegenwart unmittelbar vorangehenden 15 Jahren von Pascuals Leben eine veritable Memoiren- oder Gedächtnislücke klafft, die auszufüllen selbst die angestrengten Nachforschungen des Kopisten nicht in der Lage gewesen seien: »la laguna no [podía] llenarse« (p. 159). Mit anderen Worten: Der Autor will sich an der Gegenwart nicht die Finger verbrennen. Immerhin erfährt man aus der nämlichen zweiten Anmerkung des Kopisten, dass Pascual in den Wirren des 1936 beginnenden Bürgerkriegs trotz Muttermord noch einmal freikam (»parece descartado que salió de presidio antes de empezar la guerra«, p. 158 f.). Und auch wenn der Kopist vorgibt, über die Ereignisse von 1936 nichts zu wissen, gibt er doch zu erkennen, dass der Mord an Don Jesús just in diese Zeit fiel. Alles, was man über Pascuals Leben nach dem 10. Februar 22 noch erfährt oder insinuiert bekommt, einschließlich seiner 1937 erfolgten Hinrichtung – zu einer Zeit, als die »glorreiche nationale Erhebung« in der Extremadura schon gesiegt hatte –, ist also durchaus dazu angetan, den Erwartungen der Machthaber entgegenzukommen: die Entlassung des Muttermörders (oder seine Flucht aus dem Gefängnis) und die Ermöglichung eines weiteren Tötungsdeliktes, diesmal sogar an einem Mann aus dem Honoratiorenstand, ist der roten Revolution anzulasten (»durante los quince días de revolución«, p. 159); Pascual Duartes Hinrichtung und die Wiederherstellung der Ordnung aber ist dem siegreichen Faschismus zu danken. Welch wohlriechende Verpackung für einen anrüchigen Inhalt! Und welche Verbeugung vor der Macht der Zensur, aber auch: welch gewagtes Spiel mit ihrer Ohnmacht!

Literaturhinweise

Ausgabe: Camilo José Cela: *La familia de Pascual Duarte*. Barcelona 1980
Übersetzung: *Pascual Duartes Familie*. Nach der Übersetzung von George Leisewitz überarbeitet von Gerda Theile-Bruhns unter Mitarbeit des Autors. Zürich 1960; überarbeitete Fassung dieser Übersetzung durch Anette Grube. Nachwort von Hans-Jörg Neuschäfer, München/Zürich 1990

Weitere Literatur

Spanische Literaturgeschichte, S. 384
Hans-Jörg Neuschäfer: *Macht und Ohnmacht der Zensur. Literatur, Theater und Film in Spanien (1933–1976)*, Stuttgart 1991
Manfred Tietz: »Laudatio«, in: *Ehrenpromotion Camilo José Cela*, TU Dresden, 1995 (auch in: www.tu-dresden.de/sulifr/cela)
Antonio Vilanova: *Novela y sociedad en la España de la posgue*rra. Barcelona 1995
Alonso Zamora Vicente: *Camilo José Cela*. Madrid 1962

Übersetzung
(nach George Leisewitz und Gerda Theile-Bruhns)

Zu S. 211:

Als Lola niederkniete, sah ich über ihrem schwarzen Strumpf ihre Beine, weiß und prall wie Würste ... Ich schäme mich dessen, was ich jetzt sagen muß. Aber möge Gott es zur Rettung meiner Seele anrechnen; unendlich viel Mühe hat es mich gekostet: in jenem Augenblick war ich über den Tod meines Bruders froh ... Lolas Schenkel leuchteten wie Silber, das Blut hämmerte in meinen Schläfen, und das Herz wollte mir aus der Brust springen.

[...]

Es war ein wilder Kampf. Zur Erde geworfen, bezwungen, war sie schöner denn je ... Ihre Brüste hoben und senkten sich, während sie immer schneller atmete. [...] Ich biß sie bis aufs Blut, bis sie sich ergab und willig war wie eine junge Stute.

....

»War es das, was du wolltest?«

»Ja!«

Lola lachte mich mit ihren regelmäßigen Zähnen an ... Dann strich sie mir die Haare glatt.

»Du bist nicht wie Dein Bruder ...! Du bist ein Mann ...!«

[...]

»Liebst du mich?«

»Ja!«

Zu S. 212 f.:

Ich stürzte mich auf sie und hielt sie fest. Sie versuchte, sich mit aller Kraft loszureißen und entwand sich mir ... Einen Augenblick hielt sie mich sogar fest um den Hals geklammert. Sie schrie wie eine Verdammte. Wir rangen miteinander. Es war der fürchterlichste Kampf, den Sie sich vorstellen können. Wir heulten wie die wilden Tiere, Geifer trat uns aus dem Mund ... Bei einer Drehung sah ich meine Frau in der Tür, blaß wie der Tod; sie wagte nicht einzutreten. In der Hand hielt sie eine Kerze, bei deren Licht ich das Gesicht meiner Mutter sehen konnte, blutig wie das Gewand des Nazareners ... Wir kämpften weiter. Meine Kleider waren zerrissen, die Brust frei. Verdammt! Sie hatte mehr Kraft als ein Teufel. Ich musste all meine Manneskraft aufbieten, um sie zu überwältigen. Fünfzehn mal wohl hatte ich sie gepackt und ebenso oft entwand sie sich mir wieder. Sie kratzte, trat mit den Füßen, schlug mit ihren Fäusten, biß mich. Plötzlich erwischte sie meine linke Brustwarze mit ihrem Mund und biß sie glatt ab.

Das war der Augenblick, wo ich ihr das Messer in die Gurgel stoßen konnte ...

Das Blut schoß heraus und spritze mir ins Gesicht. Es war warm wie ein Bauch und schmeckte wie das Blut der Lämmer.

Ich ließ sie los und stürzte hinaus. An der Tür stieß ich mit meiner Frau zusammen. Die Kerze ging aus. Ich nahm den Weg aufs freie Feld und rannte, rannte ohne auszuruhen, stundenlang. Die Felder waren kühl, und ein Gefühl der Erleichterung rann mir durch die Adern.

Ich konnte wieder atmen ...

Kapitel XXIV
Javier Marías: *Corazón tan blanco* (1992)
Die Kunst der Fälschung

Javier Marías, der international bekannteste Autor der spanischen Gegenwartsliteratur, ist erst nach seinem überraschenden Erfolg in Deutschland auch in seinem eigenen Land prominent geworden. Wie es im Medienzeitalter nicht unüblich ist, hat erst ein berühmter Meinungsmacher – in diesem Fall Marcel Reich-Ranicki – die Bahn frei gemacht. Nach seinem und seiner Kollegen einstimmigen Lob im »Literarischen Quartett« vom Juni 1996 wurde *Corazón tan blanco* allein in Deutschland über eine Million Mal in der trefflichen Übersetzung von Elke Wehr verkauft.

Der 1951 geborene Autor hat inzwischen ein umfangreiches und mit zahlreichen Preisen ausgezeichnetes Erzählwerk geschaffen. Er hat sich mit literatur- und gesellschaftskritischen Zeitungsartikeln sowie mit Berichten von den Spielen Real Madrids auch einen Namen als Feuilletonist gemacht. Darüber hinaus genießt er hohe Anerkennung als Übersetzer englischsprachiger Literatur.

Schon als Kind verbrachte Marías längere Zeit in den USA, wo sich sein Vater, der Philosoph Julián Marías, in Franco-Spanien wegen seines Republikanismus geächtet, häufig zu Gastprofessuren aufhielt. Nach dem Philologiestudium an der Complutense in Madrid hat Javier Marías als Lektor an englischen und amerikanischen Universitäten gearbeitet, was in seinem Romanwerk einen reichhaltigen Niederschlag fand. Eine ganze Reihe von Texten haben Sprachvermittler und -interpreten zu Protagonisten. In *Todas las almas* (1989) ist es just ein spanischer Oxford-Lektor, in *Corazón tan blanco* (1992) ein Dolmetscher, in *Mañana en la batalla piensa en mi* (1994) ein Ghostwriter, in der Trilogie *Tu rostro mañana* (2002 ff.) ein ›Menschendeuter‹, der für den englischen Geheimdienst Sprache und Verhalten von Verhörten auf ihren Wahrheitsgrad abzuschätzen hat. Man kann schon an dieser Wiederkehr miteinander verwandter Berufstätigkeiten, die dem Autor alle nicht fremd sind, erkennen, dass das literarische Werk von Javier Marías einen hohen Grad an Selbstreferentialität aufweist. Es kann aber deshalb noch lange nicht autobiographisch ›erklärt‹ werden. Tatsächlich ist das meiste, was in ihm erzählt und gedacht wird, frei erfunden. Aber das Erfundene hat einen gemeinsamen Kern, um den sich alles dreht. Es ist die Sprache und das, was man mit ihr anstellen kann: aufseiten des Sprechers das Verschleiern und Offenbaren, Manipulieren und Faszinieren und aufseiten des Hörers das Entschlüsseln und Hinterfragen dessen, was oft uneindeutig und deshalb beunruhigend ist.

In *Corazón tan blanco* gibt es drei Hauptpersonen. Als erstes den Ich-Erzähler, der lange Zeit anonym bleibt. Erst im vorletzten Kapitel erfährt man seinen Namen: Juan. Er ist von Beruf Konferenzdolmetscher und arbeitet bei den internationalen Institutionen in New York und Genf, gelegentlich auch in Madrid. Seine Weltläufigkeit und seine Mehrsprachigkeit unterscheidet ihn von den Erzählern aus der Zeit der Diktatur, die sich *nolens volens* nur im Inneren Spaniens oder im engen Rahmen des Exils bewegen und meist nur in *einer* Sprache denken und reden konnten. Man wird dabei auch in Rechnung stellen, dass der Text 1992 erschienen ist, im gleichen Jahr, in dem das demokratisch gewordene Spanien dank Olympiade, Expo und 500-Jahr-Feier der Entdeckung Amerikas wieder Weltoffenheit demonstrierte.

Die zweite Hauptperson ist Luisa, Juans Frau, die er erst vor Kurzem geheiratet hat. Sie hat den gleichen Beruf wie er, zieht sich aber nach der Hochzeit mehr und mehr daraus zurück, um sich ganz der Einrichtung des gemeinsamen Hauses zu widmen. Das wiederum behagt Juan nur bedingt, der seine Frau zwar liebt, der sich aber durch die Bindung an sie und durch den Zwang, von nun an »das Kopfkissen teilen zu müssen« (eine oft wiederholte Metapher für die eheliche Zwangsgemeinschaft), in seiner Freiheit eingeschränkt fühlt.

Die dritte Hauptperson ist Ranz, Juans Vater, der im Ruhestand lebt und eine schillernde Figur ist. Einerseits hatte er, als Kustos beim Museo del Prado, einen ordentlichen Beruf; andererseits erwarb er durch allerlei »semifraudulente« Nebentätigkeiten ein nicht unbedeutendes Vermögen. Vor allem aber hat er, der im persönlichen Umgang durchaus sympathisch wirkt, eine dunkle Vorvergangenheit, die erst im Verlauf des Romans nach und nach aufgeklärt wird.

Daraus ergeben sich zwei Erzählstränge, die sich immer wieder kreuzen und überlagern, beeinflussen und bedingen: Zum einen die zwar unterschwellige, aber gleichwohl spürbare Spannung in der Beziehung zwischen Juan und Luisa, zum anderen die ›Vergangenheitsbewältigung‹ von Ranz, dessen früheres Leben nach und nach ans Licht kommt und in einer vertraulichen Unterredung mit seiner Schwiegertochter Luisa, bei der Juan im Verborgenen zuhört, vollends enthüllt wird.

Dass nicht der Sohn, sondern die Schwiegertochter den Vater zum Reden bringt, wirft ein bezeichnendes Licht auf den Charakter Juans, der zwar ein guter Übersetzer ist, ansonsten aber wenig Initiative entwickelt und am liebsten aus der Deckung heraus beobachtet und zuhört, zugleich neugierig und voller Angst, dass er etwas erfahren könnte, was er besser nicht wissen sollte. Dabei wird dem professionellen »Interpreten« (das spanische Wort *intérprete* bedeutet sowohl Übersetzer als auch Vermittler und Deuter von Botschaften jeglicher Art) alles, was er sieht und hört, zum Zeichen, das mit seiner eigenen, durchaus hypochondrischen, ja fast autistischen Selbstbezüglichkeit korrespondiert. Das immer wiederkehrende Stichwort in diesem Zeichensystem heißt »malestar«, und dieses besorgte Unbehagen nährt sich zuerst und vor allem aus der düsteren Vorahnung, dass seine erst vor kurzem mit Luisa eingegangene Ehe in einem ähnlichen Desaster enden könnte wie die Ehen seines Vaters Ranz.

Wenn man den Beginn des Romans betrachtet, hat man auch tatsächlich den Eindruck, dass die Sorge Juans nicht unbegründet ist. Schon der erste, ungemein dichte und vielsagende, vorderhand noch geheimnisvolle, vor allem aber detailliert protokollierende Satz ist beunruhigend:

No he querido saber, pero he sabido que una de las niñas, cuando ya no era niña y no hacía mucho que había regresado de su viaje de bodas, entró en el cuarto de baño, se puso frente al espejo, se abrió la blusa, se quitó el sostén y se buscó el corazón con la punta de la pistola de su propio padre, que estaba en el comedor con parte de la familia y tres invitados. Cuando se oyó la detonación, unos cinco minutos después de que la niña hubiera abandonado la mesa, el padre no se levantó en seguida, sino que se quedó durante algunos segundos paralizado con la boca llena, sin atreverse a masticar ni a tragar ni menos aún a devolver el bocado al plato; y cuando por fin se alzó y corrió hacia el cuarto de baño, los que lo siguieron vieron como mientras descubría el cuerpo ensangrentado de su hija y se echaba las manos a la cabeza iba pasando el bocado de carne de un lado a otro de la boca, sin saber todavía qué hacer con él. (p. 11)

Der Text beginnt also mit einem Selbstmord, aber auch mit einem ersten Hinweis auf Juans zögerlichen Charakter. Wer sich da umbringt, durch einen Pistolenschuss mitten ins Herz, unmittelbar nach der Hochzeitsreise, und ohne dass man das Motiv auch nur ahnen kann, ist niemand anderer als Teresa, die zweite Frau von Ranz. Aber Teresa ist, wie man zu Beginn des nächsten Kapitels erfährt (ich spreche der Einfachheit halber von ›Kapiteln‹, obwohl der Text aus 16 überschriftslosen Sequenzen besteht), nicht etwa Juans Mutter, sondern seine Tante. Seither ist viel Zeit vergangen. Der Ich-Erzähler, trotz der Rätselhaftigkeit seiner Mitteilung so genau informiert, war damals noch gar nicht geboren, ist inzwischen aber selbst verheiratet und erst vor einem knappen Jahr von seiner eigenen Hochzeitsreise zurückgekehrt:

Eso fue hace mucho tiempo, cuando yo aún no había nacido ni tenía la menor posibilidad de nacer, es más, solo a partir de entonces tuve la posibilidad de nacer. Ahora mismo yo estoy casado y no hace ni un año que regresé de mi viaje de bodas con Luisa, mi mujer, a la que conozco desde hace solo veintidós meses [...]. (p. 17)

Später erfährt man, dass Juans – inzwischen ebenfalls verstorbene – Mutter Juana Teresas jüngere Schwester war, die Ranz nach der im ersten Satz geschilderten Tragödie geheiratet hat, sodass der Vater des Erzählers, zu Beginn der Erzählzeit, schon dreifacher Witwer ist, was ihm den durchaus beunruhigenden Spitznamen »Blaubart« einträgt, zumal über seiner ersten Ehe (mit einer *extranjera*) der Schleier des Geheimnisses liegt, der erst ganz am Ende des Romans gelüftet wird. Kein Wunder also, so scheint es, dass der Sohn beunruhigt ist und unter einem permanenten *malestar* leidet, ja man kann sogar verstehen, dass er in Sorge ist, über seiner Abstammung laste ein geheimnisvoller Fluch.

La verdad es que si en tiempos recientes he querido saber lo que sucedió hace mucho ha sido justamente a causa de mi matrimonio (pero más bien no he querido, y lo he sabido). Desde que lo contraje (y es un verbo en desuso, pero muy gráfico y útil) empecé a tener toda suerte de presentimientos de desastre, de forma parecida a como cuando se contrae una enfermedad, de las que jamás se sabe con certidumbre cuándo uno podrá curarse. (p. 17 f.)

Der Text (nicht nur hier durchsetzt mit metasprachlichen Reflexionen und Korrekturen, zu denen sich noch der zunächst befremdliche Vergleich von Ehe und Krankheit gesellt, von denen man nie wisse, wann man sie überwunden hat) beginnt also mit einem Rätsel, dessen Auflösung, wie im Kriminalroman, erst an seinem Ende erfolgt. Dass es überhaupt zu einer Auflösung kommt, ist, wie gesagt, nicht das Verdienst des Erzählers, der ja gerade Angst vor der Aufklärung hat und sich deshalb zurückhält. Vielmehr ist es der Hartnäckigkeit und Unerschrockenheit, auch der Vorurteilslosigkeit Luisas zu verdanken, dass das Schweigen durchbrochen und die Zunge gelöst wird. Luisa gelingt es mit der Zeit, zu Ranz ein Vertrauensverhältnis herzustellen, und es gelingt ihr so gut, dass Juan schon (zu Unrecht) fürchtet, die beiden würden ihn hintergehen. Dank Luisa jedenfalls kommt die Vergangenheit von Ranz ans Licht, und mit ihr das Familiendrama, das auch ihre eigene Beziehung belastet. Das geschieht im 15. und vorletzten Kapitel, das sich von den vorhergehenden durch seine Überlänge unterscheidet.

Ranz hat bei Gott keine reine Weste. Nicht nur verband er sein Amt am Museo del Prado mit anrüchigen Nebenbeschäftigungen; er hat auch etliche ›Freunde‹, mit denen er undurchsichtige Transaktionen betrieben zu haben scheint und von denen, gleichsam zwischendurch, schon einiges über ihn preisgegeben wird. In den 50er Jahren, »hace cuarenta años«, noch vor dem Ausbruch der kubanischen Revolution, arbeitete Ranz vorübergehend an der spanischen Botschaft in Havana, wahscheinlich zugunsten des Diktators Batista. Das schlimmste aber beichtet er Luisa in deren Wohnung, wobei der zu früh aus Genf zurückgekehrte Ehemann, für Ranz, aber nicht für Luisa unbemerkt, an der Tür lauscht, so wie er schon zu Beginn des Textes (Kap. 2 und 3, p. 21 ff.), als er mit Luisa selbst in Havanna auf Hochzeitsreise war, an der Wand des Hotelzimmers heimlich die Enthüllungen von Guillermo und Miriam belauscht hatte – Enthüllungen, die denen von Ranz nicht unähnlich sind: In beiden Fällen wird, weil Scheidung nicht in Frage kommt, gesprächsweise der Tod der Ehefrau als Voraussetzung dafür in Betracht gezogen, dass der Witwer sich mit der schon bereitstehenden Nachfolgerin verbinden kann: im Fall von Guillermo ist das Miriam; im Fall von Ranz Teresas Schwester Juana, Juans Mutter: Duplizität der Ereignisse.

Jetzt endlich erfährt man den Grund für Teresas Selbstmord: Ranz hatte ihr auf *seiner* Hochzeitsreise – ungefragt und im Gefühlsüberschwang, der zu unratsamer Vertrauensseligkeit und Mitteilsamkeit verleite – gestanden, dass seine erste Frau (eine Kubanerin) bei einem Wohnungsbrand ums Leben gekommen sei; nein: in Wahrheit sei sie schon vor dem Brand getötet worden, und zwar von ihm selbst. Weil er sie zugunsten Teresas loswerden wollte, habe er das Brandunglück inszeniert, um den Mord zu vertuschen. Teresa aber konnte nach dieser Enthüllung, die sie wie ein Blitzschlag traf, nicht mehr mit Ranz zusammenleben, und da zu jener Zeit eine Scheidung ohne Grund weder juristisch noch sozial anerkannt wurde, sie sich außerdem Selbstvorwürfe machte, weil sie den Tod der ersten Frau, wenn auch ungewollt, mitverschuldet zu haben glaubte, erschien ihr der Suizid als einziger Ausweg.

Teresa also konnte über das Geständnis von Ranz nicht hinwegkommen, wohl aber Luisa, die zeitlich und auch dem Verwandtschaftsgrad nach den nötigen Abstand zum Geschehen hat. Auch Juan ist im Grunde darüber erleichtert, dass er jetzt weiß, was er nicht wissen wollte. Äußerlich verkehren die beiden mit Ranz weiter, als ob nichts geschehen wäre; ob sie aber innerlich über das Mitgeteilte hinweggekommen sind, bleibt offen. Was ihr gemeinsames Leben angeht, so ist es durch die von Luisa provozierte und von Ranz freiwillig (»no me lo cuente si no quiere«) auf sich genommene ›Vergangenheitsbewältigung‹ allerdings so weit entlastet, dass die Zukunft der beiden von nun an weniger gefährdet zu sein scheint. Nicht von ungefähr wird aus dem anonymen Erzähler am Ende ein konkreter »Juan«.

Trotzdem ist *Corazón tan blanco* kein ›Entwicklungsroman‹, in dem das (im Übrigen schwache) Ich einen kontinuierlichen ›Reifeprozess‹ durchläuft. Vielmehr steht alles, was in diesem Roman erzählt wird, im Kontext eines – wie wir jetzt sehen – doppelten *malestar*, der mit der Eheschließung überhaupt erst ausgelöst wurde: einerseits die Angst vor dem »Blaubart-Fluch«, der vererbt sein könnte, andererseits aber auch das Bedauern über die Einbuße an Freiheit, die mit der Festlegung auf eine eheliche Bindung unweigerlich einhergeht. Man bekommt während der Lektüre immer mehr den Eindruck, dass die Angst vor dem ›Fluch‹ auch eine beschönigende Ausrede dafür sein könnte, dass Juan in Wahrheit Angst vor der Ehe hat. Dass er über seine wochenlangen Abwesenheiten von zu Hause keineswegs untröstlich ist, sieht man am besten an dem vertraulichen Zusammenleben mit seiner früheren Freundin Berta, bei der er als Untermieter wohnt, wenn er in New York zu arbeiten hat. (Vielleicht verläuft das Zusammenleben mit ihr ja auch deshalb so harmonisch, weil sie *nicht* miteinander verheiratet sind.) Die Episode umfasst beinahe fünf Kapitel (10–14, p. 159 ff.) und wird auf fast 80 Seiten geschildert. So sehr vertraut Berta ihrem Logiergast, dass sie ihn zum Mitwisser, ja gelegentlich sogar zum Adjutanten ihrer – gelinde gesagt – kuriosen (und gefährlichen) Sexualpraktiken mit ihren sporadischen Liebhabern macht, von denen sie immer wieder enttäuscht wird. Eben das aber, was er den Lesern so ausführlich erzählt, verschweigt Juan seiner Luisa – der gleichen Luisa, die er verdächtigt, ihn zu hintergehen, während sie eigentlich viel eher von ihm verraten wird, wenn er sie nicht an seinem New Yorker Leben teilnehmen lässt.

In diesem Zusammenhang ist auch noch einmal auf den Beginn des Romans zurückzukommen, der mit einer genauen Beschreibung des Selbstmordes beginnt, so als ob der Erzähler dabei gewesen wäre, obwohl er damals noch nicht einmal geboren war, ja, wie er selbst betont, nicht einmal hätte geboren werden können. Obwohl er vorgibt, alles nur gehört zu haben, ist die Beschreibung so exakt, dass die vielen minimalen Details nur seiner Phantasie entsprungen sein können, und die Phantasievorstellung kann sich mit solcher Präzision doch eigentlich erst eingestellt haben, nachdem ihr durch die Enthüllungen von Ranz der Boden bereitet wurde. Trotzdem belastet eben dieser quasi als vorgängig erlebte Selbstmord Juans Eheschließung und seine Hochzeitsreise mit Luisa, samt seiner Wahrnehmung des Wand- an Wand-Streites zwischen Miriam und Guillermo im Hotel von Havanna. Das sieht fast so aus, als ob der eigentliche und hauptsächliche *malestar* das Unbehagen an der Ehe sei, und als ob die Belastung durch die Familientragödie vom Erzähler nur *vorgeschoben* wird (vorgeschoben auch an die erste Stelle im Text), um seine Ehephobie zu verschleiern, indem er sie zum Teil eines überpersönlichen ›Fluchs‹ macht. Man ersieht daraus, dass *Corazón tan blanco* offensichtlich ein durch die psychische Disposition des Erzählers gesteuertes System von Erzählungen, Reflexionen und Selbstrechtfertigungen ist, das sich, unabhängig von der chronologischen Abfolge der Ereignisse und trotz genauer Zeitangaben, immer wieder um das Leitmotiv des Unbehagens gruppiert. Zu diesem innerpsychischen System gehört auch die für viele Marías-Romane typische Referenz auf Shakespeares Familientragödien und ihre großen Themen: Liebe, Tod, Gewalt und Verrat. Der Titel des Romans entstammt denn auch *Macbeth*, was im kurzen fünften Kapitel eigens thematisiert wird.

Je weiter der Leser sich in den Text einliest, umso zwingender wird er in dessen ganz eigene Logik hineingezogen; umso mehr muss er aber auch auf der Hut sein, sich von der Suada eines Erzählers nicht blenden zu lassen, dem nicht mehr uneingeschränkt zu trauen ist. Es ist dies ja eines der hervorstechenden Merkmale des postmodernen Romans, dass der Erzähler – wie der ihn steuernde Autor – dem Leser keine ›stimmige‹ Welt mehr vorgaukeln kann oder will, in der am Ende alle Widersprüche irgendwie ›aufgehen‹. Das schließt aber nicht aus, dass trotzdem mitreißend erzählt wird, so wie es Marías meistens gelingt. Das Vergnügen an dieser Erzählkunst ist aber nicht mehr einem wie auch immer gearteten ›Realismus‹, also der Abbildung einer ›bestehenden Wirklichkeit‹ zu verdanken, sondern vielmehr dem Spiel mit Virtualitäten, die so täuschend sind, dass man sie mit ›Wirklichkeiten‹ verwechseln kann: »Se non è vero, è ben trovato«.

Das – sehr intellektuelle – Vergnügen, das dieser vertrackte ›Familienroman‹ bereitet, ist nicht zuletzt der Tatsache zu danken, dass sein Autor Humor hat – sehr im Unterschied zu anderen Autoren der Postmoderne, deren autoreflexive Hervorbringungen nicht selten einem langweiligen Glasperlenspiel gleichen. Dagegen gibt es in *Corazón tan blanco* echte Perlen der Erzählkunst zu bewundern. Zwei davon möchte ich hervorheben, weil in ihnen die ganze Breite der Variationsmöglichkeiten offenbar wird, über die Marías bei seinem permanenten Grenzgang zwischen Realität und Virtualität verfügt.

Zunächst das vierte Kapitel (p. 57 ff.). Es handelt erstens davon, wie sich Juan und Luisa kennengelernt haben; zweitens vom Übersetzen und Dolmetschen, also vom Beruf des Erzähler-Ichs; drittens von der Möglichkeit, dass der *traduttore* zum *traditore* wird, also von der Manipulierbarkeit der Sprache; viertens von der Entstehung der Liebe und von dem Zwang, der dabei ausgeübt wird; fünftens von den Mächtigen dieser Erde, die sich nicht wirklich etwas zu sagen haben; und sechstens – worauf hier aber nicht näher eingegangen werden kann, aber so beginnt das Kapitel – von der Pseudokommunikation in den internationalen Institutionen und den skurrilen Auswüchsen des dort grassierenden Übersetzungsfiebers, der »fiebre translaticia«. – Das ist auf den ersten Blick ein Sammelsurium, ja eine chaotische Vielfalt von Themen und Überlegungen, die aber brillant zusammengeführt und ironisch auf die Spitze getrieben werden.

Anlässlich des Besuchs einer anonym bleibenden »eisernen Lady« beim spanischen Ministerpräsidenten, dessen Namen ebenfalls verschwiegen wird, obwohl er genauso auf der Hand liegt (Felipe González) wie der jener Dame (Margaret Thatcher), lernt das Erzähler-Ich (das hier gleichfalls noch namenlos ist) Luisa, seine spätere Frau, kennen. Er ist der Dolmetscher; sie die Supervisorin, die aufzupassen hat, dass allfällige Übersetzungsfehler korrigiert werden, bevor sie Schaden anrichten können. Das ist aber zunächst nicht zu befürchten, denn die beiden »hochgestellten Persönlichkeiten« haben sich nicht viel zu sagen und murmeln lustlos bloße Einsilbigkeiten und Höflichkeitsfloskeln vor sich hin. Während dieser nichtssagenden Präliminarien hat der Dolmetscher Zeit, sich die beiden Oberhäupter genauer anzusehen (sie ist zu stark geschminkt; er klimpert andauernd mit seinem Schlüsselbund), aber auch Muße, mit Luisa Blicke zu wechseln und von ihr angetan zu sein. Von diesem Moment an reitet ihn – für einmal – der Teufel (aber er befindet sich hier ja auch auf dem sicheren Terrain seines gut beherrschten Berufes). Einerseits aus Langeweile, andererseits, um Luisa zu imponieren, beginnt er, falsch zu übersetzen. Und gleich kommt Leben in die Gruppe. Als der Spanier seinen Gast fragt: »¿Quiere que le pida un té?«, übersetzt der Dolmetscher mit »Dígame, ¿a usted la quieren en su país?«, was einerseits die Lady sofort zu einer langen Klage über die Undankbarkeit der Wähler provoziert (sie steht kurz vor der Abwahl) und andererseits den Spanier zu der verfänglichen Überlegung verleitet, Diktatoren würden im Grunde inniger geliebt als demokratisch gewählte Ministerpräsidenten; des Weiteren die spannende Frage aufwirft, ob und wann Luisa wohl eingreifen wird (die aber ihrerseits zwischen Pflicht und amüsierter Neigung schwankt und vorderhand nichts unternimmt). Und schließlich den Dolmetscher zu der nicht unberechtigten Überlegung bringt:

> »Santo cielo, pensé (pero habría querido comentárselo a Luisa), estos políticos democráticos tienen nostalgias dictatoriales, para ellos cualquier logro y cualquier consenso serán siempre sólo la pálida realización de un deseo íntimamente totalitario.« (p. 73 ff.)

Mit einem Schlag also wird aus der autistischen Starre ein lebendiger Dialog, ja eine Vierer-Kommunikation, freilich keine echte, auch von den anderen Personen gewollte, sondern nur eine vom verräterischen Übersetzer generierte, der, indem er die ›Großen dieser Welt‹ vorführt (und sie sogar ihre wahren Gefühle preisgeben lässt), im Grunde nur seine Supervisorin ›anmachen‹ will. Dies Letztere besonders im weiteren Verlauf der ›Unterredung‹, die von ihm, dank einer abermaligen vorsätzlichen Falschübersetzung, auf das Thema der Liebe gebracht wird, nicht mehr der Liebe des Wahlvolkes, sondern der intimen Liebe zwischen Mann und Frau: »Si puedo preguntárselo y no es demasiado atrevimiento« – scheint der oberste Spanier zu fragen –, »usted, en su vida amorosa, ¿ha obligado a alguién a quererla?« (p. 74). Freilich bekommt der Übersetzer jetzt doch auch Angst vor der eigenen Courage: eine solche Frage ausgerechnet an eine Engländerin, und obendrein an *diese* Engländerin zu stellen! Das kann, das wird Luisa nicht durchgehen lassen. Aber Luisa – oh Wunder! – bleibt still; sie, die hinter ihm zu sitzen hat, nähert sich ihm sogar, genauer seinem Nacken und lässt ihre glänzenden Strümpfe knistern: erotische Anzüglichkeit legt sich über den Staatsbesuch! Und während das englische Oberhaupt, nach kurzem

Zögern, nicht ohne eine gewisse Animiertheit, zu einer langen Betrachtung über die Rolle des Zwangs in der Liebe ausholt (von der der Übersetzer vermutet, dass sie *sein* Oberhaupt überfordern wird, zumal die Engländerin ihren Shakespeare zitiert), weiß das Ich im tiefsten Inneren, dass Luisa, wenn sie ihm *das* durchgehen lässt, auch bereit sein wird, ihm für den Rest des Lebens *alles* zu erlauben, ihm, der soeben auf subtile Weise selbst jemanden zur Liebe gezwungen hat.

Natürlich kann es zu einer solchen Situation in der Wirklichkeit gar nicht erst kommen. Aber sich die Möglichkeit so auszumalen, dass sie schon wieder glaubhaft erscheint, macht dann erst recht den Reiz der Szene aus, in der ein Staatsbesuch zum Sprachspiel wird und das Sprachspiel wiederum nichts mit Politik, aber viel mit der Anbahnung einer intimen Beziehung zu tun hat. Und nicht zuletzt: dass der Übersetzer, der hier die Mächtigen der Welt an der Nase herumführt, zugleich der Ich-Erzähler des ganzen Romans ist, verstärkt noch den Eindruck, dass auch der Leser vor seiner Manipulationskunst nicht gefeit ist.

Nicht weniger bemerkenswert ist das siebte Kapitel (p. 103 ff.), das man mit »Original und Fälschung« oder mit »Wie Ranz zu seinem Vermögen kam« überschreiben könnte. Ranz, inzwischen im Ruhestand, hatte eine zwar sichere, aber nicht hoch bezahlte Kustodenstellung im Museo del Prado, bei der er vor allem Expertisen bei der Anschaffung neuer Bilder, aber auch beim Verkauf von auszusondernden anfertigte. Das machte er so gut, dass man auch an anderen Museen in Europa und Nordamerika und nicht zuletzt unter reichen Privatsammlern, Stiftungen und »delictivos bancos sudamericanos« (p. 112) auf ihn aufmerksam wurde und seinen (extra bezahlten) Rat zu schätzen lernte.

Diese Nebentätigkeit wiederum führte ihn – allmählich und fast automatisch – zu einer »corrupción ligera« und zu »prácticas semifraudulentas« (p. 113), die weiteres Geld einbrachten und in diesen Kreisen nicht unüblich seien. Man verbinde dann einfach die im Ganzen wahrhaftige Expertise, die der Käufer in Auftrag gegeben hatte, mit einer – zuvor insgeheim mit dem Verkäufer getroffenen – Absprache, ein nicht sehr auffälliges, aber, falls es bekannt würde, erheblich wertminderndes Detail zu verschweigen, was dann auf beiden Seiten eine prozentuale Beteiligung einbringe, und das auf der Basis eines überhöhten Preises: »un porcentaje doble sobre un precio más alto« (ebd.).

Aber dem Kunstexperten böten sich noch andere Möglichkeiten, die er vermögensbildend nutzen könne. Die eine sei sogar legal und bestehe darin, bei unwissenden oder in Not geratenen Personen für wenig Geld gute Gemälde zu erwerben und damit, wie Ranz, eine beachtliche eigene Sammlung aufzubauen. Und schließlich gebe es noch die ebenfalls einträgliche Beratung herausragender Kunstfälscher, wobei der Experte in diesem Fall – »no al servicio de la interpretación, sino de la acción« (p. 116) – nicht das fertige Werk, sondern dessen Entstehung kritisch begleite, damit die Fälschung so perfekt wie möglich ausfalle. Am besten geschehe das in Halbe-Halbe machender Zusammenarbeit mit einem zweiten Sachverständigen, der das Resultat zu begutachten hat, womit dann die wirklich guten Fälschungen nicht mehr zu identifizieren seien, weil Original und Kopie auswechselbar geworden sind (»podían ser confundidos«, ebd.).

Auch dieses Kapitel mündet am Ende wieder in die Beschreibung einer erheitern-
den Situation, ja in eine fast karnevaleske Ausgelassenheit. Trotz der zuvor geschilderten ›kleinen Unregelmäßigkeiten‹ habe Ranz mit ganzem Herzen an den Schätzen des
Prado und an ihrer Bewahrung gehangen. An der »sinceridad de su vocación« (p. 117)
könne nicht gezweifelt werden, zumal er (ohne dass dies zu seinen Pflichten gehörte)
sein Büro mehrmals am Tag verlassen habe, um die Museumswärter diskret zu über-
wachen. (Hier, wo der Fälscher zum gewissenhaften Oberhüter der Originale wird,
kommt en passant auch wieder das Supervisionsmotiv aus der Übersetzer-Episode
ins Spiel). Sein besonderes Augenmerk habe dabei den Übermüdungs- und Übersät-
tigungssymptomen bei den Wärtern und der Prävention von deren – im Extremfall
katastrophalen – Folgen gegolten. Schließlich seien diese Leute tagein tagaus mit den
gleichen Bildern konfrontiert, und es sei durchaus denkbar, dass sie gegen das eine
oder andere eine so große Abneigung entwickelten, dass daraus ein Attentat entstehen könne. Und es folgt sogleich ein Beleg dafür, wie angebracht diese Sorge sei.

Eines Tages nämlich bemerkte Ranz, wie der Wärter Mateu (25 Dienstjahre mit
einwandfreier Führung) sich an dem einzigen Rembrandt, den der Prado besitze,
mit einem Feuerzeug zu schaffen machte, weil er es satt gewesen sei, immer nur
»die Dicke« (eine *Sofonisba* oder *Artemisia*, p. 118) betrachten zu müssen, während
die wahrscheinlich viel hübschere Dienerin nur von hinten zu sehen sei: »Estoy
harto de esa gorda [...] parece más guapa la criadita que le sirve la copa, pero no
hay manera de verle bien la cara« (p. 118 f.). Nur unter Aufbietung seiner ganzen
Überredungsgabe und unter dem unerträglichen Gewicht eines vorsorglich abge-
hängten Feuerlöschers, den er, um Mateu nicht zu erschrecken, hinter dem Rücken
verbergen musste, sei es Ranz gelungen, den Wärter wieder zur Besinnung zu bringen. Diese Szene, die hier nur angedeutet werden kann, gehört zu den köstlichsten
des ganzen Romans, zumal Mateu hier wie ein moderner Zeuxis auftritt, der am
liebsten in das Bild eintreten würde, um sich darin umzuschauen und zu entdecken, was sich hinter seiner Oberfläche verbirgt. Fast möchte man sagen: Es geht
ihm wie dem Leser dieses Romans, der sich nicht mit der Fassade des Erzählten
begnügen will, sondern wissen möchte, ob und was ›dahinter‹ steckt.

Noch mehr als in dem Kapitel über das Übersetzen beeindruckt Marías hier
durch den doppelbödigen, kategoriale Unterschiede auflösenden Humor. Im Mittelpunkt steht hier eine Figur, die als Konservator des Prado für die Bewahrung
einmaliger Kunstwerke eintritt und gleichzeitig als Sachverständiger dafür sorgt,
dass die Bilder in Kopien, die authentischer aussehen als die Originale, ihre Unver-
wechselbarkeit verlieren. Der gleiche Mann beherrscht alle Tricks der Kunst-Pica-
resca und ist doch zugleich bereit, sich mit Haut und Haaren für den Schutz der
ihm anvertrauten Sammlung einzusetzen. Der Übergang zwischen einem strengen
Berufsethos und einer weltherzigen Korruptheit ist fließend. Fließend wird dadurch auch die Grenze zwischen echt und falsch, zwischen Original und Imitation,
zwischen Realität und Virtualität (letzteres bei Mateus Wunsch, die Figuren im
Bild verschieben zu können). Und am Schluss des Kapitels gibt es auch noch eine
Grenzverwischung zwischen ›hoher‹ und ›kulinarischer‹ Kunst: Um das Wärter-
personal bei Laune zu halten, hatte Ranz alljährlich, »según el modo carnavalesco«

(p. 124), zwei große Feste im Velázquez-Saal erlaubt, bei denen deftig gegessen, getrunken und getanzt wurde, unter der einzigen Bedingung, dass die Bilder nicht beschädigt werden. Aber das Erzähler-Ich, Juan, Ranz' Sohn, behauptet, er selbst habe als Kind noch Tage nach den Festivitäten Spuren auf den einschlägigen Meisterwerken, wahren Ikonen der spanischen Kultur, gefunden: »gaseosa sobre *Las Meninas* y merengues sobre *La rendición de Breda*« (p. 124).

Natürlich werden diese hübschen Geschichten nicht nur um ihrer selbst willen erzählt, so amüsant sie auch sein mögen. Sie sind vielmehr ihrerseits wieder nur ein Teil des großen Zeichengeflechtes, aus dem der Roman besteht. Sowohl die Übersetzerepisode als auch die Fälscher-Story sind Lügengeschichten, die in Wirklichkeit so nicht vorkommen können, die aber so gut erfunden und erzählt sind, dass man sie fast für bare Münze nimmt. Tatsächlich ist die Erzählung in *Corazón tan blanco* auch im Ganzen so konzipiert, dass sie nur so ›aussieht‹, als sei sie ›authentisch‹. In Wahrheit aber wissen wir nicht, ob wir nur das Opfer einer sprachlichen Manipulation geworden sind (wie Luisa, Felipe González und Margaret Thatcher in der Übersetzerepisode) oder ob uns ein X für ein U vorgemacht und eine raffinierte Fälschung unter dem Siegel der Echtheit angedreht wurde (wie bei der Prado-Episode).

Letzten Ende erinnert die elegante Spiegelfechterei, die Marías in *Corazón tan blanco* betreibt, dazu die ständige Relativierung kategorialer Unterschiede und Grenzen – wie Realität/Virtualität, echt/falsch, Wahrheit/Lüge – auch ein wenig an die Dialektik von *engaño* und *desengaño*, die in der Literatur des Siglo de Oro eine so große Rolle gespielt hat. Tatsächlich gewährt auch der Text von Marías manchen – durchaus zynisch-sarkastisch stilisierten – Einblick in die Abgründe menschlicher Existenz. Im Ganzen aber dient der Einblick in die Scheinhaftigkeit der Verhältnisse nicht mehr der religiösen Zerknirschung, ja nicht einmal der moralischen Besinnung, sondern hauptsächlich der gepflegten Unterhaltung von Lesern, die so leicht nicht mehr zu erschrecken sind, aber sich mit Vergnügen verzaubern und den Boden unter den Füßen wegziehen lassen.

Literaturhinweise

Ausgabe: Javier Marías, *Corazón tan blanco*, Barcelona 1996
Übersetzung: Javier Marías: *Mein Herz so weiß*, übers. von Elke Wehr, Stuttgart 1996
Javier Marías: *Sobre la dificultad de contar* (Antrittsrede bei der Aufnahme in die Real Academia española), Madrid 2008

Weitere Literatur

Spanische Literaturgeschichte, S. 416–419; 444
Guido Bösader: »Javier Marías: ›Corazón tan blanco‹«, in: Hans Felten/Agustin Valcárcel (Hg.): *La dulce mentira de la ficción*, vol. II: *Ensayos sobre Literatura española actual*, Bonn 1998, S. 167–83
José Manuel López de Abiada/Angelika Theile-Becker: »Javier Marías: ›Corazón tan blanco‹«, in: Thomas Bodenmüller/Thomas M. Scheerer/Axel Schönberger (Hg.): *Romane in Spanien*, Bd. I (1975–2000), Frankfurt a. M. 2004, S. 151–171

Maarten Steenmeijer (Hg.): *El pensamiento literario de Javier Marías*, Amsterdam 2001
Hans-Jörg Neuschäfer: »Humor bei Javier Marías«, in: Birgit Tappert/Willi Jung (Hg.): *Heitere Mimesis*, Tübingen/Basel 2003, S. 827–834
Christian vonTschilschke: »Javier Marías: *Corazón tan blanco*«, in: Ralf Junkerjürgen (Hg.): *Spanische Romane des 20. Jahrhunderts in Einzeldarstellungen*, Berlin 2010, S. 247–260.

Übersetzung
(Elke Wehr)

Zu S. 219:
Ich wollte es nicht wissen, aber ich habe erfahren, dass eines der Mädchen, als es kein Mädchen mehr war, kurz nach der Rückkehr von der Hochzeitsreise das Badezimmer betrat, sich vor den Spiegel stellte, die Bluse aufknöpfte, den Büstenhalter auszog und mit der Mündung der Pistole ihres eigenen Vaters, der sich mit einem Teil der Familie und drei Gästen im Esszimmer befand, ihr Herz suchte. Als der Knall ertönte, etwa fünf Minuten, nachdem das Mädchen den Tisch verlassen hatte, stand der Vater nicht sofort auf, sondern verharrte ein paar Sekunden lang wie gelähmt mit vollem Mund und wagte nicht zu kauen noch zu schlucken und noch weniger, den Bissen auf den Teller zurückzuspucken; und als er sich endlich erhob und zum Badezimmer lief, sahen jene, die ihm folgten, wie er, als er den blutüberströmten Körper seiner Tochter entdeckte und die Hände an den Kopf hob, den Bissen Fleisch im Mund hin und her bewegte, ohne zu wissen, was er mit ihm anfangen sollte.

Zu S. 219:
Das geschah vor langer Zeit, als ich noch nicht geboren war und auch gar keine Möglichkeit für mich bestand, geboren zu werden, mehr noch, erst von jenem Augenblick an gab es für mich die Möglichkeit, geboren zu werden. Jetzt bin ich selbst verheiratet, und es ist noch kein Jahr her, dass ich von meiner Hochzeitsreise mit Luisa, meiner Frau, zurückgekehrt bin, die ich erst seit zweiundzwanzig Monaten kenne [...].

Zu S. 219:
Wenn ich seit kurzem habe wissen wollen, was vor langer Zeit geschah, dann war der eigentliche Grund dafür meine Heirat (aber ich habe eher nicht wissen wollen und dann doch erfahren). Seit ich den Bund fürs Leben geschlossen habe (ein veralteter, aber sehr anschaulicher und nützlicher Ausdruck), habe ich begonnen, im Vorgefühl aller möglichen Katastrophen zu leben, ähnlich wie jemand, der sich eine jener Krankheiten zuzieht, von denen man nicht mit Sicherheit weiß, wann man von ihnen geheilt werden kann.

Zu S. 223:
Heiliger Himmel, dachte ich (aber ich hätte es gerne zu Luisa gesagt), diese demokratischen Politiker sind Nostalgiker der Diktatur, für sie wird jeder Erfolg und jede Zustimmung immer nur die blasse Verwirklichung eines zutiefst totalitären Wunsches sein.

Kapitel XXV
Miguel Delibes: *El hereje* (1998)
Die spanische Vergangenheitsbewältigung

Erst seit den 1990er Jahren gibt es in Spanien eine ernsthafte Auseinandersetzung mit der eigenen Vergangenheit. Soweit die Literatur daran beteiligt ist, konzentriert sie sich hauptsächlich auf die Zeit vor, während und nach dem Bürgerkrieg. Die Kritik am eigenen Land und der Blick in die Abgründe seiner Vergangenheit ist jetzt, anders als in der Generation von 1898, nicht mehr Ausdruck eines kollektiven Minderwertigkeitskomplexes, ja der Hoffnungslosigkeit, sondern, ganz im Gegenteil, die Folge eines neuen Selbstbewusstseins. Autoren wie Jorge Semprún, Antonio Muñoz Molina, Javier Cercas und Rafael Chirbes schwelgen nicht mehr im Selbstmitleid, sondern erhoffen sich aus der Aufarbeitung der Vergangenheit eine unbefangenere Einstellung zu Gegenwart und Zukunft.

Miguel Delibes (1921–2010) gehört zu den wenigen Autoren, die schon in der Diktatur selbst eine kritische Haltung zur jüngsten Geschichte einnahmen, zu einer Zeit also, als dies noch gefährlich war. In *Cinco horas con Mario* gelang ihm 1966, dank einer raffinierten Zensur-Umgehungsstrategie, eine Persiflage auf die heuchlerische Moral des Franquismus. In *Las guerras de nuestros antepasados* entzauberte er 1975 aus der Perspektive des scheinbar naiven Pacífico Pérez den kriegerischen Geist der Iberer. Ähnliches geschah 1987 in dem Roman *377 A. Madera de héroe*, in dem er seine eigene Bekehrung vom Heroismus zum Pazifismus, die während des Bürgerkriegs stattfand, selbstironisch aufs Korn nimmt. Dieser Text wurde zwar schon nach dem Ende der *transición* geschrieben, als die Demokratie bereits einigermaßen stabil war. Trotzdem war es zu dieser Zeit noch keineswegs erwünscht, an die Wunden des Bürgerkriegs zu rühren; und noch viel weniger in der Weise wie es Delibes tat: kritisch gegenüber *beiden* kriegführenden Parteien und kritisch auch gegenüber sich selbst.

Gerade die unaufgeregte Distanz zur eigenen Person, die Aufrichtigkeit und Toleranz, der Mut, sich auch in schwieriger Zeit nicht den Mund verbieten zu lassen (etwa als Herausgeber der Tageszeitung *El Norte de Castilla* in den 70er Jahren); die Gabe, in seinen Romanen und Erzählungen vorzugsweise den Verlieren eine lebendige Sprache zu geben – all das hat Miguel Delibes zu einer literarischen und zugleich moralischen Instanz werden lassen, die im zeitgenössischen Spanien eine einmalige Erscheinung blieb.

Mit seinem letzten Roman – *El hereje* (Der Ketzer, 1998) – ging Delibes weit in die Historie zurück und leistete einen Beitrag zur Vergangenheitsbewältigung einer Epoche, die nicht weniger umstritten (und für das spanische Selbstverständnis kaum weniger belastend) war als der Bürgerkrieg und seine Folgen. Die Häresie oder auch Ketzerei, von der im Titel die Rede ist, meint die des spanischen Protestantismus, der in der Mitte des 16. Jahrhunderts einen erstaunlichen Aufschwung nahm, nicht zuletzt deshalb, weil Karl V. zunächst gewisse Sympathien für die Reformbewegung hatte, allerdings mehr in der Linie seines Landsmannes Erasmus als in der des Wittenberger Theologen Martin Luther. Vor seiner Abdankung aber empfahl er seinem Sohn, Philipp II., den Lutheranismus auszurotten. Das Instrument dazu war die Inquisition, in der Staat und Kirche eng zusammenarbeiteten.

Konkret geht es in *El hereje* um den großen Inquisitionsprozess, der im Mai 1559 in Valladolid stattgefunden hat, sowie um dessen Vorgeschichte. Dieser und eine Reihe weiterer Prozesse haben dem spanischen Protestantismus, ineins damit auch der Glaubens- und Gewissensfreiheit in Spanien, auf lange Sicht den Boden entzogen. Man kann die Franco-Diktatur und den in ihr herrschenden Klerikalfaschismus mit seinem Zwang zur Orthodoxie durchaus als eine letzte Wiederkehr des Inquisitionsgeistes betrachten, auch wenn die Institution als solche nicht mehr offiziell bestand. Genau diese Koinzidenz zwischen der Mitte des 16. und der Mitte des 20. Jahrhunderts spielt denn auch bei der Konfiguration des Romans eine bedeutende Rolle, in dem die Vergangenheit stets auf die Gegenwart bezogen bleibt.

Die Auflage des *Hereje* hat die Millionengrenze überschritten. Wie andere Texte des Autors ist er aber nie auf eine Liste von ›Bestsellern‹ lanciert worden; er wurde erst mit der Zeit und gleichsam aus sich selbst heraus ein ›Longseller‹. Die offizielle Kritik war anfangs sogar eher zurückhaltend – kein Wunder bei diesem Stoff, der den Verdacht nahelegte, der Roman stütze am Ende die spanienfeindliche *leyenda negra*. Zwölf Jahre nach der Erstauflage aber hat sich vieles geändert. Die Taschenbuchausgabe, die der Verlag Destino 2008, zum zehnjährigen Jubiläum, aufgelegt hat, ist zum Volksbuch, ja zur Schullektüre geworden. Die Stadt Valladolid hat sogar einen recht makabren Werbegag aus der Popularität des Buches gemacht, indem sie eine *Ruta del Hereje* einrichtete, auf der Touristen des 21. Jahrhunderts den Leidensweg der mit dem Prozess Überzogenen aus dem 16. Jahrhundert gleichsam nachwandern können. Immerhin ist dies ein Zeichen für eine weitgehende Enttabuisierung des Inquisitionsthemas, was nicht zuletzt das Verdienst von Delibes selbst ist, der mit dem *Hereje* seine Landsleute im besten Sinne des Wortes ›aufgeklärt‹ hat über eine Vergangenheit, die für den Laien lange Zeit hinter dem Schleier der Apologetik oder der Verleumdung verborgen war und allenfalls unter Spezialisten zur Diskussion stand.

Der Autor hat für seine Arbeit sorgfältig Dokumente studiert, der Geschichte seiner Heimatstadt Valladolid ebenso wie der Religions- und Inquisitionsgeschichte; ein bibliographischer Anhang am Ende des Buchs weist das nach. Der Roman respektiert also die von der Historiographie schon bereitgestellten Fakten. Neue Funde zu machen oder gar Thesen aufzustellen, die das bisherige Wissen in Frage stellen, ist nicht das Ziel des Verfassers. Dieser hat vielmehr immer wieder betont, dass sein Werk in erster Linie ein Roman sei, also ein Produkt der Imagination, der dramaturgischen Konstruktion und der erzählenden Kombinatorik. Deren Leistung ist in erster Linie daran zu messen, ob und wie es gelang, Geschichte mit Leben zu erfüllen und sie dem Leser anschaulich zu machen. Eben deshalb steht im Mittelpunkt des *Hereje* nicht eine gelehrte Rekonstruktion des spanischen Protestantismus von dessen Anfängen bis zum gewaltsamen Ende, sondern die spannend erzählte Lebensgeschichte eines Protagonisten namens Cipriano Salcedo, der alles am eigenen Leib erfahren hat. Erst daraus entsteht für den Leser der Eindruck, unmittelbar ›dabei‹ zu sein und das ganz persönliche Erlebnis dieses Cipriano zu teilen. Ganz abgesehen davon, dass erst so für ihn konkret verständlich wird, was in der Wissenschaft nur abstrakt behandelt werden konnte. *El hereje* ist also in erster Linie ein Roman über eine partikulare Existenz, nicht eine objektive Darlegung theologischer Streitpunkte. Diese spielen zwar auch eine Rolle, aber immer vermittelt durch die beschränkten Wahrnehmungsmöglichkeiten eines beteiligten Subjekts. Darüber hinaus erzählt *El hereje* aber auch ein Stück Zivilisationsgeschichte am Beispiel von Valladolid, das zur Zeit des Prozesses die spanische Hauptstadt war. Und indem Delibes die Darstellung der Historie durchlässig macht für den Blick auf die Gegenwart und die jüngste Vergangenheit nicht nur Spaniens, setzt er auch Maßstäbe für eine literarische Vergangenheitsbewältigung, der es um mehr geht als um Sensationalismus oder ideologische Rechthaberei. Letzteres findet man nämlich immer mehr in der inzwischen zur Mode gewordenen Produktion zur Vergangenheitsbewältigung.

Wie jeder richtige Roman, hat also auch *El hereje* einen echten Protagonisten. Cipriano ist, im Unterschied zu vielen anderen Personen, die im Roman auftreten, keine historische Figur, sondern eine fiktive Gestalt, deren Lebensweg der Leser von seiner Geburt im Jahre 1517 (dem Jahr von Luthers Thesenanschlag in Wittenberg) bis zu seinem Tod auf dem Scheiterhaufen im Jahre 1559 begleitet. Genau genommen begleitet er ihn schon seit seinem Heranwachsen im Mutterleib, ja sogar seit den Schwierigkeiten bei seiner Erzeugung. Schwierigkeiten väterlicherseits wohl gemerkt, denn die Männer der Familie Salcedo (der Vater, Don Bernardo, ein schon älterer Herr, ist ein durch Wollhandel wohlhabend gewordener Rentier in Valladolid) haben Probleme mit den Zeugungsorganen. Nicht dass sie ihren Dienst versagten, aber sie produzieren zu wenig Spermien. Das kommt aber erst durch die Untersuchungen eines ebenso unerschrockenen wie ›modern‹ denkenden Arztes an den Tag, der eigens von auswärts herbeigerufen wird. Zunächst muss er Don Bernardo umständlich darum bitten, die »partes« Doña Catalinas, seiner Gattin, überhaupt inspizieren zu dürfen. Und anschließend hat er ihm mit viel Takt auch noch das Unerhörte und deshalb geradezu Ungehörige beizubringen: nicht *sie*, die Frau – so wurde es damals als selbstverständlich vorausgesetzt und der männlichen *honra* quasi geschuldet –, sondern *er*, der Mann, ist der Verursacher der *malaise*. Immerhin wird Doña Catalina nach geduldigem Warten doch noch schwanger. Bei der schweren Geburt bewährt sich ein neuartiger, soeben aus Flandern importierter Gebärstuhl. Trotzdem kann es die Kunst des Dr. Almenara, des wackeren Gynäkologen *avant la lettre*, (damals noch) nicht verhindern, dass Catalina am Kindbettfieber stirbt, womit das Leben Ciprianos gleich zu Anfang mit einer schweren Hypothek belastet ist.

Schon hier merkt man, wie vielschichtig der Roman ist. Dabei ist der Erzählfortgang selbst gradlinig und unauffällig. Delibes hat es nicht nötig, erzähltechnisch *partout* originell zu sein. Er hat ja – etwa in den oben genannten Beispielen – zur

Genüge bewiesen, dass er es kann, wenn es angezeigt ist. Eigenartig ist aber die Art und Weise, wie der Erzähler sich in der Welt von damals einrichtet und wie er sie dem Leser von heute vermittelt. Einerseits zieht er ihn kraft des Wissens, das er sich angeeignet hat, mitten hinein in die Lebenswelt des 16. Jahrhunderts und in deren Möglichkeiten und Beschränkungen; andererseits macht er ihm aber auch den fast 500-jährigen Abstand bewusst, der ihn davon trennt. Er sorgt auch dafür, dass der Leser von heute sich den Menschen von damals nicht ohne weiteres überlegen fühlen kann. Vor allem deshalb, weil er ihn ständig mit den natürlichen und unabänderlichen Grenzen des Lebens – Geburt und Tod – konfrontiert. Auch führt er schon hier ein Leitmotiv ein, das später auf allen Ebenen, einschließlich der religiösen, durchgespielt wird: Wie vernunftbegründete Modernisierungstendenzen, die just zu jener Zeit aufkamen, auf die Beharrlichkeit von Vorurteilen und auf die Reaktion der von ihnen profitierenden ›Wahrheitsbesitzer‹ stoßen, so wie das auch heute noch der Fall ist. Der Autor verwahrt sich zu Recht gegen den Versuch, *El hereje* das Etikett »historischer Roman« anzuhängen. Denn es geht ihm nicht so sehr darum zu zeigen, »wie es eigentlich gewesen« ist (Ranke), als vielmehr darum, bewusst zu machen, wie ›es immer wieder sein kann‹, bis hin zur jüngsten Vergangenheit (in den Diktaturen des 20. Jahrhunderts), ja bis in die Gegenwart des 21. Jahrhunderts, wo der Dogmatismus, und zwar nicht nur der islamistische, sondern auch der christliche selbst, erneut zur Bedrohung geworden ist, von anderen Glaubenslehren wie dem orthodoxen Kapitalismus ganz abgesehen.

Delibes erzählt gelassen, mit einer ganz eigenen Mischung aus Ernst und Humor, welch letzterer nicht selten bis an die Grenzen der Groteske reicht. Im weitesten Sinne humoristisch ist ja bereits, dass der Protagonist, der später sogar ein Held, ja ein Glaubensheld wider Willen wird, so ›physiologisch‹ eingeführt wird als einer, der seine Existenz allein ärztlicher Nachhilfe verdankt. Und schließlich ist da die vielgerühmte sprachliche Meisterschaft des Autors, dem es gelingt, *langue* und *parole* der beiden weit auseinander liegenden Epochen so miteinander zu verknüpfen, dass man als Leser in beiden Zeiten gleichzeitig zu leben glaubt. Die Vergangenheit wird in den zahlreichen Dialogen zwischen den beteiligten Personen und mittels der indirekten Rede lebendig; die Verknüpfung mit der Gegenwart wird durch eine Form der Berichterstattung hergestellt, bei der der Erzähler zwar immer ›vor Ort‹ und ›bei den Menschen von damals‹ bleibt, sich durch die konsequente Einhaltung eines mittleren, der Umgangs- und Alltagssprache angenäherten Stils aber vor allem dem Leser von heute verständlich macht, ohne den Kontakt mit der Vergangenheit zu verlieren. Das ist gerade darum eine sprachliche Glanzleistung, weil sie unauffällig bleibt und infolgedessen nicht nur nicht gekünstelt, sondern einfach natürlich wirkt. Allein der Standpunkt allwissender Belehrung wird im ganzen Roman strikt vermieden.

El hereje besteht aus drei Teilen oder Büchern. Buch I – über Kindheit und Jugend Ciprianos – beginnt mit der soeben referierten Episode. Buch II beinhaltet die Geschichte des Erwachsenen, seinen geschäftlichen Erfolg, seinen gesellschaftlichen Aufstieg und seine Annäherung an die aufstrebende reformistische Gemeinde Valladolids, in der er mit der Zeit ein prominentes Mitglied wird. Buch III erzählt von Ciprianos Verhaftung und Einkerkerung, vom Prozess und der Verurteilung und endet mit dem Tod auf dem Scheiterhaufen. Vorangestellt wird diesem fortlaufenden Lebensbericht ein »Preludio«, das zeitlich zwischen dem zweiten und dritten Buch einzuordnen ist; es stellt die einzige Ausnahme vom Prinzip des linearen Erzählens dar.

Das Preludio schildert die Rückreise Ciprianos von einer viermonatigen Studien- und Begegnungsreise durch Deutschland im Jahre 1557, die er, unter umsichtigen Vorsichtsmaßnahmen, im Auftrag der Gemeinde unternommen hat. Er hat an Ort und Stelle Kontakte mit wichtigen Persönlichkeiten der Reformation geknüpft und deren – in Spanien bereits verbotenen – Schriften gekauft. ›Jetzt‹ befindet er sich an Bord des deutschen Handelsschiffes »Hamburg«, dessen Kapitän selbst ein Lutheraner ist; im Frachtraum, gut getarnt, die Konterbande des verbotenen Schrifttums. Man ist nicht mehr weit vom spanischen Bestimmungshafen am Golf von Biskaya entfernt, weshalb das Schiff inzwischen einen ›katholischen‹ Namen bekommen hat und als »Dante Alighieri« fährt. Die Landung in Laredo scheint unbemerkt zu gelingen; ein Bote aus Valladolid steht schon bereit und nimmt die Ladung entgegen. Tatsächlich aber liegen die »familiares«, die »IMs« der Inquisition, bereits auf der Lauer; zwischen hier und der Verhaftung Ciprianos bleiben nur noch wenige Monate. Bevor Buch I mit der Geburt des Protagonisten beginnt, wird im Preludio also bereits der Anfang von seinem Ende erzählt.

Im Übrigen gestaltet Delibes das Preludio auch als »enzyklopädisches Stichwort«, indem er in der Unterhaltung mit dem Kapitän die hauptsächlichen Unterschiede zur katholischen Orthodoxie Revue passieren lässt. Es ist dies eine unerlässliche Vorarbeit für das – in dieser Hinsicht weitgehend unwissende – Publikum. Die Rede ist von Prädestination und Gnade, der Erlösung der Christen durch den Tod Jesu, der Nachrangigkeit der ›guten Werke‹, der Gewissensfreiheit, der Reduzierung der Sakramente auf Taufe und Eucharistie und der direkten Orientierung an der volkssprachlichen Bibel. An dieser Stelle ist das nur ein Gesprächsgegenstand. In den drei Hauptteilen des Textes erfolgt dann die Erweiterung und Konkretisierung anhand der persönlichen Erfahrungen Cipriano Salcedos.

Auch ist schon hier gut zu sehen, wie die Rekonstruktion der Vergangenheit vom Erzähler so stilisiert wird, dass man sich als Leser zugleich auf die Gegenwart oder auf jüngere Vergangenheiten verwiesen sieht, ohne dass dies in Form eines direkten Vergleichs aufgezwungen würde. Aber welcher spanische Leser muss beim Stichwort ›Bücherschmuggel‹ nicht an die Francozensur und welcher deutsche Leser beim Thema der Bücherverbrennung und der Bespitzelung durch die Inquisition nicht an Gestapo oder Staatssicherheit denken?

Zurück zu Buch I (Kap. I–VI), das im weiteren Verlauf von Kindheit und Jugend Ciprianos erzählt und gleichzeitig einen Bilderbogen ausbreitet, auf dem Delibes eindringlich schildert, wie seine Heimatstadt in der ersten Hälfte des 16. Jahrhunderts ausgesehen hat – vom Sitz der königlichen Verwaltung bis zu den Elendsquartieren der Armen – und wie man in ihr lebte und starb. Drei Personen bestimmen das Leben des jungen Cipriano: der Vater, der ihm den ›Mord‹ an der Mutter nicht verzeiht und ihn mit abweisender Strenge behandelt; seine Amme Minervina, die einzige Frau, die ihn rückhaltlos liebt, zuerst als Ersatzmutter, in Ciprianos Pubertät auch als seine erste Geliebte, bis das Verhältnis entdeckt und Minervina verbannt wird. Die dritte Bezugsperson ist der Onkel Ignacio, ein hoher Beamter, später sogar Präsident der königlichen *chancellería* und Ciprianos Vormund nach dem Tod des Vaters. Bei Ignacio, der eine für damalige Verhältnisse sehr große Bibliothek von über 500 Bänden besitzt, kommt Cipriano auch zum ersten Mal mit den Schriften des Erasmus in Berührung.

Unter dem ›landeskundlichen‹ Aspekt interessiert vor allem Ciprianos Erziehung. Um den ungeliebten Sohn los zu werden, schickt ihn der Vater ins *hospicio* (Waisenhaus), das, von Spenden lebend, eigentlich Findelkindern vorbehalten und für seine Strenge bekannt ist. Dort bekommt Cipriano wegen seiner schmächtigen Gestalt sogleich den Spitznamen Mediarroba verpasst, findet sich aber überraschend gut zurecht und erstarkt mit der Zeit auch körperlich so weit, dass er sich unter den Kameraden durch seine Kraft ebenso Respekt verschafft wie unter den Lehrern durch seine Intelligenz. Dort erwachen auch seine religiösen Skrupel, wobei die durch die Kirche eingepflanzte Höllenangst, das Bild Gottes als Vater, den man sich durch gute Werke geneigt macht, die reale Gestalt des leiblichen Vaters, der unnahbar bleibt, die Schuldgefühle gegenüber der bei der Geburt verstorbenen Mutter, aber auch der Anblick des verbreiteten Elends in der Stadt ineinander spielen und den Jungen schon früh für eine Lehre empfänglich machen, die auf der befreienden Liebe Christi aufbaut, durch den Gott erst ›wirklich‹ in die Welt getreten ist.

Zu den Aufgaben der Hospiziaten gehört es, als Dank für Almosen und Spenden an das Internat, einen harten Sozialdienst in vorderster Front zu leisten, dort, wo die Wohlhabenden selbst nie hingehen würden. Cipriano und seine Freunde haben vor allem bei einer großen Pestepidemie zu helfen, deren beklemmende Schilderung eine beeindruckende erzählerische Leistung ist, hebt sie doch das Valladolid des *Hereje* scharf von dem späteren Triumphalismus der nationalistischen Kulturideologie ab, die just jene Epoche ausschließlich als »das goldene Zeitalter« glänzen lässt. Tatsächlich werden die Hospiziaten nicht nur beim Leichentransport eingesetzt und bei der Aushebung von Massengräbern; sie müssen auch helfen, die eingemauerten Bewohner (eine Frühform des *cordon sanitaire*), die noch leben, über die Dächer mit dem Nötigsten zu versorgen und im Gegenzug frisch Verstorbene von den Lebenden zu trennen. Auch der ungeliebte Vater gehört zu den Opfern der Pest.

Teil II (Kap. VII–XIV) beschreibt zunächst den ›weltlichen‹, genauer den gesellschaftlichen Aufstieg Ciprianos zum erfolgreichen Unternehmer, die Krönung seiner Ausbildung durch den Titel eines Doktors der Rechte und den käuflichen Erwerb der von Steuern befreienden *hidalguía*, also eines Adelstitels, wenngleich eines kleinen, wobei ihm die diskrete Hilfe des renommierten Onkels wiederholt zugutekommt. Entscheidend ist, dass Cipriano den traditionellen, für Kastiliens Wirtschaft so typischen Wollhandel des Vaters auf eine neue, vorindustrielle Basis stellt, die einerseits den Binnenmarkt mit an Ort und Stelle hergestellten Fertigprodukten (Pelzjacken) beliefert und andererseits den Export ins Ausland zugleich effizienter und sicherer macht. Die Zunahme des persönlichen Reichtums bei Cipriano – wir befinden uns inzwischen in der Jahrhundertmitte – fällt mit einem wirtschaftlichen Aufschwung der Stadt Valladolid und der Ausbreitung der lutherischen Lehre zusammen. Mit der Darstellung einer vorkapitalistischen ›Wende‹, die auch einen Wandel der Mentalität einleitet – an die Stelle der Unterwerfung unter den Zwang der Orthodoxie tritt bei der Elite das Streben nach geistiger und geistlicher Selbstbestimmung –, konstruiert Delibes einen Zusammenhang, der an Max Webers klassische Studie *Die Protestantische Ethik und der Geist des Kapitalismus* (1905) denken lässt.

Bei den vielen geschäftlich motivierten Ausritten zu den Viehzüchtern im Umkreis von Valladolid lernt Salcedo zwei Personen kennen, die für sein weiteres Leben von entscheidender Bedeutung sind. Zum einen Teodomira (kurz Teo), die Tochter eines reichen Schafzüchters, die wegen ihrer imposanten Figur und ihrer herkulischen Stärke auch »la reina del Páramo« genannt wird und pro Tag eigenhändig hundert Schafe scheren kann. Wie der schmächtige, aber kräftige Cipriano ausgerechnet sie zu seiner Frau erwählt, wie er die Braut über die Schwelle seines Hauses wuchtet und wie er, sexuell mächtig von ihr angezogen, zwischen ihren Brüsten und in ihrer Achselhöhle förmlich verschwindet, nachdem er in den Schoß der Großen Urmutter eingedrungen war, – all das lässt den zweiten Teil eher heiter beginnen. Gleichwohl endet die Ehe in einem Desaster, weil Cipriano (man kennt die Familienschwäche schon) den Kinderwunsch Teos nicht schnell genug erfüllen kann und weil sie darüber die Geduld, dann den Verstand und schließlich auch das Leben verliert. Dabei lernt der Leser auch den Zustand der frühneuzeitlichen ›Psychiatrie‹, nämlich die Atmosphäre des ›Irrenhauses‹, kennen, in dem alle diejenigen ausgegrenzt und stigmatisiert wurden, die den herrschenden Vorstellungen über die Vernunft nicht entsprachen.

Die zweite, noch nachhaltigere Begegnung ist die mit dem Dorfpfarrer Pedro Cazalla, der Ciprianos Freund wird und ihn, auf langen Spaziergängen, mit dem Bazillus der Häresie ansteckt. Alles, was im Weiteren zu diesem Thema mitgeteilt wird, ist, einschließlich der wichtigsten Personen, historisch verbürgt. Pedro ist der Bruder von Dr. Agustín Cazalla, der als das Haupt des Lutheranismus in Valladolid galt, nachdem er zuvor Hofprediger bei Karl V. gewesen war. Agustín Cazalla wird zum Mentor Ciprianos. In seinem Haus finden die Zusammenkünfte der sich formierenden Gemeinde statt, deren Mitglieder fast ausnahmslos nicht nur wohlhabend, sondern auch gebildet und als solche in der Lage sind, den Geist des Rationalismus, der Cazallas Predigten gegen den herrschenden Katholizismus zugrunde liegt, zu verstehen und zu verinnerlichen: die Kritik am Machthunger der katholischen Kirche, dem der demütige Altruismus Jesu gegenübergestellt wird; der Kampf gegen den Aberglauben des Fegefeuers und die Vermarktung der damit verbundenen Ängste; der beißende Spott über die Reliquienverehrung, die das gleiche Heiligengebein an mehreren Orten zu besitzen vorgibt; die Bezweiflung der päpstlichen Unfehlbarkeit. Auch das Eheverbot für Priester wird in Frage gestellt, weil es gegen die Natur und gegen die Vernunft sei. Kurzum: es wird die Freiheit des Christenmenschen dem arroganten Dogmatismus der Amtskirche und damit auch neuzeitliches Denken dem mittelalterlichen entgegengesetzt.

Genau das ruft, angesichts des fortschreitenden Umsichgreifens der Häresie, einerseits den kurz zuvor gegründeten Jesuitenorden und andererseits die Inquisition auf den Plan. Deshalb müssen die Zusammenkünfte geheim bleiben und haben strenge Schweigevorschriften dafür zu sorgen, dass nichts nach außen dringt. So erscheinen die Treffen bei Cazalla, an denen auch andere, historisch bekannte Persönlichkeiten wie Carlos de Seso teilnehmen, als eine Mischung aus Geheimbündelei und literarischem Salon, bei dem auch die Frauen eine wichtige Rolle spielen. Trotzdem lassen sich die Treffen nicht ganz verheimlichen, weshalb alsbald die ersten anonymen Anschuldigen aktenkundig und Häuser von Verdächtigen mit Menetekeln beschmiert werden.

Als Cipriano am Ende von Teil II zu seiner Deutschlandreise aufbricht, ist ihm die Inquisition, ohne dass er es weiß, dank ihres weit verbreiteten Spitzelsystems schon auf den Fersen. Just der Führer, der ihn auf Schleichwegen über die Pyrenäen nach Frankreich bringt, ist der gleiche Pablo Echaren, der ihn später denunzieren und seine Festnahme ermöglichen wird. Mit Teil III knüpft die Erzählung wieder an den im Preludio schon vorbereiteten »Anfang vom Ende« an, das sich jetzt unaufhaltsam und unwiderruflich ereignen wird. Die geistige und geistliche Erneuerung, ja die Hoffnung auf eine historische Alternative, die im großen Zwischenstück des zweiten Teils noch als Möglichkeit erschien, wird sich dann endgültig erledigt haben.

Teil III (Kap. XV–XVII) ist wesentlich kürzer als die beiden anderen und besteht nur aus drei Kapiteln, die umfangreicher sind als die bisherigen. Die Änderung ist nicht allein äußerlich; es wechselt auch der Rhythmus der Darbietung. An die Stelle des gelassenen Erzählens tritt die dramatische Zuspitzung, die Direktheit des Dialogs, die Nähe zur Reportage, ja die filmische Technik des Umschnitts und des ständigen Perspektivenwechsels: Totale, Großaufnahme, Ausschnitte in der Fremd- und der Eigenperspektive (wie Cipriano die Anderen und wie die Anderen Cipriano sehen) wechseln sich ab. Manchmal glaubt man, ein zur Erzählung ausgearbeitetes Drehbuch vor sich zu haben.

Das erste Kapitel beginnt mit der Flucht Ciprianos aus Valladolid, wo es – sieben Monate nach seiner Rückkehr – zu ersten Verhaftungen gekommen ist. Bei dem Versuch, mit Hilfe Echarens abermals nach Frankreich zu gelangen, wird er verhaftet und nach Valladolid zurückgebracht.

Das zweite Kapitel spielt, nachdem alle Gemeindemitglieder inzwischen festgenommen worden sind, ausschließlich im *locked room* des überbelegten Inquisitionsgefängnisses zu Valladolid. Ein Jahr lang dauern Untersuchungshaft und Prozess. Da Cipriano bei den Verhören standhaft bleibt, wird er gefoltert. Als auch dies nicht zu einem Widerruf und zur Preisgabe der Glaubensgenossen führt, wird die Folter so verschärft, dass er schon im Gefängnis ein im Wortsinn gebrochener Mann ist.

Von seinem Zellengenossen, Fray Domingo de Rojas (ebenfalls eine historische Persönlichkeit), einem Spezialisten für Inquisitionsprozesse, wird Salcedo über die zu erwartenden Strafen informiert; sie reichen von langjähriger Haft über die Konfiskation von Eigentum bis zu verschiedenen Graden der Exekution, deren schlimmste die Verbrennung ist. Denjenigen, die noch rechtzeitig bereuen und widerrufen, wird die ›Gnade‹ zuteil, dass sie vor der Verbrennung garrotiert werden; die ›Verstockten‹ aber, zu denen Cipriano gehört, werden auf dem Scheiterhaufen lebendig verbrannt.

Durch Verhörprotokolle, die ihm ein von Ignacio bestochener Aufseher als Kassiber zuspielt, erfährt Salcedo, wie nach und nach fast alle Mitangeklagten, auch und gerade aus der Familie Cazalla, schwach werden, sich gegenseitig denunzieren und, um ihre Haut zu retten oder doch sich vor dem schlimmsten zu bewahren, die Solidarität der lutherischen Gemeinde verraten. So ist Cipriano am Ende allein gelassen und verzweifelt, fast so wie Jesus, als der sich von Gott verlassen wähnte.

Der letzte Akt – das ganze dritte Kapitel – ist das große *Auto de fe*, das am 21. Mai 1559 stattfindet und das ganze neun Stunden dauert; eine Mischung aus religiösem Zeremoniell, Macht -und Einschüchterungsdemonstration, Volksfest und vorweggenommenen, öffentlich zur Schau gestellten Höllenqualen. Ein Pandämonium, das schon in sich selbst höchst theatralisch ist und vom Erzähler, dramaturgisch geschickt, ›medienwirksam‹ in Szene gesetzt wird: Die Prozession der Angeklagten durch die Straßen der Stadt, die von dicht gedrängten Zuschauermassen (viele sind von weit her angereist) gesäumt sind; die feierliche Urteilsverkündung auf der Plaza Mayor durch das Inquisitionsgericht in Anwesenheit des Königs; die Anteilnahme der Menge, die jedes Mal ein Pfeifkonzert veranstaltet, wenn ihr ein Urteil zu mild erscheint; die Überführung zur Richtstätte, bei der die Todeskandidaten, mit San Benito und Carocha (Umhang und Ketzermütze) ausgestattet, auf Eseln reiten müssen; und schließlich der ›Höhepunkt‹: die schauerliche Exekution vor einem gebannt ›mitgehenden‹ Publikum, das sich um die besten Plätze balgt, möglichst nahe an den einzelnen Scheiterhaufen. So sieht der Leser – zuerst in einem Rundblick und dann mit den Augen Ciprianos – die Szenerie bei der Ankunft der Verurteilten:

El gran broche final de la fiesta se aproximaba. Damas y mujeres del pueblo, hombres con niños de pocos años al hombro, cabalgaduras y hasta carruajes tomaban posiciones, se desplazaban de palo a palo, preguntando quién era su titular, entretenían los minutos de espera en las casetas de baratija, el tiro al pimpampum o la pesca del barbo. Otros se habían estacionado hacía rato ante los postes y los defendían con uñas y dientes. En cualquier caso el humo de freír churros y buñuelos se difundía por el quemadero mientras los asnos iban llegando. El último número estaba a punto de comenzar: la quema de los herejes, sus contorsiones y visajes entre las llamas, sus alaridos al sentir el fuego sobre la piel, las patéticas expresiones de sus rostros en los que ya se entreveía el rastro del infierno.

Desde lo alto del borrico, Cipriano divisó las hileras de palos, las cargas de leña, a la vera, las escalerillas, las argollas para amarrar a los reos, las nerviosas idas y venidas de guardas y verdugos a pie. La multitud apiñada prorrumpió en gran vocerío al ver llegar los primeros borriquillos. (p. 489 f.)

Zwar lässt die StandhaftigkeitCiprianos, der auch noch das letzte ›Versöhnungsangebot‹ zurückweist, die Menge verstummen, doch ist sein detailliert geschilderter Märtyrertod – als Märtyrer der Glaubens- und Gewissensfreiheit – kein erbauliches Ereignis und gleicht nicht dem Ende einer Heiligenlegende. Dazu sind die Umstände zu grausam und ist die Verunsicherung des Protagonisten zu tief. Nicht nur angesichts der Niedertracht der Gaffer, der Schwäche seiner Glaubensgenossen und dem tierischen Gebrüll der Verbrennenden, sondern auch angesichts seiner eigenen Zweifel und Gewissensqualen. Ihm wird kein göttliches Zeichen zuteil. Der einzige Beistand ist ein weltlicher: Ignacio hat Minervina ausfindig gemacht, die seit ihrer Entlassung vergebens von Cipriano gesucht worden war. Sie ist das einzige Wesen, das ihn als Amme und als Frau (wohlgemerkt als ›sündige‹ Frau, nicht als eine zweite Gottesmutter) rückhaltlos geliebt hat. Sie begleitet ihn auf seinem letzten Weg. Und sie ist es auch, die bei einem Zeugenverhör durch die Inquisition, dessen Protokoll den Abschluss des Buches bildet, inmitten der Verzweiflung doch noch ein Zeichen der Hoffnung setzt: vor Gott spielt die Frage der ›Rechtgläubigkeit‹ keine Rolle.

> [...] La atestante manifestó que [...] lo que más la conmovió fue el coraje con que murió su niño, [...] ella diría que Nuestro Señor le quiso hacer un favor ese día. Preguntada la atestante si ella creía de buena fe que Dios Nuestro Señor podía hacer favor a un hereje, respondió que el ojo de Nuestro Señor no era de la misma condición que el de los humanos, que el ojo de Nuestro Señor no reparaba en las apariencias sino que iba directamente al corazón de los hombres, razón por la que nunca se equivocaba. (p. 498)

Literaturhinweise

Ausgabe: Miguel Delibes: *El hereje*, Barcelona 1998
Übersetzung: Miguel Delibes: *Der Ketzer*, übers. von Lisa Grüneisen, Zürich 2000

Weitere Literatur

Spanische Literaturgeschichte, S. 426 f.
Marcel Bataillon: *Erasmo y España*, Mexico 1950
Bartolomé Bennassar: *L'inquisition espagnole, XV.–XIX. siècle*, Paris 1979
José Manuel López de Abiada: »La historia de la ficción y la ficción de la historia en *El hereje* de Miguel Delibes«, in: *Studi Ispanici* (2005), S. 179–208
Hans-Jörg Neuschäfer: »Miguel Delibes: *Cinco horas con Mario*«, in: Volker Roloff/ Harald Wentzlaff-Eggebert (Hg.): *Der spanische Roman. Vom Mittelalter bis zur Gegenwart*, 2. Aufl. Stuttgart 1995, S. 407–422
Ders.: »Miguel Delibes y las dos Españas. Releyendo *Madera de héroe*, in: Gero Arnscheidt/Pere Joan i Tous (Hg.): *»Una de las dos Espanas«... Representaciones de un conflicto identitario en la historia y en las literaturas hispánicas*, Madrid/ Frankfurt a. M. 2007, S. 99–103
Ders: »*Cualquier desahogo intimista me repugna*. Delibes en sus escritos autobiográficos y en sus libros de viaje«, in: M. D.: *Obras completas*, Bd. 7 (prólogo de H.-J. N.), Barcelona 2007, p. XIII–XXXI

Ders: »Miguel Delibes: *El hereje*«, in: Ralf Junkerjürgen (Hg.): *Spanische Romane des 20. Jahrhunderts in Einzeldarstellungen*, Berlin 2010, S. 276–287

Horst Rien: »Miguel Delibes, *El hereje*: Individualisierung und Disziplinierung«, in: *Archiv für das Studium der Neueren Sprachen und Literaturen* (1/2005), S. 91–104

Axel Schönberger: »Miguel Delibes: *El hereje*«, in: Thomas Bodenmüller/Thomas M. Scheerer/Ders. (Hg.): *Romane in Spanien*, Bd. 1 (1975–2000), Frankfurt a. M. 2004, S. 263–285

Übersetzung

(nach Lisa Grüneisen)

Zu S. 236:

Es näherte sich der Höhepunkt der Feierlichkeiten. Vornehme Damen und Frauen aus dem Volk, Männer mit kleinen Kindern auf den Schultern, Reiter und sogar Kutschen suchten sich ihre Plätze, indem sie bei jedem Pfahl fragten, für wen er bestimmt sei, und vertrieben sich die Wartezeit bei den Verkaufsständen, Schießbuden und Angelspielen. Andere hatten sich schon beizeiten vor den Pfählen eingefunden und verteidigten ihre Plätze mit Zähnen und Klauen. Der Geruch von in Öl gebackenen churros und Kringeln waberte über den Richtplatz, während die Esel eintrafen. Der letzte Programmpunkt stand unmittelbar bevor: die Verbrennung der Ketzer, ihre verrenkten Gliedmaßen in den Flammen, ihr Geheul, wenn sie das Feuer auf der Haut spürten, ihre verzerrten Gesichter, in denen sich bereits die Hölle widerspiegelte.

Von seinem Esel herunter erkannte Cipriano die aufgereihten Pfähle, die Holzstapel darunter, die Trittleitern, die eisernen Ringe, um die Gefangenen festzuketten, die Schergen und Henker, die aufgeregt hin und her liefen. Die dichtgedrängte Menge brach in lautes Geschrei aus, als sie die ersten Esel kommen sah.

Zu S. 237:

Die Befragte erklärte, dass [...] sie an jenem Nachmittag am meisten bewegt habe, wie tapfer ihr kleiner Junge gestorben sei. [...] Sie meine, der Herr habe ihm um seiner gefassten Haltung willen an jenem Tag eine Gnade erwiesen. Auf die Frage, ob sie aufrichtig glaube, Gott der Herr könne einem Ketzer gnädig sein, antwortete sie, dass das Auge des Herrn von anderer Beschaffenheit sei als das der Menschen, dass er nicht auf das Äußere schaue, sondern direkt in die Herzen. Und das sei der Grund, weshalb er niemals fehle.

Printed in the United States
By Bookmasters